馬奈木昭雄弁護士古希記念出版

# 勝つまでたたかう

## 馬奈木イズムの形成と発展

記念出版編集委員会［編］

花伝社

# 馬奈木昭雄弁護士古希記念出版　勝つまでたたかう◆目次

発刊にあたって　馬奈木昭雄弁護士古希記念出版編集委員会

1　馬奈木先生の「ものの考え方」　弁護士　髙橋謙一　2

2　「馬奈木先生の『ものの考え方』」についての私の考え方　薬害肝炎九州訴訟共同代表　弁護士　浦田秀徳　12

3　大衆闘争としての裁判闘争とは？　弁護士　馬奈木昭雄　21

第1章　何を目指してたたかうのか

1　根本的解決をめざす闘い　弁護士　板井　優　30

2　人権裁判の礎《いしずえ》を築く　元自由法曹団団長　弁護士　豊田　誠　42

3　いつまでも闘いの先頭に！　自由法曹団団長　弁護士　篠原義仁　50

4　泉南アスベスト国賠訴訟と馬奈木弁護士　大阪じん肺アスベスト弁護団　弁護士　村松昭夫　62

5　ハンセン病訴訟における馬奈木イズム　らい予防法違憲国賠訴訟西日本弁護団　小林洋二　74

6　原発事故被害の完全救済をめざして――「包括請求論」をてがかりに　立命館大学法科大学院教授　吉村良一　87

7　損害賠償から、差止、再生へ　久留米第一法律事務所　弁護士　紫藤拓也　105
8　「生業を返せ、地域を返せ！」――福島原発事故被害の救済を求めて　「生業を返せ、地域を返せ！」福島原発事故被害弁護団　馬奈木厳太郎　116

## 第2章　被害に始まり、被害に終わる

1　言葉だけの謝罪を許さない！――イタイイタイ病のたたかいを例に　元イタイイタイ病弁護団長　近藤忠孝　130
2　被害との格闘――筑豊じん肺訴訟から　女性協同法律事務所　弁護士　原田直子　140
3　「被害を語る」ということ　九州合同法律事務所　弁護士　久保井摂　152
4　馬奈木昭雄弁護士とともに取り組んだ水俣病訴訟と水俣診療所建設　水俣病訴訟支援公害をなくする県民会議医師団団長・水俣協立病院名誉院長　藤野　糺　163
5　予防接種裁判と馬奈木弁護士　九州地区予防接種禍訴訟弁護団　弁護士　上田國廣（追記：同　田中久敏）　171
6　中国残留孤児訴訟と馬奈木先生　中国「残留孤児」国家賠償福岡訴訟弁護団　弁護士　椛島敏雅　183

7　豊かだった「宝の海・有明海」を取り戻す漁民・支援のたたかい
「よみがえれ！有明海訴訟」を支援する全国の会事務局長　岩井三樹　195

## 第3章　もっと深く！　もっと広く！　もっと大きく！

1　大衆的裁判闘争と弁護団の役割——専門家支援者との共闘にもふれて
弁護士　中島　晃　208
2　炭鉱夫じん肺訴訟における馬奈木イズムの実践とその成果
弁護士　稲村晴夫　220
3　よみがえれ！有明訴訟の戦略と戦術
有明訴訟弁護団　弁護士　堀　良一　233
4　筑豊じん肺の運動論
筑豊じん肺訴訟弁護団事務局長　小宮　学　247
5　水俣病福岡訴訟で学んだもの
弁護士　幸田雅弘　260
6　環境的弁護士（The Environmental Lawyer）をめざして
日本環境法律家連盟代表理事　弁護士　籠橋隆明　266
7　川辺川利水訴訟における闘い
川辺川利水訴訟弁護団事務局長　弁護士　森　徳和　273
8　主戦場は法廷の外にある
有明訴訟弁護団　弁護士　後藤富和　279
9　「有明に関する思い」——馬奈木先生の古希をお祝いして
衆議院議員　大串博志　286
10　「世論づくり」について——司法記者の立場から
西日本新聞記者　阪口由美　293

## 第4章　法廷でも圧倒する！　法理論と手続戦術

1　民法七二四条後段の「不法行為の時」　立命館大学法科大学院教授　松本克美　300
2　牛島税理士事件・最高裁への取組み――馬奈木昭雄さんの業績を振り返りつつ　元自由法曹団団長　弁護士　松井繁明　310
3　第一次熊本水俣病裁判と馬奈木弁護士との出会い　イタイイタイ病常任、熊本水俣病第一次訴訟弁護団　弁護士　山下　潔　319
4　筑豊じん肺訴訟と国の責任　西日本石炭じん肺訴訟弁護団団長　弁護士　岩城邦治　324
5　馬奈木昭雄先生のこと――筑豊じん肺と北海道石炭じん肺と　北海道石炭じん肺弁護団代表　弁護士　伊藤誠一　334
6　「水俣学校」　弁護士　国宗直子　348
7　生活保護訴訟（学資保険裁判）における闘い　福岡第一法律事務所　弁護士　深堀寿美　361
8　開門を命ずる判決を勝ち取るまでの戦術　有明訴訟弁護団　弁護士　吉野隆二郎　371
9　中国残留孤児・九州訴訟の責任論　ちくし法律事務所　弁護士　田中謙二　378

10　事業者説明会での馬奈木節──水俣市産業廃棄物処理場事件
ノーモア・ミナマタ訴訟弁護団　弁護士　板井俊介　388

## 第5章　地域から全国へ

1　筑後大堰から諫早湾干拓まで
佐賀大学名誉教授・筑後川水問題研究会会長　蔦川正義　396
2　九州廃棄物問題研究会の立ち上げ
九州廃棄物問題研究会事務局長　弁護士　髙橋謙一　403
3　住民と共に闘う
弁護士　伊黒忠昭　413
4　電磁波問題を地域から九州、全国へ
久留米第一法律事務所　弁護士　髙峰　真　425
5　師匠から学んだことなど
弁護士　下田　泰　435
6　平和タクシー労働組合事件
弁護士　三溝直喜　446
7　大衆の弁護士としての馬奈木弁護士について──高良内財産区訴訟における弁護活動
弁護士　藤尾順司　456
8　学びの道の途中で
久留米第一法律事務所　弁護士　市橋康之　464
9　馬奈木弁護士の背中を見て
くるめ市民の法律事務所　下東信三　472
10　馬奈木先生の直弟子（?）から二言、三言
弁護士法人奔流顧問弁護士　池永　満　476

## 第6章　住民・市民とともに

1　これまでも、これからもお世話になります　熊本中央法律事務所事務長、水俣病被害者の会事務局長　中山裕二　494
2　馬奈木弁護士から多くを学ぶ　高尾山の自然をまもる市民の会事務局長　橋本良仁　496
3　有明海問題を巡る漁民のたたかい　佐賀県有明海漁協大浦支所　平方宣清　499
4　鹿屋の水と自然を守る闘い　鹿屋の水と自然を守る会　小林宗生　501
5　「ガス化溶融炉」建設を巡る住民運動　ゴミ問題を考える住民の連合会・宗像代表　倉本和子　503
6　処分場反対運動の広がり　三輪の自然を守る住民の連合会　片井克美　505
7　電磁波問題を巡る住民のたたかい　ドコモ三潴基地局移転要望の会　川勝聖一　508
8　「思い出」は教訓を残した　水俣病闘争支援熊本県連絡会議顧問　北岡秀郎　511
9　古希のお祝い　筑穂町自然環境対策住民会議代表　梶原啓行　514

## 第7章　おもいで

1　馬奈木軍団の思い出　弁護士　上条貞夫　518

2　馬奈木先生の思い出　弁護士　角銅立身　520

3　若き馬奈木さんとの思い出　弁護士　吉野高幸　523

4　古希のお祝い　弁護士　江上武幸　526

5　傑出した組織者——馬奈木先生に学ぶ　弁護士・前参議院議員　仁比聡平　534

6　「なぜそうなると思うのか？」——馬奈木先生の事務員研修　久留米第一法律事務所事務局　古田順子　538

あとがき　弁護士　白水由布子　543

馬奈木昭雄　事件年譜　546

# 発刊にあたって

馬奈木昭雄弁護士古希記念出版編集委員会

# 1　馬奈木先生の「ものの考え方」

弁護士　髙橋謙一

私が理解する範囲ではあるが、馬奈木先生の「ものの考え方」について、馬奈木先生が、ある被害者から相談を受けて解決するまで、どういうことを考え、どういうことをやっていくのか、シミュレートしながら、分析を試みる。

## 第1　相談を受けた段階

1　まず、その人を救済しなければならない、と考える。この「目の前にいるその人」を絶対に救済するのだ、という意思は馬奈木先生の第一かつ根源的哲学である。

2　「被害」について

(1)それを前提に、その人自身の被害をどう捉えるべきか、を考える。

その際馬奈木先生は、その人自身が考える被害（たとえば肉体的損傷とか、商売ができなくなることとか）を出発点とするが、決してそこに留まるのではなくて、その人が当該事件で受けた「真の被害」は何か、の探求を常に続けている。
(2)次に、その事件の、相談者と同じレベルの個人的「被害（者）」（便宜上「第一次レベル」とここでは表現する。以下同じ）はどれくらいいるか、そしてそれらの人全員の救済はどうやったらできるかを考える。
(3)さらに、その相談者と同じ（量的）レベルではなくてもやはり「被害（者）」と言える人はいないのか（「第二次レベル」）、を探求する。
(4)またさらに一歩進んで、この事件の（真の意味での）「被害（者）」を、いったいどのようにとらえるべきなのか、を考える。
　すなわち、質的に前記「被害（者）」と違っても、やはり「被害（者）」と言える「被害（者）」がいるはずである（「第三次レベル」）ことを前提に、「被害の総体」を検討する。その中には、一般的に「地域的・社会的被害」と言われるものまで、織り込まれる。
(5)以上を踏まえて当該事件の「被害者」を作り出している「構造」は何か、を考える。
3　「加害者」（「責任者」）について
(1)「見かけ上の加害者」（直接の加害者）が誰なのかを考える。
(2)それ以外に「加害者」はいないのか、特に「国」は「加害者」となっていないのかを検討する。馬奈木先生は、基本的に、すべての事件の背後に「国」が存在するという意識だと、私は理解している。時々口にされる「国家独占資本主義」が、諸悪の根源と考えているようでもある。
(3)それはとりもなおさず、「加害者」を作り出している「構造」は何か、を追究することにもつながる。
(4)そして各「加害者」（「国」も含めて）には、どういう点で、どういう「責任」があるのかを、検討する。

4　「真の救済（解決）」について

以上を踏まえて、「真の救済」について、以下のようなことを検討する。

①第一次レベル・第二次レベルの「被害者」の「被害の救済」とは、具体的にどういうものか。

②第三次レベルあるいはさらにその背後の「被害の救済」とは、具体的にどういうものか。

③「加害者が責任を認めた」と評価できるためには、「加害者」に何をさせなければいけないか。

④このような「被害」が二度と起きないようにするためにはどうすればよいか。

⑤以上を踏まえて、この事件の「真の解決」とは何なのか。

5　以上のフィードバック

言うまでもなく、上記はすべて、互いに関連し、相互影響する関係にあるので、何度も何度もフィードバックされながら次第に整理され、高まっていく。

## 第２　行動指針

第1を踏まえて、具体的にどのような行動をとるかを考えることになる。

1　被害者の統合

被害者に対して、一緒に闘うことを勧誘。その際は、第1で考えたことを基に、被害者に対して、事件の本質的構造、及び一定の展望を示す。

また、馬奈木先生が最も重視するものの一つが、「立ち上がる被害者の数を最大にすること」である。したがって、「被害（者）」は、第1の2で検討した「最大の被害（者）」（第三次レベルあるいはそれ以上）を想定し、決して「狭く限定」しない。

2　闘う「敵」を決定

原則、第1の3で検討した「加害者」全員であるが、種々の理由から、「とりあえずの敵」と「将来の敵」と段階を踏むこともあり得る。その傾向は、「抜本的解決」以前に、被害者の「緊急の解決（救済）」が重要と判断した場合によく見受けられる。

3　闘いの「場」の設定

(1)第1の4で検討した「真の救済」のために、どのような「場」を闘いの場として設定するのがよいのか、検討する。これも、「当面の場」と、「将来の戦線拡大の場」と分ける場合がある。

この時、「裁判所」を闘いの場として、最初に選定することは、あまりない。「被害者が直接交渉できる」場を探る。通常は、直接交渉、説明会などを選択している。

(2)私が理解する、裁判所を闘いの場としてファーストチョイスにしない理由

ア　「当座の救済」としても、「真の救済」（「抜本的解決」）としても、迅速性や柔軟性に欠けるきらいがある。

イ　「闘い」が（法的技術を要する）「法廷」に限定されることで、本当の主体である「被害者」を中心とする「国民一般」が、色々な意味で主体性を失う恐れがある。

ウ　本来、「判決だけ」では物事は解決しない。

エ　にもかかわらず、世間のみならず関係者までが「勝訴判決だけで物事が解決する」かのごとき誤解をしてしまい、運動の発展性を阻害する。

オ（主として差止事件でよくおっしゃることであるが）、裁判で勝てるならば、裁判を使うまでもなく勝てるはず。

カ　その点、直接交渉や説明会などは、上記裁判の欠点がないから、優れている。

4　裁判所の使い方

そうはいっても、馬奈木先生は、積極的な裁判所の活用法も検討する。裁判所には、以下のような使い道もあるからである。

(1)情報収集手段

開発計画や今後の進行など、相手方の情報を得る手段として。

(2)運動の結集点

当該問題を世間に知ってもらうために、あるいは多数の人々を結集させる手段として。特に、同一問題について複数の反対運動団体がある場合、裁判は、その結集点として利用できる。

(3)「解決の場」（「話し合いの場」）

紛争を最終的、抜本的に解決するためには、どうしても「敵」と協議する場が必要である（前記のように、判決では物事は解決しないと考えているので）。その場合、比較的公平な第三者機関である裁判所はその場として利用できる（しかも「被害者を勝たせる判決を出す」という威嚇があればなおさら。ただし、その場合も含めて、法廷の内外で相手を押し込んでいる必要がある）。

(4)敵に対する破壊力と世間に対するインパクト

判決で物事は解決しない、としても、勝訴判決を取ることは、敵に対して（致命的でないとしても）一定の破壊力を有し、世間に対してもインパクトを有する。それは、真の解決に向けて、有益である。事件によっては、勝訴判決を得ることで前に進むこともあり得る（たとえば、差止訴訟など）。

5　「理屈」について

⑴私が理解する限りでは、馬奈木先生は「被害者が正しい」ことの理屈については、あまりこだわらない。「正しいに決まっている」という確信を常に持っているからではなかろうか。

⑵相手を圧倒する（あるいは裁判で勝つ）「理論」作りも、あまりこだわらない。

その理由として、私が理解するところでは、

ア　前記のように、「被害者は正しいに決まっている」から、それを証明する理論・理屈は自ずと浮かび上がってくるはずという信念

イ　一番大事なことは、「事実」であり、その事実を一番知っているのは当の「被害者」であるから、被害者とともに闘い続ければ、自ずと理屈は浮かび上がるという信念

ウ　現場で闘うことが大事であり、「理屈は後からついてくる」という信念

エ　解決の一手段としてしか、裁判を位置付けないなどに裏打ちされているようである。

⑶裁判で圧倒する

裁判を、解決の一手段としてしか捉えないとしても、前記のような裁判のメリットもあるから、裁判で相手を圧倒し、「いつでも勝訴判決をもらえる」状況にしておくことは重要と考える。

そのためには、一見すると前記と矛盾するが、裁判で勝てる理論を構築したり、法廷を「裁判官が仕切る

場」ではなくて、「被害者らが仕切る場」にしたりすることを工夫する。

馬奈木先生は、よくこう言われる。「裁判官を皆さんの味方、つまりみなさんがやられている時に力を貸してくれる人、と思ってはいけない。裁判官は、ただの『審判（レフェリー）』です。皆さんが『相手に押し込められている』時に、決して味方になんかなってくれません。しかし、皆さんが『相手を圧倒的にやっつけている』ならば、そのことを認める度量はあると、一般的には期待できます」

6　以上を含めて、闘い（最初に想定する「場」のみならず裁判闘争も含め）を有利に展開するために、何が必要かを検討

一般的に、必要とされるものは、被害者の数・組織、協力者・支援者、自治体の協力、資金、世論の後押し、学者陣、同種紛争との共闘、などと思われるが、もちろんこれらに限定されるものではない。

7　最終的行動指針の確定

これもまた、上記1～6の相関関係で決定されることになる。

## 第3　具体的行動

1　以上を踏まえ、以下のような問題意識で、実際の行動を起こす。

①立ち上がる被害者の数を増やすために、何が必要か。そしてそれをどうやって実現するか。
②関係者・関係自治体を動かすために、……
③世論（一般の方々）を動かすために、……
④必要な資金を集めるために、……

⑤同種紛争との共闘するために、……
⑥「被害」の実態を知るために、……
⑦「加害」の実態を知るために、……
⑧「真の救済」手段を知るために、……
⑨闘いの場（裁判以外）を、その目的に沿って有効に活用したり、有利に進めたりするために、……
⑩裁判の場を、その目的に沿って有効に活用したり、有利に進めたりするために、……
⑪「本当の解決」を得るために、何が必要か。そしてそれをどうやって実現するか。

2　そういう具体的行動指針の背後には、馬奈木先生にとって一番重要な行動原理がある。
「私たちは絶対に負けない。なぜなら、勝つまで闘い続けるから」
上記の具体的行動を、「勝つまで」模索し、実行し続けるのである。

## 第4　総括

1　以上を総括すると、次のような馬奈木先生のものの考え方が見えてくる。

第一に、「小から大へ、少から多へ」を常に志向する。これは馬奈木先生が「量的変化は、質的変化に転化する」と確信しているからである。

第二に、常に「真の解決」を目指すことを目的とし、今自分が手掛けている事件の真の解決のために、今自分がとっている行動あるいはとるべき行動がどう位置づけられるかを意識する。同時に当該事件の「真の解決」が、究極の目的（「解決」）である「この世から人権侵害がなくなる」ことにどう位置づけられるかも意識する。

そして、勝つまで闘い続ける。

ここでいう「勝つ」が、「裁判に勝つ」ではないことはもとより、「被害者の一応の救済」でもないことは明らかである。「真の救済が実現するまで、闘い続ける」のである。

その意味で、馬奈木先生が携わっている各種闘い終わりがあるのか、はなはだ心許ない。

ノーモア・ミナマタ訴訟が提起されたころ、私が馬奈木先生に「水俣はなかなか終わりませんね」と言ったところ、即座に「終わらないいんじゃない。終わらせないいんだ」とおっしゃった。馬奈木先生の基本が何かを知る、非常にわかりやすいエピソードだと思う。

馬奈木先生は、一生、闘い続けるのである。
2　以上、私の理解する馬奈木先生の「ものの考え方」をご紹介させていただいた。
もちろん、馬奈木先生の「ものの考え方」は、馬奈木先生ご自身に語っていただくしかないが、前記の私の理解は、当らずといえども遠からず、であろう。

ただ、この点をさらに深めるため、以下に二つの論稿を掲載する。一つは、浦田秀徳弁護士のもので、この私の理解に対する私見を披露する形で、馬奈木先生の「ものの考え方」について、別の視点から切り込んでくださっている。

もう一つは、馬奈木先生ご自身が自由法曹団福岡支部の機関紙「はらばかかんか」15号（一九九二年八月一日発行）に投稿なされたものの再録である。短い字数の中に、馬奈木先生の「ものの考え方」が見事に凝縮されている。特に末尾のボクシングの比喩は秀逸である。二〇年前にすでにこのような見識に至っていたとは、私自身今回発刊日時を確認して改めて驚いている。加えて、この論文が、諫山博弁護士に対する問題提起という形をとっている点も重要である。ご存知の方も多いと思うが、諫山弁護士は馬奈木弁護士の師匠である。その師匠に対して、敢えて公然と問題提起をしたということは、ここに記載されていることこそ、馬奈木先生を突き動かす根幹であることを意味するはずである。

3　最後に、馬奈木先生が、講演や論稿などでよくお使いになる「キャッチフレーズ」も掲げておく。端的な表現であるが、それゆえ一層馬奈木先生の「ものの考え方」の理解の一助になるであろう。

①個別訴訟から、集団訴訟へ
②強力な原告団・強力な弁護団・強大な支援団体の組織化
③地域闘争から、全国の闘争へ
④個別解決から、国の政策変更による全面救済、被害者発生根絶へ
⑤個別の勝敗にとらわれず、あくまで闘いをやめないこと、闘い抜くこと
⑥私憤から、公憤へ
⑦事後賠償から、事前差止、そして再生へ
⑧「私たちは絶対に負けない。なぜなら、勝つまで闘い続けるから」

# 2 「馬奈木先生の『ものの考え方』」についての私の考え方

薬害肝炎九州訴訟共同代表　弁護士　**浦田秀徳**

## 1　私と馬奈木先生

馬奈木先生、古希おめでとうございます。光陰矢のごとし。牛嶋税理士訴訟で、松沢尋問をやったのが、ついこのあいだのような。

編集委員会から「馬奈木先生のものの考え方を薬害C型肝炎事件などでどう実践したかを書いてほしい」という原稿依頼があったとき、「浦田さんは、もっとうまくやったというかもしれないが」と、留保つきでした。これはちょっと残念。自分としては第一の弟子を自認しています。

牛嶋税理士（南九州税理士会違法献金）訴訟、水俣病第三次訴訟や大善寺区画整理事件、高良内ごみ処分場訴訟などの闘いを通じて、私の「ものの考え方」は、もっぱら馬奈木先生の教えに負っています。

もっとも、薬害HIV事件からのち、ハンセン病事件、薬害C型肝炎事件と、馬奈木先生とは別の弁護団で活動したために、このようなことをいわれてしまったのでしょう。しかし、おなじ弁護団で活動するだけが弟子の仕事ではなかろうと考えます。他の分野、他の事件において馬奈木先生の教えを広め実践することも、弟子としての重要な任務であろうと心得ます。

ただ、薬害ＨＩＶ事件、ハンセン病事件、薬害肝炎事件を通じて、徳田靖之、鈴木利広、八尋光秀の各先生がたの考え方からも影響を受けました（なお、これらの先生がたも馬奈木先生から教えを受けたことを述べられており、そういう意味では間接的にも馬奈木先生から教えを受けたことになります）。なによりそれらの事件の闘いを通じて得たものもあることは、いうまでもありません。違いがあるとすれば、そこぐらいでしょうか。

## 2 「ものの考え方」について

編集委員会からの依頼には、編集委員会（文責髙橋謙一）の手による「馬奈木先生の『ものの考え方』」について」（以下「ものの考え方」と呼びます）と題する一文が付されていました（前掲「馬奈木先生の『ものの考え方』」の草稿段階のもの：編集部注）。そして、その「ものの考え方」に沿って、原稿を書いて欲しいという注文でした。

「ものの考え方」は大変うまくまとめられていて、ほとんど異論はありません。

でも、いくつか心配な部分がありますので、本稿ではこれらの点について、述べさせていただきます（そんなことはちゃんと書いてあるではないかと、髙橋さんからお叱りを受けるところもあるやもしれませんが、念のためですから、悪しからずご了承くださいませ）。

## 3 「ものの考え方」の使用上の注意について

馬奈木先生のお考えを文章にまとめてしまえば、ほぼ「馬奈木先生の『ものの考え方』」のとおりになりましょう。でも先生の実際を知らない人がこれを機械的に使用することには、いささか危惧をおぼえます。

先生の実際の運動指導は、ヒューマンな観点と配慮を欠かすことがなく、状況に応じて非常に柔軟です。「ものの考え方」というのは、馬奈木先生くらいの大きな力量をもってはじめて十全に使えるものではないでしょうか。われわれが「ものの考え方」を使うにあたっては、教条的に適用するのではなく、大きな度量と柔軟性をもって実践しなければならないと胆に命じる必要があると思うのです。

しょせん運動は人間がすることです。理屈どおりにはいきません。ヒューマンな観点と配慮を欠かすと、人心がはなれ、運動は成長せず先細りになってしまいます。非人間的な加害／被害に対して、非人間的に闘ったのではシャレになりません。あくまで人間的に闘っていきたいものです。

## 4 「ものの考え方」の構成等について

「ものの考え方」は、「第1　相談を受けた段階」、「第2　行動指針」、「第3　具体的行動」、「第4　総括」等として構成されています。受任から時系列に沿って整理されているわけです。

が、紛争の構造と解決という観点から、「第1　構造的加害／被害構造の把握と運動目的の決定」、「第2　運動方針・戦略」、「第3　運動戦術」、「第4　総括」と構成したほうが、飲み込みやすいように思います。

また国を相手とする運動をまず論じ、自治体や企業を相手とする運動等はその応用問題としたほうが簡明と思います。国を相手とする運動がなんといっても一番困難なのですから。

馬奈木先生のエピソードをまじえた巧みな語り口をもってしてはじめて、なるほどと理解しうる論旨が含まれています。文章にすると、いささか晦渋にすぎるきらいもあります。注書きにまわすなど、もう少しすっきりした論旨にできないでしょうか。

## 5 被害／加害の構造・紛争解決について

すべての紛争に共通しないかもしれませんが、国を相手とする多くの紛争の構造はつぎのようになっています。

①過去に誤った政策・施策が決定され、加害の構造が形成される。
②これにより、多数の被害（者）が生じる。
③その後、政策担当者が変わるも、一度なされたに誤った政策・施策は変更されず、加害の構造は維持される。
④被害（者）は増えつづけ、多数の被害（者）は放置される。
⑤誤った政策・施策は、反省されることなく繰り返される。

したがって、「ものの考え方」がいうように、個別の救済では足りません。それだけでなく、①加害の構造を明らかにし（真相究明）、②構造的な被害救済を図る制度をつくるとともに、③加害の構造をあらため、二度とおなじ被害が生じないような構造にする（誤った政策・施策の変更と再発防止策）必要があります。

われわれの運動は、これらすべての実現を目的としなければなりません。

## 6　相手方について

相手方を「敵」と呼んでしまうことに違和感を覚えます。「敵」と呼んでしまうと、切るしかありません。でも、「ものの考え方」が述べるように、少なくとも最終局面では、相手方と話し合い、合意して紛争を解決する必要があります。

国を相手にする大きな紛争になると、紛争全体の構造と力学を見失いがちです。でも、シンプルにしてしまえば、一般事件において和解をすることと変わりありません。相手方が政府であるということが違うだけです。なので、政府が解決合意を飲まざるをえない状況を作り上げ、解決合意を飲ませることが運動の目的です。

一般に、誤った政策・施策は、省庁や官僚がつくります。政府（内閣総理大臣、その他各省大臣など）はこれに追随し、庇い立てしています。政府と官僚は普段は仲良しですが、政府が官僚に付き合いきれなくなることもあります。そこが解決の契機です。

いうまでもなく議会制のもとで、政府は国会の、国会は選挙と国民世論（つまりは、マスコミ）の統制を受けます。さらに、議院内閣制のもとでは、政府は与党と緊密な関係にありますし、与党は野党との政治的かけひきをしなければなりません。野党が与党を攻撃するのを手伝ってくれることはいうまでもありません。

外から見ると一枚岩と見える与党内においても、内部では複雑な力学が働いています。

官僚たちでさえ、政策・施策を決定した人たち、われわれの運動の相手方になっている人たち、その他の人たちでは温度差が確実にあります。

政府はこのような構造と制約のもとにあります。敵とひとくくりにできるものではありません。ま、政府といえども、しょせん人の集まりなのです。色と欲に突き動かされる人もいえれば、義務や名誉に殉じる人もいないわけではありません。外側から大きく揺さぶられれば、解決の切れ目が出てきます。

## 7 運動の対象（誰に対して何を運動するのか）について

運動はそれゆえ、われわれの目的と運動に賛同し、政府を大きく揺さぶる国民（マスコミ）世論を作り上げることが大切ということになります。

運動を進めていく際、ある解決案に対しては、最初から賛同してくれる人々、最初から反対する人々、その他大勢に分かれます。最後のグループは普段はサイレント・マジョリティです。熱しにくく冷めやすい性質があり、過激な運動や論調を生理的に嫌う傾向があったりします。

運動を進めるばあい、当然このサイレント・マジョリティをターゲットにすべきです。彼ら／彼女らを説得し、その理解と支持を得なければなりません。

自明のことのようですが、ある種の運動を拝見すると、最初から賛同してくれる人々だけをターゲットにしているとしか思えない態度になっています。サイレント・マジョリティに対する配慮を欠いた訴えをしてしまっているのです。そのような運動は楽です。が、それに賛同してくれる良心的な人々は残念ながらあまり多数とはいえず、それでは運動は成長も発展もしないと思います。

運動を進める際には、相手方である政府を和解に追い込む上でどう役に立つのかという観点からの吟味が常に必要です。

## 8　運動の主体について（被害者が主役であること、彼ら／彼女らが強く大きく成長する運動であること）

運動は被害にはじまり、被害に終わる。これは忘れてはいけない点です。「被害者の被害者による被害者のための運動」にしなければなりません。彼ら／彼女らの自立的・自律的な運動にしていく必要があります。運動体を強く大きくするには、彼ら／彼女らが強く大きく成長する運動でなければなりません。それには、彼ら／彼女らに当事者意識を強くもってもらう必要があります。それには、自らの被害を深く掘り下げ、これをつよく訴えてもらう必要があります。サイレント・マジョリティの共感を得るには被害（者）の訴えが絶対に不可欠です。

（弁護団との関係）

運動体は被害（者）を中心にし、彼ら／彼女らを先頭に歩む必要があります。弁護団は、その援助に徹するべきです。

（数の問題）

数の問題はむずかしい。たしかに、数は力であり、大切です。

でも、誤解をおそれずにいえば、数を増やすことが自己目的化して、それに手をとられているのは健康な姿とはいえません（分裂の問題などもあります）。

要は、運動目的や要求を達するために、より強力な運動体をつくることこそが大切なはずです。力のない一〇〇〇人の運動体より、力のある五〇人の運動体のほうが優れているといえます。欲をいえば、魅力的な運動体でありたいものです。なぜなら、そのほうが世論の支持を受けやすいですから。

（支援の問題）

数の問題は、支援者を増やすことでもカバーできます。力のある機動的な支援者は非常に助かります。最終局面では、国会交渉、政府交渉をするのに、どんなに少なくとも一〇〇人くらいの運動は組織する必要があります。でも、これをすべて被害者でまかなう必要はなく、支援を含めて運動体をつくればよいと考えます。

（まとめ）

運動体の問題も、要は、相手方である政府を和解に追い込む上でどう役に立つのかという観点からの吟味が常に必要です。

## 9　運動における司法・裁判の役割について

裁判所の役割の第一は、法的責任の明確化。第二は、話し合いの場の設定者、紛争の調停者です。裁判を自己目的化するのは間違い。相手方である政府を和解に追い込む上で役に立つかどうかという吟味が常に必要です。

## 10　結び

一九八六年に弁護士になりましたから、いつの間にか弁護士として二六年も過ぎてしまいました。まさに一夜の夢のようです。その前半、馬奈木先生の薫陶を受けることができたことはまことに有難く、新人弁護士として幸せな日々でした。弁護団の代表なぞを仰せつかるようになると、誰もほめてくれず孤独です。が、そのようなときは馬奈木先生に「浦田君、それは卓見かもしれんね」とほめられたことを思い浮かべます。不肖の弟子としてであれ、気持ちだけでも馬奈木門下の名に恥じないよう、今後とも胆に命じていきたいと思います。

# 3　大衆闘争としての裁判闘争とは？

自由法曹団福岡支部機関誌「はらばかかんか」15号（一九九二年八月一日発行）からの再録

弁護士　馬奈木昭雄

諫山先生が「国賠、行政訴訟を考える」において、活発な討論をよびかけています。私も、最近考えていることを（夢見ていること）を少し吐きだして、討論に参加してみたいと思います。

## 強大な原告団という発想

諫山先生が模範的な国賠訴訟、行政訴訟として名前をあげられた訴訟をみて、私の問題意識と丁度かみあう事例があがっていると思いました。この例の中で、強大な原告団を組織していった（原告団がどんどん大きくなりどんどんと強くなっていった）訴訟があげられているでしょうか。

私は最近しきりに強大な原告団（当然のことながら、それにみあった強大な弁護団、強大な支援団体）を組織していく闘いを夢みています。

## なぜ一人の原告の闘い（裁判）なのか

諫山先生が例にあげられた朝日茂の人間裁判、家永三郎の教科書裁判、学資保険裁判いずれも国民の強い共感を呼ぶ、まさに普遍性をもった国民的課題をするどく問う裁判です（ついでにいえば、ほこるべきわが自由法曹団福岡支部の宝物ともいえるセクハラ裁判もまさにそうです）。

しかしそうであればそうであるほど（広い普遍性をもち、国民すべてに影響を与える国民的課題をもつ訴訟）、私にはなぜこれらの訴訟が一人の原告によって闘われねばならなかったのか、不思議でたまりません。重要な意義をもつ国賠、行政訴訟は、偉大な、強い階級的な意識を持った巨人（モンスター）でなければ闘えないのでしょうか。

そんなことはないと私は思います。

## 強大な原告団を組織する闘い

私は、たとえば朝日訴訟において、同じ問題をかかえた人々に働きかけ、原告として組織し、どんどんと追加提訴の追討ちをかけていく闘いがくめなかったのだろうかと疑問に思っています。

「裁判がせまい法廷の枠をこえ、大衆運動の一翼をになうものとして位置づけられ、大衆的裁判闘争として発展させられた」のであればあるほど、そのような発展した闘いを「法廷の枠のなか」においても、わずか一人の原告（たとえいかに強固な階級的意思をもった偉大な人物であっても）に、ゆだねるのが正しい闘いなのでしょうか。

むしろ正しい運動の展開があればあるほど同種の問題が次々と提起されていくものではないでしょうか。

一人の原告であれば、どうしてもその原告の持つ個別の問題が、普遍的な課題とは別に大きくクローズアップされます。当然その原告の持つ各種の「弱点」も拡大して攻撃されます。大量の原告団ならば、個別の弱点はうすめられ、まさに課題に集中して闘うことが可能になります。

私はあの朝日訴訟が、せめて数十名の原告で闘えなかったか、と夢みるのです。さらにいえば、数十名の原告による二次訴訟、三次訴訟の追加提訴、別の場所での数十名の原告による別訴提起とどんどん闘いが拡大していくことを夢みるのです。日本中の各地で朝日訴訟が闘われる状況をつくりだしていくのです。数百、数千人の朝日訴訟が全国で闘われるのです。もちろんそのための闘いは数においても力量においても強大な弁護団が必要です。数十名の原告を組織していき、さらにその訴訟を支え、しかも拡大していく強大な運動体（支援組織）が必要です。最初からそんなものが存在するでしょうか。存在しないに決まっています。そこでやっぱり無理難題と足を止めれば、やはり重要な課題を闘う裁判は、偉大な巨人しか取り組めない、という結論にならざるを得ないでしょう。しかし本当に強大な原告団、弁護団、支援組織をつくりだすことは不可能なのでしょうか。

そうではない、と私は思います。それが国民的課題であるならば、闘いを正しく発展させることによって、私は組織することが可能だと確信しています。

同じ問題をかかえた人々が無数に存在している課題であれば（さらにいえばその課題に取り組むことを存立目的としている大衆団体が、すでに大衆を組織して存在しているのであれば）、その人々から原告団をつくりあげていく運動を取り組むことは、困難ではあっても不可能ではないと思うのです。しかもすでに存立している大衆団体にとっては、同時に自分の団体を拡大し強化していく運動にもなるのです。

水俣病第一次訴訟の判決直後、執行のためにチッソ水俣工場に乗り込んだ馬奈木弁護士

## 「意義のある裁判」の意味

私はどうも実利主義なのかもしれません。大衆的に裁判闘争を闘うと言う時、たとえば水俣病訴訟では、原告数が何人になったか、被害者の会は何人に拡大したか、とすぐ考えてしまいます。さらには支援の会がどれだけふえたかと考えてしまうのです。そして決起集会一〇〇〇人参加に成功した、今度は二〇〇〇人集会をやろうと考えるのです。

水俣病の闘いは、最初の一人から出発した被害者の会が、現在会員は三〇〇〇名近く、二つの支部と専従事務局員三名になり、原告数も二三〇〇名、六裁判所で裁判を行なっています。常時訴訟に参加している弁護士は全国で二〇〇名をこします。

もちろん運動の広がりや、国民の共感は、数だけで考えるものではないでしょう。しかし裁判において、ある課題を追及した時、その課題に取り組むことを本来の存立目的にしている大衆団体が存在しているのであれば、その団体が裁判に取り組むことによって運動を発展させて行くならば、それは同時に組織として大きく拡大することになるのが当然だと思うのです。

だから私はたとえば学資保険裁判でも、生活保護者の問題に取り組む大衆組織が、この問題にどれだけ取り組むか（私の問題意識ではさらにどれだけ原告を追加し拡大する運動を組むか、ということを含めて）、自分の団体の組織活動とどのように結合していくか、そのことによって組織をどれだけ大きく強くしていくかが重要な課題だと思っています。その協力関係をどうやってつくりあげていくかが重要な点だと思います。

## 運動は弁証法である

私は大衆的裁判闘争をはじめとして大衆運動は弁証法だと思っています。最初から強い原告などいないと思いますし、弁護団も同じです。弱いちっぽけなふつうの一人の人間がこの点は許せない、という思いにかられて何とかたちあがろうとする、その時その一人を支えて、さらに同じ思いの人々を結集するように相互に働きかけあっていき、しだいに強く大きくなっていくものではないかと思うのです。はじめから強い原告が強い弁護団と協力しあう闘いもありうるでしょう。しかしそれに限定されることなく、普通の生活を送っている普通の市民が、同じ思いにかられて、たとえおよびごしでも少しずつたちあがり、弁護団を組織して協力しあい、支援組織を呼びかけ、働きかけを続けていくことによってたがいに作用しあい、原告団も弁護団も支援組織もしだいにきたえられ強く変わっていくのだと思うのです。その意味では、弁護団だけが強力な闘いとか、支援組織だけが強力な闘いなどはありえないと思います。

私は「安易な提訴」、「意義のある裁判」という時、その課題の切実さ、重要さ、と同時に、その闘いの広がりの可能性と実際の展開とを抽象的にではなく、具体的に見てみる必要があると思うのです。その闘いを評価する重要な視点の一つだと思うのです。

## 最近の敗訴例の一つの視点

私が参加した敗訴例の代表として牛島税理士訴訟があります。私は思わず呆然とし、裁判所を口汚くののしりました。証拠上、主張上負けるはずのない訴訟だったからです。しかしその時、私の尊敬する京都の中島弁護士の警告が頭をよぎりました。「最近の最高裁は少数者、異端者は法的保護にあたいしない法的保護は必要ないと考えていますよ」

まさにこの判決はそうだと思います。「税理士のほとんどみんなが納得しているのに、たった一人で、たった五〇〇〇円のことに目くじらたてなさんな」

判決はそういっているのです。

そういう目で最近の判決を見てみると、次々とあります。あの日立の残業拒否による解雇事件、玉ぐし料訴訟、まさにその典型例ではありませんか。

少数者の権利を守るのが、まさに基本的人権なのだという正論はあります。しかしその正論に裁判所が真正面から敵対してくる以上私たちもそれと正面から闘うほかないのではないでしょうか。

国民の声、国民の意思は、やはり目に見える形にして、裁判所につきつけてやらなければならないのだと痛感するのです。

## 最後に余談

私が学生の時代、ジョー・メデルという偉大なチャンピョンがいました。典型的なボクサーで足をとめロープに背をつけて、相手にうたせながらカウンターパンチを一振り、相手はただの一発であえなくリングに打ち倒されていました。本当におそろしいボクサーでした。

一方日本ではファイティング原田がまさに上昇中でした。そのパンチはいかにも軽く、一発二発あたってみても、相手は何の影響も受けないようでした。しかしこのファイティング原田はいったん相手をロープに追いつめると、まるで疲れを知らないように打ちまくりました。誇張ではなく、二〇発、三〇発の連打はごくあたりまえでした。その連打をラウンドごとに繰り返すのです。そして相手はその連打をあび続け、最後にしょうがないという形でリングに沈みこんでいきました。

このメデルと原田が対決したのです。私はこの時の感動を今でも忘れません。メデルは形どおりロープに背をつけ、必殺のカウンターパンチを繰り出す機会を狙い続けました。原田は次々と連打を繰り出しました。回が進むにつれてメデルの表情が変わっていくのがわかりました。余裕がなくなっていくのです。そしてついにメデルが沈む時がきました。メデルはなぐり倒されたのではありません。まさにリングに沈みこんだのです。私はこの闘いの記憶を忘れることができないのです。

# 第1章

# 何を目指してたたかうのか

# 1　根本的解決をめざす闘い

弁護士　板井　優

## 損害賠償と差し止め

裁判制度を使って、根本的解決をめざす闘いを考える上で、一番大事なことは、被害の総体を明らかにしてその原状回復・補償をどうやって実現するかの問題である。歴史的には四大公害裁判の闘いがこれに直面していた。水俣病では、一九六七年六月に新潟の水俣病の闘いが始まってから一年過ぎた一九六八年五月にチッソがアセトアルデヒドの製造を中止し、同年九月に政府は水俣病の公害認定をした。したがって、一九六九年六月に熊本で水俣病の裁判が提起されたが、侵害行為の差し止めの問題はなかった。

しかし、わが国で全てのアセトアルデヒドの生産が終了し、かつメチル水銀の体内での半減期を過ぎたときになされた公害認定に、怒りを覚えないものはいないであろう。ここで問題になっているのは、まさに「やり得」の問題である。したがって、侵害行為差し止めの課題は、原状回復にまさる課題である。

司法に関連するものとして、被害をもたらす侵害行為自体を、裁判制度を使ってどうやって排除していくのかという課題がある。これは、現在進行形で侵害行為が続いている場合に問題になる。大気汚染（当初は工場などの固定発生源、次に車などの移動発生源）や大阪空港などの一連の空港騒音訴訟がその課題を担うこととなった。

ここでの問題は、損害賠償は認めるが侵害行為の差し止めを認めないということについて、どう考えるかである。空港騒音訴訟の判決はまさにそのような内容となっている。

大阪空港事件について、大阪高裁は差し止めを認めたが、最高裁では担当部の小法廷から大法廷に事件が回付され、差し止めは法理上否定された。これが現在に至るまでわが国の司法の足かせとなっている。

損害賠償は認めるが侵害行為の差し止めを認めないということを加害側からみると、お金を出せば違法な侵害行為を継続していいということになる。これを許していいのかどうかという問題である。少なくともお金の問題として考えるのであれば、根本的解決にはつながらないことになる。したがって、お金の問題（損害賠償）ではなく、差し止めの課題をあくまでも追求することが根本的解決になることは明らかである。

## 損害賠償をどう考えるか

損害賠償の対象はまさに全ての被害である。これは、経済的被害、人体被害だけでなく、環境被害の総体であり、さらには個人的、社会的被害の総体が被害であるといえる。その意味では、原状回復そのものがまさに損害賠償の究極の姿であるといえる。しかし、現実に裁判の場で損害の総体を明らかにしていくことは極めて困難である。これを、どれだけ詰め切るかが裁判での課題といえる。

ところで、現実の歴史では被害については、被害を引き起こした側（加害企業等）が被害を出来るだけ小さく見せる作業を行ってきた。その実例として、水俣病においては、現在に至るまで国や加害企業チッソが被害地域全体の健康調査をしようとしないことを挙げることが出来る。

これは、加害者側からすると、お金（損害賠償）を払ってさらに侵害行為を継続することにつながる思想である。水俣病では、一九五九年一二月末にいわゆる見舞金契約の中で曲がりなりにも認定・賠償制度が作られたが、結局一九六八年までアセトアルデヒドの生産は継続されている。そして、見舞金契約に根拠を持つ認定診査会は現実にはほとんど水俣病患者の認定をしていない。そして、これを前提に、チッソの水銀垂れ流しは継続していくのである。

これに関連して、宇井純氏は、その著書『公害の政治学』（三省堂）で、公害の起承転結論を展開している。この考えによれば、公害が発生し、被害者側が原因企業との因果関係を明らかにしたことに対し、加害者側が別原因を挙げたことにより、公害の原因関係が中和され、侵害行為の差し止めが出来ない状態となるとしている。

この状態が、まさに業界・加害企業であるチッソのねらったところである。

これに対する私たちの闘いは、裁判所に対して被害を徹底して明らかにすることを求めるものであった。すなわち、裁判所の勝訴判決をテコに被害者救済の世論を徹底して広げ、これを基に全ての被害を補償する闘いを推し進めてきた。すなわち、加害企業側が原因関係を中和させることに対し、裁判所の判決の中で原因と責任を明確にし、これに基づいて問題解決を図っていく世論を作り上げていくこと、すなわち「力のある正義」を実現する闘いが対置されることとなったのである。

ここで、被害を小さく見せるために加害企業に荷担する行政は、御用学者を使って認定制度を作り、これを運用して被害者の切り捨てを図ってきた。行政はこうした方式を「行政の根幹」であるとして、水俣病患者の大量切り捨て政策を推進してきた。そして、被害者側はこうした幕引きに対して裁判に依拠する闘いを展開してきた。

水俣病の闘いが五〇年以上も続いてきた背景にはこのような確執があったからである。

要するに、勝つまで闘いを継続するあくまで被害にこだわった闘いの歴史がここには存在している。

## 根本的解決を考える上での諸課題

ところで、水俣病の闘いは、過去に発生した水俣病患者を救済していくものである。しかし、民事上の賠償責任だけでは、問題の解決にはつながらない。水俣病では、チッソの社長と工場長の刑事責任を追及する闘いも展開され、事実、チッソの経営者の刑事責任も明らかにされている。これは、水俣病被害をお金の問題だけにしないという意味で根本的解決をめざす闘いの一環である。

原爆症認定をめぐる闘いは、認定制度が存在するという意味では水俣病の闘いとよく似ている。しかし、わが国の政府の行為が原爆投下の誘因を造ったことは原爆を投下したのは日本政府ではなく米国政府であり、その意味では水俣病と事実関係は同じではない。

一九五五年四月二五日、東京地裁に日本政府を相手に原爆被害に対する損害賠償訴訟が提起された。この判決（一九六三年一二月七日）は被爆者の敗訴に終わったものの、①アメリカの広島・長崎への原爆投下行為が国際法に違反することを宣告している。さらに、判決は、②「原爆被害者全般に対する救済策を講ずることが出来るのであって、そこに立法及び立法に基づく行政の存在理由がある」「高度の経済成長をとげたわが国において、これらが不可能であるとはとうてい考えられない」として、「われわれは本訴訟をみるにつけ政治の貧困を嘆かずにはおられない」と断罪している（『原爆裁判』松井康博著、新日本出版社）。

この判決を受けて、わが国では、被爆者に対する法制度が整備されてきた。しかし、わが国の政府は、毎年被爆者として認定する数を二〇〇人弱に留めてきた。しかも、毎年度末の認定被爆者はなぜか二〇〇〇人台に過ぎなかった。まさに、毎年死亡した認定被爆者の数だけをほぼ認定するという、お金にあわせて認定制度を運用していたのである。こうしたわが国政府の態度に対し、原爆症認定集団訴訟が提起され、被爆者側の連戦連勝が続く中で、わが国政府は「新しい審査の方針」を打ち出し、年間三〇〇〇人台で認定するという方針転換を行った。この闘いの中で、いわゆる内部被曝の問題が提起された。

原爆症の闘いは内部被曝問題を普遍化する闘いであるといって良い。直曝放射線だけでなく内部被曝の問題を明らかにして初めて、根本的解決が可能となってくるのである。

しかし、認定作業を現実に行う「医療分科会」の研究者たちを従来通り温存したところから、三年目から再び認定被爆者は減少の一途をたどっている。

今、被害者がいる限り闘いを継続する必要があるとして、近畿、広島、熊本、東京などでノーモア被爆者訴訟が展開されている。残念ながら、この闘いに被団協は参加していない。全ての被爆者を最後の一人まで救済するという闘いの輪に被団協の姿が見えないのは残念である。

そして、原爆症認定問題の解決の外に、根本的解決をめざすために核兵器を廃絶していく闘いが同時並行で求められている。

ところで、トンネルじん肺をめぐる闘いは、現在もトンネルを掘削する作業が続く中で、ふん塵を吸った坑夫が罹患しているように、まさに現在進行形の問題である。そこでは「あやまれ、つぐなえ、なくせ」じん肺を合い言葉に闘いが続けられている。

ところで、国連は西暦二〇一五年までにじん肺の根絶を目標にしているが、ありとあらゆる法制度の策定、運用を含めて、じん肺根絶を実現する闘いは現在も続けられている。ここでは、じん肺の発生を許す形での損害賠償制度が問題の根本的解決につながらないことを闘いの中で確認する必要がある。

また、ハンセン病国家賠償訴訟では、勝訴判決を得て確定した後も、判決やハンセン病補償法の適用範囲を在園してなかった患者やわが国の旧植民地下での患者にまで及ぼす成果を獲得した。さらに、絶対・終生隔離政策をもたらした真相の究明や、全ての在園者が最後まで長年過ごしたハンセン病療養所で生活していくための闘いが続けられている。

ハンセン病において根本的解決を実現するためには、判決後も営々と裁判外での闘いを続ける必要性があることは明らかである。この闘いは、行政の姿勢を変えていく闘いであり、ハンセン病対策基本法などの立法闘争などが多方面で闘われている。

かつて、水俣病を解決するには、水俣病が起こって容認されてきたのと同じくらいの時間をかけて解決の闘いをすることが必要だと指摘された。ハンセン病では九〇年という気の遠くなるような時間の中で強制隔離政策が貫徹されている。まさに、その同じ時間をかけてハンセン病の闘いが展開する必要がある。

ところで、菊池恵楓園入所者自治会が八〇周年記念事業で刊行した『壁をこえて』という貴重な著作がある。この中で、裁判所ではなく菊池恵楓園の特設法廷で死刑判決を受けた藤本光夫さんのことが実名で紹介されている。いま、藤本さんの再審を提起しようという運動が巻き起こされている。ハンセン病に対する差別と偏見に満ちた裁判のあり方を根底から問い直すことは、ハンセン病問題を根本的に問い直す意味で是非とも必要であろう。

ところで、国営川辺川利水訴訟では、福岡高裁は国営利水計画を違法として取り消したが、国（農水省）はさらに新しい計画を策定して事業を行うとした。これでは、新しい計画にまた裁判で対応することになり、根本的解決とはならない。これは裁判だけでは解決できない問題であり、そこで、行政と原告団・弁護団が同じテーブルにつき利水事業の是非を問う事前協議の闘い、ダムをめぐる住民討論集会での闘い、収用委員会での闘いへと発展した。すなわち、ここでは、行政処分に対して裁判だけでは全てを解決できない問題があり、そこでの闘いをどうやって推し進めるかという課題がある。

二〇一一年三月一一日の東京電力福島第一原子力発電所事故の問題では、司法が原発問題を根本的に解決できるかどうかが問われている。ドイツでは、行政府の長たる首相が、倫理委員会に諮問をして二〇二二年までに全ての原発を廃炉にすると決断した。イタリアでは、国会で成立した国民投票法を使って原発推進政策を行わないことになった。

わが国では、行政の長である首相は福島原発事故の原因も解明されていないのに、大飯原発三号機を再稼働させることを決定した。そして、国会もこれを容認している。そこで、司法に対する国民の期待が大きくなっている。

今、わが国では全ての原発についてこれを廃炉に追い込む裁判が行われている。そして、九州では、一万人規模の裁判を目指した原告団の闘いが、玄海原発、川内原発をめぐって行われている。これは福島で起きた半永久的・壊滅的被害をもたらす原発はそれだけで危険であり、このような原発を前提にした国の発電政策の転換を求めるものである。こうした大量原告訴訟が全国的に行われ、勝訴判決をテコに国会で、原発によらない発電政策を法制化することを目指す必要がある。そのためにも、全国の裁判の意思統一と、関東において国会での立法闘争を担う弁護士などの集団が必要にして不可欠である。さらに、原爆症認定問題でもそうであるが、この分野でも内部被曝の問題を追究することは必要である。

二〇一二年三月一三日、政府は、「ダム事業の廃止等に伴う特定地域の振興に関する特別措置法案」の国会上程を決定した。これまで、ダムについては政府が建設すると言えばこれを止めることは出来ないとされてきたが、この法律案はこうした認識が間違っていることを明らかにした。この廃ダム特措法案は熊本県五木村をモデルに作られたものである。

今、原発に関しても、これを廃炉にする法体系が出来てもおかしなことではない。すなわち、原発によらない発電政策に転換させていくことは極めて現実的課題である。特に、原発を廃炉にするとしても相当な期間と膨大な資金が必要であり、それ自体が一大産業である。これも含めて、壮大な国民的合意作りは現実的な課題といえる。根本的解決はこの分野においては、壮大な国民的合意作りを具体的に実現することである。

今、福島では、東電第一原発事故の被害に対する損害賠償訴訟が準備されている。この闘いと差し止めを求める闘いが歩調をそろえて闘うことが求められている。原発から自由になるにはこれら様々な課題を、階段を昇るように一つずつ解決していく必要がある。

## 司法と根本的解決をめぐる闘い

裁判はリターン・マッチの側面をもっている。社会の中で支配層に負けた者が法廷で事実を明らかにして権利侵害の事実を明らかにし、これを大きく社会の中で広げることにより世論を変え人権擁護の新たな仕組みを作っていくという側面である。この闘いは、法廷の外側で造られた社会的合意を法廷の内側にも持ち込むものでもある。

さらに、わが国の裁判制度では、確定判決の拘束力は裁判の当事者に限られている。したがって、この判決の効力の及ぶ当事者の範囲を広げる闘いは、法廷の外側での社会制度を変えていく闘いでもある。

その意味では単なる正義が勝利するというのではなく、世論を変えるという「力のある正義」でなければ問題の根本的解決は不可能である。

わが国では、戦前は、裁判官は司法省という行政の監督下にあった、しかし、戦後の日本国憲法は、司法権は、立法、行政とともに独立して権力の一部となり、司法の独立、さらに、裁判が憲法・法律と裁判官の良心によって行われるという裁判官の独立として規定されている。

日本国憲法は、第二次世界大戦でわが国の国民の尊い犠牲の下に生まれたものであり、かつ戦後の様々な人権を守る闘いの中で育まれたものである。この憲法は、前半部分は永久平和主義・基本的人権をうたっているが、後半部分の統治機構では特に司法が軍事・行政を含む一切の事柄について裁判による判断を下せることを規定している。

私たちが根本的解決を求める闘いに司法を加えるのはこうした日本国憲法の構造に由来している。したがって、その司法をさらにゆるぎなきものにしていくわれわれの不断の努力が求められるゆえんである。

もっとも、わが国の司法制度は、水俣病事件でもそうであったが、決して一貫して国民の側に立ってきた歴史ではなかった。それは戦前からの刑事弾圧事件においてもそうであった。

すなわち、松川事件において、一九五三（昭和二八）年一二月二二日、仙台高等裁判所鈴木禎次郎裁判長は、一七名の被告人に対し、死刑四名を含む有罪、三名について無罪判決を行った。しかし、弁護団はこれに屈するところなく最高裁における法律審を闘いぬいた。松川事件は刑事裁判という形を取った政治裁判であった。

こうした闘いの上に立って、一九五九年八月一〇日、最高裁の破棄差戻判決、一九六一年八月八日、差戻控訴審の全員無罪判決を経て判決は確定した。そしてもはや、政治裁判による弾圧が許されない時代へと時代は転換した。

ところで、わが国の公害被害者の人権が救済されるにはいわゆる四大公害裁判を待たなければならなかった。

日本弁護士連合会は、一九八七年一一月六日に熊本市で開催した第三〇回人権大会シンポジウムで「危機に立つ公害被害者の人権」を明らかにし、その一頁で次のように記している。

「明治以来のわが国の歴史にあって、経済活動における企業の利益さらには国家の利益が偏重され、公害被害者の人権は侵され続けてきた。まさに暗くて長い苦難の道をわが国の被害者は歩まされた」

まさにこのような歴史を経て、わが国の司法の果たす役割は大きな成果を獲得してきたのである。そして、司法による根本的解決をめざすまでに闘いは進展してきたのである。

しかし、二〇一一年三月一一日以降、わが国司法に逆風が吹いている。泉南アスベスト大阪高裁判決、イレッサ東京高裁判決、首都圏アスベスト横浜地裁判決など被害者側の敗訴判決がそうである。

3・11以降、国会では裁判官の報酬が一割カットする法律が制定され、原発事故の被害弁償のために国家予算が傾くような巨大な支出が論じられている。こうした中で、国家予算には限りがあり、この国の被害者を全て救済する判決に対する後ろ向きの傾向がこの国の司法を覆っている。まさに、「財政制限論」を根底にした経済優先の国や企業の免罪論である。

こうしたわが国司法の姿勢をどう変えていくかが、現代を生きる者のあらたな課題である。

## 最後に

裁判は、社会的に力のあるものが下した判断に従うのではなく、裁判所で審理した結果を前提に判断するものである。裁判は、いわゆる口頭弁論を終結した時点における主張・立証された事実関係に基づいた独自の判断によってなされる。

しかし、現実の訴訟法は、社会に生起する全ての事実関係を主張・立証の対象にはしていない。例えば、医師が患者を診察している状態そのものを立証する方法は訴訟法には規定されていない。しかしながら、裁判を受ける権利とは、裁判をしてより社会的事実に即したやり方によって実質化されるものである。

例えば、水俣病第二次訴訟、第三次訴訟では、裁判官と訴訟当事者（原告・被告）のいる前で、証人となる担当医師が患者である原告を直接診断し、これを受けて医師の証人尋問、原告本人尋問がなされた。そして、診断・診察の仕方そのものも反対尋問の対象となったものである。

これは、水俣病に罹患したかどうかは外形的にわかりにくいというところから、医師が患者を診断しているという事実を前提に判断せざるを得なかったからである。少なくとも医師が患者を診察している場面を民事訴訟法は想定していないし、そのような証拠方法は存在しないのである。しかしながら、それでは水俣病かどうかという判断は出来ないのであるから、まさに事実に基づいて判断するために必要な証拠方法を生み出していったのである。

ところで、原発なくそう！九州玄海訴訟では、四三六六人の原告がおり、二〇一二年六月一五日の第一回口頭弁論の持ち方をめぐり、原告側が裁判所に対し、当日裁判所に来る約三〇〇人の原告が入れる裁判所構内以外の施設で裁判をすべきだと要請した。これに対し、最高裁はこれを拒否した。結果として、当日、法廷に入りきれなかった原告三〇〇人以上は裁判所近くの施設で模擬法廷を開設した。これは確かに、駆けつけた原告らに好評であった。

しかし、本来裁判を提起したものは、たとえ代理人が付いていても当事者として法廷に入り、自らの目で、耳で裁判を追行できるべきである。佐賀地裁は、後になってこの理を認めたが、裁判所構内の法廷で裁判をする以上、法廷には入れない原告たちが不測の事態に陥って、裁判所構内の秩序が保てないので、弁論を分離する形で原告の数を三〇人に絞るという方向を打ち出した。裁判所の構内程度の広さでなければ適切な裁判を行えないと言うのがその理由である。

私たちは、そのやり方は疑問である。

裁判は、人間社会の紛争を根本的に解決するために生まれた技術であり、社会が複雑になれば、必要な裁判所の大きさについて柔軟に対応すべきであり、主張・立証方法を事案の性質に応じて深化させて行かなくてはならないと考える。それが根本的解決をめざす司法に携わる者の歴史的な使命ではなかろうか。

# ２　人権裁判の礎《いしずえ》を築く

元自由法曹団団長　弁護士　豊田　誠

## 1

　馬奈木昭雄弁護士が古稀を迎えられたことを心から喜ぶ。昭和四四（一九六九）年に弁護士登録をしているが、四大公害裁判のあいつぐ提訴のなかでの弁護士登録であり、いわばこの時代が彼のその後の弁護士活動のあり様を決定づけた基本的背景になってきたと思われる。この年の六月、熊本地方裁判所に水俣病裁判が提訴され、一〇月から口頭弁論が開かれ、チッソの加害責任追及の闘いが始っているのだ。以来四〇年余。馬奈木弁護士が取組んできた課題は、わが国の公害の原点水俣病はもとより、労働災害としてのじん肺、医療問題の予防接種、自然保護にかかる有明海裁判などに及んで、今日に至っている。

　馬奈木弁護士が取組み、偉大な成果をあげてきた、これまでの人権裁判の進展の軌跡は、とりもなおさず、わが国の人権裁判の史的形成過程でもあったといってよい。この国の人権裁判の礎を築きあげる偉大な一翼を担ってきたといっても過言ではなかろう。

2

馬奈木弁護士の今日の業績は、昭和四五（一九七〇）年一二月、福岡から水俣へ移住し、水俣病被害者たちの病苦と凄惨な生活のなかにどっぷりとつかり、チッソの支配する企業城下町水俣市で被害者たちとともに幾多の辛酸をなめさせられて、「生きてきたこと」が源流となっているのだと思う。

弁護士二年目の青年が、弁護士としての生活もままならぬ水俣市へ移住することを決意することは、どうしてできたのであろうか。

千場茂勝弁護士（弁護団事務局長、のちに団長）が『沈黙の海』（中央公論新社、二〇〇三年刊）でまとめているところによれば、当時被害者グループの一部から弁護団批判が執拗になされ、弁護団再編の策動、千場弁護士の表現を借りれば、「四回にわたる弁護団乗っとり策動」が行われ、ある時は、千場弁護士が交渉の場で「大の字に横たわり、『絶対にオレたちは辞めない』と叫んだ」というエピソードが記されている。こうして、「弁護士の水俣常駐の必要性がにわかに浮上することとなった」（千場前掲著）という。

そして、馬奈木弁護士の水俣移住については、千場弁護士の前掲著では、自由法曹団の上田誠吉弁護士が説得にあたってくれたと経緯を記している。

馬奈木弁護士は、「そのとき、私にたたかいの方向を指し示してくれたのは、〝人民のたたかいの歴史に学べ〟という自由法曹団の貴重な教訓であり、そのひと言で、私の目の前が急に開けた思いであった」と述べている（自由法曹団編『自由法曹団物語（戦後編）』三〇七頁）。被害者、人民大衆とともに闘うという自由法曹団の歴史的伝統は、多くの若手弁護士たちの人権感覚に火種を点火し、大衆的裁判闘争として燃えひろがり、わが国の人権闘争の形成・発展の原動力となってきた。

松川裁判をはじめとする幾多の権力弾圧事件、三井三池、中小企業などの労働者の争議をめぐる権利問題、朝日訴訟などの生活と憲法を守る諸課題、などなどには、必ずといってよいほど、自由法曹団の先達たちによる自由法曹団の旗が立ってきた。大衆が遭遇していた苦難の道のりは、どっちがどうのと比較さるべきことではなかろう。しかし、例えば、松川事件のたたかいは、死刑台から労働者の生命を取戻すに等しい苦難を克服して勝利しているということの歴史の重み、そして、そのなかで自由法曹団員が果してきた役割の歴史の重みは、どんなきれいごとの説教よりも吾人を説得する。

私は思う。馬奈木弁護士は水俣移住問題を通じて、生まれかわったのだと。

裸一貫、被害者たちの苦悩のなかに飛びこんだのだ。弁護士として、少しは楽に生活をしたいという物欲を捨てて、そして、あらゆる野心をかなぐり捨てて、人間としての活路を患者たちの苦しむ水俣のなかに見い出そうとしたものなのであろう。なんと志の高いことなのであろうか。

こうした馬奈木弁護士の生きざまが、ポスト水俣病の人権課題につながっていったのだと思う。

## 3

水俣病裁判への馬奈木弁護士の取組みについて語るとき、絶対に欠かしてはならないことがある。それは、「汚悪水論」の法理の創造である。

四大公害訴訟といわれたわが国の公害裁判は、怒涛のごとくに前進し、発展してきた。六七年六月新潟水俣病（新潟地裁）、同年九月四日市公害訴訟（津地裁四日市支部）、六八年三月イタイイタイ病（富山地裁）、六九年六月水俣病（熊本地裁）がそれぞれ提訴された。そして、七一年六月イタイイタイ病判決、同年九月新潟水俣病判決、七二年七月四日市公害判決、七三年三月水俣病判決とあいつぎ被害者全面勝訴の判決をかちとってきた。

「これらの判決を通じて産業公害における企業の法的責任は、社会的に確立するに至ったといってよい。イ病における疫学的因果関係論、新潟水俣病における過失論および損害論、四日市公害における疫学的因果関係論の前進と共同不法行為論、熊本水俣病における責任論と、階段を一段ごとにのぼりつめるようにして、不法行為法の分野における被害者救済の法理が確立していった。四大公害訴訟の判決の順序は、『神の摂理』による順番ではなく、弁護士集団の討議と連帯の所産であった」（拙稿「公害裁判と人権」二九頁、淡路剛久、寺西俊一編『公害環境法理論の新たな展開』日本評論社、一九九七年刊所収）。

汚悪水論の法理がなぜ創造され、注目されたのか。

再び千場茂勝弁護士の前掲書を引用させていただいて、当時の弁護団の悩みを紐解いてみよう。

「肝腎のチッソの過失をつきつめていこうとすると、どうしても原因物質にとらわれてしまい、袋小路に迷いこんでしまうのだった。というのも、原因物質のことをまともに考えると、昭和三一年の水俣病の公式発見まで、誰も水俣病の存在さえ知らなかったことになり、昭和二八年に発病し、数年で亡くなった溝口トヨ子さんをはじめ、多くの患者については、チッソが主張するように予見可能性がなかったことになってしまうからだ。そのうちに『弁護団がもたもたしている』という批判が支援者を名乗る一部のグループから聞えてくるようにもなった。いくら合宿学習会を重ねてもいい知恵が浮ばないところへ、この批判を浴びることとなった私たちの気分は重く沈んでいった」（千場前掲書六八〜七一頁）。

弁護団の苦悩の討議は、チッソの排水により水俣病以外にも漁業被害が発生し、チッソが補償しているという歴史的事実から「汚悪水」というものに着目し、漁民の主張に耳を傾けはじめ、汚悪水という捉え方に到達することによって、弁護団の悩みは雲散霧消していったと千場弁護士は述懐している。

この汚悪水論は、原告最終準備書面で「第二章　汚悪水論」として項立てされ、「この汚悪水論は、本件におけるわれわれの不法行為論の全体を貫く根幹であり、因果関係論、責任論、見舞金契約論、損害論のすべてにかかわるものである」と位置づけられた。沢井裕教授は、「この汚悪水論も馬奈木弁護士の発想で、弁護団会議で練られていったものである。私も手伝って理論化し、論文を書いた」と述懐している（沢井裕「水俣病裁判外史」三九六頁、淡路ら編前掲書所収）。

「汚悪水論」は、学会でも広く議論されてきた（『法律時報』一九七三年二月臨時増刊「特集水俣病裁判」）。例えば、沢井祐教授は上記増刊所収の「汚悪水論」で「これは、危険責任論の新しい構成、具体化である」と評価し賛同している。

淡路剛久教授は、判決後の論文で「水俣病裁判は、原告側主張の『汚悪水論』はとらなかったが、注意義務については、新潟水俣病の考え方を一歩進めた」として、その前進面を解析している（淡路剛久「四大公害裁判にみる責任論」『法律時報』一九七三年五月号）。弁護団の苦悩の討議が判決法理のなかにその真髄が生かされることになったといってもよい。

千場、竹中敏彦ら弁護団の死にものぐるいの努力を背景に、現地在住の馬奈木弁護士の「現地のまなこ」が創造的な法理論「汚悪水論」を創出し、発展させ、責任追及の法理へと凝結させるにいたったものと思う。

## 4

水俣病裁判がいかに広範に闘われたか、しかも「告発」グループからの攻撃は、判決当日を頂点として、すさまじいばかりのものであった。

ここでは、二つのことに触れておきたい。

一つは、とりわけ最終弁論では、全国の公害弁護団の応援弁論に支えられ、水俣病裁判の社会的重要性を裁判所に重く受けとめさせたことである。これは、発足して間もない全国公害弁連の一員として、馬奈木が水俣病に全国の力を傾注させる働きかけをした成果だった。

昭和四七年一〇月一四日最終弁論

渡辺栄蔵ほか「原告らの叫び」

当該弁護団「最終準備書面」

各地からの応援弁論

①近藤忠孝（イタイイタイ病弁護団副団長）：公害訴訟における法律家の責務

②渡辺喜八（新潟水俣病弁護団長）：新潟からみたチッソの犯罪性

③木沢進（イタイイタイ病弁護団事務局長）：国民が真に望む判決とは何か

④郷成文（四日市公害弁護団常任）：歴史の審判に耐える判決を切望する

⑤木村保男（大阪空港弁護団長）：公害絶滅へ指針となる判決を

⑥木梨芳繁（カネミ油症弁護団副団長）：企業責任と行政責任

⑦豊田誠（全国公害弁護団連絡会議事務局長）：真に被害者の要請に応えた判決を
⑧岡林辰雄（自由法曹団、松川事件主任弁護人）：大河の流れを大海へ

これらの弁論は、前掲『法律時報』臨時増刊号に全文掲載されている。

二つは、馬奈木弁護士や弁護団に対する『朝日ジャーナル』（73・4・6付、当時は偏向していた）の誹謗・中傷に対する「書き付け」である。当時の「支援のあり方、支援とは何か」を考えさせられる。

『朝日ジャーナル』は、「水俣駐在の弁護士が患者の手足にならなかった」として、馬奈木弁護士に対し、「致命的ともいうべき暴言」をあびせたのである。馬奈木は「患者の手足」という書き付けを「弁護団だより」（73・4・15、№50）に掲載している。

朝日ジャーナルは、馬奈木弁護士が患者の車いすを押したり、生活の具体的な援助をして、「その手足」となることを求めたのであろうか。

馬奈木弁護士は、弁護士の活動の役割を通して、十二分に患者たちの「手足」となっているのである。

昭和四七年一年間で、
①水俣病裁判　三五日
②弁護団会議　三八日
③弁護団合宿討議　四四日
④証人尋問準備　三二日
⑤運動のため　一二〇日

⑥被害調査　　　　　　四三日
⑦患者互助会出席　　　　八日
合計三二〇日を水俣病裁判、運動に費やしていたのである。これらが患者たちと共に生きてきていたことの証しといってよいだろう。

## 5

馬奈木弁護士は、前掲『法律時報』臨時増刊の座談会「水俣病問題と裁判」の中で、こう語っているのが印象的だ。

「私は、この水俣の問題を考えるときに、水俣病をぬきにして考えられないという気がする。逆にその地域をぬきにして、水俣病の問題だけを切りはなして考えることはできないという気がする」

「水俣は、現在、深刻な過疎の問題が起きていますが、この過疎の問題を一つとりあげてみても、水俣病をぬきにしては考えられない」

「水俣病の解決ということは、単に水俣病だけの解決にとどまらないということです。地域ぐるみ問題をつかまえていかないと、ほんとうの解決はできないという気がします」

「だから、私は水俣病のたたかいというのは、要するに水俣の町を変える闘いであるし、それは熊本の県を変えていく闘いであるし、それはすなわち国を変える闘いであるととらえています」

この思想が、つぎつぎと取組む人権裁判のなかに脈々と生きつづけてきているのだと思う。

馬奈木弁護士が、国の変り目を実感できる日まで、健康でご活躍されることを願ってやまない。

# 3　いつまでも闘いの先頭に！

自由法曹団団長　弁護士　篠原義仁

あの旺盛な活動振りからして、馬奈木さんがもう古稀とは驚きです。最近の司法の動向に関連して、馬奈木さんの実践、馬奈木語録に触れ、「お祝のことば」にさせて頂きます。

## 歴史に背く反動判決

昨年の3・11東日本大震災・福島原発事故を契機に再び司法に逆流現象があらわれています。

八月二五日、大阪高裁は、大阪泉南アスベスト訴訟で、国と加害企業に勝利した大阪地裁判決（二〇一〇年五月一九日）を覆して原告の請求を棄却。その「論理」は、ひと言でいえば人命軽視、経済優先主義を採り、四大公害裁判、とりわけ四日市判決（一九七二年七月二四日）で排斥した「論理」の復活で、一九七〇年国会で成立した公害対策基本法から「経済との調和」条項を削除した立法事実にも反するもので、時計の針が四〇年前に振り戻された感があります。一一月二五日には、イレッサ（肺ガン治療薬）訴訟で、東京高裁は、製薬企業と国の責任を認めた東京地裁判決（二〇一一年三月二三日）を短期の審理で、だまし討ち的に企業と国の責任を否定して敗訴判決を言渡しました。

直ちに反撃は開始され、泉南アスベスト二陣大阪地裁訴訟で二〇一二年三月二八日、再び勝利したのも束の間、最大の決戦場であった五月二五日、首都圏建設アスベスト横浜訴訟、イレッサ大阪高裁訴訟で、国・企業に敗訴という判決が言渡されました。

一連の判決に共通するのは、「規制権限不行使」の国の責任につき行政に広く自由裁量を認め——企業に責任がない以上、国の責任を論じるまでもない、と言ったとしても根底にはその考え方が横たわっている——司法消極主義、行政追随主義の極みということです。

これにつき、法務省の訟務検事は、『判例タイムズ』(二〇一一年一二月一日号、二〇一二年一月一五日号)の論文のまとめで「規制権限の不行使の問題は、被害回復の側面で国の後見的役割を重視して被害者救済の視点に力点を置くと、事前規制型社会への回帰と大きな政府を求める方向につながりやすい。それが現時点における国民意識や財政事情から妥当なものか否かといった大きな問題に留意する必要がある」と述べ、婉曲的表現で露骨に司法の「自制」を求めています。

これは、構造改革路線、規制緩和、新自由主義のいう自己責任論、「小さな政府」論からする、国の責任についての解放要求にほかなりません。国民の生命、健康の保持のために国に与えられた正当な権限を適切に行使する必要性が、規制緩和や財政制約論から背後に押しやられることの不当、違法は明白です。

千葉野犬事件東京高裁判決(一九七七年一一月一七日)や新島漂着砲弾爆発事件最高裁判決(一九八四年三月二三日)では、悲惨な被害についての損害の負担を誰に負わせるのか、被害者の負担のまま終結させていいのかという選択が迫られるなかで、損害賠償制度における損害の公平な負担の原則を採用して「規制権限不行使」に係る予測可能性、回避可能性を認めて行政の責任を断罪しました。
被害者が少数で特殊事例扱いするとその論理の採用は容易で、被害者が厖大に及ぶ事例の場合には波及効果の大きさに司法は及び腰になるのか。それは法の正義、法の平等から許容することはできません。
3・11福島原発事故。大量の被害者の発生と莫大な損害賠償。国家的事業としての原発立地とその差止請求。司法は、この事態に直面して、先取り的に行政追随主義を採用して、一連の反動判決を連発したものと思われます。

## 原発訴訟と司法の動向

学者出身の「良識派」園部逸夫元最高裁判事（原告勝訴の高裁判決を取消した「もんじゅ」上告審判決に関与）は、二〇一一年一一月三〇日付朝日新聞「耕論」で次のように述べています。

高裁の判事は難しい技術について懸命に調べて、原告勝訴の判決を書いたはず。残念だったでしょうね。だけど原発訴訟としてはこういうことが起こると思います。

最高裁には、行政庁の言うことは基本的に正しいという感覚があるのです。それを理屈立てするために「行政庁の自由裁量」という逃げ道が用意されています。一つが「専門技術裁量」といいます。安全性について「看過しがたい過誤・欠落」がない限り、高度の専門知識を備えた行政庁の判断を尊重するわけです。

もう一つは、「政治的裁量」で、例えば、「経済活動に原発は必要」といった行政の政治的判断にゆだねる。特に最高裁は、地裁・高裁よりも国策的な問題について軽々に判断しにくいのです。

この言葉は、行政に弱い司法、私たちが長年にわたって批判しつづけてきた行政追随主義、司法消極主義の本音を端的に表しています。

三権分立、司法の独立は、どこに行ったのか、長年にわたる司法の病源がここにあるというほかありません。この行政追随主義、司法消極主義は、先導的最高裁判決とともに、人事権に基づく最高裁の司法統制の存在（国民目線の良心的な判決を言渡した裁判官への報復人事がその象徴。古くには青法協裁判官の任官拒否、再任拒否という人事があり、最近の例が、「国敗れて三民（東京地裁行政部）あり」と言われたように国敗訴の良識的判決を一度ならず書いた藤山雅行裁判官への報復的人事と私は思う）とその関係のなかでの「ひらめ裁判官」（最高裁ばかりに目を向け、上を気にして、社会の常識にかなう判決を書けない、書かない裁判官）の存在があり、「つめの作業」としての裁判官協議会による裁判の直接的統制があります。

その例としては、水害裁判裁判官協議会が一九八三年一二月二日に（直後の一九八四年一月二六日に、原判決破棄の大東水害最高裁判決の言渡）、公害環境裁判では、それと前後して多数当事者訴訟の裁判官協議会、差止裁判の裁判官協議会が、それぞれ開催されたことが挙げられます。

これらの裁判官協議会は、当該事件を直接担当している裁判官自身がその設問、問題提起を行い、したがって、私たちは、この事件は多奈川大気裁判、これは西淀川裁判、これは名古屋新幹線訴訟、これはどの事件と確定的に特定できるわけですが、同種事件の裁判官を一堂に集めておいて議論させ、最後に最高裁の民事局、行政局の責任者が模範解答を示すというものになっています。自らの頭で実践的に考えることが弱く、判例尊重（実は偏重）主義に陥る裁判官にとって最良の「教科書」となっているのが、裁判官協議会の「まとめの資料」です。しかもこの「資料」は、最高裁は司法（裁判）の独立の問題を強く意識しているのでしょう、広く私たちにも示して討議を深めるということはせずに、資料には「取扱注意」と判が押され、非公開となっています。

園部談話、裁判官協議会との関連でいうと、二〇一二年一月二八日付朝日新聞は、

原子力発電所をめぐる訴訟はどう審理し、判断すべきなのか。原発訴訟のあり方が、全国の地裁の裁判官らが集まる研究会のテーマとして取り上げられた。研究会は二六、二七の両日、最高裁の司法研修所（埼玉県）で開かれた。民事、行政事件を担当する裁判官三五人のほか、弁護士や大学教授が出席した。東京電力福島第一原発の事故に伴い、各地で原発をめぐる訴訟が増えることが予想されている。司法の場ではこれまで「行政庁の判断に、現在の科学技術に照らし不合理な点があるかどうか」が判断基準とされてきた。四国電力伊方原発（愛媛県）の設置許可の取り消しを求めた訴訟の上告審判決（一九九二年）で最高裁が示したものだ。研修所によると、研究会ではこの判断の枠組みに異論は出なかったが、判決にある「現在の科学技術」をどうとらえるべきかが議論になった。「専門知識をどう身につけていくか」「国の原子力政策が定まらないなか、裁判をどう進めるか」といった点について意見が交わされた」

と報道しました。

　但し、この裁判官協議会は、全くの閉鎖的会議ではなく、「弁護士や大学教授も出席した」ということで、楽観視する意見もありますが、以前が以前であったということ、しかも一九九二年の伊方原発の最高裁の判断枠組みの「現在の科学水準」について議論したということ、これに園部談話とを総合すると、そう楽観的にこれをみるわけにはゆかないと思います。

　福島原発事故以来、脱原発、原発ＮＯの国民的運動が高まり、全国各地の原発立地に対し、必然的に差止訴訟が続発するであろうと想定された二〇一二年一月にこの裁判官会同が開催されたことは、「ひらめ裁判官」の存在を考えるにつけ、「開かれた会議」だからといってそう楽観視するわけにはゆかない。しかも、昨年、今年と一連の反動判決がつづいているわけで、こうした動きについては原発事故関連の損害賠償請求の局面でも、そして、差止訴訟の局面でもいささかも軽視せず、対処してゆく必要があるように思われます。

## 情勢を直視し、どう反撃してゆくか

　馬奈木さんは、豊富な実践から数多くの馬奈木語録を残しています。筑豊じん肺訴訟の最高裁判決はとるべきではなかった、というのもその一つですが、今の情勢からいうと、「私たちは絶対負けません。なぜなら勝つまで闘うからです」の意味することは大きいと思います。

　被害の本質に迫り、勝つまで闘い抜く。被害者と加害者という対立構造を「国家資本主義」の最大の弊害と捉え、「原告団と弁護団と支援者」の三者の団結を基礎に、緊急的要求の実現から被害の全面・完全救済へ向けての制度的確立のためにさまざまな闘いの局面で先頭を切る馬奈木さんの姿は、全人格をかけた取組みとして多くの人々に激励と感動を与えました。その馬奈木さんの「強み」は、「水俣移住」に原点を置くからだ、と思います。

私が新人弁護士時代に先輩から口を酸っぱくして言われた言葉に、「現地主義」「現場主義」があります。被害者と真摯に向き合い、そこから要求をつかみとる、そのために闘いの真っ只中の、簡裁しかない人口わずか五万（と記憶）の水俣現地に「明日、食えるか」などと考えずに法律事務所を開設し、弁護士であるとともに、運動家として取り組みに専心した馬奈木さんの現地主義は、近藤忠孝弁護士がイタイイタイ病の闘いに専念するため東京から富山に常駐したことと重ね合わせて感動しました。青法協を中心とする各地公害弁護団は、この象徴的奮闘に激励され、周辺地域から各被害現地に入り現場主義を徹底しました。被害者宅への泊り込み活動、徹底した被害者からの聞きとりを通じ「被害の掘り起し」活動を実践しました。

現下の情勢の下での公害弁連の討議は、「被害に始まり、被害に終る」という公害闘争の原点に帰って闘うことを確認しました。被害論の重視です。馬奈木さんにも影響をうけ、公害弁連で学んだ「被害論」について私なりに整理すると四つに要約できます。

一つは、裁判所に勝訴判決を書かせるための動機付けとしての被害論で、その例が野犬事件、新島漂着事件です。悲惨な被害が裁判所の心を動かしたのでしょう。行政追随主義に陥る裁判所は、客観的事実、社会の常識から目をそむけがちで「司法の常識」と「社会の常識」は乖離します。この乖離を埋めるための被害論、被害の訴えです。

二つめは、責任論における被害の位置づけで、これは、国の規制権限不行使の法理論の第一の要件に対応します。

三つめは、損害論における被害の位置づけ、高額賠償にどうつなげるかです。それは、違法性の高い場合や、責任の強い場合の高額賠償化の理論でかなり以前に書かれた馬奈木さんの「前衛」論文に対応します。

四つめは、大衆的運動を拡げるために必要不可欠な「被害論」、被害の訴えです。原告団、弁護団、支援団体は「訓練された団結」の下で運動を進めますが、闘いの上で何よりも重要なのは、被害者が取り組みの先頭に立つということです。被害の訴えに心を動かされ、運動は前進する、ということです。

馬奈木語録に関連していうと、裁判に頼らず、運動で勝つということも重要です。「私たちは絶対負けない。勝つまで闘う」という言葉を私なりに理解していうと、例えば、有明訴訟でいえば、民事事件の差止めをやって敗訴、それなら行政処分の取消訴訟を、開発のための公金の違法支出差止の監査請求、住民訴訟をやる、仮処分も本訴も。原告団も地域ごとに、そして、一陣だけでなく二陣、三陣訴訟もやる、ということで、多角的に重層的に闘いを組織する、そして、運動で相手を追い込む、ということになるのでしょう。

訴訟で敗訴すれば、運動上悲壮感も生まれてきますし、団結上の問題も出てきます。それを「訓練された団結」を維持し闘い抜くためには、運動の中心、とりわけ弁護団への厚い信頼が絶対的に要求されます。馬奈木さんには、強い信念を基礎に厚い信頼を集める人柄、人間性が基本にあり、それは実践力に裏うちされているのでしょう。闘いの源は人間力、実践力で、語録のなかに秘められた真意を汲みとることが重要となっています。

## 明日に向って

修習生時代、心に響いた言葉があります。イタイイタイ病で痛いと言っていながらどうしてビラがまけるのか、と「批判」された小松ミヨさんは「痛いからまくのです」と言ったというのです。

被害者の多くは高齢で、本来ならば人生のひと仕事をやり終えて、家族でくつろぎ、孫子と楽しい生活を送っていたはずです。社会的な運動の経験もなく、よもや六〇を過ぎてビラまきに立つことなど想像したこともないのです。

被害者は、加害企業の無責任性と行政の無能力を眼のあたりにして、直接交渉や裁判闘争に立ち上がりました。被害者は好きこのんで裁判に起ち上がったのではない。公害の根絶と被害の救済の思いを込めて、加害者の開き直りと行政の怠慢に怒りを込めて、自分の一生の仕事として余生をかけて闘いつづけました。

同じ頃、水俣病に関連して、被害者の本当の痛みは被害者自身しかわからないとして、被害者を至上の者として持ちあげ、原告団・弁護団・支援団体の団結した取り組み、とりわけ公害反対運動の中心を担った弁護団の活動に水をさす言動があらわれたと聞きました。

これに対して、弁護士は被害者になれないし、なりようもないが、被害者の立場に立つ、被害の立場に徹底的に立ちきって被害者の要求を聞きとり、被害の救済と公害の根絶のために奮闘することはできるとして、現地主義、現場主義を貫いたことを知りました。

さて今、私の経験からして四度目の大きな逆流現象が生じています。

一つめが、一九七三年の石油危機をきっかけに始まった攻勢、逆流現象です。石油危機とそれに伴う構造的不況（いわゆる石油ショック）がつづくなかで、加害企業と国は、「科学」（ニセ科学）に名を借りて金で買収した学者の「論文」を動員して裁判で決着ずみのイタイイタイ病原因論争についてむし返しの議論を展開し、同時にカドミウム等重金属を原因とする生野イタイイタイ病、安中指曲り病を行政の手で否定し、水俣病の分野でも第三、第四水俣病を行政の「調査」によってシロ判定し、次いで、環境庁は水俣病認定の判定条件の改悪を行い、被害者の切り捨てを強行しました。

石原慎太郎環境庁長官の、公害対策基本法から「経済との調和」条項を削除したことへのむき出しの攻撃（いわゆる「魔女狩り発言」）や自民党環境部会長の「環境庁スクラップ」論もこの頃に対応します。

大気汚染関係では、$NO_2$の環境基準の改悪、たび重なるアセスメント法案の流産があり、そして健康被害補償法の指定地域解除と被害者の新規認定の打切りという事態に進展してゆきました。

二つめは大阪空港騒音差止訴訟で一審、二審で勝利（二審判決一九七五年一一月二七日）していながら最高裁で逆転敗訴、上告却下の判決（一九八一年一二月一六日）が言渡され、差止訴訟が「冬の時代」に入ったときです。この「冬」は長く、空港・基地訴訟、大気訴訟、道路差止訴訟で連戦連敗し、実に二五年後に尼崎の大気裁判（二〇〇〇年一月三一日）で勝つまで四半世紀かかりました（二〇〇〇年一一月二七日に名古屋大気裁判でも差止勝利）。その大阪空港訴訟について、一〇年後の毎日新聞のスクープは、「覆った飛行差し止め」の見出しのもとに、司法の独立が侵害された事実を報道しました。第一小法廷は四裁判官全員一致で高裁判決支持、差止認容の方向で合議を終え、岸上康雄裁判官の定年（一九七八年九月二一日）前の判決言渡を予定していました。しかし、それが岡原昌夫最高裁長官の意向（裁判介入）で、七八年八月三一日、第一小法廷から大法廷へ事件が回付され、その結果、大法廷は、激しい議論の末に差止認容を少数意見に押し止め、多数意見の結果として「航空行政権」という新造語を作り出して差止却下の判決を言渡したのです。「公共事業と差止」についてなり振りかまわず最高裁が行政追随を露わにしました。以後、「差止冬の時代」を迎えました。

三つめが、環境訴訟という広いくくりのなかでの「水害裁判冬の時代」です。ちなみに、水害訴訟の大東水害の波及効果については、判決に関与した谷口正孝最高裁判事は、最高裁は未改修河川に限定して大東水害裁判の判決を書いたのに多摩川水害の東京高裁は、「揣摩憶測」して改修済み河川にも適用して原告敗訴の判決を言渡してしまったと嘆くところとなりました。

この指摘は、「ひらめ裁判官」の存在を嘆く点では正しいのですが、実は、そうさせているのは最高裁自身であり、それは判決直前の裁判官会同であり、そして、最高裁の人事権の恐さという点を全く見落としている点で、きわめて人のいい「語録」というしかありません。

弁護士出身の色川幸太郎元最高裁判事も「凛然たる判決を」（日本評論社『法学セミナー』増刊号「今日の最高裁判所」）という論文のなかで、「最高裁の立法府、行政府に対する姿勢は……行政の裁量権の行使やらの専門的判断の尊重に傾きすぎる感なきにしもあらず。また行政庁の理論やその便宜に重きを置くがために肝心の被害者救済が二の次、三の次になっていると指摘する向きがある」として、大阪空港大法廷判決や大東水害訴訟をその例にあげ、結論として「最高裁が、政府や行政の公権力のからむ訴訟事件については、ともすれば権力側の判断や行動を比較的容易に是認するような傾向にあるとの世評もあながち否定しがたいのではあるまいか」と最高裁の行政追随主義を批判しています。

およそ四半世紀前に書かれたこの論文とつい先頃の園部談話は、いずれも最高裁経験者の見解ですが、奇妙に一致していることに驚きますし、社会の進歩に比較して司法に進歩がないこととこの「社会の常識」と「司法の常識」の乖離に呆然とします。

そして、四つめが、今回の逆流現象です。

従前の逆流現象に対し、私たちは、深い討議のもとで、闘いの戦線を立て直し、全国各地で連鎖提訴、大量提訴の取り組みで反撃を行い、ひとつひとつの闘いに勝利し、制度改革をかちとり、ある局面で裁判に敗訴しても大衆的運動の展開で、大阪空港、名古屋新幹線のように直接交渉による協定成立で要求の実現をはかってきました。

その基本に被害論の押し出しがあり、「公害闘争は被害に始まり、被害に終る」という実践を遂行したのであり、馬奈木さんのいう実践・語録と符号します。

私も馬奈木さんに学び、公害闘争はもちろん、労働事件でも、東京電力や日本鋼管の職場での、思想信条を理由とする全面的差別政策に反撃する人権裁判に参加しました。

憲法や労働基準法で思想差別は禁止されているのですが、それを真に権利として確立するためには闘いが必要で、その自由は闘ってはじめて自由となり、その闘いは絶対に勝利する必要があり、勝利して本当の自由となる、ということを経験しました。

その意味で、権利闘争に関わる仲間、とりわけ若手弁護士が、馬奈木さんの実践、馬奈木語録に学んで明日への闘いを進めてほしいと願っています。

# 4　泉南アスベスト国賠訴訟と馬奈木弁護士

大阪じん肺アスベスト弁護団　弁護士　村松昭夫

## 1　泉南アスベスト国賠訴訟――石綿被害で最初の国賠訴訟

はじめに、大阪・泉南アスベスト国賠訴訟を紹介したい。

大阪・泉南地域（大阪府の最南端、和歌山県に接する地域）は、一九〇七年から一〇〇年間に亘って石綿紡織工場が集中立地し、アスベスト被害の歴史も七〇年以上も前に遡る。しかし、被害が掘り起こされ、注目されるようになったのは、二〇〇五年六月のいわゆる「クボタ・ショック」以後である。

私自身、三〇年間、大阪で西淀川公害訴訟などそれなりに公害関係事件に関わってきたが、泉南地域でのアスベスト被害については全く知らなかった。私自身が不明であったということもあるが、泉南アスベストが埋もれた被害であったのも事実である。それは、労働現場はもちろん石綿紡織工場周辺や家族にも及ぶ広範な被害があったにもかかわらず、被害者の多くが、粉じんまみれになって黙々と働きづめの生活を送ってきた零細事業主やそこでの労働者であり、粉じんまみれの生活が日常生活そのものだったがために、被害者がそれを被害として認識できなかったからである。そのために、被害者自らが被害救済を求めて声を上げ、立ち上がること自体が困難であった。

また、残念ながら、地域でも、これを公害被害、地域被害として認識し、問題化されることはなかった。その意味では、被害者はいわば「無告の民」として放置されてきたと言ってよい。しかし、それは、被害が埋もれてきたのもやむを得なかったというものでは決してない。そこには、石綿紡織品が自動車、鉄鋼、造船等の基幹産業にとって不可欠であったことから、自らの調査で深刻な被害を把握しながら、必要な規制や対策を怠り、被害を発生させ放置してきた国、行政の責任があった。泉南アスベスト被害は、「埋もれた被害」というよりも、「埋もれさせられてきた被害」である。

弁護団と医師、地元の市民有志による被害の掘り起こしが始まったのは、「クボタ・ショック」直後からである。数回に亘って「医療・法律相談会」を開催したが、当初は、とにかく被害の実態を掴み、法的救済等できるところからやろうというものであった。相談会には、毎回、予想を遙かに超える旧労働者や旧零細事業主、周辺住民等が押しかけた。あらためて埋もれさせられた被害の大きさ、深刻さを痛感させられた。同時に、被害の掘り起こしと並行して、研究者の協力も得て、長期に亘って深刻に大量に発生し続けた泉南アスベスト被害の全体像、被害を発生させた原因、とりわけ国の責任について調査、研究、検討が進められた。そこで明らかになったのは、端的に言えば、国は、泉南石綿被害を「知っていた」、被害防止に向けた規制や対策が「できた」、にもかかわらず、長期に亘って規制や対策を「やらなかった」という歴史的事実である。国は「知っていた」「できた」でも「やらなかった」、国が泉南アスベストに責任を取らねばならない理由はここにある。

二〇〇六年五月、被害者八名は泉南アスベスト国賠訴訟（一陣訴訟）を提起した。被害発生から七〇年を経て初めて泉南アスベストの被害者が声をあげ、立ち上がったのである。その後も次々に被害が掘り起こされ、提訴した被害者数は、一陣訴訟で二六名、二陣訴訟で三三名の合計五九名に上っている。七〇年以上に亘って長期に大量に発生し続けた泉南アスベスト被害全体から見れば、この提訴被害者数はほんの一握りである。しかし、裁判に立ち上がった被害者らは、泉南アスベスト被害の最後の生き証人である。

四年間の審理を経て、二〇一〇年五月一九日、一陣地裁は、筑豊じん肺最高裁判決を踏まえて、アスベスト被害では初めて国の規制権限不行使の責任を認める原告勝利の判決を言い渡した。原告団と弁護団は、判決直後から上京し、政治に対して早期解決を求める判決行動を本気で行った。一旦は主務大臣である厚労大臣も環境大臣も控訴断念を表明し、解決まであと一歩のところまで迫ったが、最終的には対応を一任された仙谷国家戦略担当大臣（当時）が、厚労官僚らの意を受けて控訴する旨を表明し、原告らの早期解決の願いは踏みにじられることになった。

そして、舞台は再び法廷に移った。二〇一一年八月二五日、一陣高裁判決が言い渡された。しかし、この判決は、驚くべきものであった。大阪高裁第一四民事部（三浦潤裁判長）は、労働者の生命身体の保護を目的としている労働安全行政における規制権限行使にあたっても、行政は産業社会の発展や石綿の工業的有用性を優先してもよい、そのために労働者の生命や健康が犠牲になってもやむを得ないとする、とんでもない判決を言い渡したのである。まさに、四〇年間に亘って営々として積み重ねられてきた公害訴訟やじん肺訴訟の到達点を、根底から掘り崩す不当判決であった。

私たちは、この不当判決に大きな衝撃を受けつつも、一陣最高裁での逆転勝訴と二陣訴訟での勝利をめざして、一陣原告全員が上告し、筑豊じん肺訴訟弁護団をはじめ、全国の公害訴訟やじん肺訴訟の弁護団の協力や、こんな不当判決をまかり通すわけにはいかないという広範な支援を得るなかで、必死の反撃の取り組みを開始した。一陣最高裁には、全国から実に一〇〇〇名を超える弁護士が代理人に就任した。そして、二陣訴訟地裁判決が、二〇一二年三月二八日に言い渡された。大阪地裁は、一陣高裁の不当判決からわずか七ヵ月後に、再び国の責任を認める判決を言い渡した。原告らの被害救済に再び希望を与えるものである。しかし、今後の一陣最高裁での逆転勝訴と二陣高裁での勝訴、それに引き続く早期全面解決への道のりは決して容易なものではない。今現在も、原告団と弁護団は、裁判勝利と早期解決に向けて必死の取り組みを進めている。

## 2　二〇〇九年一〇月の馬奈木講演

ところで、六年間に亘る泉南アスベスト国賠訴訟の闘いにとって、二〇〇九年一〇月三日の馬奈木弁護士の記念講演「国に勝つためには何が必要か――筑豊・有明の経験から」は大きな画期であった。

一陣地裁は、二〇〇九年一一月一一日に結審したが、私たちは、それに先だつ一〇月三日、原告団、弁護団、支援者が、心を一つにして結審、判決、そして早期解決に向けて闘い抜こうと「泉南アスベスト国賠を勝たせる大集会」を開催し、その記念講演を馬奈木弁護士に依頼した。いうまでもなく、馬奈木弁護士は、泉南アスベスト国賠訴訟の先例的判例である筑豊じん肺最高裁判決を勝ち取った弁護団の団長であり、多彩な戦略、戦術を駆使して国と熾烈な闘いを展開している「よみがえれ！有明」訴訟弁護団の団長でもある。同時に、私自身にとっては公害弁連の大先輩でもある。とりわけ、諫早湾干拓問題では、「絶滅危惧種は漁民である」「よみがえれ！有明」のスローガンを掲げて、漁民をはじめ干潟の自然保護を求める人たちも含めて、広く有明海はもとより有明地域全体の再生を願う広範な結集を勝ち取り、不屈の、そして、強力な闘いを構築していることから、私自身も多くのことを学びたいと思っていた。泉南アスベストというある意味素人の寄せ集め集団が、結審、判決、そして早期解決に向かって国と厳しい闘いに突入していくその時に、馬奈木弁護士から学ぶことは多く、その講演は時宜に適うものであった。

期待通り、あるいはそれ以上に、馬奈木講演は被害者の闘いの真髄を語る迫力あるものであった。「私たちは絶対に負けない。なぜなら、勝つまで闘うからだ」という馬奈木節は原告にも弁護団にも大きなインパクトを与えた。被害者や住民の正義の要求を掲げた闘いは絶対に負けるはずはない、それへの限りない確信に裏打ちされ、裁判でどんな判決が出ようが、最終的な勝利まで闘い抜く不屈の闘志を感じさせるものであった。具体的には、不当判決が出ても屈することなく、それまでに倍する闘いを組織する、一層強固な原告団を組織し大量提訴を行い、広範な世論も組織する、不当判決への最大の反撃は、そんな判決では紛争は絶対に解決しない、そのことを裁判所に示すことである、これは大変印象に残るインパクトのある話であった。住民、被害者の闘いの真髄を突くものと言って良い。

さらに、馬奈木弁護士が、筑豊じん肺裁判について、本当にすばらしい闘いであったのか、本当は、最高裁判決を取らずに勝つことこそが優れた闘いであり、それが求められていたと語り、判決を梃子にした早期解決の必要性を訴えたのも大変印象に残るものであった。当面、判決での勝利しか念頭になかった私たちは、どんな闘いで、どんな取り組みで、どんな工夫をして、あの最高裁判決を勝ち取ったのか、そのことに大きな関心があったが、話はなぜ最高裁まで闘わざるを得なかったのか、その点での運動の教訓を語るものであった。馬奈木弁護士は、遺族原告から、「死んでから勝利判決をもらっても何にもならんとよ」と言われ、その言葉が頭から離れない、裁判は、あくまで原告らや被害者の要求実現の一手段、それ自身が目的ではない、判決を梃子にした早期解決こそ真の解決であり、いくら良い最高裁判決を勝ち取っても、それは最高裁判決まで解決できなかった力不足を示しているに過ぎない、などと話された。かなり謙遜した言い方ではないかと思うが、判決と要求実現の関係に関する基本を語るものであった。

被害者の掲げる要求への限りない確信、そこに正義があることに対する限りない確信、そして、運動で世論を広げることの重要性、判決を絶対視せず、判決を梃子にした解決をめざすことの必要性など、これから、結審、判決、早期解決をめざす闘いを進めようとする私たちに、大きな励ましとともに闘う方向、心構えを示すものであった。

私たちが、前述のように、一陣地裁判決後、本気で政治に早期解決を求める闘いを行うことができたのも、この馬奈木講演が大きな切っ掛けになったのは間違いない。

実は、講演を依頼した時に馬奈木弁護士は、自分もアスベスト訴訟に取り組みたいと思っていたとのことであった。泉南国賠訴訟は、長く眠っていた被害を弁護団、医師、市民が掘り起こし、その被害と加害の構造、被害発生の原因を究明する中で、真の原因者である国を相手に裁判を提起したものであり、馬奈木弁護士は、そうした泉南の取り組み自体に注目していたのではないかと思われる。それもあって、講演を引き受けていただき、前述のような講演をされたのではないかと思っている。

そして、この講演後も、馬奈木弁護士には、一陣地裁と一陣高裁での結審法廷で応援弁論を引き受けてもらうなど、様々な援助をいただいている。

## 3　馬奈木弁護士の迫力ある応援弁論

以下に紹介したいのは、泉南アスベスト国賠一陣地裁の結審法廷（二〇〇九年一一月一一日）での応援弁論の抜粋である。そこでは、被害者を苦しみ続ける国の理不尽さを舌鋒鋭く追及し、司法がそれをどう裁くのか、その重要性が語られている。

「私は、いわゆる公害の原点といわれる水俣病訴訟において、一九六九年の第一次提訴以来四〇年にわたって水俣病問題に取り組んでまいりました。また、筑豊じん肺訴訟においても弁護団長として、はじめて国の権限不行使による国賠責任を認めた、二〇〇四年四月の最高裁判決を得ています。これらの取り組みの教訓として、今この法廷において、心ある多くの国民が裁判所に何を期待しているのか、判決がどうあるべきなのか、述べさせていただきたいと思います。

すでに、御承知のとおり筑豊じん肺最高裁判決は次のように示しています。

『鉱山保安法及び規則は、鉱業権者が鉱山労働者のじん肺を防止するために講ずべき粉じん対策等の法的根拠となるものであり、』

『鉱山保安法の目的、上記規定の趣旨にかんがみると、同法の主務大臣であった通商産業大臣の同法に基づく保安規制権限、特に同法三〇条の規定に基づく省令制定権限は、鉱山労働者の労働環境を整備し、その生命、身体に対する危害を防止し、その健康を確保することをその主要な目的として、できる限り速やかに、技術の進歩や最新の医学的知見等に適合したものに改正すべく、適時にかつ適切に行使されるべきものである。』

『上記の保安規制の権限（省令改正権限等）が適切に行使されていれば、それ以降の炭鉱労働者のじん肺の被害拡大を相当程度防ぐことができたものということができる。本件における以上の事情を総合すると、昭和三十五年四月以降、鉱山保安法に基づく上記の保安規制の権限を直ちに行使しなかったことは、その趣旨、目的に照らし、著しく合理性を欠くものであって、国家賠償法一条一項の適用上違法というべきである。』。

私は、当然のこととして、国はこの判決の趣旨、その意味を十分に尊重して、ただちに全国の全ての粉じん職場において、必要な粉じん被害の防止対策を実行し、あわせてじん肺患者の救済措置を講じてくれると期待しました。しかし、国はそう考えませんでした。筑豊じん肺と全く同様の、石炭鉱山じん肺患者が、国を被告とした、北海道じん肺訴訟控訴審において、私達は国に対し、じん肺患者への謝罪と救済の解決を求めたところ、国は、最高裁判決は鉱山保安法違反を認定したのであって、厚労省が所管する他の職場の責任は問われていないと強弁し、謝罪文も『国（経産省）は』とわざわざ責任を経産省に限定することに固執しました。私は、この国、官僚の態度、この考え方こそが、今回の本件のアスベスト問題をはじめとした全国の国民の被害発生を許しているのだと確信しています。私達は、けっしてこのような国の官僚の態度を許してはならないと確信しています。

健康被害を生じることがわかりきっている粉じんには、必要な防止対策を取らないといけない、それは、国民を護るべき立場にある国の当然の責任だ、あたりまえのことではないでしょうか。そもそも国の官僚は、何をするために存在しているのですか。国民の生活、健康を護ることが、何にもまして優先されるべき仕事ではないのですか。そのためには、できる限り速やかに、技術の進歩や最新の医学的知見等に適合したものに規則を改正し、適時に適切に権限を行使すべきだ、という最高裁の判示は、全ての国民の生命と健康を考える場面において、国の組織全てに適用されるべきことではないのですか。

国は、この点において全く誤っています。国民の生活、健康が脅かされている色々な訴訟で、国は頑強に因果関係を争い、責任を争い、個別原告の被害を否定し、最後には自らが患者であることを否定し認めなかった事実を忘れたふりをし、時効、除斥だと主張しはじめます。まるで国は被害者を切り捨て放置することが、国の存在理由であり、訴訟で勝利することが、国の存在目的だと主張しているとしか考えられない応訴態度です。

筑豊じん肺訴訟最高裁判決は、昭和三五年以降の国の責任を認めましたが、それはなんと四〇年以上が経過し、多数の被害者がすでに発生した後、二〇〇四年になって、ようやくです。この四〇年間に発生した被害者に、国、裁判所はいかなる責任を取るというのでしょうか。何の責任もとろうとはしません。必死の思いで一八年をかけて裁判を闘ったごく少数の被害者に（一七〇名の患者原告であり、しかもその三分の二の患者は最高裁判決以前に裁判中に死亡した）、わずかな賠償金を支払っただけです。じん肺の被害発生は今なお続いています。本件のアスベスト被害がその代表です。このような不条理、非道な行為をいつまで続けなければならないのでしょうか。裁判所はこのような結果に心を痛めないのでしょうか。水俣病患者はこのため、筑豊じん肺と同じ年、二〇〇四年に国の責任とその病像を明らかにした関西水俣病最高裁判決が下されながら、国が最高裁判決に従わず、なお争い続けるために、今、現時点でも二五〇〇人を超える原告による裁判が続けられています。

本件においても、なぜ原告達は今この法廷で国に責任を問い続ける裁判などをしないといけないのですか。国が自ら進んで国民の生命健康をまもるために、何をしなければならないのか、何をすれば良いのかを考え、原告のみなさんをはじめとする被害者と十分に協議し、合意を得るように努力をつくせば、ただちに問題の解決に進み出すことが可能です。

私達は、全国のいろいろな被害者を筆頭に、心ある国民のみなさんの支持と協力を得て、国が本来果たすべき役割と使命を実行するように取り組みを強めていく決意です。

裁判所、この法廷においても裁判所もぜひ自分の使命を果たしてください。私達は国民自らの生命、健康を守るために努力を尽くしますが、その取り組みに十分な力となる判断を示した判決をして下さい。

アスベスト被害が日本から根絶され、アスベスト被害者が安心して生活が送れるように、国の責任を厳しく明らかにし、今後国が行うべき方向をさし示す判決を下されるよう切望します。私達はその判決を実現するとりくみを頑張りぬく決意です」

まさに、水俣病訴訟と筑豊じん肺訴訟での経験を踏まえた国と司法の責任を鋭く突く弁論であり、いまなお、私たちが、泉南国賠で国と裁判所に問い続けている根幹が語られている。

## 4　現在の司法情勢と「馬奈木理論」

いま、全国のアスベスト訴訟、というよりも、すべての「被害者救済の裁判」そのものが重大な局面に立たされている。前述のように、二〇一一年八月二五日に泉南アスベスト国賠一陣高裁が、産業発展のためにはいのちや健康が犠牲になってもやむを得ないとして、国の責任をすべて免罪する不当判決を言い渡したが、二〇一二年五月二五日には、建設アスベスト横浜訴訟においても、横浜地裁が、建設作業者のアスベスト被害に対する国の責任はもちろん、石綿建材メーカーの責任も否定する不当判決を言い渡した。それればかりでない。イレッサ薬害訴訟でも、二〇一一年一一月に東京高裁で、二〇一二年五月には大阪高裁で、それぞれ国の責任も製薬会社の責任も否定する逆転敗訴の不当判決が言い渡された。水俣病関係でも、大阪高裁で五二年認定基準を正当化する逆転敗訴判決が言い渡されている。まさに、二〇一一年から、司法において驚くべき逆風が吹き荒れていると言って良い。

こうした不当判決の根底に流れているのは、国民のいのちや健康を守るべき国の責務について、限りなくこれを後方に追いやり、ごく例外的な場合にしか国の責任を認めない、その一方で、被害発生の責任を労働者や零細業者、患者らのいわゆる「自己責任」に押しつけるという行政追随、被害者切り捨ての思想である。それは、国の責任追及の場面ばかりか、企業責任追及の場面にも波及している。背景には、国の責任を広く認めると国の財政が破綻するという「財政危機論」を口実にした国による司法への「脅し」がある。

現に、国はこのことを公然と主張し、それを理由にしてこの間の司法の動きを被害者救済の「行き過ぎ」と批判している。国は、二〇一一年一二月と二〇一二年一月の『判例タイムズ』誌上において、「規制権限の不行使をめぐる国家賠償法上の諸問題について」とする特集を組み、そこで泉南アスベスト訴訟とイレッサ薬害訴訟の担当訟務検事が論文を載せている。その論文の最後のところでは、「被害回復の側面で国の後見的役割を重視して被害者救済の視点に力点を置くと、事前規制型社会への回帰と大きな政府を求める方向につながりやすい。それが、現時点における国民意識や財政事情から妥当なのか否かといった大きな問題が背景にある」と、公然と「小さな政府論」と「財政危機論」で裁判官への「脅し」を行っている。

近時の司法の逆流の動きは、こうした国を中心とした大がかりな仕掛けが、現場の裁判官に少なからず影響を与えているものと見なければならない。

この容易ならざる事態に対して、どう反撃していくか、巻き返していくか、真剣な腹を据えた取り組みが求められている。そして、泉南アスベスト国賠の闘いは、いわばその先陣を切る闘いと自覚している。もう一度、「馬奈木理論」の真髄を理解し、反撃していく必要性を痛感している。

敵がどんな悪巧みをして、理不尽に被害者を切り捨てようとしても、消しようのない加害と被害の事実、被害者の闘いがある限り、不正義が通るはずはない、必ずや正義が勝つ。しかし、正義が勝つためには、正義が力を持たねばならない。民主主義社会は、住民意思によって物事は決まるのであり、それを無視した司法判断も最後は覆される。住民が、被害者が、広範な世論を味方に付けて力を持てば、つまり正義が力を持てば勝つのであり、住民が力を持つには、大きな団結を作り上げねばならない。それをやり切れば必ずや勝利する。

今、重要な局面に立つなかで、もう一度「馬奈木理論」に立ち返る闘いを構築していきたい。

# 5　ハンセン病訴訟における馬奈木イズム

らい予防法違憲国賠訴訟西日本弁護団　小林洋二

## はじめに

馬奈木先生は、ぼくがこの世界に入って初めて出会った「巨匠」である。

それは一九八七年夏の、修習生交流集会だった。いろいろ話されたのだろうと思うが、ぼくの記憶にはっきりと残っているのは、戦後の傾斜生産方式と水俣病の繋がりだ。化学工業の分野で最も資本の注入を受けたのは、第二水俣病の原因企業である昭和電工であり、次いで本家本元のチッソ、三番目が第三水俣病が取り沙汰された三井東圧である……。水俣病は、単に悪質な原因企業の不始末によって起こされたものではなく、戦後日本の復興、そして高度経済成長というプロセスの中で起こされた国家的な犯罪なのだという視点は、まことに不熱心な青法協会員だったぼくの心にも響いた。だから、福岡第一法律事務所に入った三人の新人の中から、誰か一人水俣病福岡訴訟弁護団に入るようにと言われたとき、ぼくは躊躇わずに手を挙げた。

福岡訴訟では、原田正純先生、藤野糺先生、白木博次先生という医師尋問や、水俣現地の検証といった仕事もあったが、福岡弁護団の役割としては、当時、福岡高裁に係属していた熊本第三次訴訟（一陣）の和解協議を支えるという部分が大きかった。福岡高裁の傍聴席を埋めるべく、市内の支援団体を駆け廻り、期日には裁判官の登庁にあわせて裁判所の坂で気勢を上げ、期日後の報告集会が終われば弁護士会館三階ホールをモップで掃除するという、文字通りのゾウキン掛けだった。解決が大詰めに近づいた時期には、何日間か全国連の事務局事務所であった東京あさひ事務所に詰め、議員面談のアポ取りなどもした。

いま思えば、大型訴訟のさまざまな仕事が一通り経験でき、新人弁護士の勉強の場としては格好の弁護団だった。しかし、勉強になると思ってやっていたわけではない。ただ、一般事件では得られない貴重な経験として楽しんでいたのだ。だいたい、弁護士としてもう一度こんな大型訴訟に関わり、水俣病訴訟で学んだ馬奈木イズムを活かす機会があるなんて思っていなかった。

しかし、その機会は、意外に早くやってきた。それが、ハンセン病問題である。

## 国賠訴訟の狼煙〜一通の手紙から

はじまりは、当時、国立ハンセン病療養所星塚敬愛園に在園していた島比呂志氏から「けんりほうニュース」（市民団体「患者の権利法をつくる会」の機関誌）への「法曹の責任」と題する投稿だった。らい予防法廃止の議論が煮詰まりつつあった一九九五年のことである（それは水俣病第三次訴訟解決の年でもあった）。この論稿の中で島氏は「らい予防法を黙認している法曹界は、その存続を支持していると受け取られても仕方があるまい」という厳しい批判を展開していた。

この手紙がきっかけとなって九弁連の取り組みが開始され、九州・沖縄五園の在園者に対するアンケート及び聴取調査、福岡市での二回にわたるシンポジウムが開催されることになる。しかし、当時のぼくは、水保病福岡訴訟弁護団としての活動はヤマを超えていたものの、患者の権利法をつくる会としてのカルテ開示制度化運動、薬害ＨＩＶ事件の被害回復への取り組み等でそれなりに煮詰まっており、自分がハンセン病問題に取り組まねばならないという自覚は薄かった。

一九九八年二月に開催された二回目のシンポジウムで、菊池恵楓園の在園者である志村康氏（後の原告団副代表）の「国賠訴訟をしたいと言ったら弁護士は受けてくれるか」という会場発言に対し、パネリストの徳田靖之弁護士が「九州では一〇〇名以上の弁護士が立ち上がる！」と応じた瞬間、会場にいたぼくは、自分がその一人に数えられていることに気がついた。多忙等の理由で断れる話ではなさそうだ。おそらく、そう感じたのはぼくだけではない。

## ハンセン病問題とは

素朴に考えれば、許されるはずのない話である。

ハンセン病はらい菌による感染症ではあるが、感染力は非常に弱いことが知られている。それなのに、無らい県運動と称してハンセン病患者全員の隔離収容を目指し、草の根を分けて患者を捜し、発見すれば家族と無理矢理引き離して専用列車で療養所に送り込む。療養所では「相互扶助の楽園」の美名の許に作業を押しつけられ、逃げ出したり反抗したりすれば施設長の懲戒検束権によって裁判抜きで監禁される。栗生楽泉園には特別病室という名の重監房があり、全国の療養所から施設長に睨まれた患者が送り込まれ、二二名もの患者が監禁中に死亡した。逃走を減らすため療養所内での結婚が奨励されるが夫婦同居が許されるためには断種手術をしなければならない。「間違って」妊娠したら中絶を強要される。

このハンセン病政策の根拠法であった癩予防法は、満州事変の起こった一九三一年に制定されている。しかし、日本国憲法によって基本的人権が保障され、しかも、プロミン等の薬剤でハンセン病が容易に治癒するようになった一九五三年に改正されたらい予防法は、旧癩予防法の絶対隔離主義をそっくりそのまま温存するものでしかなかった。そしてこの法律は、一九九六年に廃止されるまで存続するのである。

患者たちはたまったものではない。ハンセン病と診断されたら療養所に入る以外の選択肢はないのだ。抵抗しようとしても近隣の住民が許さない。無らい県運動によって「ハンセン病は怖い」「ハンセン病患者は隔離される」という固定観念を日本全国津々浦々まで植え付けられている。一旦入れば、社会生活の基盤は喪われる。治癒したからといって故郷に戻ろうとしても、そこに待っているのは差別・偏見でしかない。結局、終生にわたって療養所で過ごすしかなくなってしまう。

一九九六年の予防法廃止当時、全国一三の国立療養所に約五〇〇〇人のハンセン病元患者が生活し、その平均年齢は七〇歳を超えるという状況だった。予防法が廃止されても、殆どの元患者は療養所から出ていけないというこの状況は、まさしく永年にわたる隔離政策の結論だった。

これほどの人権侵害が許されるはずはない。国賠訴訟を依頼されれば、断れる話ではない。

## 法律上の論点

とはいえ、法律上はそれほど簡単ではないのだ。

例えば、国賠法上の違法行為は何かという最も基本的な論点だけ取り上げても、頭が痛い。らい予防法を制定した国会の責任を問うのがストレートではあるが、この点、在宅投票制度に関する昭和六〇年最判がある。立法行為に関する違法性判断基準のハードルは途方もなく高い。らい予防法を執行した行政の責任を問うとすれば、行政は法律に従って行うべきものであり、らい予防法がある以上、違法とはいえないとの反論が予測される。

さらに除斥期間論がある。一九五三年のらい予防法制定なんて、四五年も昔の話だ。一九九八年から数えて二〇年前は一九七八年。責任を問える範囲が一九七八年以降の国の行為に限定されるとすれば、いったい何を責任原因にすればいいのか。

しかし、いったん療養所に入って生の被害を聴けば、こういった慎重論はすっ飛んでしまうのであった。ぼくが最終的に覚悟を固めたのも、初めて訪れた星塚敬愛園で、当時は上野八重子を名乗っていた上野正子さんの話を聴いてからだと思う。「これほどの人権侵害が許されるはずはない」と確信してしまえば、「法律論はまあ何とでもなるだろう」と楽観してしまう。これもまた、馬奈木イズムの一面かもしれない。

## 原告団の拡大

ハンセン病国賠訴訟が熊本地裁に提訴されたのは一九九八年七月三一日のことである。弁護団は「石にかじりついても三年解決」を宣言した。もちろん、原告たちの平均年齢からしても裁判の長期化は許されない。解決に向けて特に展望があったわけではないが、決意だけはあった。とにかく三年以内のゴールを目指して走り出す。展望は走りながら考える。

何よりもまず必要だったのは原告団の拡大だった。第一次提訴に参加した原告は、星塚敬愛園から九名、菊池恵楓園から四名、合計一三名。全国一三園に約五〇〇〇名の元患者が在園しているというのに、原告がたった一三名というのでは、この問題の大きさを裁判所に理解させることはできない。変わり者が偶々一三名いて不平不満を抱いているものと誤解されかねない。弁護団は、各地の療養所を飛び回り、国賠訴訟の意義を語って訴訟への参加を呼びかけた。

もちろん全国一三の療養所の在園者を全て九州の弁護団で担当できるはずはない。HIV弁護団、水俣病弁護団、青法協など様々な繋がりで各地の弁護士に声をかけ、この問題への取り組みを要請した。その結果、東京の弁護士を中心とする東日本弁護団、大阪・兵庫・岡山の弁護士から構成される瀬戸内弁護団が結成され、それぞれの地域の療養所へ入っていくことになる。

原告数の増加は、当初、極めて緩やかなものでしかなかった。裁判に立ち上がることによって社会にいる親族に迷惑がかかるのではないか、国の責任を追及することによって在園保障が危うくなるのではないか、そういった様々な障害が、在園者を躊躇わせていた。無関心を装う在園者はまだしも、中には裁判に対して露骨な嫌悪感を示す在園者もいた。壁の中に閉じ込められた人間は「はじめは壁を憎み、やがて壁に慣れ、ついには壁に依存する」という。この当時の療養所は、壁に依存して生きていく者の諦観に支配されているように見えた。九〇年間にわたって国の政策を許してきた社会全体への不信感が、諦めを強いていた面もあったと思う。

こう書いてしまうと、弁護団がひどく苦労したような印象を受けるかもしれないが、実はそうでもないのである。このような状況で立ち上がった原告だけに、彼らは一人ひとりが独特な人格的魅力を備えていた。文学者、哲人、政治家もいれば、少女の瞳の輝きを喪わないおばあちゃんもおり、不良少年のまんま年をとったオッサンもいて、療養所で彼らと語り合うことは、弁護団にとってなにものにも代え難い愉しみでもあったのだ。

## 小林の馬奈木イズム的レジュメから

ハンセン病訴訟弁護団は、ぼくが出会ったもう一方の「巨匠」である徳田靖之弁護士と、この人もまた「巨匠」の域に入りつつある八尋光秀弁護士という両代表の、それぞれまことに対照的なリーダーシップで成り立った弁護団である。しかし、事務局長の板井優弁護士は、水俣病事件以来の馬奈木先生の盟友であり、副代表の浦田秀徳弁護士、事務局次長の国宗直子弁護士は、馬奈木スクールの先輩といってもいい。それに加えて、井上滋子、久保井摂、そして不肖小林……。だから、「ハンセン病訴訟における馬奈木イズム」を語れば各人各様の局面が出てくるはずだ。もちろん、「三年内解決」を呼号し、原告の掘り起こしに力を注ぐというスタイル自体が馬奈木イズムなのだが。

ぼく自身についていえば、結審して判決を待つまでの間の活動が頭に浮かぶ。

二〇〇一年一月一二日の結審から、判決が言い渡される五月一一日までの間の弁護団の活動は、それまで療養所ごとにバラバラだった原告団をまとめる全国原告団協議会の立ちあげ、「責任の明確化と謝罪」、「名誉回復措置と損害賠償」、「恒久対策」、「真相究明と再発の防止」を四本柱とする全面解決要求書骨子の策定、この時点で必ずしも裁判支持の姿勢を明確にできていない全国ハンセン病療養所入所者協議会への働きかけ、「ハンセン病問題の最終解決を進める議員懇談会」発足に向けての国会ローラー、各地でのマスコミ対策等々、多岐多方面に亘る。その中で、ぼくが重視し、かつ担当したのは、原告と一緒に判決評価基準をつくりあげることだった。

そのときのぼくの問題意識を、三月一四日のレジュメ「熊本地裁判決をどう受け止めるか」から引用する。これは原告に読んでもらうための文書である。

今回の判決内容がこのハンセン病闘争に与える影響の大きさはいうまでもありませんが、大事なことは、いかなる判決であろうとも、それは最終解決までの一つのプロセスであるということです。私たちの闘いの目標である最終解決とは、国に九〇年間にわたるハンセン病政策の誤りを認めさせ、国家賠償責任に基づいた解決策を実行させることなのです。

つまり、原告の全面勝訴判決であっても闘いはそれで終わりではありません。それは解決のための最大の武器ではあっても解決そのものではないのです。また、万が一全面敗訴の判決であっても、最終解決に向けての闘争を諦めるわけにはいきません。不当な判決を克服し、跳ね返して、最終的な勝利を勝ち取らねばならないのです。

判決後はマスコミから、あるいは園内でもこの判決についてのコメントが求められることが予測されます。その際に考えなければならないのは、勝訴であればこの判決を最終解決の強い武器とできるように、万が一敗訴であれば新たな怒りを込めての反撃ののろしを挙げられるようにコメントすることです。その意味では、出された判決に対して、我々がどのように評価し、社会に対して何をアピールするかということも、闘いの重要な一コマなのです。

そこで、原告団及び弁護団としては、出された判決をどのような基準で評価するかについて、最終解決に向けての戦略的な視点から議論し、意思統一を図っておく必要があります。

「全面勝訴」、「勝訴」、「一部勝訴」、「不当判決」の四段階に分かれた評価基準案を手に、弁護団は各療養所で原告たちの意見を聴いた。弁護士を通じてぼくのところに集約された原告たちの意見は、まことにさまざまだった。「金額を問わず責任さえ認められればいい」、「人権侵害という言葉さえでれば満足」という意見がある一方、「一億円でなければ納得できない」という意見もあり、また責任が認められる時期に拘る意見も多かった。判決をもらった後でないとイメージが湧かないという声もあった。

さらに四月一四日付レジュメ「判決評価の議論」から。これは弁護団内部向けの文書である。

これまでの各園ローラーにおいては、「戦略としての判決評価」という問題提起をしつつも、「原告の共感が得られないような判決評価は戦略として成り立たない」という観点から、原告の率直な思いを話してもらうところに重点をおいてきた。上記のとおり、かなり率直な思いが出ているのではないかと思われる。

しかし判決直前の段階に入った現在、原告の思いを判決後の闘争にどのように結集させるかという観点で、もう一度判決評価の議論に取り組む必要がある。……

この闘争を成功させる鍵はスピードである。そこに判決評価の議論を判決前に行うことの重要性がある。

これは被害者の平均年齢が高いという問題だけではない。相手が国という日本一の体力の持ち主であり、長期戦を全く厭わない相手であるというところが問題なのである。すなわち第一ラウンドでダウンを奪ったら、相手がそのダメージから回復しないうちに雨霰とパンチを注いで勝負を決めてしまう必要がある。

その時、どれほど意識していたかよく憶えていない。でも、いま振り返ってみればはっきりとわかる。このレジュメを書くぼくの頭に浮かんでいたのは、ファイティング原田vsジョー・メデル戦だ。ぼくが自分で観たシーンではない。それは馬奈木先生語るところの、メデルに連打を続けるファイティング原田の姿なのだ。「……私はその時の感動を今でも忘れません。メデルは形どおりロープに背をつけ、必殺のカウンターパンチを繰り出す機会を狙い続けました。原田は次々と連打を繰り出しました。回が進むにつれてメデルの表情が変わっていくのがわかりました。余裕がなくなっていくのです。そしてついにメデルが沈む時がきました。メデルはなぐり倒されたのではありません。まさにリングに沈み込んだのです。私はこの闘いの記憶を忘れることができないのです」

## 熊本地裁判決と控訴断念

五月一一日の判決は、らい予防法の違憲性を認め、さらにそれを廃止せずに存続させた国会の不作為責任を認める画期的なものだった。

判決が言い渡されたその時、国会ではちょうど小泉総理に対する代表質問の真っ最中。判決が国会に伝わると、即座に「この判決をどう受け止めるか」という質問がなされ、議場に拍手が沸き起こったという。

その直後、原告団・弁護団は控訴断念を求める闘いに突入。判決前に結成された議員懇談会を通じ、厚生労働大臣及び法務大臣宛に「控訴するかどうかは国会の意思を確認した上で決定せよ」との申し入れを、衆参両議院議長宛には「控訴をせずに謝罪する決議を出すべきだ」との申し入れを行った。一方、法務省・厚生労働省・財務省などの官僚の巻き返しも凄まじく、その意を受けた与党三党は議懇の提案する「控訴しない旨の決議」を阻止、法務省から衆参両議員宛の控訴に関する意見照会にも「回答留保」で抵抗する。一四日の段階で原告との直接面談に応じ、その被害の訴えに涙した坂口厚生労働大臣は、控訴を主張する厚生労働官僚から孤立に追い込まれ、一時は辞意表明まで報じられた。

しかし控訴断念を求める闘いは、永田町と霞ヶ関だけで繰り広げられていたわけではない。東日本・瀬戸内・西日本の各弁護団は、判決時には各療養所に弁護士を配置し、勝訴判決をともに喜ぶ（敗訴判決であれば生け贄になる）という体制を敷き、判決直後から、控訴を断念させるための大規模掘り起こしを開始した。北は青森から南は沖縄の石垣島まで、おそらく一〇〇名近くの弁護士が、飛行機・電車・バス・タクシー・連絡船を乗り継いで集めに集めた委任状はその数なんと九二三通。その結果、判決時に熊本・東京・岡山三地裁合計七七九人だった原告団は、判決から一〇日後には一七〇二名にまで膨れ上がった。

三地裁同時に大量追加提訴が行われた五月二一日、総理官邸前には全国から一〇〇名以上の原告が結集し、市民や国会議員の支援を得ながら、小泉総理との直接面談を求める座り込みを決行した。国会でも閣議でも、「総理は原告と面談すべし」との声が相次いだ。

原告と小泉総理との面談が実現したのは五月二三日の午後四時、そしてこの日の午後六時、政府声明とともに控訴断念が表明された。

国は、リングに沈んだのだった。

## 判決確定後の闘い

熊本判決確定直後、議員立法によってハンセン病補償法が成立した。それは、原告ではない入所者に対しても、入所者と同様の補償を行うという内容の法律だった。それはそれでいい。しかし補償法成立以前に死亡した人は、その対象に含まれていない。補償といっても、要するに国賠請求権である。被害者の遺族は、その請求権を相続しているはずだ。また、らい予防法の被害者は入所した人に限られない。隔離を免れたものの、差別を恐れて社会内で息を殺すように生活してきた患者も被害者だ。こうして、遺族提訴、非入所原告の提訴が始まる。

二〇〇二年に遺族原告、非入所原告についての和解が成立した後には、二〇〇四年八月には、韓国の小鹿島更生園の入所者から、ハンセン病補償法による不支給決定による取消訴訟が、同年一二月には台湾の楽生院の入所者から同様の訴訟が提起される。この裁判は、二〇〇五年一〇月の東京地裁判決を経て、翌年二月の補償法改正で解決、植民時時代の隔離政策による被害補償が認められることとなった。

## 終わりに

この稿を書くために、ハンセン病問題に取り組んできたこの一五年間ほどを振り返ってみて、改めて思いだした場面がある。

熊本判決直後に上京した際、浜松町で浦田さんと一緒になった。彼は、ぼくにこう尋ねた。

「小林くん、今度の判決で何が一番嬉しい？」

ぼくが何と答えたのか憶えていない。しかし、ぼくの問い返しに対する浦田さんの答えはよく憶えている。

「ぼくはね、福岡の若手が成功体験を積んでくれたことが嬉しい」

脈々と受け継がれる馬奈木イズム、その真骨頂をみる思いがしませんか。

# 6　原発事故被害の完全救済をめざして――「包括請求論」をてがかりに

立命館大学法科大学院教授　吉村良一

## 1　福島第一原発事故による被害

二〇一一年三月の福島第一原子力発電所の事故（以下、本件事故）によって、極めて深刻でかつ多様な被害が広い範囲で発生している。「福島原発被害弁護団」の幹事長である米倉勉（敬称略。以下同じ）は、二〇一二年四月に福島で行われた「『原発と人権』全国研究・交流集会」において、以下のような被害実態を指摘している。①放射線被曝そのもの、②被曝を避けるための避難による被害（避難生活の身体的負荷、避難生活の精神的苦痛、仮設住宅等での生活にともなう被害、長期化する避難生活による被害）、③地域社会を破壊され生活の地を奪われたことによる被害（ふるさとの喪失、事業と生計の断絶、生活の潤いの喪失、寺社・地域文化とのつながりの切断）。また、日弁連原子力プロジェクトチームの小島延夫は、本件事故被害の特質を、①類例のない被害規模の大きさ、②被害の継続性・長期化、③暮らしの根底からの全面的破壊、④被害の不可予測性の四点をあげている。[1]

特に重要なことは、本件事故によって、地域における生活が根底から破壊されていることである。例えば、地元福島の弁護士である広田次男は、本件原発事故による「地域社会の崩壊」「今まで築いてきた人生の崩壊」が発生しているとする。[2]また、事故後、地元における被害調査を精力的に行っている経済学の除本理史も、原発事故によって、それまで定住圏の中に一体となって存在していた諸機能〈自然環境、経済、文化〈社会・政治〉〉がバラバラに解体され、「ふるさとの喪失」という重大な損失が発生し、その結果、住民は、そのバラバラにされてしまった機能のうちどれをとるかというきわめて困難かつ理不尽な選択に直面したとする。[3]このような特質をもった被害をどのように救済するかが、今日、問われているのである。

## 2　「中間指針」とその限界

本件事故被害の救済のために、原子力損害賠償法に基づく「原子力損害賠償紛争審査会」により、本件事故被害の判定等に関する「中間指針」が作られている。これの基本的な考え方は、原賠法は損害の範囲については明示していないので民法の一般理論によることになり、したがって、「核燃料物質の核分裂およびその放射線の作用から生ずる損害のうち、相当因果関係の範囲内にある損害が賠償されるべき」とするものである。[4]この考え方自体は間違いではない。また、審査会が、本件事故害をある程度広く拾い上げようと努力していることも評価できる。[5]特に、①一定範囲の「風評被害」も対象としていること、②避難生活等を余儀なくされたことに対する精神的損害の賠償を〈自主避難者を含めて〉認めていること〈その額の当否はおくとして〉は、重要である。

しかし、この指針のような個別の損害項目への細分化によって、個別被害が絡み合って被害者にのしかかっている被害の全体像がとらえきれるのか、個別被害が賠償されても被害者の生活が回復されないといったことにはならないのかという点に疑問を感じざるを得ない。また、「中間指針」には、将来の生活や生業の再建という視点が弱い。さらに、放射線の特質から、将来の健康不安を含めて、将来のリスクをどう受け止めるかという視点からの検討が必要だが、将来のリスクを取り込んだ議論がなされていない。これらの弱点は、本件事故被害の特質が何かについての検討がなされていないことにあるのではないか。本件事故被害は、被害規模の大きさ、被害の継続性・長期性、生活の根底からの破壊を引き起こすといった特質を持っているが、それらが十分に踏まえられているとは思われない。特に、「生活の基盤を奪われ生活が破壊された」という視点が踏まえられていない点は決定的である。この点が最も端的に表れるのが、避難にともなう精神的損害（慰謝料）の部分である。この点に関し、「中間指針」は、交通事故による入院慰謝料を参考に、避難期間が長くなれば精神的苦痛が低減するとして減額を提起している。しかし、本件事故被害の場合、避難期間が長引けば長引くほど生活の基盤であるコミュニティの荒廃が進み、そのことによる精神的被害は増加こそすれ低減することはないのではないか。

「中間指針」は、当面の被害のうち「類型化が可能な損害項目やその範囲等」を示したものであり[6]、「中間指針に明記されていない個別の損害が賠償されないということのないよう留意されることが必要である」とされる。したがって、今後、東京電力との補償交渉においても、この事故のために設けられてＡＤＲにおける補償においても、さらには、今後、予想される損害賠償訴訟においても、このような指針の性格（限界性、暫定性）を十分理解し、いわば、これが最低限の補償であるとの立場からの議論が必要である。

## 3　包括請求論の再検討

本件事故被害の救済に関する議論の中で、「中間指針」の不十分さもあり、何人もの論者から、公害被害等との類似性を前提に、包括請求論の有用性が指摘されている。例えば、日弁連の『原発事故・損害賠償マニュアル』は、「本件においても、被害の実情に鑑み、場合によっては、包括・一律請求が検討されるべきであろう」とする。[7] それでは、本件事故の救済に関する議論の中でその活用が示唆される包括請求論とは、一体どのような考え方であったろうか。そして、この考え方が本件事故において注目されるのはなぜか、また、その注目には根拠があるのかが、問われなければならない。このような視点から、以下では、包括請求論の内容や意義について、あらためて確認することとしたい。[8]

一九六〇年代後半以降の公害裁判が直面したのは、生命侵害を含む激甚な人身被害であった。損害論との関係では、公害は不特定多数の住民に被害を及ぼしその範囲も相当広範囲にわたることや、付近住民らは同一の環境のもとで生活している限り、程度の差はあるとしても、その被害をひとしく蒙り、したがって、家族全員またはその大半が被害を受け、いわば一家の破壊をもたらすことすら起こりかねないといった点が重要である。さらに、悲惨かつ多様な被害が絡まりあっていることも、特徴的である。また、以上のような特徴とも関連するが、多くの公害訴訟が、多数の被害者が原告となるいわゆる集団訴訟の形態をとったことも、そこでの賠償請求の方式に大きな影響を与えた。このような特徴をもった公害から発生する人身被害を救済するための損害賠償論にあって、どのような考え方をとるべきか。四大公害裁判をはじめとするこの時期の公害裁判は、まさにこのような課題を損害賠償法理論に突きつけたのである。その中で、「生命、身体に対する侵害については、財産的、精神的損害すべてを総合して、賠償額を全体として適切にこれを定める」べきとするいわゆる一括請求方式が新潟水俣病訴訟で主張され[9]、さらに、それが、熊本水俣病訴訟において、「われわれのいう損害は、原告らの蒙った社会的、経済的、精神的損害のすべてを包括する総体をいう」とする主張、すなわち、被害者の被った社会的、経済的、精神的被害の全体を包括するものを損害ととらえてその全体に対する損害賠償を請求する方式へと発展させられたのである[10]。これが、「包括請求」と呼ばれるものであるが、その特徴は、被害者が被った様々の被害、不利益のすべてを包括的に損害としてとらえている点にあり、死傷を損害ととらえる死傷損害説を基礎にした一括請求に比べて、その損害把握は、はるかに包括的なものとなっている。この包括請求は、その後、スモン事件やカネミ油症事件などの薬害・食品被害事件における原告の主張にも継承されている。

このような主張が行われた理由は、公害等の被害の場合、個別の損害の立証を個々の原告に求めることは酷であり、訴訟が遅延して迅速な救済が図れないことがあるためだとされる[11]。確かに、損害立証の問題が現実の訴訟において原告側をしてこのような請求方式を主張させた大きな理由であったろうことは否定できない。しかし、この点においてのみ包括請求の意義や狙いを見ることは一面的なように思われる。なぜなら、包括請求は、包括的で総体的な損害把握という損害の把握の仕方（損害論）において、大きな特徴を有するからである。すなわち、多岐にわたり、しかもそれぞれの被害が絡まり合い相乗し合っている総体を包括的にとらえる損害論が包括請求の出発点なのであり、そして、包括的・総体的損害論とも言うべきこのような損害把握を基礎にしていることに、この請求方式が持つ最大の意義があるのである。

包括請求の意義に関して、さらに指摘すべきは、それと結びつけて、損害賠償の目的として、被害の完全救済や原状回復の理念が強調されてきたことである。例えば、熊本水俣病訴訟における原告はすでに、「原告が蒙った『総体としての損害』がなかった状態に回復すること」こそが原告の求めるものであり、「破壊された環境、共に荒廃した地域社会、その中で失われた家庭、破壊された人間そのものの回復を求めるのである」と主張している。[12]このような原状回復、完全救済の理念は、スモン事件において、より発展させられている。すなわち、同事件において被害者は、自らの被害の救済要求を「恒久救済要求」として体系的に整理し、[13]その上で、原状回復、完全救済を実現する手段の一つとして損害賠償を位置づけているのである。包括的な損害把握が、そのような損害の回復のためには何が必要かという探究の中で恒久救済要求として結実し、その恒久救済要求の一つの手段として損害賠償が位置づけられることにより、損害賠償の目的としての原状回復の理念が確固たる基盤を獲得するにいたったのである。

包括請求論の原発事故被害救済における意義を検討する場合、その後の議論の展開で注目しておくべきは、環境再生論との結合である。すなわち、一九九〇年代以降、発生した人身損害の救済に加えて、公害によって破壊された地域の環境を再生すること（「環境再生」）が課題として浮かび上がってきたが、包括請求論は、公害被害を家庭生活、地域社会あるいは職場へと及ぶ広がりの中で把握しようとする点において、また、そのような被害からの回復のために必要とされるすべての費用を可能な限り損害賠償の対象にしようとしてきた点において、「環境再生の中核をなすべき人間回復の視点があるし、環境ぐるみの被害の指摘は環境再生という問題意識を含んでいた」のである。[14]

筆者はここまで、包括請求論について、主として、その損害のとらえ方（損害論）に力点を置いて、意義を見てきた。それは、包括請求論は損害賠償の算定ないし請求方式（包括請求方式）として主張されてきているが、請求方式の問題とは別に、損害把握（損害論）のレベルでの意義があるという理解を前提としている。すなわち、包括請求論には、損害の包括的な把握という側面と、請求方式（財産的損害、精神的損害といった個別の損害について賠償を請求するのではなく、それらを一括ないし包括して請求する方式〈裁判例などでは、これを慰謝料請求の一種として位置づけ、「包括慰謝料」などと呼ばれることもある〉）という側面の二つがあるという理解である。[15] そして、重要なことは、このような理解は、包括的な損害把握が論理必然的に包括請求方式に結びつくわけではないことをも含意しているということである。[16]

次に注目すべきは、包括請求論（包括的損害把握）に立って、その具体化ないし発展として、公害・薬害・食品被害等において被害者救済に尽力する実務家の中から、包括的な損害をいくつかの損害項目に区別し、その救済を求める主張が出てきていたことである。例えば、馬奈木昭雄は、カネミ油症事件に関し、不法行為における損害賠償は「原告が人間として本来送ることのできるはずであった『失われた生活』自体を完全に回復する」ものでなければならない、その具体的内容としては、①「原告がこれまでうけてきた社会的・経済的・家庭的・肉体的・精神的被害などもろもろの被害すべてを正しく把握し評価して、その金額を算定すること」、②「個々の原告が適切な施設や家庭において完全な看護をうけ、かつ相当な娯楽費もカバーした金額と、なおそれによって償なわれない精神的苦痛について相当の慰謝料を終身保障するだけの金額を算定すること」、③「原告が少しでももとの体にもどるように、あるいはもとの生活にもどれるように努力をつくすために必要とされる金額を算定すること」であると述べている。[17] この考え方には、包括的に把握された損害からの回復のために必要な損害項目を可能な限り拾いだし算定につなげていこうとする姿勢が見られる。[18]

項目化を、より明確に主張するのが、スモン事件に携わった鳥毛美範である。鳥毛によれば、[19] スモン被害の救済のためには、「被害者の全人間的復権のためのあらゆる措置を探究し、かかる措置を現実に実施するための費用を可能なかぎり算出し、これを加害者に負担させること」が必要であり、したがって、その損害論は、「被害の確定」、「原状回復内容の確定」、「原状回復内容の金銭的評価」の三段階から構成されることになるが、「原状回復内容の金銭評価」においては、治療・リハビリ保障費、生活保障費、慰謝料の三つが対象になり、慰謝料においては、対価賠償が不可能もしくは著しく困難であることを踏まえて慰謝料の調整的機能を活用する必要がある。この主張は、損害を項目化していることから、伝統的な個別算定方式と類似したもののように思われるかもしれないが、損害の把握の仕方において、原状回復や恒久救済の実現に向けた損害賠償の役割の重視において、さらには、原状回復措置を確定しその対価賠償として損害賠償額を算定しようとしている点において、従来の伝統的個別算定方式とは異なるものである。そして、このような、包括損害の項目化による算定・請求方法、あるいは包括請求方式と他の方式の選択、あるいは両者の組み合わせといったことは、包括請求論の前述したような二面性から見て、理論的に正当化されるものなのである。

## 4　包括請求論の本件事故被害への応用可能性

1で概観したように、本件事故においては、住民に極めて多様かつ広範な被害が発生している。そして、それらの多様な被害は絡まりあって、生活や地域の破壊といった深刻な問題を発生させているのである。このような事情は、発生した被害を個々別々にとらえるのではなく、総体として（包括的に）把握することの必要性、そしてそのような総体としての被害を全体として補償し、破壊された生活を回復すること（原状回復）の重要性を示している。また、個別の損害の立証の難しさや迅速な救済という点から、個別的な損害算定・請求方式とは異なる対応の必要性も指摘されている。その際、3で検討した公害等における包括請求論が有効性を持つのではないか。

この点を考える際に、第一に考えなければならないのは、公害等における包括請求論が、人身被害を念頭において展開されてきたことである。この点をとらえて、包括請求論はいわゆる物損には適用がないとする見解もある。[20]確かに、包括請求論の出発点は、金銭で評価できない生命身体という法益に深刻な被害が発生しているという人身損害の特性であった。しかし、包括的に把握された損害の完全救済・原状回復が強く主張される中で、包括請求論は、人身損害論にとどまらない広がりを持ってくるようになったと見ることもできる。そうだとすれば、（本件事故被害のような）多様かつ包括的な被害が発生し、かつ、その総体としての救済（原状回復）が求められ、しかも、個別の損害立証が困難なケースにおいて、包括請求論を応用することは十分に考えられてよいのではないだろうか。

翻って、今日までのところでも、物被害が中心となったケースで包括請求論の適用が主張されてこなかったわけではない。その一つが、鉱山による農地の汚染と農業破壊が問題となった、安中公害事件である。この事件で原告は、「公害によって農業経営及び生活が破壊されたという社会的事実を総体として損害としてとらえ、賠償を請求」するという包括請求論を採用している。[21]さらに、一九七〇年代に提起された一連の水害訴訟でも、原告は包括請求を主張している。本件事故被害との対比では、水害訴訟における損害論の検討が重要である。なぜなら、規模やその継続性こそ違え、[22]水害においても、家屋や家財を失い、また、生活や生業の基盤を奪われるという、生活の破壊ともいうべき被害が発生しているからである。

水害訴訟に関して、以下のような主張がなされた。[23]水害被害は、その内容を家庭生活の利益侵害そのものと把握する必要があるが、「水害によって侵害される家庭生活というものは夫婦、親子を中心とした人的な結合体に、家屋、家財といった財物が有機的に付属して営まれるものである。そうした家庭生活に対する侵害を、従来の個別積上方式に従って、物損、逸失利益、慰謝料等と分類して評価、合算することは被害の実態に合致しない。生活利益の侵害そのものを損害論としてとらえる包括請求論の構築が要請される」。このような主張を事実上受け入れた裁判例もある。例えば、加治川水害訴訟判決（新潟地判昭和五〇年七月一七日『判例時報』七八三号九八頁）は、「洪水災害による損害は全的に考察するといわば一個の生活侵害による損害として観念しうる余地もあり」慰謝料の補完作用を広く認めた算定を行うことができるとして、慰謝料の補完的機能の観念によりつつも、原告の包括請求を事実上、容認している。

学説の受け止めは様々であり、水害等の災害では、人身被害が中心となる公害と異なり、物被害を通じて人身被害的要素をともなうこと、公害のような継続性を伴うのではなく一過的被害であることなどから、包括請求論に否定的な見解[24]もあるが、他方、包括請求論は人身侵害事例と結びついて提唱されてきたが、人身損害における逸失利益算定の擬制的性格に対する批判は包括請求論の補強にすぎず、包括請求論が物被害を中心とした事例に適用できない理由にはならないとする説もある。[25]興味深いのは、沢井裕の次のような指摘である。[26]沢井によれば、水害被害者には、「狭い意味での精神的苦痛が生じているのみでなく、身の回りのほとんどの物が破壊され汚損されている状況のなかで、生活が客観的に阻害されているという」被害＝「生活阻害」が生じているが、伝統的な賠償請求方式では、この水害被害の最も重要な部分が欠落するおそれがある。この被害は、物の側から見れば利用価値損害であるが、人間の側からみれば生活利益侵害であるので、これを人的側面から把握して包括請求することは（公害の場合と同様）考えられる。しかし、水害は同時に、物の所有者に物の積極的損害（交換価値的損害）をもたらす。この損害も、その立証困難を軽減する必要があるが、これを包括請求に含ましめることは、従来の包括請求論とは持つ意味合いが異なる。このように指摘して、沢井は、水害では、①物に対する積極的損害、②物についての利用価値的損害、③人の生命・健康に対する侵害、④人の生活に対する侵害の四つのものが生ずるが、このうち、②は③④にひっくるめて包括請求することも可能であるが、①は本来の包括請求論には含まれないものであり、それを包括請求するということは、財産的損害においても立証困難を緩和するために裁量的な扱いを求めるという、本来の包括請求論とは内容や機能が異なってくるとするのである。筆者自身は、このような沢井の指摘を受け止め、水害における損害論として、これまでの包括請求とは性格が異なる点を意識しつつ（水害における損害立証の困難性や被害の包括性に鑑み）あえて包括請求を採用する方法と、包括請求の適用を限定して、しかし、水害被害の特質を踏まえて別途の立証負担軽減の方法を考えるという二つの選択肢を併置した。そして、後者の方法として、慰謝料の補完的機能の活用[27]と、「金銭的尺度をあて易い物の交換価値や使用価値の部分については何らかの定型的基準を定めて金銭化をはかり、その他の生活侵害を中心とする被害についてはその重大性に応じて一律ないしランクごとの賠償を認める」方法[28]を紹介した。3で検討した、包括的な損害評価とその請求方式の相対的区別、後者におけるいくつかの算定・請求方式の併存ないし組み合わせの容認という考え方に照らせば、これは、どちらか一方が正しく他方が誤りというものではなく、併存しうる（場合によれば両者の組み合わせもありうる）選択肢と位置づけるべきであろう。

すでに前述したように、水害と本件事故被害は、多くの共通性を有する。加えて、被害の継続性という点は水害にはないものであり、公害に近い。このような意味で、本件事故被害は、水害以上に、包括的で総体的な損害把握を必要としているとも言える。また、完全救済や原状回復の必要性も大きい。したがって、包括請求論は本件被害にも応用可能であり、むしろ、それこそが、本件事故被害の救済を考える際の出発点であると言ってよいのではないか。しかし、もちろん、本件事故被害には、従来の包括請求論ではカバーしきれない固有の要素も存在する。その第一は、被害の広範性である。水俣病等の公害被害やさらには水害等でも、地域の破壊といった事態は発生している。しかし、今回の原発事故により破壊された地域は、これまでの公害や水害等による被害よりもはるかに広い[29]。この点は、二つの問題を提示する。第一は、このような被害の完全な救済においては、損害賠償とは別に、政治や行政による様々の政策的対応が不可欠となるが、それらと損害賠償はどのような関係に立つのかという問題である。もう一つは、このような広範な地域破壊を完全に元に戻すことが現実には極めて難しいこと、そうだとすれば、完全には元に戻らない地域の生活をどのように損害賠償の中に盛り込むかという点である。

次の問題は、本件事故被害の中には、放射線汚染により住宅を失ったといった、個別に取り出して損害評価の対象とすることが可能な個別の物被害が多数存在することである。また、様々な営業上・生業上の被害のように、明確な財産上の損失も重要である。これらには、当然のことながら、住民ごとの個別性も大きい。これらを他の多様な物的・精神的被害と包括して考えることは、必ずしも適当とは言えない。これらの被害を全体に埋没させてしまうことは、かえって損害の総体としての把握の妨げとなり、完全救済に結びつかないことになる。したがって、これらの損害は個別に算定し請求されるべきである。しかし、その際、次のことには注意がいる。第一は、個別に取り出されたこれらの損害項目においても、立証困難という問題は常に付きまとうことである。したがって、このような損害項目についても、実費主義の呪縛から離れて抽象的な損害計算を活用すべきである。第二に、そのような抽象的損害計算を行うにおいては、包括請求論の到達点であった、原状回復の視点を重視すべきである。すなわち、住居の喪失においても、今後、従前と同様の生活を営むために何が必要か、あるいは、生業についても、これまでの利益を失ったことだけではなく、従前の生業を回復するためには何が必要かといった視点からの算定が重要である。

さらに、以上のような個別利益の適切な賠償がなされたとしても、それによって被害の総体の補償がなされるわけではない。被害住民は、多様な（個々的に取り出すことが容易ではない）被害を総体として被っているのである。前述のような、「ふるさとの喪失」がもたらした精神的損害や、放射線曝露による将来的な健康被害への恐れ、さらには、放射線被害への対応の差からくる家庭内に生じた問題等もあろう。また、重大な被害をひき起こした原因者に対する住民らの怒りといった要素も無視できない。これらに対する賠償は、法技術的には、慰謝料（いわゆる包括慰謝料）による他なかろう。しかし、その場合、算定が裁判官の裁量に委ねられる慰謝料算定の持つ限界を克服するために、工夫がいる。その際、主要な症状によりいくつかのランクに分けて、そのランクごとに賠償額の基準を設定し、さらに一定の要素による加算を行うというスモン訴訟で採用された方式が参考にされてよいのではないか。このような算定方法は、基準化になじみにくい事実が損害の評価にあたって考慮されないという欠点もあるが、算定にあたって考慮した事情や考慮の仕方が客観化され、そのことにより他者からの批判が可能になるというメリットがある。さらに、加算・修正要素を豊富化していくなかで、被害者の要求に対しきめ細かい配慮が可能になるというメリットも存在する。

## 5　完全救済における損害賠償の位置

以上、本件事故被害において、公害や水害等で展開されてきた包括請求論の有効性を確認してきた。包括請求論における損害論は、繰り返し指摘しているように、被害の総体を包括的に把握しようとすることにあった。その場合、本件事故被害においては、生活や地域の破壊をも含みこむことが肝要となる。そうすると、直ちに出てくる問題は、そのような総体としての被害の回復を損害賠償だけで実現することができるのかということである。これまでも、総体としての被害の完全救済が、損害賠償だけで図られてきたわけではない。例えば、イタイイタイ病事件においては、判決後、被害住民らと被告企業の交渉により、被害者の救済、農作物被害の補償と汚染土壌の復元、発生源対策等に関する協定が結ばれ、それに基づく取り組みが成果をあげている。あるいは、スモン事件において、被害者らは、「恒久救済補償要求」を体系化しているが、その中には、スモン患者救済のための機構の設立、専門病院の設置などの医療体制の改善といった制度的要求も含まれている。本件事故被害の場合、1で整理した被害の広範性や継続性から見て、その回復のために必要な措置は多様かつ大規模なものとならざるをえない。そうすると、それらをすべて損害賠償の形で実現することは不可能であり、全体としての救済要求の中で損害賠償が占める位置を見極めざるをえない。筆者は、かつて、「裁判でとるべきものは一体何なのか、賠償金としてとるべきものは何なのか、裁判でとれなくてもその後のいろいろな恒久対策の運動のなかでとるべきものは何なのか、被害者の要求を整理して訴訟の位置づけを考えるべきではないのか[30]」という豊田誠の言葉を引用しつつ、「運動と訴訟の関連の中で損害賠償訴訟の機能を明らかにし、そのうえに立って損害論を考えていくことが必要」だと述べたことがある。[31]ここでは、被害者救済運動との関連が念頭に置かれているが、救済のための制度的措置との関連でも同様のことがあてはまるし、本件事故被害の広がりや深刻さから見て、一層あてはまるのではないか。

しかし、同時に、ここで重要なことは、このような完全救済措置の中核に損害賠償が座るべきだということである。損害賠償は、損害を（直接間接に）ひき起こした者がその責任において補償を行うという制度であり、その中心に、責任観念が座っている。本件事故は、直接のきっかけは地震・津波であったにしても、そこには、東京電力（さらには国）の責任が厳然として存在する。この点を蔑ろにした救済はありえない。そのことを明確に意識する上でも、損害賠償の限界ないし限定性を踏まえつつも、それを中核において、責任原理を踏まえた救済のあり方を考えるべきである。[32]

1　小島延夫「福島第一原子力発電所事故に関する損害賠償とそれに関連する諸問題」『自由と正義』六二巻一三号三五頁以下、同「福島第一原子力発電所事故による被害とその法律問題」『法律時報』八三巻九・一〇号五五頁以下。

2　広田次男「インタビュー・現地弁護士が語る原発被害者の救済状況」『ビジネス法務』二〇一一年一二月号一七頁以下。

3　除本理史「原発事故による住民避難と被害構造」『環境と公害』四一巻四号三六頁。

4　野村豊弘「原子力事故による損害賠償の仕組みと福島第一原発事故」『ジュリスト』一四二七号一二〇頁参照。

5　大島堅一『原発のコスト』（二〇一一年、岩波書店）四七頁も、「中間指針の策定作業においては、被害者、被害事業者、関連団体・機関、関連省庁のヒアリングがされたこともあり……損害賠償されうる被害を包括的に記載したものとなっている」とする。ただし、大島は同時に、「被害の総体」の全てが補償されるべきであるという視点から指針の問題点を指摘し、「中間指針では、生活再建の視点が欠如している」と批判する（同書四九頁以下）。

6　大塚直「福島第一原子力発電所事故による損害賠償」『法律時報』八三巻一一号五〇頁。
7　日弁連編『原発事故・損害賠償マニュアル』（二〇一一年、日本加除出版）九頁。
8　包括請求論の内容や意義については、すでに何度か検討したことがあり（拙著『人身損害賠償の研究』（一九九〇年、日本評論社）一一八頁以下、一六五頁以下、同『公害・環境私法の展開と今日的課題』（二〇〇二年、法律文化社）二八六頁以下）。詳しくは、これらの文献を参照されたい。
9　「新潟水俣病訴訟原告最終準備書面」『法律時報』臨時増刊『公害裁判第一集』（一九七一年）二四一頁以下。
10　「熊本水俣病訴訟原告最終準備書面」『法律時報』臨時増刊『公害裁判第三集』（一九七三年）二四三頁。
11　例えば、森島昭夫『不法行為法講義』（一九八七年、有斐閣）三四一頁以下は、「包括的な損害ということによって、個々の損害項目の具体的な立証をすることなく財産的不利益の賠償を認めさせるという点に包括請求の法技術的意味があったというべきであろう」とする。
12　前掲（『公害裁判第三集』）原告最終準備書面三五六頁。
13　「スモン患者の恒久補償要求」については、スモンの会全国連絡協議会編『薬害スモン全史第三巻』（一九八一年、労働法律旬報社）三三九頁以下参照。
14　淡路剛久「公害裁判と環境再生」『環境と公害』三一巻一号八頁以下参照。
15　高嶌英弘「包括請求の現状と問題点」古賀哲夫・山本隆司編『現代不法行為法学の分析』（一九九七年、有信堂）一七七頁は、「包括請求」という用語の二義性（「包括的な損害把握」と「包括的に把握された損害を訴訟において請求する方式」）を指摘する。
16　このような理解を明確にし、「包括的損害把握」の下での個別算定方式を説くのが、潮見佳男「人身侵害における損害概念と算定原理（二・完）」『民商法雑誌』一〇三巻七一九頁以下である。

17　馬奈木昭雄「カネミ油症事件における損害論」『法律時報』四九巻五号四一頁以下。

18　馬奈木は、「原告のうけた損害を正しくとらえるためには、どうしてもその受けた被害の総体を、総体として包括してとらえるほかかない」として包括的損害把握の意義を説きつつ、「被害者がのぞんで選択するならば、従来の個別算定方式でもよいし、その他の方法でもよい」として、算定ないし請求方式としての包括請求には固執しないことを述べている（前掲四四頁以下）。

19　鳥毛美範「スモン被害者救済の法理（損害論）」『法の科学』八号八五頁以下。

20　例えば、公害（鉱害）による農地汚染被害が問題となった安中公害事件において、原告は、後述するように包括請求を行ったが、裁判所は、包括請求は、生命・身体という被侵害利益の特性によるもので、農業被害が問題となり被害の性質が異なる安中公害事件には当てはまらないとして、これを否定している（前橋地判昭和五七年三月三〇日『判例時報』一〇三四号三頁）。

21　『判例時報』一〇三四号一六頁。

22　規模が大きく地域全体のコミュニティの破壊といった事態を招いていること、加えて、それがいつまで続くかが不明であることといった本件事故被害の特質による、水害との違いは無視すべきではない。さらに、そのような状態が、五感によっては認知しえない放射性能という作用によってもたらされていることも深刻であり、被害の受け止め方や地域におけるこれまでの生活・生業のあり方、年齢等の個人差から、「避難する」「避難しない」といった判断の別れによる、地域の分断や家庭破壊といった事態も発生しているが、これらは、目に見え、誰もが共通に被害を実感しうる水害等とは異なってくる側面であろう。

23　白田和雄・須田征勝・釘谷紘一・中島馨「水害訴訟の法理と課題」『ジュリスト』六一三号三九頁以下（筆者はいずれも水害訴訟の原告側代理人である）。
24　植木哲『災害と法』（一九八二年、一粒社）三〇一頁以下。
25　牛山積『公害法の課題と理論』（一九八七年、日本評論社）六三頁以下。
26　沢井裕「災害における損害論」『法律時報』臨時増刊『現代と災害』（一九七七年）一一三頁以下。
27　沢井裕「精錬所公害による農業被害と包括賠償請求」『ジュリスト』増刊「昭和五七年度重要判例解説」八七頁以下。
28　淡路剛久『不法行為における権利保障と損害の評価』（一九八四年、有斐閣）二一七頁。
29　除本理史「原発事故による住民避難と被害構造」『環境と公害』四一巻二号三五頁は、今回の被害の面的な広がりを指摘した上で、「ここまでくると、規模の違いだけとはいえない異質性をもっていると考えた方がよいのかもしれない」とする。
30　座談会「スモン訴訟の和解と被害者の救済」『ジュリスト』七〇六号二一頁。
31　拙稿「人身損害をめぐる理論状況と課題」『立命館法学』一五五号三〇頁。
32　スモンにおける恒久救済要求においても、「加害者負担の原則」を貫くべきことが強調されている（前掲注13三三九頁以下）。
＊　本脱稿（二〇一二年五月）以降も、原発賠償については、多くの論稿が公表されている。そのうち、秋元理匡「原子力損害賠償」『自由と正義』六三巻七号は、損害を「生活費等追加的費用」「休業損害・逸失利益・事業損害」「財物損害」「その余の損害」に分け、最後のものについてのみ包括請求論をとるという考え方を示している。

# 7　損害賠償から、差止、再生へ

久留米第一法律事務所　弁護士　**紫藤拓也**

## 1　はじめに

馬奈木先生が関与されてきた公害・環境問題における解決手段としての訴訟形態は、時系列的にみると、事後救済（損害賠償）から事前予防（差止）へ、そして再生（原状回復）へと進化してきている。その意図するところを語るのは、馬奈木先生ご自身が最も適切である。それゆえ、本稿は、馬奈木先生と一緒に事件処理をしている若手の経験談の一部を紹介することで、馬奈木先生の意図するところに近づいてみることにしたい。

## 2　本と、県交渉

私が弁護士になったのは平成一四年一〇月。「よみがえれ！有明」訴訟が国営諫早湾干拓事業の工事差止請求事件として提訴される一ヵ月前である。当時、福岡で新しく始まる集団事件としては、他にＮＴＴの大量解雇事件、Ｃ型肝炎事件などもあり、新人弁護士にとっては、どの弁護団に入るかがもっぱらの話題だった。

私の弁護士職務の第一日、久留米第一法律事務所の執務机には、漁業関係の古い本が三冊積み重ねられていた。私はピーンときた。全国的にも著名な弁護士であり、年齢的には私の母親と同じであるという馬奈木先生が、新人の私に「有明に参加しなさい」というサインを送っているのだな、と。

しかし、その日、馬奈木先生は、本にもイサカンにも全く触れず、「今日の午後は県交渉だからね」とだけ言って連れて行ってくれた。行った先の県交渉の事件というのは、旧筑穂町の産業廃棄物安定型最終処分場から出る悪臭と汚水について、多数の周辺住民が、監督官庁である福岡県に対して、被害を訴え、業者に対する行政処分を求めるというものだった。周辺住民の怒りは凄まじく、「安定五品目以外はすべて撤去させろ」という馬奈木先生の追及も激しかった。

本はイサカン、県交渉は産廃、馬奈木先生の二つのサインは二つの集団事件に向けられていた。当時、私は両者を全く結びつけて考えておらず、「よおし。集団事件が二件。馬奈木先生の期待は大きいぞ」と意気込んだだけだった。

## 3　有明における経験

まずは、本から始まった有明の経験談から進める。馬奈木先生の本のおかげで、私は、初めての弁護団会議の席上で、国営諫早湾干拓事業の工事差止の根拠となる権利について、諸先輩の前で発言をすることができた。議題になっていた訴状案に書かれていた権利は、漁業権、人格権、環境権、自然享有権だった。いずれも後に裁判所が認めた権利ではない。今となっては、法律雑誌にも「漁業行使権」という権利が登場するようになったが、提訴当時には、漁業権しか念頭になく、その漁業権でさえ、組合員の総有ではなく組合に帰属するという確立した最高裁判例（最高裁平成元年七月一三日第一小法廷判決）があるだけだった。だから、初めての弁護団会議で私ができた発言というのは、「漁業者個人に漁業権はないし、人格権は健康被害の問題ですし、環境権と自然享有権は未だ具体的権利ではありませんから、妨害排除は成り立たないと思います」という何も考えていない恥ずべき発言だった。ただ、ここで重要なのは、思慮の浅い新人の発言内容ではない。時間である。議論に要した時間はものの一分。「じゃあ、紫藤君やってよ」。権利論は即座に私の担当に決まった。しかも、同時に、被害論も一緒に、である。数時間に及ぶ弁護団会議で法律構成に要した議論の時間は多くても数十分であり、残りはすべて訴訟の意義についての議論だった。「魚ではなく生きている人の問題だ」、「そんな人数では話にならない」、「海の問題ではなく有明海沿岸地域全体の問題だ」、「求めるのは地域の再生である」、「漁民だけでなく地域で暮らす市民も原告になる」といった、馬奈木先生の発言の一部が私の記憶に残っている。

さて、無理だと発言した新人が、当然できるに決まっているという書面作成の担当になったわけだが、寝ても覚めても、漁業者個人による差止の権利がわからない。思い切って、馬奈木先生に恐る恐る質問して返ってきたのは、「権利はあるに決まっている。漁業者に話を聞きなさい。名前を付けなくても私は勝ったことがあるぞ。人格権だって法律家が育ててきた」という趣旨の回答だったと思う。「権利を育てる」という表現が入っていたのは確かだ。なんていい響きなんだろう、と感激した感覚が今も残っているからだ。さっそく馬奈木先生が勝ったという事件を調べた。牛深し尿処理場事件である（熊本地裁昭和五〇年二月二七日判決）。確かに権利は特定されていないのに差止を勝ち取っていた。私は、被害論も一緒に担当させられた理由があるはずだから、まずは被害を聞き取り、権利は後で作ればいいんだ、と理解して前に進むことにした。

有明海沿岸四県の漁業者に話を聞いて回った。「イサカンのせいでゆるくなった」という海の環境変化、「魚がとれんけん陸に上がった」という生業の変化、「漁民はおらんごとなるけん。組合ももたん」という組織の存続問題、「町ん活気がなか」という有明地域全体への影響など、被害の話はどこまでも続いた。そして、有明海異変が続く中、ついには、漁業者の家族の無理心中事件まで起きた。被害論の準備書面八は、これら生の事実を整理することで、完成させた。被害論ができると、漁をして生計を立てることの実感が湧いた。漁をするのは組合じゃない。当たり前の話だが、実感した上で、もう一度権利論を考え直してみると、権利の帰属主体と行使主体が同一人格である必要はない、この法論理なら最高裁判例にも反しないじゃないか、という思考に辿りついた。漁業法の中にも「組合員の漁業を営む権利」の侵害に関する罰則規定があることに気が付いた。そして、その漁業を営む権利で実際に勝ったという名古屋の籠橋隆明先生の馬毛島仮処分決定（鹿児島地裁平成一四年二月二七日決定）にも辿りつき、ようやく組合員個人の漁業行使権侵害に基づく差止という権利論の準備書面九が完成した。

その後、諫早湾干拓工事は、佐賀地裁決定（佐賀地裁平成一六年八月二六日決定、佐賀地裁平成一七年一月一二日決定）により一時期止まったが、福岡高裁（福岡高裁平成一七年五月一六日決定）が結論をひっくり返したため再開してしまう。不当決定直後の裁判所の門前は、漁業者の怒りと落胆に包まれたが、馬奈木先生は、「決定は、中・長期開門調査に言及しており、国は直ちに開門するべきだ」と、マイクを持って強調していた。「負けた時の馬奈木先生をよく見ておきなさい」という兄弁の言葉を思い出した。間違いなく、馬奈木先生は、「漁業者側の負け決定に国の方が従え」と言っていた。たとえ決定で勝っていたとしても工事の中断という現状が維持されるだけであり、有明海の再生のためには次の段階に進む必要がある。そのためには、開門こそが第一歩である。それを馬奈木先生は、負けた直後に叫んでいた。

この福岡高裁決定を争うための法的手続は、五日間で申立書提出、一四日間で理由書提出という許可抗告手続である。集団事件の実務として、この期間制限はかなり厳しい。馬奈木先生は、この最高裁行きの手続には消極的で、「不当決定に対して漁民は怒っている。だから本訴原告は桁違いに増大する。我々は運動論に力を入れるべきだ」とおっしゃった。最高裁行きの切符には余計な判断までされてしまいかねないというリスクがある。私も、馬奈木先生の判断は正しいと頭では理解した。しかし、我慢できなかった。高裁の審尋期日において、受命裁判官は、「被害のことはわかっています」と明言していたのに、決定文には「ノリ養殖の生産量の減少ということ自体が認められない」と書いてあったからだ。被害論担当として最も力を入れた部分がだまし討ちで否定されていた。私は、「原告拡大運動もします。最高裁にも行きたい」と言って馬奈木先生に食い下がった。その後のことを思い返してみても、唯一、馬奈木先生と方針が異なり、かつ私の方が自分の意思を押し通した瞬間だった。ほとんど眠れなかったが、先輩弁護士が協力してくれたので、それなりの理由書にはなったと思う。だが、案の定、最高裁では負けた。幸い、余計な判断はなく、本訴に悪影響はなかった。後に、馬奈木先生が若手主導による最高裁行きを容認してくれた理由を考えてみたが、私には、馬奈木先生が、最高裁で何を書かれようがそれを覆すほどの多数の漁民が本訴の原告として集まるという未来に確信を持っていたからだとしか思えない。

実際に、本訴の漁業者原告は約二〇〇名から約一五〇〇名へと膨れ上がり、福岡高裁で負けてひるむどころか、運動はより強くなった。しかも、弁護団は、工事の完成により工事差止という請求の趣旨の変更を迫られたが、短時間で、開門請求に変更することが決まった。この変更に関する漁業者集会は、馬奈木先生の「裁判における要求の上でも今や開門となり、名実ともに再生に向けた闘いが始まりました」という話から始まった。漁業者たちの表情に、負けた瞬間の落胆はもはやなく、新しく原告になった漁業者も含め全員、「開門こそ有明再生の第一歩」の一点で団結することになった。負けた後の起き上がり方の見事さに、私は、馬奈木先生と二人きりで初めて食事をした時の風呂敷の話を思い出した。「紫藤君。風呂敷ね。広げてから畳んで見せるんだけど。その大きさね。どれくらいか。それを考えるんだよ」。要するに、第一回弁護団会議で、長時間議論した結果、私たちの要求事項は、「よみがえれ！有明」という地域再生に決まったが、それが、馬奈木先生の広げて見せた風呂敷の大きさだった。実務担当の若手が、工事差止の主張立証という訴訟技術論ばかりに目を向けていた間も、馬奈木先生は、地域再生に向かって走り続けることだけを考えていた。この風呂敷の大きさからすれば、負け決定など途中経過にすぎないのである。

私は、担当である権利論についても、再生を意識するようになった。そして、漁業行使権に基づく妨害排除ないし妨害予防請求権の具体的内容を「漁獲高減少差止請求権」から「漁場の改善請求権」ないし「漁業の再生請求権」へと発展させること、それが本訴における私の役割だと自分で決めた。

その後、本訴は、一審（佐賀地方裁判所平成二〇年六月二七日判決）、二審（福岡高等裁判所平成二二年一二月六日判決）と勝ち続け、開門判決は確定した。福岡高裁の開門判決の中に、「一審原告らは、生活の基盤にかかわる権利である漁業行使権に対する高度の侵害を受けている」という認定部分がある。それを見つけたときは、私は風呂敷の端っこを少し畳めたような気がした。

## 4　産廃問題における若手の実務

次に、県交渉から始まった旧筑穂町の産廃問題であるが、私の最初の仕事は、証拠保全だった。産廃業者に対する県の規制権限の発動を交渉で求めたが、県は動かない。しかし、悪臭と汚水の被害は続いている。したがって、速やかに、産廃業者に対する操業差止の仮処分を起こさなければならない。しかし、書面審理の仮処分で勝つための手持ち証拠がない。どうしたらいいのか。馬奈木先生と最初に行った県交渉の帰りに考えた問題である。

「証拠は（処分場の）中にある」という馬奈木先生の指摘を受けて、私は証拠保全だと思った。民裁修習で見たのはカルテ開示だけであり、処分場の検証の経験があるという先輩弁護士から取り寄せた記録も処分場内を歩いて見るというものにすぎなかったが、「できないと思い込むな」と馬奈木先生の背中が言っていた。理屈は同じはずだから、処分場内を掘って埋め立てられた廃棄物を採取することも証拠保全によってできるはずだと信じた。処分場内の掘削に必要なユンボの手配、採取した廃棄物・土・水の分析を行う専門家の手配など書面以外の準備の方が大変だったが、県交渉から三ヵ月後に証拠保全の申し立てを行った。任意処分であるから、業者が認めた範囲で、水と土を採取することしかできなかったが、その分析結果から十分な証拠は得られた。

次は、仮処分の申し立てである。「これは、町全体の問題だから、町の全世帯が債権者になる」という馬奈木先生のことばの意味を深く考える余裕もなく、平成一五年五月、人口約一万人の町民のうち四五〇一名が債権者になって操業差し止めと廃棄物の撤去を求める仮処分を申し立て、平成一六年九月に操業差止の仮処分決定（福岡地裁飯塚支部平成一六年九月三〇日決定）を勝ち取った。

この決定により、少なくとも、将来の廃棄物の搬入は止まった。しかし、既に埋め立てられてしまった廃棄物が残っている。しかも、産廃業者は倒産し、住民の非難は「裁判所の決定は民対民の関係であり、県は名宛人ではない」と言い放った県の廃棄物行政に対して向けられた。有明と同じだと、私はようやくこのころ思った。最初から、この問題も有明と同じく地域再生が目的だった。住民集会において、馬奈木先生が、「私たちは処分場のない昔の生活をしたいと思っている。だから処分場がなくなるまでこの運動をやめない」とおっしゃっていたことを改めて自覚し、行政事件訴訟の改正によって新設された義務付け訴訟の検討に入った。

福岡県知事に対する廃棄物処理法上の措置命令処分の義務付けを求める訴状が完成し、提訴前集会では、私も、見よう見まねで「過去にない全国に先駆けた訴訟を提起することになりました。故郷を守るために頑張りましょう」と言うようになった。

地裁判決（福岡地裁平成二〇年二月二七日判決）は敗訴。廃棄物処理法上の違法は認めつつ、重大な損害を生ずるおそれという訴訟要件を満たさず却下するという内容だった。馬奈木先生は、「誰かが死ぬまで放っておくのか。人体実験を許す非常識な論理だ」と厳しく批判した。住民も納得するはずがなく、当然控訴した。

処分場の中には危険なものが残っている。安定型の処分場は、中のものが外に出ないような構造にはなっていない。中にあるだけで勝てなければおかしい。原点に立ち戻り、控訴審では、再度、処分場内の廃棄物を採取するための検証を行った。六日間の検証計画の途中でボーリングが廃棄物層に到達した直後、硫化水素ガスが噴出し、労働安全衛生法上の基準値を超過した。直ちに検証は中断し、廃棄物の採取はできなかった。しかし、採取できた水からは、基準値を超過する鉛が検出された。その結果、福岡高裁では勝訴した（福岡高裁平成二三年二月七日判決）。産廃問題における非申請型義務付け認容判決としては全国初だった。

私は、病気療養中の馬奈木先生の自宅に勝訴判決の報告に行った。「紫藤君が一年生のころから頑張ってきたもんね」と褒めてくださった。私は、今後の決意も何も言葉にできなかったが、「先生のおかげで、未来を守る弁護士になろうと思えるようになりました」と心の中で感謝した。

そして、平成二四年七月三日の最高裁の決定により、福岡高裁判決は確定した。福岡県知事も同月一〇日、周辺住民に対して争ってきたことを陳謝した。

しかし、旧筑穂町の再生は、まだスタートしたばかりである。

## 5　損害賠償は、過去の賠償ではない

以上の二つの事件は、言うまでもなく、そのいずれもが差止から再生へと請求の趣旨自体を変化させていった点で共通する。しかも、その目標として、地域再生を掲げてきたからこそ、度重なる困難にも耐えてきた。

この二つの地域再生事件の途中で、私は、西日本石炭じん肺、ノーモア・ミナマタという国の規制権限不行使の違法を認めた二つの最高裁判決を契機にして、新たに立ち上がった弁護団に関与する機会を得た。馬奈木先生は、「じん肺もミナマタも最高裁を基にして司法救済システムを構築しようとしているが、同じにはならない。そこを見ておくんだよ」とおっしゃった。紛争解決のための戦略・戦術に関して、損害賠償事案に関わったことのなかった私への適切なアドバイスだった。

ただ、じん肺とミナマタで私が最も関心を持ったのは、担当外の包括一律請求論だった。馬奈木先生が関与されていたころに、先生が強調していたという話を先輩弁護士から聞いたからだ。

包括請求とは、被害者の身体的被害に加え、被害者の被った社会的・経済的・精神的被害のすべてを包括的に損害として把握する請求方法であり、一律請求とは、原告らが一律に、同一金額又は同一基準による損害賠償を請求する請求方法である。被害の一部を最小限度の線で統一して請求するものであり、一部請求である。

その根本にあるのは、「元の健康な体を返せ」、「元の生活を返せ」という完全なる原状回復だった。物理的な完全回復は不可能なので、やむなく金銭として評価することになるが、その場合の損害額は、完全なる原状回復にみあう金額（元の生活へ回復するために必要な費用）でなければならないのだ。

ここで、症状という被害のみを考えたのでは、目指すべき損害額になることはない。

過去の賠償という訴訟形態を選択した事件であっても、馬奈木先生は、最初から被害の原状回復、すなわち再生を常に考えておられたのだと、ここに至って理解した。

吉村良一先生が、包括請求論と環境再生論との結合について、言及されているが、馬奈木先生は、まさに、環境再生の中核に人間回復の視点を置き、地域全体の被害回復に向けた弁護活動を貫かれてきたし、今も目指されているのだと思う。

## 6　最後に

再生への道のりは長い。法理論の確立としてだけではなく、自然の回復力としても、である。長崎大学の田北先生は、有明海異変をテーマにしたトレンディードラマ「不機嫌なジーン」の監修に当たって、公共工事がもたらした被害の大きさを世に知らせるため、「自然の力で元の海に戻るには一〇〇年かかるだろう。私たちはそれほど大きな環境破壊を許してしまっている」とおっしゃった。馬奈木先生は、被害者の最後の一人を自らが見つけ出してその救済を図るという決意と覚悟を示して「水俣は一〇〇年戦争である」とおっしゃる。

だから、いつの頃からか忘れてしまったが、私は漁業者の前で、「一〇〇年かかることを目指して闘っているので、弁護団も三世代を覚悟で、毎年新人弁護士に加入してもらっています」と発言するようになった。

初日の本と県交渉、それが私に対して馬奈木先生がくれたヒントである。そのおかげで弁護士としての一生のテーマを地域再生だと意識することができた。

私の子供が、隣で小学校の国語の教科書を音読している。偶然にも、その題名は「一〇〇年後の故郷を守る」である。

福島原発事故を契機に、九州では九電と国を被告にした一万人の差し止め訴訟が始まっている。馬奈木先生から、今やヒントを与えられるまでもなく、弁護士人生をかけて、取り組むべき事件だと思う。

# 8 「生業を返せ、地域を返せ！」――福島原発事故被害の救済を求めて

「生業を返せ、地域を返せ！」福島原発事故被害弁護団　馬奈木厳太郎

〝銭金の問題じゃねえ。父ちゃんを返せ、元の生活に戻せ！〞――自死農家の遺族の言葉

## 1　はじめに

〝水俣は公害の原点〞としばしば称される。この含意は、実に多義的である。被害の規模や壮絶さ、過酷さといった被害実態をとらえて、そう称する場合もあれば、公害における国や企業の被害救済に後ろ向きの姿勢や隠ぺい体質といった態度を強調する文脈で用いられる場合もあるだろう。論者の属性や問題意識によって異なるのは当然であるし、およそ原点と称されるものはそのようなものであるはずである。

本稿では、〝未曾有の公害〞とも称される東電福島原発事故被害にかかわる者の立場から、被害回復を求める取り組みについて紹介することとする。したがって、ここでの〝原点〞とは、回復されるべき〝被害〞をどのようにとらえるのかという点、そして求められるべき〝回復〞とは何を意味するのかという点で、教訓とされるものである。

## 2 東電福島原発事故の被害をどのようにとらえるのか

東電福島原発事故の被害は、事故後一年以上が経過したいまも、なお継続している。その一端は、様々な論者やメディアなどの手によって、少しずつではあるが明らかにされつつある。いや、正確にいうならば、本件事故に関するものとしての情報量は、少しどころではなく、過去の公害訴訟で問題になった被害などに比しても、比較にならないほど多いというべきであろう。したがって、少しずつというのは、被害のとらえかたという観点にかかわる問題である。

何が被害か、いかなる意味で被害なのか――事故後、福島に五〇回以上通い続けるなかで何度も自問した、そしておそらくこれからも自問するであろう問いである。

「売上げが下がった」、「キャンセルばかりで予約が入らない」、「取引先や商圏を失った」、「屋外作業なので被爆リスクが高いのではないか」、「土壌から基準を超えるセシウムの値が検出された」、「故郷にいつ戻れるかわからない」、「自宅の不動産の価値はどうなるのか」、「子どもの健康が心配だ」……

内容は、生活にかかわるもの、生業にかかわるもの、健康にかかわるもの、いずれも深刻なものばかりである。そして、彼らの人間としての生存のあらゆる局面に及ぶ、その意味で重層的かつ多面的なものである。

そうである以上、被害は、その実態がトータルに把握されなければならない。もちろん、このことは個別の被害を無理に抽象化したり、矮小化したりすることを意味するものであってはならない。たとえば、取引先や商圏を失った事業者の場合の営業損害についてなど、金銭的評価が可能であり、それによる賠償が適当なものについては、そうした方法によるのが実際的である。しかし、取引先や商圏を失ったという事実の背後にあるものを考えたとき、営業損害だけでは評価しつくされない被害は確実に存するのであり、事業以外の被害も当然発生しているのである。何より、個々的に何かしらの費目に分類することが容易ではない損害を被っているのであり、そうした諸相を見なければ、被害を正確にとらえたとは到底評価できない。個々の被害実態を正確に把握するとともに、それら個別被害を総体として貫く理念が不可欠である。その理念は、必ずしも現在の不法行為法の表現には納まらない、あるいはなじまないものなのかもしれない。しかし、今回の事故の被害者が受けた犠牲とその性質をふまえると、現行法の範疇でしか被害をとらえないなどということはできないというべきであろう。規範が被害を規定するのではなく、被害が規範を確立させるべきだからである。

不法行為法、とくに損害賠償の目的とは、一般に、損害の填補とその公平な負担といわれるが、およそ不法行為法の目的そのものにまで立ち返って考えるべき被害が、そこには横たわっているのである。現行法の枠や発想にとらわれると、今回の事故の本質を見逃すことになるのではないかという懸念が、常に脳裏をよぎる。被害救済のための規範とは何か、そもそも論にまで遡った議論が必要なのではないか――そういう想いは、今回の事故の相談を受けた者であれば、誰もが一度は感じた印象なのではないだろうか。

では、なぜ被害実態を正確にトータルにとらえなければならないのか。

端的にいえば、責任の追及と不可分だからであるということになるだろう。責任の所在とその重みを明らかにするためにも、被害の解明、しかも徹底した解明は不可欠である。また、被害を徹底して明らかにすることで、被害の構造が浮き彫りとなり、表面的には見えてこない被害者の存在も明らかとなってくる。このことは、裏を返せば、加害の構造を暴き、加害者にどのような点で、いかなる責任が存するのかを明らかにすることでもあるだろう。その意味で、被害にこだわるということは、加害責任にこだわるということと同義なはずである。

加害責任を明らかにし、被害の構造を浮き彫りにする、そうすることによって個別被害を貫く総体としての理念を見出すのだとすると、そこでの理念とは、被害の特質、それはまた加害の特質でもあるが、当然そうした特質を反映させたものとなるはずである。

今回の事故の特質とは、改めていうまでもなく、営利を目的とした経済活動に伴うものであり、しかもそれが国策に基づく原子力発電所の設置と原子力発電の操業によるものであり、それを遂行したのは圧倒的ともいうべき独占資本たる東京電力であって、加害者と被害者の間に立場の互換性など考えられず、その被害は地域環境全体に広がり、生活の全面にわたるものであり、影響は次世代にまでも続き、終息の見通しすらまだたたない、そのようなものである。したがって、個別被害を貫く総体としての理念も、こうした特質をふまえて設定されなければならない。

結局、一口に被害といっても、種々の現象面を無自覚・無目的に並べたところで、それだけでは被害をとらえたことにはならないということである。今回の事故の特質をふまえたものであること、そしてその特質のなかで回復されるべきものであること、それが今回の事故の、まさに特有の被害ということになるはずである。

## 3　なぜ「生業を返せ」、「地域を返せ」なのか

「生業を返せ、地域を返せ！」福島原発事故被害弁護団は、二〇一一年一〇月三〇日、福島市内で結成された。設立時、弁護団は、福島県や宮城県、首都圏の弁護士約二五名だった（現在は約六〇名）。

今回の事故以来、福島県内の様々な団体からの要請を受け、後にその多くが弁護団の一員となる弁護士たちは、多数回にわたり法律相談会などに参加してきた。相談会や説明会は、県内各地で開催され、その回数は優に二〇回を超えている。相談会参加者が一〇〇名を超えることもたびたびであったが、参加した弁護士は、その一人ひとりの相談に対応してきた。

「作付や出荷の制限はかかっていないが、キュウリの値段が半分に落ちてしまい、毎月約一五〇万円の損失が出ている。シーズンで損失が約七五〇万円にもなってしまう」（農家）

「子牛には月一万八〇〇〇円、経産牛でも月一万六〇〇〇円ほどの飼料代がかかる。子牛は生まれてから四五ヵ月くらいで売りに出すが、いまは四五ヵ月を過ぎてもなかなか売りに出せない。それでも、牛は生き物だからエサはあげなくてはならない。飼料代がかさむばかりだ。牛の値段もおそろしいほど下がってしまった」（畜産農家）

「夏休み期間で一年の三分の一の売上げをあげてきたのに、今年はキャンセルが続き、予約がまったく入らない。子連れのファミリーの予約なんかは一件もない」（ペンション経営）

「避難先の親戚にも迷惑をかけている。早く戻りたいが、いつまで避難しなければならないのかまったく目途が立たない」（主婦）

「移転して新たに事業を始めようにも、こんな状況ではお金を貸してくれる銀行なんかない。東京電力が連帯保証人になって融資を受けられるようにしてくれ」（蕎麦屋）

「避難もできず不安な日々を過ごしている。悲しい気持ちになる時間が長くなった」（主婦）

「三月以降、海外からの予約が入らない。渡航自粛が解除されてもすぐに客足が戻るわけではない。いった

いいつになったら海外からの旅行客は戻ってくれるのか」（旅行代理店）

「三〇年以上、ピアノ教室を開いてきたが、今回の事故で生徒がバラバラになってしまった。教えることが生き甲斐だったのに残念で仕方がない。ピアノに触る機会もまったくない」（ピアノ教室主宰）

「定年後、自宅の庭に手を入れて、盆栽や木々を育てていた。立入禁止で家に戻れず、どんどん枯れていっている。一つ一つの価値は高くはないのかもしれないが、老後の計画や楽しみを奪われてしまった」（年金生活者）

「今年は作物の売れ行きがすごく悪いが、もっと心配なのは来年以降だ。土壌そのものがやられてしまっている。作付をしていいものか、非常に悩んでいる。来年もダメだったら農家をやめようと思っている」（農家）

「生まれてからずっとこの町で暮らしてきた。避難しても、目をつむると住んでいた家や街並みや故郷の風景が蘇る。自分はもう先は長くないが、ふるさとにいつの日か還ることができるのだろうか」（年金生活者）

私たちは、毎回の相談会で、こうした切実な訴えや悲痛な想いを聞いてきた。そして、私たちは、被害が、いわば生活や人生の全面に及んでいることを痛烈に認識させられた。また、生業や労働の成果物を喪失するということは、単に財産的な損失にとどまるものではない。「働く」ということが、人間の価値を再確認し、自己実現を図る機会でもあり、個人の尊厳にかかわるものだということを改めて学ばされた。弁護団は、このような被害者の方たちとの結びつきのなかで結成されるに至った。

弁護団は、被害の完全な賠償と地域環境の全面的な回復を要求し、実現させることを目標としている。また、東電のみならず、国をも責任の主体として明確にしている。これは、弁護団が、今回の事故を公害として位置づけていることに基づく。被害者の方たちからの聞き取りでも、誰も金銭賠償だけの問題とはとらえていない。除染や健康被害への対策など、国にも重大な責任があることは明らかである。

私たちは、こうした被害者の方々の想いと私たちの決意とを込めて、今回、弁護団を「生業を返せ、地域を返せ！」と称することに決めたのである。

## 4　何を、どう回復させるか

被害救済に取り組む弁護団は、福島県内をはじめ、北海道から福岡に至るまで各地で結成されている。その多くの弁護団が、福島あるいはその周辺からの避難者について、避難費用や財物損害、慰謝料などの賠償を求めて、東電に対する直接請求あるいは原子力損害紛争解決センター（ＡＤＲ）への申立てを活動の中心に据えている。

そうした状況は、今回の事故がもたらした被害に照らせば、当然のことであるし、被害者の方々の要求に応えるものでもある。各地の弁護団は、ＡＤＲという土俵で、賠償範囲の拡張と賠償対象者の拡大を目指し、日々創意工夫を凝らしているのであり、この間、現実にいくつかの点で重要な成果も得ている。

他方、今回の事故は、上述したとおり、「公害」としても位置づけられるべきものであることから、損害賠償請求が重要であることはもちろんであるが、それにとどまらない取り組みが求められることも、また当然といえる。「公害」としての位置づけに基づく取り組みといった場合、伝統的には、損害賠償請求（国家賠償請求）に加えて、汚染原因の差し止めや、原状回復、地域環境の再生、恒久医療対策などが、その例としては代表的なものである。

私たち弁護団としては、今回の事故を弁護団結成時から「公害」だと位置づけてきた経過もあり、原状回復を求める取り組みこそが、弁護団としての独自の存在意義を示し、他の弁護団との相違を示すものだととらえている。

現在、弁護団は、原状回復を求める取り組みを、福島県内の被害者の会、福島県外に避難した被害者の方々が現地の支援者の方々と作っている被害者の会（米沢、広島、沖縄）などと連携して進めている。被害者の方々が求めているものは、極めてシンプルである。要するに、「事故前の生活を返せ」という一語に尽きる。そうである以上、原状回復とは、事故前の生活を取り戻すため、まずは「事故前の環境に戻せ」ということに他ならない。

「事故前の環境に戻せ」という要求が、さしあたりのスローガンになるとして、この取り組みは、除染や地域再生など多様な行政対策を求めるものとなる。その実現のためには、様々な取り組みが進められなければならないが、裁判上の取り組みもその一つとして要求されることになるだろう。

弁護団では、こうした問題意識のもと、原状回復を求める集団訴訟の提起を方針として確認している。「事故前の環境に戻せ」という要求を法的な表現に翻訳した場合、たとえば、「空間線量を〇〇ミリシーベルト以下にせよ」、「土壌を〇〇ベクレル以下にせよ」というものがありうるだろう。請求の趣旨の第一項は、こうした表現となる予定である。

そのうえで、今回の事故が、短時間に原状回復を達成させられるものでないことは明らかである。達成されるまでの間は、放射性物質による被害は継続しているのであり、その損害に対する賠償がなされなければならない。これは、実質的には慰謝料としての意味あいを有することになるだろう。過去の公害訴訟などを参考にし、象徴的な金額を請求する予定にしている。これが、請求の趣旨の第二項となる。

この集団訴訟は、東電と国を被告とするものである。訴訟の目的は、原状回復を目指す点に存するが、政治的な意義としては、今回の事故についての国の法的責任を追及し、認めさせる点にある。原状回復を行わせるためにも、また健康被害や生活再建に対する対策をとらせるためにも、その前提として国に法的責任が存するのか否かは、対策の構えや内容に大きな差異をもたらす。また、法的責任が認められるか否かは、今後のエネルギー政策の動向を大きく規定することにもなるはずであり、その意味では脱原発の取り組みの一環として位置づけることもできるだろう。

国や東電は、事故以来、自ら損害の範囲を決め、損害の水準をも決定してきた。加害者が、誰が被害者たりうるか、どの程度の賠償が適当なのかを、被害者に一方的ともいうべき方法で押しつけているのである。圧倒的な力をもつ加害者の前で、被害者はこの間、加害者の設定した枠組みに取り込まれ、あるいは踊らされてきたといってもよい状態に陥っている。そうしたなか、一部には、本来の相手を見失い、被害者同士のなかでの分断も見られる。加害者が一方的に線引きした土俵に、被害者が知らず知らずのうちに上がってしまっているのである。

また、放射線リスクや国の不透明・不十分な情報提供に対する不信も相まって、事故前の居住地から避難する者もいるが、多くの者は様々な事情から事故前の居住地に留まっている。避難した者と留まっている者との間でも、分断と対立が今日生じているが、こうした分断と対立自体が一つの被害なのであり、その克服もまた一つの原状回復ということになる。弁護団としては、避難した者も留まっている者も、国や東電が被害者として扱っている者もそうでない者も、連帯して取り組むことが不可欠であると確信している。そして、この集団訴訟では、いずれの者も原告となる資格を有しているのであり、勝訴のためにもいずれの者も原告となることが必須なのである。

もっとも、避難区域内からの避難者や、放射線リスクを恐れ避難した人々のなかには、原状回復、とくに除染に対するあきらめや不信感が強いのも事実である。弁護団が参加する説明会などにおいても、「福島は山林も多いし除染は技術的に困難なのではないか」、「私の家は原発から六キロ。いまさら除染などできないだろう」、「除染をしても結局のところ放射性物質を拡散させているだけではないのか」といった疑問や意見が寄せられている。この点について、弁護団は、この集団訴訟が原状回復を第一義に掲げていることの意義、すなわち、被害救済の原理的な理念からしても原状回復が本来の姿であること、国の法的責任を明らかにするということに重要な目的があること、技術的にも除染が困難ということなのであればそれだけに加害責任の重大さと生活再建のための対策が求められることを追及しなければならないこと、金銭賠償による個別救済だけを旗印にしても運動のスローガンにはならずかえって金額の多寡が分断の契機となりうることなどを説いてきたところであるが、引き続き、なぜ原状回復を求めるのかという原点ともいうべき根源的な要求を訴えていくことで、より多くの共感と協働を得ていきたいと考えている。

直接、今回の事故について、国を被告とし、国の原子力行政にかかる責任を追及する点で、この集団訴訟は、最初の訴訟となるはずである。この訴訟の意義を広く世間に訴え、強大な原告団と強大な弁護団、そして強大な支援組織を組織することが、弁護団の当面の最大の課題となる。「生業を返せ、地域を返せ」をスローガンに、被害者の方々とともに全力を尽くしていきたい。

## 5　私たちが求めるもの

弁護団は、今年弁護士登録をした新六四期の新人弁護士を多数迎え入れることができた。そうした新人弁護士の多くは、公害事件弁護団連絡会（公害弁連）に結集している弁護団の長老クラスの弁護士を会議の場などで見かけては、歴史上の人物に会ったかのような反応を示している。二十代の新人弁護士にとっては、確かに、四大公害訴訟などは教科書のなかの出来事であり、その事件にかかわっていた弁護士というのは、歴史上の人物なのであろう。しかし、このことは、こうした出会いが会議の場だということからしても、公害が日本においてまだ過去のものになっていないことを、同時に意味するはずである。

弁護団に結集する若手弁護士は、「人の命や健康よりも営利を優先する、そんな企業のありかたは、もう終わりにしよう」、「人の命や健康よりも企業を大事にする、そんな国のありかたは、もう終わりにしよう」というシンプルな想いを抱いている。これは、四大公害訴訟のときの若手弁護士の想いと何ら変わらないであろう。

また、私は、今回のような事故が起きてからでしか、原発をやめようという動きを大きくできなかったことに、同時代を生きる者として、悔恨の想いを強く有しているが、その想いは、弁護団に結集する多くの弁護士にも共通のものであろう。しかも、いまでも政府は、恥知らずにも原発を再稼働させ、輸出さえしようとしている。そして、その政府は、人々が支持をしていようがいまいが、国民主権である以上、「わたしたち」の政府である。そうであるならば、もし再びどこかの地で事故が起きたとき、そのときには福島を体験している私たちは、もはや知らなかったでは許されないであろう。私たちは、政府をとめなかったという意味では、やはり〝加害者〟となるはずである。傍観するという立場や選択肢などない——そう考えている。

公害を終わらせるためのたたかい、それは今日も続いている。自分たちの社会がどんな社会でありたいのか、次の世代にどんな社会を残したいのか、私たちひとりひとりの生き方が、いま問われているのである。

# 第2章

# 被害に始まり、被害に終わる

# 1　言葉だけの謝罪を許さない！——イタイイタイ病のたたかいを例に

元イタイイタイ病弁護団長　近藤忠孝

## 1　馬奈木弁護士の出発点——「水俣移住」の壮挙

私が馬奈木弁護士の存在を知ったのは、同君が弁護士登録をした翌年の一九七〇年一二月に、福岡から熊本県水俣市に、多くの障害が渦巻き、困難な状況にあった水俣病被害者の闘いを有効に前進させるために、移住した時である。それは一九七〇年、イタイイタイ病（以下「イ病」と表示する）弁護団を代表して、水俣病裁判との連携のために訪問した熊本からの帰路、福岡に立ち寄って、福岡弁護士会所属の何人かの同期（二四期）の弁護士と旧交を温めた際、参加した同期の皆から「我々は、馬奈木という大変有能で将来性のある若手弁護士を水俣に送り出すが、水俣に埋もれさせたくない。イ病裁判のために東京から富山に移住したお前も、その道の先輩として応援してやってくれ。力をつけ、目的を達して福岡に戻り、更に大きく羽ばたかせたい」と言われた時である。四二年前のことであるが、「真の同志が出現した」と大変嬉しい思いをしたことが蘇ってくる。

イ病被害地域では、長期にわたって抑圧されてきた被害者が裁判を決意し、地元富山市の弁護士に代理人就任の依頼をして回ったが、相手が天下の三井金属であると知って誰一人受任せず、弁護士二年目の夏休みに東京から郷里（被害地婦中町）に帰って提訴の動きを知り、「お手伝い」を申し出た少壮の島林弁護士に全面委任され、経験一年余の駆け出し弁護士にとっては重荷過ぎるので、青年法律家協会（以下「青法協」と表示する）に持ち込まれたことから、前年青法協議長を務めていた私は、全国の青年弁護士に檄を飛ばして一九六八年一月に二〇名の弁護団（大半が弁護士一～二年生）が結成され、副団長に就任した。しかし裁判の進展とともに、富山市に拠点事務所のない「通いの弁護団」では、被害者・支援団体との連携や世論喚起等の運動がままならず、訴訟進行にも支障をきたす状況に陥ったので、公害被害者敗北の歴史の踏襲に陥ると考え、富山出身の数人の弁護団員に「郷里での事務所旗揚げ」を勧誘したが、一度雪深い富山から東京・大阪等の大都市に出てしまうと戻る気になれないようで、「こんな良い仕事はない」という説得も功を奏さなかった。県庁所在地富山市に移住することさえこの有様であったのであるから、一層の僻地であり、水俣病被害者は差別され、孤立する等、水俣の現地は混乱が渦巻き、チッソの責任を証言する証人を見つけることも出来ず、闘いと訴訟は立ち往生していた「水俣移住」の困難さは計り知れないものであり、馬奈木弁護士のこの決断は大変なことであったと思う。

長期にわたり、痛みと農業被害と絶望の中に苦しみ、ようやく闘いに立ちあがったイ病被害者と身近に接して闘うことこそ、弁護士冥利であり、「敗北を勝利の歴史に変える」ことは、魅力とやり甲斐のある仕事と考えていた私は、「誰もやらないなら俺がやろう」と一九六八年一〇月富山行きを決断した。

富山に移住し、被害者・支援団体と連帯し、マスコミ記者とも仲良くなる中で、全国各地の公害裁判どうしの連絡・協力共同の必要性を痛感し、翌六九年八月、青法協第一回公害研究集会（富山市開催）を全国に呼び掛け、既提訴の弁護団だけでなく、公害問題に取り組んでいる、或いは関心を持つ一〇〇名を超える沢山の弁護士が参加し、それまで被害者が大企業と国家権力の一体となった力の前に敗北してきた原因と、それを突破するための共通の闘い方についての議論が深められ、「裁判所に『因果関係論』を確立させること」（それまで、どの程度の立証があれば因果関係を認定するのかの原則が確立していなかった）、「無限の科学論争に引きずり込まれる『鑑定』は採用させない」等の意思統一をし、大成功をおさめた。

これが契機となり、各公害裁判の相互援助と連絡が密になり、その活動の一環として、上記水俣病弁護団との連携の熊本訪問となったのである。この公害研究集会には、馬奈木弁護士は「水俣行き」の前であったので参加していないが、その後の馬奈木弁護士の言動から、この集会の論議がしっかりと身につき、それを乗り越えて新境地を切り開いていることが感じとれる。

## 2　他の公害闘争と連携し、正しい道を学びとる

西日本新聞連載（聞き書きシリーズ）「たたかい続けるということ　三」で、馬奈木弁護士は「スローガンの魂」の語りの中で、イ病裁判控訴審勝利判決（一九七二年八月）翌日の三井金属本社交渉の場で、会社からの謝罪の申し出に対して、被害者側が「やるべきことをやってから来い」と謝罪を断ったことを紹介している。馬奈木弁護士はこの席に立会い、この経緯を心に強く焼きつけ、「たたかい」の教訓として身につけたからであると思う。

イ病弁護団は、イ病裁判控訴審の結審から判決までの間、それまでの裁判対策以上の厳しい論議をし、三井金属に対する要求内容（①被害者全員に対する補償、②カドミウム汚染農地の完全除染、③無公害鉱山実

現のための立入調査権等）についての論議と合わせて、「企業の謝罪は認めない」ことについての意思統一をして、判決翌日の本社交渉に臨んだ。

「謝罪をさせない」ことを重視したのは、イ病一審判決後控訴審判決までの一年の間に、新潟水俣病・四日市公害等の判決が相次ぎ、イ病弁護団も応援のために、判決の法廷に立ち会うと同時に、判決後の加害企業交渉にも参加したが、ある企業で、被害者側からの「土下座して謝れ」の叫びに応じて、社長以下がすぐその場で土下座して謝罪の言葉を述べたけれど、その企業では、それ以降「要求項目」についての交渉が全く進まなかった状況に直面し、「言葉だけの謝罪」は、真の公害解決には「壁」となるという厳しい現実を学んでいたからである。

このことは、他の弁護団への支援や共同は、自分が担当する事件を客観的に見つめ、正しい行動を導き出す上で不可欠であることを示しているが、馬奈木弁護士は、若い時からこれを実践していたのであり、これが今日の大成の基礎にあると思う。

三井金属本社交渉では、午前から深夜に及ぶ延々十数時間の激しいやりとりの交渉の結果、上記三項目の要求を企業が認め、その調印が終わったその時、案の定、社長が立ち上がって謝罪の言葉を述べようとした。私は、弁護団の意思統一に従い、大声で社長の発言を遮り、「今は謝罪の時期ではない。今日確認した内容を確実に実現した時に、謝罪の資格が生じる。それまでは謝罪は許さない」と喝破した。

この場を体験した馬奈木弁護士は、西日本新聞（聞き書きシリーズ）で、上記「謝罪拒否」の場面を紹介し、「被害者は『私憤』から立ち上がる。だけど、それはやがて『公憤』、つまり『みんなのために』という訴えに昇華する。世論をも動かす。被害の救済から根絶、そして今や到達点は『地域の再生だ』と掲げるまでに至ったのだ、と思うわけです」と論じている。馬奈木弁護士は「謝罪させない」ことと、真の公害解決及び公害の闘いの目的を正確に身につけ、実践してきた人物である。

ちなみに、イ病被害地域のカドミウム汚染田の除染は、上記本社交渉から四〇年後の二〇一二年三月に完了し（同年三月一七日各紙夕刊記事）、専門家を伴なっての立入調査による被害者側の改善要求を、企業が真剣に取り組んだ結果、神岡鉱山の操業による排出物の濃度は、自然界値と同レベル（無公害）となり、被害者への補償も誠実になされ、県立イ病資料館も完成したので、謝罪の条件が整ったと被害者側が判断し、本年中に「謝罪」の場が設けられることになったことを付言する。

なお、毎年六月の環境週間における環境省交渉の場で、イ病被害関係団体は、「神岡鉱山の無公害実現を国内に波及させ、日本を無公害産業国とし、『無公害産業輸出』を国策とせよ」と要求している。四四年前に右も左も分からずに、「私憤」から立ち上がったイ病被害者は、その闘いの到達点を広げ、世界から公害を追放する大事業を目標に掲げるまでに成長したのである。馬奈木弁護士は、前記「西日本新聞（聞き書きシリーズ）三」の最後を「私の生きがいは、……被害者と一緒になって泣くこと、笑うこと、決定的に大事なのは一緒に『変わっていく』ということなのです」と締めくくっている。私より一〇歳若い馬奈木弁護士は、「世界から公害を追放する」大事業推進の騎手となることは間違いないと確信する。

## ３　公害被害者は、何故敗北し続けてきたのか

「馬奈木先生古希記念出版編集委員会」から私に与えられたテーマは、「法律の枠を超えた闘い」である。

このテーマが私に与えられたのは、私が、何年か前のＮＨＫ連載「その時歴史が動いた」番組の「イタイ

イタイ病——弁護士たちの闘い」の出演者であり当事者であって、明治一〇〇年来の公害被害者敗北の歴史に終止符を打たせた弁護団の元団長であるからだと思う。

そこで、まず、「被害救済の『法律』は存在するのに、何故被害者はその適用を受けられず、敗北し続けたのか」について考えようと思う。

民法は一八九八（明治三一）年に施行され、その七〇九条は「故意又は過失に因りて他人の権利を侵害したる者は之に因りて生じたる損害を賠償する責に任す」と規定している。また、鉱山が被害を発生させた場合には、被害者に「故意又は過失」の主張・立証を免除した鉱業法一〇九条も存在する。しかし、イ病の責任を求める被害者の組織であるイ病対策協議会結成は一九六六年、弁護団結成・提訴は一九六八年、勝訴判決確定は一九七二年であって、七四年間、被害者は存在する法律による救済を受けられず、放置されてきたのである。

その原因の第一は、日本が近代国家として企業育成・生産増大の道を突き進む中で必然的に多発した鉱害等の被害に反対し、補償要求をする運動自体に対する企業と権力一体となっての鎮圧であり、それは足尾銅山の鉱毒に対して、田中正造という優れた指導者のもとに大闘争を展開したが、闘いの拠点の谷中村が遊水地に指定され、土地収用法により土地を取り上げられ水没して終息させられた足尾鉱毒事件に象徴される。

その原因の第二は、訴訟提起・継続の困難と挫折である。

例えば、一九二二（大正一一）年、福岡に発生した炭鉱による家屋陥落等の被害補償請求訴訟事件（いわゆる「大藪事件」）では、口頭弁論は三四回開かれたが「挙証資料なく本案に入ることが出来なかった」。被害者は鑑定人の申請をしたが、裁判長は「これに要する予納金一五〇〇円納付なき限り、それまで裁判を休止する」宣言をし、被害者はこの費用調達ができず、訴えを取り下げた。

同じ時期に、同じ福岡で、一八軒が三五万円の損害賠償請求の裁判を起こしたが、裁判費用に一万六〇〇〇円も要したことから結束が乱れ、わずか一割の三万五〇〇〇円で和解せざるを得なかった「中間事件」も起きている。

足尾鉱毒事件のように、被害住民の闘いの拠点が政府に水没させられたり、訴訟しても、立証の困難と莫大な訴訟費用に阻まれたりしたことから、被害者は最初から闘いや訴訟をあきらめる風潮が、社会の常識となっていたのである。

一方、「煙害・鉱毒の発生は生産増・企業発展の反映」であり、「富国強兵」の国策に合致する現象として、これを謳歌しこそすれ、これを咎めたり反対したりする者は非国民として爪弾きの対象とされたこともこれを助長した。

その原因の第三は、訴訟になっても「無限の科学論争」により、被害住民の能力を超える長期・困難な訴訟に引きずり込む作戦が有効であり、そのために裁判において、どの程度の主張と立証で因果関係を認めるのかという「因果関係論」が未確立であったためである。上記全国公害研究集会では、疫学（人間集団中の疾病、異常、健康の全容をつかみ、疾病者が多発する原因、経過を研究する学問）は科学であり、病理機序の全容が説明できなくても、地域的限局性、年次的消長等により公害被害の原因を認定することは可能であることを、裁判所に認めさせ、因果関係論を確立させようと意思統一したのである。

## 4　公害被害者敗北を、勝利の歴史に転化したものは何か

〈主戦場は法廷の外〉

イ病裁判第一回口頭弁論の法廷に出て、被告側席の弁護士を見て、私は「金に飽かせた加害企業の意図」を直感し、慄然とした記憶がある。団長格に日本最大の労働争議で労働側が敗北した三井三池大争議の「資本側総帥」として辣腕をふるった橋本武人弁護士、副団長格に直前まで名古屋高裁長官であった角村克己弁護士に加え、被害住民の依頼を全員が断った富山市の弁護士である小池弁護士の三人の姿が目に入ったからである。

イ病裁判を担当する岡村裁判長は、直前まで名古屋地裁の陪席裁判官であり、富山地裁に転勤して初めて「裁判長」の地位に就いた人であるから、岡村裁判長の元上司の配置は、裁判官を威圧することである。「被害者の足元の弁護士まで抱え込む」威力を示し、公害闘争を「労働争議並に力で押しつぶす」態度をまざまざと見せつけて、裁判所をも支配下におく三井資本の強力さを誇示したのである。

しかし、この「資本の論理」は、県民に波紋を呼び、真摯に闘う被害者と同弁護団との対比となった。「弁護士は金で動く」という小池弁護士選任に対する県民の不信は、逆に、イ病裁判勝利に必要な拠点事務所設立のために、東京から富山に家族ごと移住した私に対する「正義の弁護士（婦人団体では「白馬の騎士」）来たる」の大歓迎となり、法廷記者自身の裁判や患者の苦しみについての実感のこもった報道が続いて、イ病裁判支援の全県的世論の急速な盛り上がりに直結した。裁判の終盤には県内全自治体の議会が「イ病被害者勝訴を求める」決議を採択し、第一審判決に対する三井金属の控訴に対しては、マスコミ自身の怒りの報道があふれ、その凄まじさに、イ病に続く新潟水俣病と四日市公害の被害者勝訴判決に対して、被告

企業は控訴することが出来ず、またイ病控訴審も一年三ヵ月で控訴棄却判決という早期裁判（控訴審は通常数年を要する）となった。

〈「疫学は科学だ」「裁判所に因果関係論を確立させる」〉

「無限の科学論争」に引きずり込む加害企業の常套手段は、原告の「イタイイタイ病の原因は、神岡鉱山が排出したカドミウムである」という主張に対する被告側の「イ病の病理について」の求釈明として、

①どの程度の期間どの程度のカドミウムを摂取し、それがどの程度腎臓に蓄積されれば腎尿細管機能障害を生じるのか

②腎臓に蓄積されたカドミウムは、いかなる作用によって尿細管の再吸収機能障害を生じさせるのか

③尿細管機能障害によって骨軟化症が生ずるという機序について、より具体的かつ詳細に説明されたい

このほか、「原因物質」について六項目にわたる詳細な釈明を求め、その後の口頭弁論において、原告がこれに応えないことを厳しく批判してきた。これにまともに対応していたら、たちまち一〇年裁判になってしまうことは間違いないことである。

これに対して、原告側は「疫学は科学であり、イ病の原因がカドミウムであることは疫学的に十分立証されている」ことを主張したことは言うまでもないが、第一審裁判所は、上記「求釈明」立証のための被告の鑑定申請を却下し、判決は、「イ病患者は、神岡鉱山下流の神通川流域以外の河川流域には発見されなかった」等の疫学的考察により、因果関係を認定した。

日本の裁判において、「疫学的考察による因果関係の認定」はこれが最初であり、相当の勇気を要することであったと思うが、上記、被害者勝利判決を求める大きな世論の盛り上がりに勇気づけられてこの決断を

したことは間違いない。

## 5　公害弁連と馬奈木弁護士

一九七一年六月イ病、九月新潟水俣病の各一審勝訴を獲得した後の七二年一月、各地の公害裁判で奮闘している弁護士が結集して「全国公害弁護団連絡会議」（略称「公害弁連」）を結成し、音頭取りの私が初代幹事長に就任した。幹事長としての初仕事は、同年七月の四日市ぜんそく訴訟の判決立会いと、勝利集会での挨拶であり、次いで七三年三月の熊本水俣病第一次訴訟判決を迎えた。熊本水俣病の闘いは、訴訟の維持すら危ぶまれ、「弁護団糾弾・裁判粉砕」を叫ぶ「告発グループ」の日常の妨害に難儀する等、最も困難な闘いであったが、馬奈木弁護士は、この厳しい闘いを、ここまで漕ぎ着けて勝利した最大の功労者である。判決当日の「告発グループ」の妨害に対しては、公害弁連参加の多数の弁護士が熊本地裁に終結して対処した。

公害弁連はその以後、七四年二月の大阪空港騒音訴訟を始め、公害裁判勝利の積み重ねに力を尽くしてきたが、馬奈木弁護士は、公害弁連の活動に積極的に参加し、一九九〇年から「副幹事長」、二〇〇一年から幹事長、二〇〇三年から「代表委員」を務めて今日に至っており、公害弁連の重鎮であり、全国の公害闘争に欠かすことのできない貴重な存在である。

# 2　被害との格闘——筑豊じん肺訴訟から

女性協同法律事務所　弁護士　原田直子

## じん肺訴訟との出会い

一九八五年三月二五日、長崎地方裁判所佐世保支部で、長崎北松じん肺訴訟の第一審判決が言い渡された。炭鉱労働者のじん肺について企業責任を追及する初めての集団訴訟であり、原告となった皆さんは、全員が要療養の重篤なじん肺患者又は、その遺族だった。

判決を前にして原審弁護団は、どっちが勝っても必ず高裁に行く、その闘いに備えて、弁護団に新しい弁護士を補充しよう、裁判所が福岡に移るから、福岡の弁護士を、そして、損害論は女性の弁護士が得意だから是非女性の弁護士も入れたいと考えていた（と思う）。

お誘いを受け、集団訴訟に参加したいとは思いつつ、小さな子どもを抱えて不安だらけだった。しかし、こんな機会はなかなかないし、福岡が舞台だから何とかついていけるかなと参加を決めた。

結局それから今日まで、じん肺訴訟に関わり続けてきた。

## 筑豊じん肺訴訟への発展

北松じん肺第一審判決は、時効で一部の棄却者を出したが、創業時の昭和一四年から被告企業である日鉄鉱業の責任を認めたこと、じん肺管理区分に応じて、最高二三〇〇万円＋弁護士費用の損害額を認めたことなど、大きな成果を挙げた。これに続いて、全国各地で元炭鉱夫達が立ち上がった。

筑豊じん肺訴訟もこれをうけて提訴の準備を進めた。北松じん肺に続いて立ち上がった各訴訟団の中で、国を被告としたのは、筑豊と北海道である。その経過は、別稿で述べられると思うが、福岡在住の北松弁護団も、そのまま筑豊じん肺訴訟弁護団に合流していった……というより、北松弁護団が中心となって、筑豊弁護団を組織していった。

私自身は、損害論を担当することになったが、この年の一〇月に出産で休んだこともあり、国の責任をどう考えるかの議論にはほとんどついていけないまま、訴状の作成に突入していった。

## 筑豊じん肺訴訟の損害論1

訴状の中の損害論は、北松じん肺の準備書面のほぼ丸写しだった。

北松じん肺が提訴された頃の全国のじん肺訴訟は、集団訴訟はほとんどなく、原告・弁護団間での組織だった交流もなかった。そのような中で、北松弁護団は、独自にじん肺の損害論を構築し、進行性、不可逆性、全身性の死に至る病として、じん肺被害の悲惨さを訴えていた。その結果、労災年金で一定の補償を受けながらも、死者・管理4の患者の慰謝料として金二三〇〇万円を認めさせるという成果を挙げていた。判決の頃の交通事故の慰謝料は死亡で二〇〇〇万円くらいであるから、じん肺被害の悲惨さを裁判所は十分に感じ取ったに違いない。

筑豊訴訟の初めはその成果だけを取りだし、身体的被害、経済的被害、精神的被害、家族の被害を並べた「悲惨なじん肺被害」を、抽象的な文字で訴えていた。とはいうものの、「被害に始まり被害に終わる」という公害裁判から生まれた格言は何度も語られていたので、裁判官にじん肺被害を訴える必要性は常に議論され、重篤な患者の証拠保全として病院での臨床尋問を行い、その結果を弁論で訴えていた。

さらに、原告達の粉じん作業の実態と被害の実態をまとめる陳述書の作成作業を行っていったが、その多くは、一般に言われている呼吸困難を伴うじん肺被害に合致するところを探して、陳述書を作成するという「作業」に終始していた。その中で、書くことがない、被害がないという声も聞こえてきた。

筑豊じん肺訴訟の原告は、患者数で一八〇名、提訴当時は患者本人の原告も沢山おられた。また、筑豊では、北松じん肺と異なり、合併症のない単純管理２、３の患者さん（労災補償制度上の要療養となっていない人）も原告に加えていた。福岡地裁飯塚支部の三階の階段を登って毎回の裁判を傍聴し、家ではじっとこたつに座って、テレビを見ている。時には、庭の手入れをしたり、パチンコに行ったりし、煙草を吸う人もいる。訴状や準備書面にある「悲惨なじん肺被害」は書けないという意見が出ていたのも事実である。

それに対して損害班は有効な指針を出せずにいた。確かによくできている陳述書もあった。しかし、それは対象原告の被害が重篤だったから、あるいは原告がよく話してくれたからできたというレベルの理解にとどまり、どうしてよくできていると感じるのかを検討して、じん肺被害とは何かを掘り下げることまでには思い至らなかった。もっと丁寧に聞き取ってくださいというのみだった。

また、色々な状態の患者さんがおられる中、包括一律請求の根拠は何かについては、「死に至る病であるじん肺に罹患したことの慰謝料」とまとめていた。

## 被害との格闘　北松じん肺高裁判決を受けて

一九八九年三月三一日、北松じん肺控訴審判決が言い渡された。時効棄却者が二〇人から三〇人に拡大した上、損害額も、死亡・管理区分4の患者が二三〇〇万円から一二〇〇万円に、管理区分2の患者が一〇〇〇万円から三〇〇万円と、全体として四割程度に減額されてしまった。被告日鉄鉱業から申請された鑑定を許してしまった結果だった。

特に、時効の起算点が、最終管理区分決定のときから最初の管理区分決定の時とされて、時効棄却者が一〇人も拡大したことは、損害論の観点からも大問題だった。じん肺は進行性、不可逆性、全身性の死に至る病で、じん肺管理4の診断を受けることは死刑の宣告と同じである、じん肺は進行性で死に至る病であると主張してきたことからすると、最初の管理区分決定の際に、死に至るまでの損害が予測でき、その時から権利行使できたではないかという理屈も成り立たないわけではないからである。

また、一見すると重篤な人も軽そうな人もいる。それなのに包括一律請求とはなぜなのか。じん肺に罹患したことの損害と抽象的にいうが、その被害の本質は何なのか。提訴から数年を経て、じん肺被害と一から向き合うことを迫られた。

こうして損害論の再構築に悩んでいる頃、弁護団会議で損害論についての議論になった。損害に関する準備書面か意見陳述のたたき台を検討していたときである。私が提出した原稿に対して、馬奈木先生から、「じん肺被害とは何なのか」との厳しい問いかけがあった。損害ではなく、被害が問題だという指摘もあった。正直言って、私は何をいわれているのか、何が足りないのかよくわからず、途方にくれた。

以後、改めて患者・遺族の話を聞くことに心を配った。幸い、遺族の方たちとは女同士という感じで親しく話ができるようになっていたので、陳述書作成のための聴き取りという改まった場ではなくとも、夫たちの苦しんだ姿、どうして裁判に係るようになったのかなど、折に触れて聞くことに努めた。

入院患者のお見舞いに病院へも行った。ついてきてくれた遺族原告は、悪化していく患者さんの姿に夫の姿を重ね合わせ、病室を出ると暗い気持ちになる。そこからまた、患者さんの生前のエピソードなどが語られた。

一九九〇年一二月一九日に出した準備書面一二は、じん肺被害の重篤性を主張したものであるが、じん肺管理区分制度とそこから明らかになる身体破壊の重篤性を中心としたもので、患者の被害実態には触れていなかった。しかし、上記のような葛藤の中で、一年後の九一年一二月一八日に提出した準備書面二〇では、三本の管に繋がれたじん肺患者の死とじん肺死の影に覆われたじん肺患者の生に象徴されるじん肺被害を、原告達の言葉を引きながら展開している。「悲惨なじん肺死」ではなく、三本の管がこれを象徴するものとして、原告らの姿からその被害を表していった。さらに、療養している患者たちの被害を、「じん肺死の影に覆われかつ制約に満ちた長期療養生活」と表現することにより、患者として生きることの意味を問いただした。散歩をする、庭仕事をする、煙草を吸う、そんな些細なことが取りざたされるほどにしか、生を享受できてないことこそ、じん肺被害であると主張している。

そして、最後に、じん肺被害の「不条理」を三つにまとめている。

一つ目は、人には、異物を吸えばこれを排出し、排出できなかった異物は組織の中に取り込んで無害化するという生体防御反応があるが、じん肺は人体の生体防御反応の限界を超えた粉じんを吸入した結果、肺が固まってしまう病であるという点である。自分を守ろうと身体が必死に働いた結果がじん肺である。人の生体防御反応の限界を超える粉じんを吸入させた被告企業の加害行為にこそその原因があることを指摘した。

　二つ目は補償制度の不十分さである。労災という制度はあるが、それは療養を要する進行した被害にのみ適用される。管理区分制度によって、早期に発見する制度があるのに、全く補償がないため働き続けることを余儀なくされ、結局重症化してしまうという不条理である。

　三つ目は時効の壁である。早く発症して苦しんだものほど時効で切り捨てられるという矛盾。

　これらの不条理を指摘することにより、じん肺被害は、原告らがたまたまじん肺に罹患して苦しんでいるのではなく、被害を発生させ、重篤化させる仕組みがあること、その中で、原告らが苦しんできたことを表現していった。

　被害の原因は不条理な加害であることを指摘していると思う。

## 苦難の本人尋問

　しかし、九二年から九三年の約一年に及ぶ本人尋問は、かならずしもうまくいったとはいえない。

　弁護団は、国班、企業班、損害班に分かれてそれぞれの主張・立証活動に必死であり、弁護団全体として損害とは何かの議論をしたことはほとんどない。弁護団はそれぞれ担当原告を持ち、陳述書の作成や本人尋問を担当したが、ほぼ担当者任せの尋問も少なくなかった。被告企業からは、日常生活での「できる」ことを事細かに聞かれたり、陳述書の中に一部あった「弁護士の作文」部分を追及されたりして、答えに窮するところもあった。

しかし、堂々と胸を張って尋問に答えた原告も沢山いた。被告企業の質問に対し、その責任を追及せんばかりの口調であった。

その差はどこにあったのか。

もちろん、しっかりとした打ち合わせが必要であることは言うまでもないが、原告らが自らを被害者としてしっかりと認識しえていたか、というより、加害者との関係で自らを被害者と認識し、その正当性に確信を持っていたかによるのではないだろうか。

私は、後に三井松島じん肺訴訟弁護団の事務局長となり、同訴訟での本人尋問の打ち合わせを綿密に行った。私の中では筑豊での失敗の原因を担当者任せにしたと総括していたので、今回は、ほとんどすべての原告の尋問対策に、多数の弁護団に参加してもらった。自分が、三井松島の代理人になったつもりで、原告達に意地悪な質問も投げかけた。

それに対して、初めはしゅんとしていた原告の方々が、段々と元気になって反論し始めたのである。その中心になっていたのは、原告団の役員の方たちだった。この訴訟は、建交労という組合に組織された原告団で、このような原告団の場合、原告ではない組合の役員さんが主導的な役割を果たすことがある。しかし、この原告団は、自らが患者で原告である役員さんたちが、弁護団会議に毎回参加し、作業実態について事細かに弁護団に教育してくれた（北松や筑豊と違いビルド鉱として機械化された炭鉱だったので新しいことが沢山あった）。また、地元でも署名集め、市民団体への訴え、全国の訴訟団や支援者の人たちのとの交流に積極的に参加していた。この運動を通じて、原告団の要求の正当性の確信を深め、弁護士にだって裁判所にだって言いたいことを言っていいんだという気持ちが生まれていたのではないかと思う。

## 大塚トシ子さんの本人尋問

私も何人かの原告を担当したが、もっとも印象に残っているのは、大塚トシ子さんであった。大塚さんは、原告団の遺族幹事として、いつも城事務局長の後ろにいて、行けと言われれば日本全国どこへでも行き、原告団への支援を訴えていた。しかし、その大塚さんは「私は〇〇さん達と違って、訴えることがないいきにね」といって、被害を訴えることに消極的だった。大塚さんの夫は通算一二年も入院し、家に帰ってもじっとイスに座るだけの生活を送った挙句、トイレの中で死亡してしまったのに……である。

私は常々大塚さんのこの言葉に疑問を持っていた。大塚さんは、「私は夫に騙された」、病院の窓から夫婦二人づれで歩いている人を見ると、自分はどうしてあんな生活ができないんだろうと腹がたったという。

これまで、死亡した患者の妻は、呼吸困難で苦しむ夫に尽くし、献身的に看病する苦労が強調されていた。そうでなく、苦しむ夫に優しく看病してあげられなかったと思っている大塚さんは、自分の苦しみこそ被害であるとは思えなかったのだろう。じん肺は、そこまで二人を追い込み、夫が亡くなってからでさえ、妻の心に深い傷を残していた。

被害は、人それぞれである。それは、一人ひとりの人生が、幸せの形が違うのだから、当然と言えば当然かもしれない。しかし、原告達がそれを被害と自覚し人前で述べるようになるためには、長い時間と、信頼の構築が必要になる。大塚さんの尋問は、一審飯塚支部での最後の証拠調べの日に行われたが、私にとっては、「じん肺被害とは何か」という命題と最後の最後まで格闘した象徴だった。

## 一審のまとめ準備書面五二と最終弁論

　このようにして格闘した一つの結果が、結審弁論の日、一九九三年一〇月六日に提出した準備書面五二と、久保井弁護士の最終弁論だったと思う。

　この書面では、いかにじん肺死が生きて療養している患者たちの生を脅かし規制しているかを、原告達の言葉や様子を中心に述べ、その評価、意味するところはほんの数行に止めている。表現力の問題はあるが、事実としての被害が持つ重みをようやく前面に押し出すことができたように思う。

　そして、久保井弁護士が素晴らしい弁論をした。久保井弁護士にとっては、その後に関わる様々な裁判での被害のとらえ方の第一歩でしかなかったようであるが、その訴えは法廷にいる人みんなの心に響いた。久保井弁護士の資質によるところが大きいが、損害班として一緒に格闘してきた成果でもあると思っている。

「原告達はみな誇りをもって炭鉱労働に従事したものばかりです。本来であれば、懐かしみ誇らしげに語られるはずの若き日々を、欺かれ今の苦しみをもたらしたものとして語らなければならない。……これほどに人間の尊厳を否定することがあるでしょうか。

　原告達は、この裁判で国や企業に労働者が血の通う生身の人間であることを認めよと叫んでいるのです。彼らが踏みつけにしてきた人間の尊厳を直視し、同じ過ちを繰り返すなと訴えているのです。……ここに訴えているのは一人ひとりの命、本来ならば多様な生き方ができた一つひとつの人生です。裁判所がこの裁判に勝利することで、自分の、夫の、父の生きた証しを、そして人間としての誇りを取り戻そうとしている原告らの叫びに耳を傾け、人権の砦たるにふさわしい判断をされんことを切望します」

## 高裁での闘い——時効棄却者の本人尋問

引き続く、高裁では、時効棄却者の被害立証に力を注いだ。北松じん肺の最高裁判決で、高裁で減額された損害額が異例の見直しとなったことにも力を得て、時効棄却の不条理を、その被害をさらに掘り下げていくことで明らかにしていった。

結果は周知のとおりである。

## 私の中での被害論

世の中には、沢山の重い病気がある。じん肺が世の中で一番重い病気ではない。それでも、東京の組合の人たちは、遠い九州から上京してきた原告達を温かく迎え、支援連を作って、何度も九州まで来てくれた。あるとき、じん肺事務所の事務局員だった田中てい子さんに「どうして東京の人たちは自分の裁判でもないのにそんなに親身になって支援してくれるのですか」と聞いたことがある。田中さんは、「この裁判は他人ごとではない、労働者の働かされ方の問題だから、私たちの問題だ。私たちこそ、代わって裁判をやってもらってありがたいと思っている」と答えられた。確かに、被害のひどさ、深刻さは人々に支援の気持ちを起こさせるが、その問題が起こった背景、問題の本質が構造的で、一人の問題ではなくみんなの問題であるとの共感を得たとき、支援の輪は広がっていく。自分の質問の幼さに恥ずかしい思いをしたものだった。

北松じん肺に参加して間もないころ、東京から支援の方が来て交流会があった。私は初めての経験に感激して、「これまで各地で行っていた裁判が、連帯してつながり、点が線になった。これを面になるよう広げていこう」と言った。武藤ヒサ子さんが闘いの輪を広げなければと思ったと記憶にとどめて下さっていた。

彼女は、筑豊じん肺訴訟記念誌「俺たちはボタじゃない」の中で、「たたかいは人を変え、地域を変え、裁判官をも動かす」と書いているが、そのたたかいとは、被害の本質を明らかにし、共感を得ていくこと、馬奈木先生曰く『私憤を公憤に変える』作業なのだろう。

そして、そのたたかいには、被害者が被害者と名乗りをあげることが必要である。

私が現在最も多く扱っているＤＶ事件の被害者は、殴られても自分が悪いと思ってしまう、だから初めから弁護士の所には来ない。殴られる自分が悪いとは思っても、辛くて辛くて我慢できずに、福祉に救いを求め、そこで初めて、あなたは悪くないといわれ、半信半疑のまま弁護士事務所を訪れる。

謝罪や償いを求めることも、再発防止を求めることも、それにふさわしい存在であることが前提である。それを自分のこととして訴えるのは、自分自身への肯定感、自分が他人から尊重されてしかるべき存在であるという自負がなければなかなかできない。被害者は、被害を受けただけでは被害者になれず、加害者を知り、その苦しみを共感してくれる人がいて、初めて被害者になれる。その最初の人になった時、間違いなくその思いを受け止められる弁護士になりたいと思っている。

## 馬奈木先生のこと

初めてお会いしたのがいつのことが分からないが、あの目を見て、怖い人だから近づくまいとずっと思っていた。

じん肺訴訟では、「じん肺被害とは何か」の問いに答えが出せなかった。その当時の私にとって答案が書けないというストレスは並大抵のものではなく、メニエル氏症候群を発症して一ヵ月半休んだのはそのせいだと思っている。

しかし、本稿のために筑豊じん肺訴訟の損害論を振り返ってみると、先生の問いに答えようと自分なりに格闘してきたことが、弁護士としての姿勢を形作る土台となってきたことを改めて感じた。

最後に、女性差別弁護団のくだりについて一言。馬奈木先生は、当時の弁護団の対応の中に女性差別があったとは認めておられない。ただ、戦略的に下方裁判官への対応を間違えたという点を反省しておられるだけである。その点は、私と意見を異にするが、感情的になってしまった私の言葉を、団長としては、正しく理解していただけたと思っている。

## 3　「被害を語る」ということ

九州合同法律事務所　弁護士　久保井摂

### であい――筑豊じん肺訴訟

弁護士登録後の初仕事は、週末に農民会館で行われた筑豊じん肺弁護団会議だった。当時の事務所所長池永満の方針で、「うちに入るなら必ず集団訴訟を手がけること、君は筑豊出身だから筑豊じん肺、損害班に入りなさい」と、自主的な参加とはおよそかけ離れた形で弁護団に足を踏み入れたのが、現在まで連綿と続く「被害を語る」ことへの関わりの第一歩となった。

被害を語るには、その声に耳を傾ける人の存在が必要である。弁護士は、被害者の前に、被害を聞き出そうという意欲を持った他者として現れ、ある種の先入観をもって、期待した被害を語らせようとする。私がじん肺弁護団に加わったのは提訴三年目のこと。当時新たな提訴はなく、本人が提訴後死亡し、遺族が引き継いでいる原告の陳述書作成を担当することになった。前任者による生前の聴き取り結果が記された「聴取書」を手に、自宅に赴き、あるいは事務所においでいただき、話を聞き、メモを取る。私は筑豊に生まれ育ったが、物心ついた頃、既に炭鉱の火はほぼ消え、身近に炭鉱労働者もなく、就労現場の実態を全く知らない手探りの聴き取りだった。陳述書は就労の実態についても詳しく記述することとされていたものの、妻たちの多くは夫の粉じん現場に足を踏み入れたことはない。したがって、必然的に被害の聴き取りが中心となった。ここでの被害は、主として死した本人の被害である。じん肺とはいかなる病であり、それが患者にどんな苦痛をもたらし、生活を制限し、いかなる経過をたどって死に至るのか。「致死性」「進行性」「不可逆性」と準備書面にうたうその病像を、個別具体的な生と死の有り様を、鮮明に描写し、被害実態を裁判所につきつけようとする作業である。

最初の聴き取りは原田直子弁護士に連れられ、桂川町の旧炭鉱住宅に興梠美知子さんを訪ねた。夫の秀隆さんは約一年前に他界。ご本人が使っていたベッドの傍らで耳を傾けた。いつも喉から上が冷えてきつい、息ができん、と言い、夏でも冬でも寒いと訴えてベッドと床や壁との隙間に馬糞紙で目張をしていたという。床との隙間をなくすため、秀隆さん自ら足を切ったベッドは、そのままにしてあった。

日常であった療養の姿を、妻達は淡々と語る。するりと通り抜けていってしまう言葉に追いすがり、問い直し、被害の言葉にするためには、こちらに余りにも知識が不足し、想像力が欠けていた。傍聴席を埋めるかつての炭鉱の男達はがっしりとした頑健そうな体格で、死に通ずる病に苦しめられているとは見えなかった。じん肺訴訟に関わった間、私は常に、現にそこにあるのに、わかりやすく提示できない被害の形を、探りさぐりしていたように思う。地裁と高裁と、それぞれ一回ずつ被害についての意見陳述を担当し、それなりに弁護団からの評価も得たが、被害の本質をつかめていないもどかしい思いをぬぐいきれないでいた。

## きづき——薬害ＨＩＶ訴訟

薬害ＨＩＶ訴訟は一九八九年、すなわち私が弁護士として歩み始めた年に大阪と東京で提訴された。九州内の被害者は、ほんの一握りが東京もしくは大阪に提訴しているだけで、大半は潜伏していた。東京訴訟の九州内代理人として活動されていたのは徳田靖之弁護士。自らの被害を「冬の銀河」に描いた草伏村生さんの話を、博多駅近くの会議室で聴いた際の私の発言に耳を止めて、弁護団に誘う手紙をいただいたが、じん肺との両立は手に余ると辞退した経過があった。それから数年、判決を迎えずに和解する方向が見えてきた頃、各地で被害者を掘り起こす取り組みが始まった。私の所属する九州・山口医療問題研究会も組織としてこの活動をすることになったことから、ようやく代理人として関わることになった。

当時、ＨＩＶ感染は「間近な死」と同義だった。文字通り次々に原告が斃れ、姿を消していく中で、七年間の訴訟は闘われた。「遺族原告」に対し、感染者本人には、「生存原告」という呼称が用いられた。そこには「まだ生存している原告」という含意を感じずにはいられない。一九九六年三月の和解にあたり、原告らと被告である国及び製薬会社との間に和解所見に基づく確認書が交わされ、恒久対策としての治療体制の充実や定期的に協議の場を設けることなどが合意された。以来、今日まで、毎年各地でのブロック拠点病院・厚生労働省（旧厚生省）・原告団間の三者協議や、大臣交渉、中央運営協議会等が開かれている。また、原告団とは別に、はばたき福祉事業団という自助事業も発足し、その活動も続いている。

激烈な被害であっただけに、当事者の負った傷は深く、容易には癒えない。同じ被害者として訴訟を介して出会った原告たちが、交わり、未来につなぐ運動に関わっていく場に、私も関わることになった。九州各地での集会、遺族の会、医療学習会、九州原告団の様々な集まり。原告の運転する車で、あちこちに出かけた。車内で、会議室で、居酒屋で、ホテルの部屋で、いろんな話をした。

被害者の多くは血友病患者、母親の保有する因子が男児に現れる疾病である。血液製剤のない時代、患者らは日常的に生じる関節内出血の痛みにただ耐えて、患部を冷やしじっと出血が止まるのを待つしかなかった。繰り返す出血は関節の拘縮をきたすため、その時代の重症患者の多くに重い歩行障害がある。母親と息子の関係は濃密である。いや濃密であらざるを得ないのだ。出血が起きないように、負ぶって学校へ連れて行く。車椅子が奇異な目で見られ、普通学級への入学を「障害児に先生の手が取られてうちの子が構ってもらえなくなる」と他の親たちに反対された時代、ようやく入れてもらえた普通学級では、教室の移動のたびにおんぶするため、教室の外でじっと待機する。多くの母親は、自分の保有因子が原因で病気にしてしまったとの責めの思いを抱えている。しかも、薬害ＨＩＶはその母親自ら子どもに注射した血液製剤によって生じた。それに薬害を隠蔽するため、国によってつくられたエイズパニックによって刻まれた強烈なＨＩＶに対するスティグマ。医療なき中での凄惨な死への過程。加害者への憎しみ、後悔、悲しみ、自責の念が幾重にも絡み合い、痛みが次の傷を生む危うい心理状態にある遺族は制御しがたい感情に支配され、時には同じ被害者に攻撃が向いてしまうことを止められない。

薬害ＨＩＶでは、我が国では初の試みといってよい当事者参加型研究として、原告ら本人が研究主体に加わった被害実態調査が行われ、貴重な報告がまとめられた（『ＨＩＶ感染被害者の生存・生活・人生』有信堂、『薬害ＨＩＶ感染被害者遺族調査の総合報告書』薬害ＨＩＶ感染被害者（遺族）生活実態調査委員会）。

当事者側委員としてこの研究に携わった瀬戸信一郎氏は、参加型アクションリサーチが成功した理由を、「それまで語れなかった、語ってもどうせわかってもらえないと諦めていたものが、研究者の真摯な傾聴を前に、一気に流れ出したから」であり、「語り、問題整理が進むなかで、われわれ自身が苦しんできたのはどういう問題だったのか（問題内容の正体）、何を知りたいと願っているのかなどが分節化され」、「現実に受けた差別的言動と差別不安、自主規制行動などのファクターが存在することに気づいてきた」ことだと指摘している。

差別を恐れ、あるいは家族関係の悪化を恐れて、他の場所では語ることのできない原告たちの語りを傾聴することが、その語りの質を上げ、問題の所在を明らかにし、解決策へとつながっていく。薬害ＨＩＶにおける弁護団の活動はそのことを確信していく過程でもあった。

## まなび――らい予防法違憲国賠訴訟

らい予防法違憲国家賠償請求訴訟は、鹿児島県にあるハンセン病療養所星塚敬愛園に入所していた作家島比呂志氏が患者の権利法をつくる会に寄せた「法曹の責任」とそれに続く九弁連への人権救済申し立てからの一連の動きを受けて始まった。提訴準備のために敬愛園を訪れたとき、石垣島から那覇の女学校に進学し先生になる夢に胸を膨らませていた折り、旅行と偽った父に連れられて真新しいオーバーを身にまとって船に乗り、港でタクシーの乗車を拒否され、徒歩で敬愛園まで歩いてたどり着いて収容されるまでのことを、完成されたものがたりのごとく、よどみなく語った上野正子さんの姿を、忘れることはできない。弁護士達が耳を傾けることで、長年封じ込めてきた胸の扉がひらかれ、被害がまさに語られるべき形でまろびでたように感じた。

しかし、それは浅薄な思い上がりだった。真の被害に迫る語りを得るまでには長い道のりを要した。各療養所で行われた原告本人尋問の準備の過程で、打合せのたびに新たに語られる被害、ことに尋問前夜、あるいは当日になってはじめて打ち明けられる被害に、私たちは強制隔離収容による自由の剥奪は「わかりやすい被害」であり、これまでの訪問の中である程度聴き取ってきたとの思い込みを深く羞じることとなった。半世紀もの間、封印し続け、目を背けてきた秘密。上野さんの場合、それは、夫が結婚当日医師資格のない職員から受けた断種手術により、社会復帰を夢見て決断した結婚生活が、「兄妹が寄り添うような共同生活にならざるを得なかった」ことだった。

自身の自殺未遂、妊娠と強制的な堕胎、日常的に目にする入所者の自殺、自分の発病と強制収容による差別ゆえふるさとを追われた姉が葬儀に弟が参列することによる差別の再燃を恐れて「あの子にだけは知らせるな」との遺書を残して自殺したこと……。言葉を失うほどの被害が、次々に語られていった。

なぜ、数十年の間、決して口にすることなく、ひとり胸の中に秘めてきた被害を、原告らはあえて語ったのか。それも、ひとりふたりではなく、およそ尋問対象原告のすべてがそうであったと言ってよい。

法廷の場だけではない。当初、ほとんどの原告は顔と名前を隠し、取材陣のカメラを避け、大衆を恐れていた。それが、裁判の報告集会に集った支援者に接し、回を重ねるにつれ、顔を上げ、マイクを手に取り、自ら訴えるようになっていった。特に熊本判決を受けて、多くの原告が本名を明かし、マスコミの前に顔を出して口々に控訴断念を求めて語った姿が、ニュース番組により全国の市民の目にするところとなり、社会的関心を高め、控訴を断念する大きな力のひとつとなった。

この事件では、控訴断念後も、新たに遺族、非入所者、植民地・占領時代の韓国・台湾の療養所の入所者の被害回復を求める訴訟が提起され、そのたびに被害を聴き取り、裁判所に届ける作業に関わったが、途中から、自分なりに、激烈な被害を振り絞るように語ってもらうことが、その原告自身を励まし、力づけるという確信を深めていった。

## ともに――障害者自立支援法違憲訴訟

私がこの訴訟に関わるようになったのは、提訴後一定時間経過した後のこと。きっかけは、前述の薬害ＨＩＶの原告から治療のことで反対している母親と話してほしいと頼まれたことだった。患者原告は、複雑な家族関係、家族への感情を抱え、訴訟やその後の原告団や関連する活動への参加について、ほとんど家族に話していないことも多い。彼もまさにそうで、原告団やはばたき福祉事業団の中心的役割を担い、全国を駆け巡っていたにも関わらず、家族はどんな活動をしているのかほとんど知らなかった。

初対面の喫茶店で、母親は数時間にわたり、半世紀前の田舎で血友病の子を産み、育てることがいかに困難で、理不尽な差別に耐え続ける生活だったか、そのときどきにどんな仕打ちを受けたかを、堰を切ったように話して下さった。障害者のいる家庭が、どんな状況にあるのか、はじめて触れた思いがした。じん肺患者、薬害ＨＩＶ被害者、ハンセン病回復者……、常に障害を抱えた当事者と共にあったにもかかわらず、障害者問題自体には全く無知であったことを思い知らされ、それが、遅まきながら学ぼうと、弁護団のひとりに加えてもらったきっかけとなった。

最終的には全国一四地裁で七一名の原告が立ったこの裁判、福岡の原告は三名、それぞれオリーブ橋小脳萎縮症、脳性麻痺、先天性心疾患並びに精神発達遅滞と、異なる障害をもった方々で、私は脳性麻痺の山下裕幸さんの意見陳述を担当した。自宅に近い川崎町の養護学校を卒業し、宗像市内の養護学校高等部に進学、はじめての寮生活で寮母から心ない仕打ちを受けて傷つき、一週間でやめてしまったこと、退学後自宅に引きこもっていたところ、母親から誘われて見学した通所事業所「つくしの里」に通い始めてしだいに心がほぐれ、責任ある仕事を任されるようになったこと。

「自分にとって、仕事とは、それを通じて人と出会う、そうしてまた別れる、そんな場所です」

仕事のための通所に料金を課す障害者自立支援法は自分から人間としての誇りを奪うものだとの訴え。

ここでも原告達の語りは、法廷で、集会で、被害を訴え、法の違憲性を自分の経験として訴えるたびに、磨かれ、より聞く人の心に届くものになっていった。

訴訟自体は、証拠調べにも入らないまま、法廃止をマニフェストに掲げた民主党による政権交代をきっかけに、基本合意を交わしての和解へと急展開したが、当初は多くの原告が訴訟継続による判決を望み、福岡の原告にあっては全員がこのたたかいを続けたい、と強い意欲を示した。それは、法廃止を含む数々のマニフェスト違反を重ねる現在の民主党を見れば、まさにもっともな意見であったが、裁判を続けたい、との願いの背景には、裁判闘争を通じて、多くの人に自分たちの語りが届く確信を勝ち得た自信があったと考える。

## 被害を語るということ

当事者にとって最もつらい体験をあえて思い出させ、語ってもらうこと、それが被害立証である。被害体験の聴き取りについては、心理学や社会学などの分野から二次被害の問題が指摘されている。激烈な心的外傷の体験を想起すること自体が新たな外傷体験となり、傷を深めてしまうとの指摘である。

前述のように、ハンセン病訴訟では、原告たちは固く秘めてきた凄絶な被害の秘密を公の場で語った。しかし、この訴訟において、原告がそれにより被害を再体験し、傷を深めたとは思わない。むしろ、それまでは己の恥として口にできなかったことを、自らの権利を侵害された被害体験として語ることが、原告を勇気づけ、一歩も二歩も前に進む力となったとの実感がある。

二〇〇九年のちくし法律事務所の設立二五周年祝賀会には多くの集団訴訟当事者が招かれた。薬害スモン、じん肺、ハンセン病訴訟の各原告も登壇し、マイクを持って実名を名乗り、力強く語った。しかし、同じ場に招かれた薬害ＨＩＶの原告は差別への恐れゆえに登壇することも名乗ることもできなかった。そのひとりが、「どうしてあの人達と違い、私たちはいつまでも人前に出て話すことができないんだろう」と泣いた。

それから少し後、薬害ＨＩＶの原告達の集会に、薬害スモンの原告草場佳枝さんを招いた。原告からの質問に答え、草場さんは、提訴後原告代理人に対しても「本当のことなど話してやるものか」という気持ちでいたが、尋問当日、証言台に立ったら何もかも話してしまい、尋問を終える頃には、「そうか、自分が悪いんじゃない。悪いのは国と製薬企業で、私は被害者なんだ」と、突き抜けた心持ちになった、と語った。

この言葉に、被害を語ることの意味が集約されているように思う。被害者であって、顔を上げ、名乗って訴える正当な資格のある、人権の享有を許された権利主体なのだという確信こそが、その人らしく生きることを可能にするのではないか。

被害を語るためには、自身の置かれた状況を、権利侵害として言語化することが必要であり、その前提として、自己の権利を知る必要がある。私も相談員として携わっている患者の権利オンブズマンの苦情相談は、医療の場において正当な扱いを受けていないと感じる患者・家族からの苦情を、患者の権利という視点で眺め直すことにより、適切な権利行使を行えるよう助言する活動である。いかなる権利が阻害されているかを指摘することにより、相談者は権利を自覚し、その侵害に気づき、効果的に声を上げることができるようになる。

とはいえ、先の研究者らの指摘は、被害の語りを求めようとするときの心得として示唆に富んでいる。たとえば薬害HIV被害者の被害の現在性は、被害を語ることによる被害体験の再現や、一向に社会の差別偏見が薄れずしたがって秘密を強いられ続けることが、日々いっそうの心的外傷を刻んでいることによるものではないだろうか。

私も新人弁護士として携わったわが国初のセクハラ裁判では、原告が敵性証人を尋問後に平手打ちするという事件が発生した。これについては、原告自身が後に実名を明らかにして書いた『さらば、原告A子』(海鳥社)があり、宮地尚子の『環状島＝トラウマの地政学』(みすず書房)において、精神医学的な観点から分析が加えられている。その背景には、敵性証人の主尋問における原告をあからさまに攻撃する発言、その後の七時間にも及んだ反対尋問準備会議で原告が弁護団から信用されず無用な詮索さえされていると感じた経過などがある。その会議のことは鮮明に覚えている。誰もが絶対にこの裁判は負けてはならないと必死だった。故に反対尋問を前に、あらゆる事実を正確に把握しようとした。宮地が指摘するように、当時PTSDの概念も知らず、原告がこのやり取りによっていかに傷つくかについて誠に鈍感だった。原告に寄り添い、被害に共感しながら傾聴するという姿勢に欠けていた。

他方、ハンセン病訴訟の原告たちは、九〇年もの隔離政策をくぐり抜けたサバイバーである。その話を聴く時、私たちは常に想像を絶する過酷な環境をこの人はどうやってくぐり抜けたのだろうかという驚きをもって耳を傾けた。被害を聴き取ると同時に、一個人としての原告とその歩んだ歴史を尊重し、否定することなく受け止めて、じっくりと話を聴いた。つまり、知らず被害者の心的外傷に対するケアとしての関わりができていた、そのことにより二次被害が回避できたのではないだろうか。

## おわりに

被害の陳述書を考えるとき、真っ先に浮かぶのは、筑豊じん肺訴訟原告弁護団長松本洋一弁護士の手がけた筑豊じん肺原告のそれである。通常、陳述書は一人称で書く。松本先生のものも、もちろん一人称で書かれてはいたが、聴き取りの場である居宅の光景、語り手や家族の姿を、観察者松本洋一の視線で再現した、常体の文章が挿入されていた。それはまさに、読みながら、部屋のたたずまい、明暗、室温、そこに漂う匂いまでよみがえる気がする、五感に訴える叙述だった。

筑豊じん肺訴訟では、私は本格的に原告たちの運動にかかわることのないまま、一審で国に敗訴した後の困難な控訴審の半ばにして、薬害ＨＩＶやハンセン病問題に主軸をシフトしてしまった。しかし、こうして振り返ると、筑豊じん肺訴訟での松本先生、そして馬奈木先生の事件に接する姿勢に学んだことが、その後の弁護士としての原型をつくったのだとつくづく思う。

先に、じん肺で担当した損害の意見陳述では不全感があった旨述べたが、地裁の弁論前夜の会議で、まったく書けていないと恥じ入っていた私に「よくできている」と励まして下さったのが馬奈木先生である。何よりも力強い応援となり、当日は、傍聴席のみなさんに寄り添うような気持ちで、裁判長に語りかけることができた。そのときの達成感が、被害に対峙する時、常に私を勇気づけてくれている。

# 4　馬奈木昭雄弁護士とともに取り組んだ水俣病訴訟と水俣診療所建設

水俣病訴訟支援公害をなくする県民会議医師団団長・水俣協立病院名誉院長　藤野　糺

## 1　水俣病訴訟支援活動

一九六八年九月の政府の「水俣病はチッソによる公害病」との認定を受けて、六九年六月水俣病裁判が提訴された。支援の組織が次々と作られてきた中で、私達医師団は七〇年六月からとりくみを開始した（正式発足は七一年一月）。その時の水俣病と確認されていた患者は僅か一一六人にすぎなかった。私たちは月一回を目途に水俣通いをし、原告患者・家族、隣人を診て水俣病像をつかんでいった。どこの地区でも、これまでの旧認定患者と変わらない重症の患者が別の病気で、あるいは治療を受けることもなくひっそりと苦しんでいた。これらの患者を治療に繋ぐこと、チッソ相手の裁判を勝利させることを目標に私は七二年四月水俣に移住した。勤務先は水俣病多発地域内の月浦にある精神科病院（水俣保養院、現みずほ病院）で当時病床中の故田中正仁院長先生は、「水俣病は大切な問題なので、病院を大いに利用してほしい」と励まして下さった。

水俣ではすでに一年以上前から馬奈木昭雄弁護士が現地に法律事務所を開設していた。当時の弁護士を中心とする裁判活動の中で私には腑に落ちない点がいくつかあった。その第一は裁判の依頼者である原告患者と弁護士が直接に会えないという異常な事態、第二は、裁判は当然弁護士主導で行われるべき取り組みであるのに、弁護士を自分たちの手足のように使って自分たちの考えで裁判を進めようとする「自称支援者」の存在、そして第三は前二者とは少し視点の異なる問題であるが、弁護士は自ら依頼人を組織してはいけないと考えられていたこと等などである。このように複雑で困難な環境の中で、これらの課題を克服して裁判を勝利させるため、馬奈木弁護士は現地司令部として獅子奮迅の活動をしていた。

私は同じ年に生まれ、同じ引揚者である馬奈木弁護士とすぐに仲良しになった。私は馬奈木弁護士とともに前二者の課題に取り組むとともに、裁判勝利のためには被害者が原告患者にとどまらず、多数潜在していることを明らかにすることが不可欠だと考え、潜在患者の発掘に奔走した。水俣市の漁業専業地区である茂道や後述の湯堂・出月・月浦、津奈木・芦北町の各漁業地区などを休み返上で一緒にまわった。

## 2　女島地区一斉検診

特筆すべきは馬奈木弁護士と連携して判決前の一九七二年から七三年にかけて取り組んだ、水俣から二〇キロメートル離れた芦北町大字女島の京泊、大浦、牛の水三地区での医師団としては初めての集団検診である。対象地区は漁業の専業地区で隣接地区に旧認定の重症患者の発生が一例確認されていたが、当時三地区では新認定の重症の成人、胎児性患者が各一例ずつしか存在していなかった。その頃、行政（県）の健康調査が開始されていたが、それは一次のアンケート調査にかかった者を、二次の医師会による診察後、さらに必要な者を三次の大学での精密検査となっており、これと比較することを目的とした。馬奈木弁護士は結審後も勝訴判決を勝ち取るために、地域ぐるみ汚染の実態を示すことが重要であると強調した。

それまでの掘り起し検診は、熊本や東京などから水俣に派遣された支援者が、過去の毛髪水銀データなどをもとに前もって受診希望者を組織し、医師が一軒一軒訪ね、時には雨戸を閉めた状態で診察した。しかも、三人に一人は「急に体の調子が悪くなって」あるいは「急用ができて」などの名目でキャンセルされるような状態であった。

私は馬奈木弁護士とともに何回も現地に足を運んだ。私たちは若く、行く度に感激・興奮し、ほてった頭と体を湯浦温泉で一日中住民に無料で開放されている甕の湯で冷やして夜遅く水俣へ帰った。

検診は対象地区の当時一六歳以上の全住民で、既に認定されていた一人を除く一二二人を対象とし、八七人（七一％）が受診した。結果は八二人（九四％）が水俣病、五人（六％）が水俣病疑いで全員がメチル水銀の影響を受けているという驚くべき状態であった。これに対して同じ対象者で熊本県の調査により水俣病を疑われて三次の精密検診（当時はまだ未実施）にまわされた者は僅か一四人（一六％）にすぎなかった。すなわち県の調査は、汚染の実態を正しく反映したものではなかった。その後、対象者の行政認定患者は未受診者の中の一人を加えると六七人（五五％）となり、行政自らが誤った調査を認めた事になった。それにしても一六歳以上の住民の二人に一人が厳しい行政によっても水俣病と確認されているのである。

このようにして私たちは女島の三地区で地域ぐるみの汚染の実態を明らかにしたが、判決前の困難な時期に地区住民に受診を呼びかけた故小崎茂義区長、故田口栄蔵民生委員の偉大さは末永く顕彰されなければならないと考える。

## 3　判決前後の混乱

一九七三年三月の歴史的な勝訴判決前後の「自称支援を名乗る団体」の〝反動的判決粉砕〟の暴力事件を記さない訳にはいかない。入廷前、馬奈木弁護士は彼らから狙われ、取り囲まれて殴打され、上着を引きちぎられた。原告勝訴の判決でなかったならばもっとひどい結果となっていたことは言うまでもない。また千場茂勝弁護士は判決後のチッソ本社交渉の際に宣伝カーの上から棒で突き落とされようとし、「生命の恐怖を覚えた」と言われている。かくいう私も、白衣の上に「県民会議医師団」のタスキを掛け入廷しようとした際、彼らの一人から胸ぐらを掴まれ、足を蹴られた。「皆さん！　見て下さい！　この人たちはお医者さんに暴力を振るおうとしています！」と一際かん高い一人の女性の叫び声が私を救った。

なぜこのような混乱が生じたかについては馬奈木弁護士による詳細な分析がある。私は「自称支援を名乗る団体」の〝反動的な判決粉砕〟は裁判制度を否定して「自主交渉」以外に水俣病の解決はないと考えて行動した結果だと思う。彼らは同じように政府機関の公害等調整委員会（公調委）に斡旋を依頼した「一任派」にも矛先を向けた。彼らは公調委の各委員の自宅にまで押し寄せ、「委員をやめよ」と吊るし上げ、圧力をかけた。物事の解決方法や手段はいろいろとあるのであるが、このように他人の意見は認めず、自分の言い分を暴力的に押し通す、非民主的なやり方をしている。このように誰が考えても彼らの行動が誤っていることは明らかなのに、何故容易にできたのかについては、馬奈木弁護士と同じように考える。

しかし、自主交渉は行き詰まり、この判決こそがチッソ本社の鉄格子を開けさせ、チッソとの交渉を再開させた。この判決こそが新認定患者にも旧認定患者と同じように補償するという協定書を締結させ、広大な被害者救済の運動の始まりとなったのである。

## 4　熊大二次研究班の報告

この判決直後の五月に熊大二次水俣病研究班が研究成果を報告した。同班は慢性微量（低濃度）中毒と第三水俣病の問題を提起し、水俣湾だけでなく「不知火海の漁獲はその安全性が確認されるまで禁止するべきである」と提言した。この発表に続いて、武内忠男教授が宇土市で水俣病と区別できない二例の剖検例を、原田正純助教授が大牟田市で水俣病類似患者を発見したと報告した。同じ頃私たち医師団は徳山湾で水俣病類似患者の一家を発見し、山口大学中村教授も私たちの診た一例は水俣病の疑いが強い、他の二例も疑いがぬぐいきれないと発表した（七三年六月二五日）。水銀を使用していた全国の化学工場の中でアセトアルデヒドの七社八工場は操業を停止していたが、水銀電解法のカ性ソーダの四九工場はすべて操業中の工場であった。また塩化ビニルの一九工場では四工場が操業中であった。そこで、これらの工場のある全国各地で水銀パニックが起こった。

水俣病訴訟判決により、企業は人体被害を及ぼす排水を流してはならないことが確定していた。即ち、人体被害を認めれば、その工場は操業を停止しなくてはいけなくなるのである。国と企業の反応は早く、一体となって第三水俣病潰しにかかってきた。同時に、第一、第二の水俣病では、これ以上患者を出さない方針が貫かれてきた。熊本では二次研究班の武内、立津、筒井教授を審査会から排除し、七四年夏には〝でため検診〟で二〇〇〇名を超える申請者を一気に大量棄却処分しようとした。一九五九年の「人の命より産業を優先すること」が繰り返された。

同時に水俣病の認定基準を七一年の旧次官通知から、七七年の判断条件、翌七八年の新次官通知へと格上げし、着々と水俣病抹殺の体制を整えて行った。その後の私たちの闘いは、現在に至るまですべてこの政府の〝被害者切り捨て政策〟との闘いである。

## 5　田浦町検診と水俣診療所建設

七三年五月第二次訴訟原告団を中心に水俣病被害者の会（隅本栄一会長）が結成され、潜在患者の発掘が集団で進んだ。そこで検診はもはや医師団だけの力では手に負えなくなった。同年七月水俣病被害者の会の要請を受け、新日本医師協会、全日本民医連、県民会議医師団の三者は全国から五九人の医師・医療担当者の支援を受けて、芦北郡田浦町で初めての町ぐるみ検診を成功させた。受診者一七七人（一〇代〜七〇代以上）中ハンター・ラッセル症候群の全てを揃えている典型例が四七人（二七％）、それらの一部を呈しているものが五九人（三三％）で計一〇六人（六〇％）の新たな水俣病患者を発見した。

この検診を契機に、「自分たちの病気の治療に取り組んでくれる施設がほしい」という患者・住民の声があちこちで聞かれるようになった。そして馬奈木昭雄弁護士、隅本栄一水俣病被害者の会会長、私の三人が発起人となり、七三年八月一〇日水俣診療所建設委員会が発足した。建設委員会は検診活動と資金活動を強め、七四年一月水俣病の治療と闘いの砦である水俣診療所を開設した。

## 6　水俣診療所建設後の闘い

水俣診療所建設後は掘り起こし検診をさらに精力的に取り組んで行った。その中の出水市桂島では、精密検診と奄美大島でのコントロール（対照）検診をも実施して、私たち医師団の診療基準を確立した。

それを武器にその後も私たちは、弁護士と一緒の作業で行政不服審査請求事件や水俣病第二次訴訟、第三

第三次訴訟を和解で終結する提案を採決する原告団総会

次訴訟、東京訴訟、京都訴訟、福岡訴訟などを闘った。特筆すべきは、第二時次訴訟の福岡高裁判決（確定）で「行政の認定審査会は医学的判断をしていない。現在の環境庁の認定基準は厳格に失する」と異例の行政批判を勝ち得たことである。しかし、国は診断基準を改めようとせず、私たちの基準に該当する患者をボーダーライン層として位置づけ、医療費だけを支給する特別医療事業（八六年六月）を発足させた。国・県をも相手にした第三次訴訟第一陣判決でも、国の責任とともに私たち医師団の診断基準はほぼ一〇〇％支持された。しかし、国は診断基準を変えず、先の特別医療事業に通院費を加えた総合対策医療事業（九二年六月）で糊塗した。

　和解を拒否していた国は、九五年一二月水俣病に関する解決策を発表したが、その救済基準は私たち医師団の主張する診断基準そのものであった。解決策には国の責任が曖昧であること、「水俣病」とはっきり表現されていないこと、一時金が二六〇万円と低額であることなどの不十分な面があったが、原告団は原告患者の死亡が続出するという中で、苦渋の選択でそれを受け入れた。解決策は原告患者の五倍以上の被害者（一万二三七一人）を救済対象とした。

二〇〇四年一〇月水俣病関西訴訟で最高裁は国・熊本県の責任を認め、私たちが主張していたのとほぼ同様の広い病像を認めた。その後新たに五万名を越える被害者が名乗りを上げてきた。判決直後、潮谷義子熊本県知事が不知火海沿岸住民四七万人の健康調査を国に要求した際、救済対象者が二万七〇〇〇人いることを示唆していたが、それをはるかに超えている。

二〇一一年三月ノーモア・ミナマタ訴訟は勝利的和解をした。救済対象の指定地と年代（六九年一一月までの出生）をはずれる原告患者の一部は救済対象となったが全員ではなかった。私たち医師団は汚染指定地域外の住民や救済対象年後の出生者で、多くの水俣病患者が存在することをすでに確認し、発表している。

一二年六月末でこれまでに水俣病被害者と名乗りをあげた住民は七万五〇〇〇人を超えた。天草の海岸部の汚染指定地域外の検診結果や昨年一〇、一一月の芦北町黒岩地区、本年五月の水俣市越小場地区などの山間部の検診結果から今や誰の目にも被害者が一〇万人単位でいることは明らかとなった。私は市街地や転出者の中にも多数潜在し、被害者の総計は一五〜二〇万人以上になるのではないかと推測している。

しかし、国は先の健康調査を拒否するばかりか、チッソ救済の特措法を強行成立させた（〇九年七月）。民主党政権になっても国のこの姿勢は変わらず、チッソの分社化は大阪地裁の事業譲渡許可（一一年二月八日）により、一二年七月末で特措法の受付を締め切って実施されようとしている。

国の〝被害者切り捨て政策〟は、変わっていず、私たちは六月二四日全国の医師・医療関係者の支援を受け、一五〇〇人を対象とした三回目の大検診を取り組んだ。この場を借りて、すべての被害者を救済する為これまで以上の御指導、御鞭撻を弁護士各位や関係者にお願いしたい。

# 5　予防接種裁判と馬奈木弁護士

九州地区予防接種禍訴訟弁護団　弁護士　上田國廣（追記：同　田中久敏）

## はじめに

事務所に赤のハードカバーで製本された八四巻の事件記録がある。昭和五四年一月二〇日の福岡地方裁判所への提訴から平成五年八月九日の福岡高裁での和解、翌一〇日の同高裁判決による解決に至るまでの予防接種裁判の記録である。

司法修習生や法科大学院生が、私の事務所を訪問するときには、棚一杯に並べられたこの記録を指し示しながら、公害・薬害裁判である予防接種訴訟やスモン訴訟を語るようにしている。

現在では、「政策形成訴訟」という言葉が成語になっているようであるが、個別事案の解決だけではなく、同種被害の防止や救済を国に制度的に求める予防接種訴訟は、まさにこの類型のものである。

この事件に事務局長として関与し（後に、田中久敏弁護士が事務局長に就任）、馬奈木昭雄団長を先頭に闘った経緯とその意義を修習生らに語るようにしている。馬奈木弁護士らが中心となって築いてきた福岡そしてまた九州における公害・薬害裁判等の伝統を、法曹を目指す若者に少しでも伝えたいとの思いからである。

## 弁護団の結成

正式名称である「九州地区予防接種禍訴訟弁護団」が結成されたのは、昭和五三年である。結成を呼び掛けたのは、馬奈木弁護士である。結成当時、予防接種訴訟は東京、名古屋、大阪の各地方裁判所で争われていた。馬奈木弁護士の同期である大阪訴訟の弁護団の事務局長木村泰明弁護士から、馬奈木弁護士に九州での提訴が要請された。九州地区にも被害者・家族が居り、提訴を希望していた。家族らは福岡、北九州、久留米、大牟田、鹿児島等に点在していた。

翻って考えてみると、馬奈木弁護士は当時九年目の弁護士である。この頃すでに公害裁判のエキスパートであり、カリスマ性を備えた弁護士であった。もちろん、私の最も尊敬する弁護士であった。そのような馬奈木弁護士から弁護団への参加を要請された。事務局長を打診され喜んで引き受けた。

提訴当時の常任弁護団は、島内正人、中尾晴一、前田豊、池永満、辻本育子、三浦諶、宇都宮英人、下田泰、最所憲治、田邊匡彦の各弁護士で構成された。その後、稲村晴夫、八尋八郎、田中久敏、名和田茂生、井上道夫、植松功の各弁護士が参加した。

## 提訴と馬奈木団長の意見陳述

弁護団は、昭和五四年一月二〇日、八家族を原告として、国を被告に、総額五億六〇〇〇万円の慰藉料等の支払いを求めて、福岡地方裁判所に提訴した。

第一回口頭弁論（昭和五四年五月八日）では、馬奈木団長が本件訴訟の意義を述べ、応援弁論として、大阪予防接種訴訟弁護団から松井弁護士、カネミ弁護団から松本洋一弁護士、スモン訴訟福岡弁護団から野林豊治弁護士が意見を述べ、原告二名が意見陳述した。

馬奈木団長の意見陳述は語りかけるように、そして、分かりやすい言葉で開始された。天声人語を援用し、事件の本質と被害救済の必然性を語り続ける。

「予防接種による被害は残酷である。しかも被害者は幼児のために運よく一命をとりとめてもその傷は一生残る。両親をはじめとする家族の苦しみもまた同様に一生続くのである。しかも後に残す被害者のことを考えれば、父と母は死んでも死にきれないのである。……国は、答弁書において、一定の割合で被害が発生する事実を知りながら、なお予防接種を強制していることを認めている。私の法律の常識では、まさしくこれを『故意責任』と呼ぶのだと信じている。……『みんなためにお前は死ね』、あるいは『みんなのためにお前は一生病気で苦しめ』と言っているのである。あえてそれでかまわないと言っているのである。こんな非道なことが許されていいのであろうか。もちろん、私たちは予防接種を行ってはならないと主張しているのではない。伝染病対策として有効な患者の隔離などの『感染源対策』、検疫、食品衛生、下水道整備などの『感染経路対策』などを充分つくしたうえで、なお予防接種が必要となることもありうることを認めている。しかし予防接種の実施にあたっては、必要最小限に限定するとともに、できるだけ副作用による被害が起きないように最善の努力を尽くすことが必要であるし、不幸にして被害が発生すれば、それは『みんなのために』、『公共のために』、いわば犠牲になったのであるから、国はできる限りの救済の手段をつくすべきだと主張しているのである。……私は、この要求は当然すぎるほど当然の要求だと確信している。しかも私たちはこの要求によって後につづく被害者を少しでも防止したいと考えている。このような残酷悲惨な被害発生をいつまでも続けていてはならないのである。その意味で、この裁判は正義を求める闘いであり、国はまさしく正義を守り行う義務を負っている。しかし、国はこれまでこの正義を行おうとはしなかった。国は国民の世論と、被害者の強い要求によってしぶしぶ形ばかりの救済措置を行っている。これはあまりにも不充分である。私たちは、国が被害者の生涯にわたる完全な救済措置を行うよう要求する。そのためにこの裁判において国の被害に対する『故意責任』が明らかに認められるよう徹底して追及する決意である。国は正義を守り行うものであり、この裁判は正義を求めるものである。……」

少々長い引用になったが、短く平易な文章で語りかけるものであり、しかもその論理は予防接種事件の本質を突く、鋭いものである。弁護士登録一年目からの様々な重大事件への関与、とりわけ水俣病訴訟での常任弁護団としての活動、水俣に常駐しての活動などが、馬奈木弁護士の能力を大きく花開かせたのではないかと思う。

## 馬奈木弁護士との出会い

馬奈木弁護士は、覚えていないと思うが、私は水俣常駐時代の馬奈木弁護士とお会いしている。二四期の修習生であった私は、同期の友人と一緒に水俣を旅し、チッソの工場や百間港の排水口跡などを訪ね、馬奈木弁護士から水俣病や訴訟の状況等について時間を取って解説していただいた。このときも、気さくな態度で分かりやすく話していただき、好感の持てる青年弁護士として仰ぎ見た。

その後、奇しくも、私は馬奈木弁護士が所属したことのある福岡第一法律事務所で働くことになった。私は、弁護士一年目からスモン訴訟に参加したが、スモン訴訟福岡弁護団は、福岡県弁護士会の弁護士を中心に結成され、常任弁護団員には公害裁判等の経験を有する者はほとんどいなかった。スモン弁護団は、水俣病訴訟から多くを学ぶべく、機会あるごとに、主に馬奈木弁護士から公害理論、運動論、裁判の具体的進め方等を貪欲に学んだ。「(公害裁判は) 被害に始まり、被害に終わる」、「汚悪水論」、「損害の包括請求」など事件の実態・本質の解明、それに基づく法律論の構築、運動論の具体化、被害者との共同作業のあり方等々を、経験に根ざし、含蓄のある話を交えて語っていただき、ときに議論することができた。馬奈木弁護士は、どのような問題でも、ソフトな口調で、議論を楽しむかのように、語り合っていただいた。その成果が、スモン訴訟の福岡判決に結実し、今日に至るも内容の格調の高さ等において最高峰であると思う福岡判決の損害論が書かれたと信じるものである。

馬奈木弁護士が、上記のような話ができるのも、事件の本質や法律論等を他人の説で納得せず、自分の考えで、考え抜くからではないかと思う。

馬奈木弁護士は、昭和四九年に福岡第一法律事務所に復帰し、その後同弁護士が久留米第一法律事務所を開設するまでの約一年間、同じ法律事務所で仕事を共にすることができた。馬奈木弁護士は、その間も全国各地の公害裁判等の第一線で活動を続け、事務所を留守にすることが多かったように思われるが、日常の馬奈木弁護士と接触して、弁護士としての能力だけではなく、その優しい人柄にも敬服し、多くのことを学ぶことができた。そして、予防接種訴訟での経験である。馬奈木弁護士とご一緒する楽しみは、弁護団会議の席以上に、その後の食事等での自由な会話である。政治、経済、古典とあらゆる分野に通じ、雑学も豊富である。アイドルを含む芸能分野も相当の知識があった。このときお聞きする様々な話は、ときに笑いを誘い、リラックスして明日への活力を生ませていただいたように思う。また、事件の法理論や運動論への言及もあり、片時も事件のことを忘れず、被害者の救済のことを思い続けておられることも実感させられた。

## 弁護士のタイプ

「主戦場は法廷の外」というスローガンがある。三鷹事件の裁判のあり方を巡って自由法曹団の岡林辰雄弁護士が使われたのが最初と聞く（岡林辰雄著『われも黄金の釘一つ打つ』二二四頁以下参照）。「すべての事件あるいは裁判におけるたたかいは、みんな政治的・社会的な闘争」であるとされる。そして、「人民大衆の裁判批判の力を大きく発展させ、その力で裁判所を包囲してしまう……」ことの重要性を指摘している。ここに、大衆的裁判闘争の理論が語られている。この法廷内外の活動の両面において、弁護士の活動も期待されているはずである。

スモン訴訟では、全国各地に弁護団が結成され、それに直接に関わった弁護士だけでも五〇〇名を下らない。予防接種弁護団も四つの弁護団で八〇名程度の規模であったと思う。

これらの弁護団活動を通して、様々なタイプの弁護士に接することができた。上記スローガンは、「主」戦場を法廷の外と言っている。当然のことであるが、法廷も戦場である。法廷で被害者らの先頭に立って闘う弁護士が、法廷で力を抜くことが許されるはずはない。法廷でも闘いを優位に進め、主張・立証の両面にわたって、質量ともに相手を圧倒しないといけない。法廷外でも弁護士は、被害者や支援団体と共に運動を担い、場合によっては、主導しなければならない状況もある。弁護士は、法理論・弁護技術面だけではなく、運動面も習熟していなければならないことになる。

狭い範囲での見分に過ぎず、私の思い込みであるが、運動面で秀でた弁護士は東京弁護士会の豊田誠弁護士である。法理論面での活動の素晴らしさでは、富山弁護士会の松波淳一弁護士である。もちろん、断るまでもなく両弁護士が他方の面でも秀でていることはいうまでもない。あえて言えばということである。馬奈木弁護士は、豊田弁護士と甲乙付けがたい、適格な運動面での見通しと実行力を有している。法理論面でも被告をねじ伏せる鋭さを持っており、松波弁護士とタイプは異なるが、法廷内でも素晴らしい力を発揮する。まさに、法廷の内外で、いかんなく能力を発揮するタイプである。

だからこそ、馬奈木弁護士の関与した多くの重大事件の訴訟が勝利を積み重ねていると思う。

## 予防接種訴訟の解決

平成元年四月一八日、福岡地方裁判所の判決がなされた。追加提訴した一家族を加えた九家族に対する判決で、五家族につき、各接種担当者の過失を認め、残り四家族に憲法二九条三項に基づく損失補償責任を認めた。

国が控訴し、原告らも附帯控訴した。争いは、福岡高等裁判所に移った。

東京高裁で争われていた東京弁護団の事件は、平成四年一二月一八日、同裁判所の判決がなされた。損失補償責任を認めず、国に接種を受ける個々の国民に重大な事故が生じないように努める法的義務があるとした上で、予防接種によって重篤な後遺傷害等が発生した場合には、特段の事情が認められない限り被接種者は禁忌者に推定されるとした。その上で、被害児六二名につき、厚生大臣の過失を認め、除斥期間を理由として一家族の請求を棄却した。

結局、東京高裁判決に、国が上告せず、一審原告側も棄却された一名のみの上告となったことにより、確定した。

東京高裁判決の確定を受けて、福岡訴訟の控訴審では、個別の被害児に「特別の事情が認められるか否か」も含めて、審理が進んだ。

その結果、判決前日の平成五年八月九日に二家族の和解、翌一〇日に七家族につき、損害賠償責任を認める勝訴判決がなされた。このような解決は異例であったが、馬奈木団長を中心に当時の情勢を分析し、原告団との充分な協議を経て応ずることになったものである。困難な情勢にも拘わらず最終解決に至ったのも、馬奈木団長の経験に裏付けられた洞察と原告団全員からの信頼が大きかったことによるものである。

## 結び

馬奈木弁護士は、九州における多くの公害・薬害等の裁判に関与し、多くの事件で団長として、極めて責任の重い職務を全うされてきた。馬奈木弁護士の古希をお祝いすると同時に、諫早干拓訴訟等の早期の完全勝利を祈念し、今後も発生するであろう事件でも、団長として、被害者救済に尽力されんことを切に願うものである。

## 追記（田中久敏）

以上が、上田國廣先生の原稿である。予防接種訴訟についてこれ以上付け加えるものはない。また、私田中久敏と馬奈木先生との出会いは、同期の堀弁護士が「よみがえれ！有明訴訟」の原稿で述べているとおりである。私は、ただこの古希祝賀の本の片隅でもいいので、「私も馬奈木先生が大好きです」と書かせていただきたいだけである。しかし、それだけ言ったら「気持ち悪い〜」と言われるだけであろう。そこで、「予防接種弁護団に参加できて幸せだったなぁ」と思い返すことをいくつか述べたい。

（弁護団に参加して幸せだったこと）

第一に、負ける気が全くしなかったことである。

予防接種訴訟では、先行する東京訴訟や大阪訴訟、東海訴訟の優れた理論的、実践的成果を利用できるという面があったにせよ、私が参加した当時まだどこも判決は出ていなかった。当時の厚生省も、予防接種制度の改善や行政救済の制度の改善にほんの少しだけ取り組む姿勢を見せ始めていた程度であった。したがって、一般的に言えば、勝つこと（法廷の内外を問わない意味で）には大変な困難が伴う裁判であったはずである。ところが、少なくとも裁判に関するかぎりでは、国に対して負ける気は全くしなかった。福岡訴訟では行政認定からはずされた原告も一緒に立ち上がっていたので、因果関係に不安がなかったと言えば嘘になる。しかし、弁護団会議に参加するたびに、やるべきことをやっていれば勝つという気持ち、勇気が湧いてきていた。これは、全国の弁護団や原告団と交流し、情勢についての情報を交換しながら、勝利への道筋を議論していたことが大きな原因であったと思われる。しかし、それだけでは不十分で、内にあって、馬奈木先生が、勝利の確信のもと、「この裁判は正義の闘いだ、勝つに決まっている」と、繰り返し明言されていたからこそであった。

いくつかの裁判で馬奈木先生のもと仕事をさせてもらったが、どの裁判でも、同じように「勝たなければおかしい」、「勝つに決まっている」という馬奈木先生の頼もしい言葉に、負ける気がしないで仕事をさせてもらった。

第二に、原告団との関係や弁護団内部でのギクシャク等が全くなく、気持ちよく仕事ができたことである。法廷での馬奈木先生は戦闘的である。一審勝訴判決後の控訴審第一回の法廷では、国の代理人に直接向かって、今にも食いかかりかねない勢いで、「一審で全員勝訴であり、内容面でも全員救済の道筋が示された。皆で涙を流して喜んだ。それなのに国はなぜ控訴をしたのか、なぜ和解をして早期解決を図らないのか」と、あのやや甲高い声で迫られた。原告の悔しい思いをまさしく代弁する気迫のこもった意見陳述である。法廷はピリリと緊張する。ところが、その後の報告会や原告団との交流会では、一転してとろけるような笑顔になり、勝利への展望を平易な言葉で語られるのである。原告が信頼しきるのももっともで、馬奈木先生は原告の心をつかむ名人である。このように弁護団はもちろん原告団も皆が馬奈木先生に心酔しているので、「馬奈木先生が勝つというのだから、勝つのだ」という具合で、一つの方向にだけ向かっておればよかった。原告の中には認定・未認定で複雑な思いを抱いておられる方もいたであろう。しかし、少なくともそのことで団結が乱れるようなことは最後までなかった。福岡高裁における判決前日の二家族の和解と、翌日の残る七家族全員に対する勝訴判決というD難度の離れ業は、原告一人ひとりの馬奈木団長、そしてそれを実務面できっちり支える上田事務局長に対する絶大な信頼がなければ、とても実現できなかったのではないかと思う。

第三に、自称「プロの弁護団会議」に参加でき、集団的に議論できるありがたみを実感したことである。

一年目の弁護士も中堅弁護士同様、一人で原告一家族を担当した。担当する原告の勝訴のために必死になる。東京や大阪、名古屋の優れた理論的な成果をちゃっかり拝借していたとはいえ、個別原告の責任論や因果関係に関する準備書面、立証活動については、自分で考えるしかない。単独で書いたり、準備したりしただけではとても自信が持てない、穴ばかりのような気がする。弁護団会議で諸先輩の批判にさらされないと、不安でしょうがない。会議までに自分の分担部分について「準備が間に合いませんでした」では、結局自らが法廷で大恥をかいたり、担当する原告に対して大変申し訳ない事態を招くことになったりしてしまう。このことは、中堅の先生方も多かれ少なかれ同様であった。そこから、弁護団会議は、自称「プロの弁護団会議」であった。役割分担を決める会議ではさっさと分担を決め、短時間で終わる。準備書面や尋問の内容について検討すべき会議では、担当者によってよく事前準備がされた書面等が検討対象となり、大枠での修正点が確認されると、次回の会議では担当者が修正部分を準備してきて、皆で大筋についての議論をするという具合である。各会議は短時間で終了していた。

若手弁護士の準備してきたものは、上田先生はじめ中堅の先生方から見れば不十分極まりないものであったろうが、修正の議論によくつきあって下さった。その中でも上田先生は、もっとこういう観点から論述したり、あるいはこういう資料も調べた上で論述してみたらどうかなどと、きめ細かい指摘をされていた。あまりに正当な意見でありながら、そのとおりにすると膨大な作業量を要求されることから、弁護団員は上田先生を煙たがることもあり、上田先生が用事で会議に遅刻されたりすると、「上田先生が来る前に会議を終了してしまおう」などと言い合っていた。馬奈木先生も黙ってニヤニヤしてはおられたが……。

弁護団の合宿は、とても楽しみであった。一日中、上田先生の厳しい監視の下、根を詰めた議論をした後は、よく食べよく飲んで、ワイワイガヤガヤの楽しい宴会である。話の輪の中心はもちろん馬奈木先生。筑後川大堰、三井山野炭鉱、筑豊じん肺、長崎じん肺の話など、話題はつきなかった。「行政・企業がこれこれこんなおかしいことを言った」、「僕らはそれを聴いて『へぇーっ』と驚いた」、「それなら、〇〇ということではないか、よーし、じゃあ□□しよう、ということになってね」などというパターンで話が次々に進んでいった。

（後進の指導）

馬奈木先生が法科大学院で教鞭をとられていたときには、「ジョニーへの伝言」の歌詞などを教材に、事実のとらえ方について学生と議論されたと聞いている。大変ユニークで奥深い授業だったと思われる。もう教壇には立たれなくなったとのことだが、誠に残念なことである。しかし、法科大学院卒の多くの新人弁護士が、自由法曹団の法律事務所に入所し、有明訴訟や様々な集団訴訟に次々と飛び込んで行っている。実戦の中において馬奈木先生のお教えに接する機会も多々あると思う。決してご無理はなさってほしくないが、ご無理のない範囲で、私も含めて後進の弁護士達に、今後ともあのとろけるような笑顔で、優しく暖かいご指導を賜りたい。

# 6　中国残留孤児訴訟と馬奈木先生

中国「残留孤児」国家賠償福岡訴訟弁護団　弁護士　椛島敏雅

## 1　はじめに、私と馬奈木先生

馬奈木先生は、私が一九八四年から務めた自由法曹団福岡支部事務局長の時の支部長でした。団員の多くはじん肺、有明抗炭じん爆発事故や福岡空港騒音等の集団訴訟や労働事件を抱えながらも、中曽根内閣の時、突然出てきたスパイ防止法案（のちの国家機密法案）を廃案にするために、県内の団体や学者や個人に呼び掛けて精力的な運動を展開しました。団の会議やしんぶん等で法案の危険な内容や最新の情勢を仕入れ、勉強会を開催し、チラシを作成し、出前学習会等を呼びかけ、参加者数が一万人近くになる取り組みをしました。みな、稀代の悪法である治安立法により戦後の民主主義と平和憲法が破壊されかねないという強い危機感から、ほぼ全員が運動に参加しました。馬奈木先生が支部長をされていたのは、まさしくそういう時期でした。現在、そのスパイ防止法案よりもさらに悪いと言われている秘密保全法案が、民主党政府から提案されようとしており、当時の団支部の取り組みを思い起こしています。

次いで馬奈木先生とは、一九八六年二月熊本地裁で牛島昭三税理士（故人）の一部会員資格を停止したのは憲法違反である、との判決を勝ち取った南九州税理士会事件（通称・牛島税理士事件）を共に闘いました。自由法曹団福岡支部に弁護団拡充の要請があり、支部で学習会を開催し、諫山博（故人）、馬奈木、田中利美、藤尾順司、浦田秀則、私が熊本からの弁護団に加わることになり、馬奈木先生が弁護団長に就任されました。訴訟では藤尾、浦田の両弁護士が活躍し、最高裁で判例史に残る画期的な勝利判決を勝ち取りました。馬奈木団長はそれでよしとせず、原告・弁護団は差戻し審で、南九州税理士会の執行部と何回も交渉を重ねて、遂に税理士会と政治連盟とを実質的に分離し、会員の思想良心の自由を確保する全面和解を勝ち取りました。訴訟遂行費用も勝ち取った南九州税理士会執行部との粘り強い執念ともいえる交渉を見ていた私は、その和解に感動しました。

私が福岡残留孤児訴訟の弁護団長は馬奈木先生しかいないと考えたのは、このような先生の事件に対する取り組む姿勢や活動、人に平易な言葉で説得的に話される話術、個別事件の救済だけではなく、根本的解決が必要だと言われ、それを実践されていたからです。

また、馬奈木先生は福岡第一法律事務所の出身弁護士として、よく事務所に顔を出されていました。あるとき先生がすでに政治家を引退されていた所長の諫山博先生に、「古文書を探して書いた書面です。ぜひ、読んでください」と言って、たしか境界か所有権確認かをめぐる準備書面を見せられるのを傍で見ていました。目を通された諫山先生は、「大変な力作ですね」と感想を言われたように記憶していますが、さすがに馬奈木先生の書面を読んで感想をいえる力のない私は、「先生、私にも見せてください」ということが出来ませんでした。尊敬していた先生が、かつての所長に自分の力作を子供のような笑顔で見せているのを見て、よほどの自信作なのだろうと思うとともに、馬奈木先生がいつまでも諫山博先生を師として仰がれていることに一層の尊敬を覚えたものです。

## 2　残留孤児訴訟の団長を馬奈木先生にお願いする

九州弁護士会連合会は九州在住の残留孤児一一三名からなされた人権救済の申し立てについて、理事会で採択していた勧告書を、二〇〇四年七月一日、小泉総理大臣と坂口力厚生労働大臣に対して執行しました。そして、八月には国家賠償請求訴訟を提起する呼びかけが、当時の九弁連の島内理事長名で、九州各県の全弁護士になされました。これは以前、九弁連が取り組んだハンセン氏病の取り組みにならったものでしたが、一六九名が代理人に、四四名が常任弁護団への参加を表明されました。この時、既に池永満弁護士らの説得を受けて弁護団事務局長を引き受けることになっていた私にとって、誰に弁護団長をお願いするかが最初の大きな仕事でした。

九弁連理事長名で九州の全弁護士に弁護団加入が呼びかけられたこともあり、団長候補については、「偏りのない年配の会長経験者の市民弁護士が良いのでは」とか、「訴訟資料は先行している関東訴訟等のを利用できるので、団長の個性はあまり問われないのでは」等という意見が出ていました。

しかし、私はやるからには勝ちに行く闘いをやりたいし、東京訴訟の引き写しでは常任弁護団員になる人の意欲が出ないのではないかと考えていました。

私は事務局長を引き受けることにしてから、残留孤児の原告との意思疎通のために通訳の事務職員を個人で雇用するなどの体制をとり、事務局にはまろうとしていましたので、団長は自分で見つける、団長はこの事件にふさわしい裁判闘争を引っ張って行ってくれる弁護士でないといけない、そうすると弁護団長は馬奈木先生をおいて外にはいないと決めていました。

「団長をおねがいします」と連絡をした時、先生は、ちょっと間をおかれ、「本当に私でいいんですか」と言われたので、即座に「この裁判は先生以外に団長をお願いできる方はいません」というと、先生は「わかりました。じゃ、やらせていただきます」と快諾していただきました。その時までの断られたらどうしよう等との緊張が取れ、ほっとしたことを覚えています。先生は、既に東京訴訟等が先行していたのは十分ご存知で、「本当に私でいいんですか」の言葉の中に、この訴訟に対する先生の思いを感じとりました。その後の展開は、馬奈木先生に団長をお願いして本当に良かったと思うことの連続でした。

## 3　団長としての馬奈木先生——虐げられている被害者に対する温かい心遣いと不正義を許さないゆるぎない強い信念

(1)　先生は二〇〇四年一二月八日の提訴集会で弁護団を代表され、孤児に対する思いやりを込めて「国は皆さんの親を世界最強の関東軍がいるから、安心して満州の開拓団に行きなさいと言って送り出しました。しかし、ソ連軍が攻めて来ることを知っていた関東軍はいち早く撤退し、皆さんの家族を置き去りにし、多くの人が悲惨な最後を遂げられました。終戦の時、国は皆さんに国籍を離脱してでも現地に土着して、日本帝国復興の日を期して、現地に留まれと指示しました」「孤児の皆さんは国の政策によって、旧満州の地に送り出され、そして文字通り置き去りにされました。国は帰国のために必要な手段を尽くそうとはしませんでした。やっとの思いでようやく帰国してからも、今度は国内でも『置き去り』にされています。日本語が話せないために、就職は勿論、日常生活も困難です。病気の時でさえ、十分な治療すら受けることが出来ません。私たちは国の責任を明らかにし、残留孤児の皆さんの救済を実現したいと願っています。そのことが同時に日本を再び戦争の道を歩ませないという国民の願いに応えることになると確信しています」と、この訴訟が孤児の全面救済を求める闘いであるとともに、戦争の犠牲者がもっとも強く感じている平和を守る闘いでもあると孤児の琴線に触れる挨拶をされ、闘争心を鼓舞し励ましてくださいました。そして、残留孤児をその様な境遇におとしめたまま、何の反省もしない国の姿勢を厳しく批判されました。闘いの火ぶたは切られ、これ以降、生活保護に落とし込まれて、ひっそりと個々バラバラに暮らしていた孤児原告たちが、積極的に自らの体験を語り、市民に支援を呼びかけるようになりました。それが、また弁護団の励みにもなりました。

⑵　提訴後に東京で開催された残留孤児全国弁護団連絡会議に先生と一緒に参加したことがありました。会議が終わり、馬奈木先生が私に、「全弁連の幹部の人はこの裁判を戦後補償の裁判と位置付けているよ。私はそれは違うと思うが」と言われたことがありました。私は馬奈木先生の言われた意味が即座に理解できませんでしたが、後で福岡訴訟の裁判の展開の中で、残留孤児の裁判を一連の戦後補償裁判の範疇に入れてしまうと、「戦争被害は国民が等しく甘受すべき被害だとして国の責任を免責する」裁判例が積み重なっているので、先生は「それは違うよ」、残留孤児の被害は国民一般の戦争被害と同等にその被害を甘受させられるべき問題ではない。国が満州侵略のために、残留孤児らの家族を関東軍よりソ満国境に近い危険極まりない地域に入植させた、即ち彼らを関東軍の盾に利用した悪質な加害行為である、私たちはその方針で闘うよ、と言われていたのだと分かりました。馬奈木先生は、裁判に勝ち国に謝罪させ、全面救済の解決策を勝ち取るのが、この裁判の目的であると言われていましたから、この訴訟を戦後補償裁判と位置付けると、それは

残留孤児入廷行動

戦争で犠牲になった人に対する補償を求める裁判になってしまう、それでは本当に勝ちにいく訴訟になるのか疑問を持たれていたのではないかと思っています。

(3)　裁判手続きでは、まず、福岡弁護団は提訴後から裁判所に「日本語が理解できない日本人」である原告ら孤児の裁判を受ける権利を実現するために、弁論期日に日本語を中国語へ通訳する通訳人の選任を要求し続けました。

原告の孤児が中国語で意見陳述をする期日では、法廷通訳人を付けましたが、原告が理解するための要求については、被告国側が、裁判所法では「裁判所では日本語を用いる」となっており、通訳人を立ち会わせるのは、民訴法で「口頭弁論に関与する者が日本語に通じないとき」と規定していると抵抗したために、法廷通訳を認めませんでした。弁護団は裁判所が法廷通訳を選任しないのは、裁判所自身が日本語を理解できない原告孤児の権利を無視していると主張しました。それでも裁判所は、被告国側の強い抵抗もあり終始消極的な姿勢でした。他の訴訟では、この問題にこだわるのは訴訟進行の妨げになるという裁判所の姿勢に妥協したところが多数でした。しかし、福岡弁護団は、生活の場で社会に放置されている原告孤児が、裁判の場でも疎外されることを簡単に認めてはならないという馬奈木団長の意見で裁判所と粘り強い交渉を重ねました。もちろんその交渉の先頭には馬奈木団長自らが立ちました。その結果、遂に弁護団の費用で法廷内に同時通訳の設備を設置し、それを原告の孤児がラジオのイヤホンで聞くという田中謙二弁護士が考案した画期的なＦＭトランスミッター方式を採用させました。弁護団は早速、安価な携帯ラジオ八〇台と電波法違反にならないよう法廷内だけ電波が届く超微弱のＦＭ電波発信機を購入し、法廷の最後尾に同時通訳人をおき、そこで通訳された音声をイヤホンを耳にした孤児が聞く。こうして孤児原告は法廷での日本語のやり取りを、通訳された中国語で聞けることになりました。弁論期日の前夜は毎回八〇台のラジオに電池を入れる作業、当日の三〇分前には法廷内でラジオの周波数合わせを事務員や若い弁護団員がやってくれました。法廷でのやり取りを直接、中国語で聞けるようになった孤児原告からは裁判に参加できるようになったと大変に喜ばれました。この方式はその後、全国の裁判所で行われるようになりました。ちなみに、裁判が終了して残っていた八〇台のラジオは東日本大震災の直後、岩手のラジオ放送局がラジオ受信機を募集していることを知り、すぐ寄付しました。

⑷　次に私は馬奈木団長から、原告との地区別学習会を開催するようにと指示を受け、二〇〇五年一一月から原告を福岡市内に五班、北九州二班、福岡県南、佐賀、長崎、熊本、宮崎各一班と分け、学習会を開催しました。学習会は、それぞれの地区を二名の弁護士が担当し、原告の孤児体験、悩みや要求等聞くことを第一にして、弁護団からの報告や連絡事項を伝えることにして、孤児の自宅や近くの公民館を借りて行ないました。孤児の自宅に行ったとき、室内に必要な最小限の家具しかなく、室内がさっぱりしているというのが

私の第一印象でした。それもそのはず、孤児のみなさんはほとんど何も持たず日本に帰国し、帰国後は生活保護等の生活を余儀なくされてきたのですから。

　地区別学習会では、原告から「中国の養父母の墓参りに行ったら生活保護費を差し引かれた。こんなことではこれから養父母の墓参りにも行けない。中国の親族から礼儀を知らない親不幸者と思われているようで悔しくてならない」とか「自分が住んでいる地域は生活保護に対しての偏見が強く、子ども達の体面を考え生活保護を受けておらず、年金の一万五〇〇〇円と子どもからの仕送りでやっと生活している」とか、「病院で中国語が分かってもらえないために十分な治療を受けられない」などという報告を直接聞き、残留孤児の様々な被害を改めて認識しました。七〇％を超える残留孤児が生活保護での生活を余儀なくされており、しかもケースワーカーが孤児の境遇を知らず、中国語を話せないために監視されているようで自由がない、保護を受けていない孤児の大半も生活保護水準以下の収入しかないにもかかわらず、子供を大学にやる等の特別の理由で、全員が悲惨な生活をしていることも認識させられました。弁護団からは「この裁判は国家権力を相手にするのだから、弁護士任せでは絶対勝てません。市民の方達の協力を得ながら、みなさん自身が一般市民の方に訴える活動をしなければなりません」ということなどを話していきました。こうして、それまで部屋の中で孤独にひっそりと暮らしていた孤児のみなさんが外に出るようになりました。自らマイクを握って道行人に訴えたり、チラシを配り、署名のお願いをしたり、のぼりを立てたり、募金箱を作り街頭や集会で募金の訴えをしたり、孤児の皆さんがより多く街頭宣伝行動に参加するようになりました。福岡では、日本が無謀な戦争を仕掛けた一二月八日に提訴していましたので、この日を毎年、原告団弁護団と支援する会との統一行動日と決め、街頭宣伝と福岡県庁ほかの自治体要請行動や諸団体への支援要請に取り組みました。こうした取り組みの中で、全国で取り組まれた一〇〇万人署名も、福岡でも大いに署名を集め、その成功に寄与し、新支援策政治解決の最終盤での国会要請行動にも毎回参加しました。地区別学習会の開催によって、ほとんどの孤児原告が何らかの運動に参加するようになりました。また、訴訟最終盤での新支援策の内容を説明し、これを受け入れて訴訟を終結するか否かを協議する場としても有効に活用されました。

(5)　最終的に中国残留孤児訴訟は、新支援策が立法化される政治解決によって終了しました。時の福田総理大臣は二〇〇七年一二月五日首相官邸で、全国の孤児原告と面談し、「気付くのが遅れて申し訳ない」と陳謝しました。福岡訴訟は同年一二月二七日「厚生労働省としても、総理の発言に基づき、この支援策を誠実に実行してまいります」との指定代理人の陳述及び口頭弁論調書記載と引き換えにこの訴訟を取り下げました。

二〇〇八年から始まった新支援策の概要は、①国民年金の満額支給、②生活支援金の給付、③支援・相談員による相談活動、④二世三世に対する就労支援事業で、生活支援金は生活保護基準に準じて支給する。孤児が支払った年金保険料は全額返還するが、その返還金は収入認定しない。支援給付金は生活保護費とは異なり孤児が自由に使用できる。国民年金は満額収入認定せず、支援給付金を超える収入は「所得」の七割を収入認定する。二世三世とも同居できる。住居、医療も現物給付する等です。

この新支援策導入の交渉に終始あたったのは、東京の全弁連の幹部の弁護士でした。国会議員で窓口になられたのは、自民党の熊本県選出の野田毅衆議院議員と中谷元衆議院議員等でした。野田議員は日中協会の会長として、小泉首相の靖国神社参拝を厳しく批判されており、それを全弁連の米倉洋子弁護士が聞きとめ、接触を持ったのが端緒だったということです。全国の訴訟は二〇〇七年一月三〇日の当時の安倍首相の「残留孤児に対するきめ細やかな支援が必要、日本に帰って来てよかったと思えるよう誠意を持って対応するよう厚生労働大臣に検討を指示した」との発言によって、全面解決に大きく向かい始めました。これに対し、厚生労働官僚の抵抗があり一時、総理発言を無にするような支援策が出ましたが、同年五月二一日から二五日までの連日、全国の孤児原告の座り込みやビラ貼り活動、国会要請行動、院内集会などを取り組み、同年一一月二八日、新支援法が成立しました。院内集会には、当時参議院議員だった自由法曹団福岡支部の仁比壮平団員も参加されました。

ところで、安倍総理が厚生労働大臣に残留孤児に対する新支援策の策定を指示をした二〇〇七年一月三〇日、東京地裁で、残留孤児の発生はソ連の侵攻によるものであり国に早期帰国実現義務はない、国交回復後の原告が主張する権利侵害はすでに発生してしまっているので、国交回復後の帰国実現義務もない、これらの義務がないから帰国後の支援義務もないという、驚くべき反動判決が出ていますが、安倍総理がどうしてあのような指示をしたのかです。これにつき全国弁護団は、前年一二月の神戸地裁勝利判決で盛り上がった国会内外の世論の圧力があったことや、与党ＰＴの野田座長・中谷事務局長の取り組み等で、この問題の政治解決が自民党政調会で取り上げられるに至っていたこと等ではないかと総括していますが、私は田中謙二弁護士が報告している福岡訴訟の国の責任論の主張も寄与しているのではないか、それはまた安倍総理の祖父岸信介首相が残留孤児問題の原因である満洲侵略政策の官僚の最高責任者であったことから、安倍総理にその負い目があったのではないかと推測しています。

## 4　闘い終えて

国は新支援策を実施したものの、残留孤児に対する正式の謝罪はしていません。これについて馬奈木先生は、「今回の法律改正によって、本当に帝国政府が原告や家族に対して行った不法不正義な人倫にも反した行為を、十分に反省し、二度とこのような行為を繰り返さないと言う決意のもとに、その救済に総力を挙げて取り組むことを約束しているのでしょうか。残念ながら、現時点ではそうではない、と言わざるを得ません。日本政府は何の反省もなしに従来の政府の施策の一部手直しを行おうとしたとしか私には思えません」。「ふりかえると、水俣病患者への救済がそうでした」、「今や大問題となっている薬害肝炎の和解における国の対応でも明らかです」。「今回の法律改正により、残留孤児に対する一定の金銭的支援は従来より進みましたが、……現時点においてもなお、孤児たちは放置され、見捨てられている、と言わざるを得ない状況が多くあります。今回の法律改正はその問題の解決になり得る契機を含んでいます。厚労省各自治体の適切な対応が強く望まれています」と総括され、私達弁護団に、今後とも原告団としっかり団結を固め、孤児らの尊厳がみんなから尊重され、本当に日本に帰って来て良かった、と心から思えるように国、自治体に対して、その実現を求めていくようにと呼びかけられています。

## 5　終わりに

馬奈木先生は弁護団を担ってくれた一、二年目の若い弁護団員らの意見によく耳を傾けられ、そして活発な議論をされ、若い団員はその議論を通じて、生き生きとした活動をして、すばらしい能力を発揮してくれました。

先生は、残留孤児の方への報告では、国の無慈悲な態度に憤りながらも、孤児にはやさしい語りかけで闘えば道が開けることをいつも説得的に話されました。

現在、孤児の皆さんは大きく成長され、中国四川省の大地震の時は新支援給付から寄付を募り、また、東日本大震災ではいち早く街頭に出て、多くの街頭募金を集め日本赤十字を通じて、被災者に寄付してくれました。

# 7　豊かだった「宝の海・有明海」を取り戻す漁民・支援のたたかい

「よみがえれ！有明海訴訟」を支援する全国の会事務局長　岩井三樹

## 1　はじめに

「宝の海」と呼ばれ、漁民からは「有明銀行」とも言われた豊かだった有明海が、正常な生物が住めない海になっています。有明海の漁民は、諫早湾干拓事業が有明海異変の原因と言います。農水省は、異変の原因は明らかでないと干拓工事を強行し、二〇〇八年三月事業は終了し、四月から干拓農地での営農が開始されました。潮受け堤防が締め切られて一五年、締め切られた内部の調整池は、ミクロシスチンと言われる肝臓障害を招く毒素を持ったアオコが毎年大量に発生し、ユスリカは潮受け堤防道路に蚊柱を立て、フロントガラスを覆い尽くす異常な悪環境になっています。有明海漁民が毒水と言う、この汚濁水とヘドロが大量に排出され、潮流の鈍化と相まって赤潮と貧酸素の多発、そして有明海全体の海底がヘドロ化し「死の海」になってきています。

漁業被害は深刻で、魚介類は殆どとれなくなり、漁民の最後の被害という海面のノリ養殖も今期は大被害を受けました。このままでは有明海から漁師が居なくなる深刻な事態です。一刻も早い開門と有明海再生が急務です。

## 2　諸訴訟と運動、たたかい

### (1)佐賀地裁本訴と仮処分申請までの経過

一九九七年のギロチンは全国に衝撃を与え、「ムツゴロウを救え」の声が全国を揺るがし、二〇〇〇年のノリ大凶作は、漁民の諫早湾干拓事業への怒りを爆発させ、漁連ぐるみで立ち上がり、数千名の海上抗議行動等が繰り広げられ、農水省は工事を中断し、原因究明のため「ノリ不作等対策調査検討委員会（ノリ第三者委員会）」を研究者や漁連代表を含めて作らざるを得ませんでした。二〇〇一年一二月に、ノリ第三者委員会は「諫早湾干拓事業は重要な環境要因である流動および負荷を変化させ、諫早湾のみならず有明海全体の環境に影響与えていると想定され」「第一段階として二ヵ月程度、次の段階として半年程度、さらにそれらの結果を踏まえて数年」のいわゆる短・中・長期開門調査の見解を発表。農水省は長崎県や三県漁連と取り引きし、二〇〇二年一ヵ月弱の短期開門調査を実施、漁民が座り込みをといたお盆の八月一三日工事の再開を強行しました。同九月有明弁護団を結成し、各地域で漁民懇談会を開き、漁民原告八五名、市民原告四一五名、計五〇〇名で一一月二六日佐賀地裁に「前面堤防工事差し止め」の本訴と仮処分を申請しました。これが「よみがえれ！有明訴訟」です。

### (2)公害等調整委員会に原因裁定申請

有明海に関する三つの裁判が協力し、「有明海異変の原因が諫早湾干拓事業にある」との原因を明らかにするため、二〇〇三年四月一六日一九名の四県漁民が公害調停の「原因裁定」を申請しました。

(3)東京首都圏と四県に支援する会結成の取り組み

この間、各県で学習会や報告集会を再三開き、二〇〇三年二～三月にかけ四県に支援する会を結成。また、公害調停を支え、政治の中心での運動づくりを重視し、二〇〇三年三月から月一回以上東京オルグを開始し、実質一五〇団体を訪問し、九月に東京首都圏支援する会を結成。

(4)農水省との中長期開門調査をめぐるせめぎあい

農水省は、中長期開門調査をしないため、二〇〇三年農水省官僚ＯＢなどの「中長期開門調査検討会議」を結成し、「開門調査をしても何もわからない」との報告を出させようとしました。会場の福岡のホテルに一〇〇名を越える漁民を動員、抗議行動や漁連・漁協への申し入れ行動、沿岸自治体での請願・陳情もおこない、漁連の要望を受けた三県議会では、全会一致の「中長期開門調査」の意見書を採択、農水大臣に要望しました。

佐賀県では、過半数の自治体が意見書を採択、県民の多数派を築きました。また、福岡、熊本を含め多くの沿岸自治体での意見書採択も実現。

二〇〇四年三月には、東京「嵐の三日間作戦」を漁民、弁護団、支援する会約六〇人を上京させ、東京首都圏の支援する会と協力し、七〇〇名が参加しての農水省包囲「人間の輪」を成功させ、農水大臣への直接要請も実現し、全国へたたかいを知らせることが出来ました。しかし、五月の連休明け、農水大臣は「中長期開門調査は実施しない」と記者会見で発表。

(5)佐賀地裁仮処分の勝利から福岡高裁、最高裁、原因裁定での敗訴まで

二〇〇四年八月佐賀地裁は、工事差し止めの仮処分勝利決定を出し、諫干工事はその日の内に干拓地から

大型機械等を引き上げ、福岡高裁で覆されるまでの約八ヵ月間干拓工事を止めました。

福岡高裁の敗訴決定は、言葉もでないほどの大きなショックでした。漁民の中には、「どうせ国と争っても負けるさ」との気分が広がり、弁護団は、漁民原告を増やすことによって、高裁決定では「紛争が解決できない」事を示すため、四県で漁民原告拡大を一挙に広げようと提起。漁民原告は決意を固め、二〇〇名だった漁民原告を一気に一五〇〇名に拡大。

国は、佐賀地裁の本訴で「高裁、最高裁、原因裁定で結果がでたから、すぐに判決を」と執拗に主張しましたが、漁民原告の大幅な拡大で紛争はさらに広がったことを示し、佐賀地裁は国の言い分を認めず、二年間の研究者と漁民原告の証人尋問を実現。たたかいの重要さを実感しました。

### (6)長崎地裁での諫干農地への公金支出差し止め訴訟の提訴

諫早干拓事業も終了段階に入った二〇〇六年九月に金子長崎県知事は「干拓農地をリース方式にする」と発表。長崎県は、「広大で平坦な優良農地」で、聞き取り調査では三・八倍の入植など要求が出されていると宣伝していたのに、長崎県民の税金五三億円を農業振興公社に貸し、国から一括買い取り、農業者に安くリースする内容で、しかも、農業振興公社から長崎県への返済完了までに九八年かかるとんでもない計画でした。

弁護団は、この公金支出差し止め訴訟を長崎地裁に提訴することにし、長崎県の四〇数団体、七六名の代表者を組織し、二〇〇六年四月に監査請求を行い、同八月に長崎地裁に提訴。また、「諫干への公金支出をやめさせる会」を労働組合や民主団体を結集し、結成。大きな力を発揮しました。

各団体の代表は、長崎県財政は厳しく次々に命や暮らし、教育などを切り捨てて来た中で、この公金支出に怒り、毎回の法廷で様々な分野から県民の生活実態を明らかにし、県民の命や暮らし、教育に回せと主張、毎回の傍聴席を埋め尽くしました。二〇〇八年一月に長崎地裁は不当にも、原告側の主張をほぼ認めながら、干拓地での営農について「可能性がないとは言えない」と原告を敗訴、弁護団は福岡高裁に控訴。

(7)小長井・大浦漁民だけの新たな開門訴訟を長崎地裁に提訴

弁護団は、公害等調整委員会の原因裁定の研究者報告で因果関係を認められた諫早湾内とその近傍場の小長井と大浦漁民に原告を絞り長崎地裁に二〇〇八年四月三〇日開門訴訟を提訴しました。

小長井は一八年タイラギ休漁、アサリ養殖も大被害を受け続け、借金を抱え漁では生活できず、これまでも干拓地での工事や補助事業をもらい、日銭を稼いで生活していました。大浦は、漁で生活できず、多くの漁民が出稼ぎか農業のアルバイトで生活しています。小長井では、漁協幹部は国や自治体の言いなりで、事業や補助をもらってきていたため、国、県に対立し、開門を漁民が公然と主張することに圧力をかけ、原告希望者に対して異常な攻撃を掛け、裁判妨害を行ってきました。「原告名簿を見せろ」「事業が来なくなったら組合に迷惑をかける。原告は補助が来なくなったら弁償させる。それが出来なければ原告をやめろ」「組合の全員集会でつるし上げる」等々かってない攻撃でした。大浦に泊まり込んで、漁民原告の皆さんと攻撃を跳ね返し、原告を守るため総力を挙げました。当初五一名の原告が四一名に減りましたが、提訴することが出来ました。

(8)佐賀本訴の勝利判決で、佐賀地裁は農水省に開門命令

提訴から五年七ヵ月、二〇〇八年六月二七日に佐賀地裁は、一五〇〇名の原告の中で、諫早湾の近傍場の佐賀県大浦と長崎県島場、有明の漁民原告五〇名に勝利判決を出し、国に三年間の準備期間を与えその後五

年間の開門調査を命令。農水省は、判決に従わず、福岡高裁に控訴。

私たちは、勝利判決後連日漁民や弁護団を上京させ、農水省前での座り込みや連日ビラ配布を行い、地元では、漁連、漁協、県議会、県への働きかけを強めました。特に佐賀県では、全会派一致の「控訴するな、開門せよ」の意見書採択、県議会、県、有明海沿岸自治体が農水大臣へ要請。佐賀の自民党県議団は、佐賀選出の二名の農水副大臣に強力に働きかけ、副大臣が大臣に開門の説得をするという事態まで作り出しました。農水省は控訴したものの、たたかいと世論の高まりで、農水大臣は開門を前提にアセスをするとの声明を出さざるを得ませんでした。

### ３　開門こそ、漁業と農業・防災の両立のための唯一の解決

二〇〇八年四月農業は開始されましたが、多くが赤字。調整池の水質は改善せず、二〇〇七年は青酸カリの五〇倍以上の毒素を持ったアオコが大発生し、二〇〇九年はユスリカやホテイアオイも大発生など異常事態で、調整池の水を農業用水に使うことに対し環境保全型農業を目指している干拓農地での農業に不安が高まっています。弁護団は四つの代替水源を示し、きれいな水で安心できる農業と開門し調整池に海水を導入して、漁業の改善にもつながると農業、漁業も成り立つ道理ある提案を主張。小長井・大浦漁民の長崎地裁の法廷を、因果関係は明らかで開門の具体的な協議の場にせよと迫って来ました。

### ４　国会での農水省へ超党派で開門の追及強まる

佐賀本訴判決を不服として国は福岡高裁に控訴しましたが、当時法務大臣をしていた鳩山邦夫議員が、控

訴にいたった内幕を、「開門をしなければ控訴しないとの自分の意見に、若林元農水大臣が二度来て、開門の腹を固めたと言うので控訴した」と暴露しました。ところが、国は裁判の中では「開門しない」と主張しつづけ、国会の中では、超党派で農水省の取っている対応に対し厳しい追及が行われ、農水省包囲網が広がって来ました。

## 5　有明弁護団が韓国の水環境大賞国際賞を受賞

裁判で負けても負けてもたたかいつづけ、佐賀地裁の本訴で開門の画期的な勝利を勝ち取った有明弁護団は、二〇〇八年一一月、韓国で初めて韓国環境府、NGO、SBS放送が設けた水環境大賞国際賞を受賞しました。有明のたたかいが環境を再生する貴重な取り組みとして、国際的に評価されたのです。今、世界は自然環境をどう守り、再生させるかという方向で大きく変化してきており、日本の官僚たちがあくまで自分たちがやってきた環境破壊の公共事業の誤りを認めず、どんな批判があろうともしがみついている姿は、世界からも見放される時代を迎えています。

## 6　八月総選挙で自公政権退陣に追い込まれる

二〇〇九年八月の総選挙で国民は自公政権を退陣させました。国民を虐げつづけた自公政権に主権者の国民として拒否し、民主党を中心に新たな連立政権が生まれました。島原である民主党の国会議員と漁民との懇談会があり、開門・有明海再生をお願いしてきた漁民が、「俺たちが政権とらせたんやから、今度は俺たちの要望を聞け」と大きな声で発言する姿は目を見張るばかりでした。

## 7　有明海は異常事態に。漁民の自殺者相次ぐ

二〇〇九年以降の有明海は一層深刻な事態に陥り、熊本や島原の漁民から「足のなかイカが捕れよる。エサんなかから自分の足ば食いよっと」「ちいさかイカが卵もっとる。種族維持のためやろう」との話が出ました。漁民は、二〇〇八年頃から「有明海は死んだ」と言いました。二〇〇九年は調整池からの大量の汚水排水で、諫早湾内に有毒の赤潮が大量発生、その赤潮が北風に乗り外海に流れ出し、天草や熊本、鹿児島の養殖ハマチやブリの大量死で、外海の漁業被害まで発生させる事態になり、二〇〇九年七月、漁民の自殺が三件続きました。

## 8　開門・有明海再生は目前。大きく変えた漁民のたたかい

漁民は言います。「開門・有明海再生の光が見えなかったら、もう頑張りきらん」と。二〇一〇年一月には、正月早々、北部排水門から三〇〇万トンの汚濁水の排水による赤潮の発生で、諫早湾の近傍、佐賀県西南部のノリが色落ち、鹿島地域は三年間のノリ色落ち、そのため一人二〇〇〜三〇〇万円借金しました。一月七日にノリ養殖業者二〇〇隻が海上抗議行動に立ち上がりました。二月三日には、これまで開門絶対反対の諫早湾内の三つの漁協の一つ、瑞穂漁協が組合員集会で全員一致開門決議を決めました。その後雲仙市で開かれた赤松農水大臣との懇談の席で次々に開門を要請する漁民の声に、赤松農水大臣は「金子知事から、長崎県はみんな開門反対だと聞いていたが、漁民の皆さんのこんなに開門の声があるとは知らなかった」と発言し、諫早湾干拓事業検討委員会が与党の中に作られ、「開門することが前提」との検討委員会座長の報告が行われました。これを受けて農水大臣の決断が五月中に行われる予定でしたが、予期せぬ鳩山政権の

退陣と赤松農水大臣の辞任で、開門の政治決断が延びました。長崎県を始め開門反対派は異常な攻撃を強め、瑞穂漁協に対しては「県の方針に反対する漁協には補助金はやらない」「かってに開門決議をした瑞穂漁協は一二漁協組合長会議に謹慎処分」「市議会議長でもある石田組合長は長崎県の方針に反するから議長は辞任すべき」などなど。また、長崎県はウソとでっち上げの開門反対宣伝に巨額の税金を使い、「県民だより」を全戸配布、県内六カ所で、「有明海異変の原因は諫干ではなくノリの酸処理」「開門すると農業が出来なくなる」「後背地の住民が安心して寝られない」「漁業被害はない」「安定、回復している有明海が開門で被害が出る」等々ウソとデマを県民に押しつける地域説明会を開催しました。

## 9　たたかいが裁判を支え、裁判がたたかいを広げる

単身赴任で佐賀に来て九年八ヵ月経過。以前長崎民医連で事務の仕事でしたので、医療改悪、社会保障改悪等々改悪反対や制度改善、長崎でしたので、原水禁運動などに関わってきました。しかし、漁民とのつきあいはなく、漁協や漁連の組織など全く知りませんでした。また、直接国の権力と渡り合った経験もなく、裁判に直接関わったのも今回初めてです。

約九年八ヵ月間は非常に充実した日々を送っています。漁民のかつての宝の海・有明海の話は聞いてわくわくするくらい楽しい話です。また、農水省や自治体の官僚たちとの交渉は、怒り心頭に来ます。しかし、何よりうれしいのは、私たちのたたかいが漁民の中に広がり、漁協や漁連にも影響し、自治体や議員達、国会議員との連携も強まり、頑張れば頑張るほど変化が大きくなって来ていることです。佐賀地裁の勝利判決は、漁民の組織や自治体、議員を励まし、私たちへの対応も変りました。

四年前、喉頭ガンで入院した漁民原告を見舞いました。彼は、原告で唯一人の漁協の理事でした。理事会に出ると組合長からおまえは出て行けと言われ、黙っていると他の理事達が部屋を出ていく、そんな攻撃と差別に耐えて来た漁民でした。その彼が「もし裁判に関わってなかったら、魚を獲るだけの漁民で終わっていた。裁判のことも政治のことも勉強できて本当に良かった」と。手遅れで医師に「余命は数ヵ月」と言われた彼の言葉に私は、涙が止まりませんでした。私たちのたたかいは漁民の人生を変えてきた、たたかってきた甲斐があったと。彼は四ヵ月後に亡くなりました。

現在の到達は、裁判だけでは来なかったし、たたかいだけでも来なかったと思います。互いが支え合う力を発揮したからこそ、現在があると思います。「たたかいが裁判を支え、裁判がたたかいを広げる。たたかいが人を変えた」と言えます。

## 10　福岡高裁の勝利判決と菅首相の上告断念、開門確定

二〇一〇年一二月六日は、福岡高裁で長崎地裁で提訴した公金差し止め訴訟と佐賀本訴の控訴審の判決日で、公金支出差し止めは代替水源を確保できれば干拓地の農業は可能と原告敗訴の判決でした。佐賀地裁本訴は、一つ一つの争点に対する証拠、事実認定を検討し、国の主張は抽象的、証拠不足など漁業被害と潮受け堤防締めきりの因果関係を認め、漁民原告を勝利させる画期的な判決でした。判決を受けて、弁護団、漁民はすぐ上京し、「上告するなの」農水省前宣伝や座り込み、国会議員への働きかけなど総力を上げて頑張り抜き、農水官僚や農水政務三役の上告、和解・開門の策動をうち破り、一五日菅首相の上告断念の記者発表、二〇日に判決が確定しました。私は、一一月から一二月にかけ三週間、東京でホテル暮らししながら、

国会での多数派づくりの詰めを努力し、最後の一三日から一五日まで、直ぐ側で歴史や政治が動く様子を見ることが出来ました。裁判を始めて一〇年、長い長いたたかいで開門が国に義務づけられ、有明海再生に足を踏み出す決定的瞬間を迎えることが出来たのです。

## 11 長崎県の開門反対派を優先する農水省の開門引き延ばしとのせめぎ合い

長崎県知事を先頭に長崎県の開門反対派は、国の上告断念に対して国との協議を拒否し、開門阻止訴訟と仮処分を提訴し、開門反対の強固な姿勢をとり続けています。原告・弁護団は開門のため必要な農業用水の代替水源の確保と背後地の排水機場など防災対策を早急に始めるため、農水省と一〇回以上協議を行ってきました。しかし、農水省は長崎県の協力を得るため話し合っていると開門準備を引き延ばし、地盤沈下で苦しんできた地元住民に対し、反対することが分かっていた地下水案を提案し、一層反発を強めさせています。

今重要なことは、開門の法的義務を負った国が、開門する工程表を出して、開門する強い意志を示すことです。そのため、開門準備を直接している九州農政局長との二回の意見交換、ウソとでたらめで長崎県民を開門反対に引きずり込もうと策動している長崎県知事に対しての三回の公開質問状など徹底したたたかいを行っています。

## 12 要求で一致する多数派の結集こそ勝利の道

私達は、漁民の切実な要求である宝の海を取り戻すため、漁民の被害を正面に掲げ、漁民の結集、漁協や漁連、自治体、自治体議員、国会議員等々有明海再生と破壊された環境を取り戻す重要性を訴え続け、先入観をなくし、有明海再生で一致する多数派を結集する努力をしてきました。そして、農水官僚や何がなんでも開門反対派を孤立させるため様々な取り組みも行ってきました。政治を動かすのは国民です。国民の多数派を結集するねばり強いたたかいこそが、国民の願いを叶える道です。

## 13　さいごに

有明弁護団長の馬奈木昭雄弁護士は、「我々には正義がある。必ず勝つ、なぜなら勝つまでたたかうから」と言います。

ムダで有害な公共事業が終了したものを、権力と激しく争いながら、裁判とたたかいを結合させ、再生に向けて見直させると言う、かってない歴史的なたたかいです。二一世紀は自然との共生の時代と言われています。このたたかいの成功は、無駄で有害な公共事業で苦しんでいる国民を大きく励ますとともに、世界の人々に破壊された環境を見直させることができるのだとの確信をもたせることは間違い有りません。

裁判を始めて一〇年八ヵ月、漁民を先頭に権力と激しいたたかいを続け、念願だった豊饒の海・有明海を取り戻す為大きく足を踏み出す目前に今私達は立っています。悔いが残らぬよう最後までたたかい続けるつもりです。

# 第3章

## もっと深く！　もっと広く！　もっと大きく！

# 1　大衆的裁判闘争と弁護団の役割――専門家支援者との共闘にもふれて

弁護士　中島　晃

## はじめに

本稿は、筆者が関与した公害・薬害事件の経験をもとにして、(1)大衆的裁判闘争と、そのなかで果たす弁護団の役割、また(2)裁判闘争における専門家支援者との共闘の問題について、若干の素描と問題提起を試みたものである。

大衆的裁判闘争と弁護団の役割に関しては、主として薬害スモンの経験をもとにして、また専門家支援者との共闘については、水俣病裁判の経験をもとにしたものであるが、スモンにせよ、水俣病にせよ、それは決して過去の出来事なのではなく、いま眼前に起こっている原発問題などに取り組むにあたっても、学ぶべき多くの教訓を含んでいる。その意味で、本稿が今後の公害・薬害などの裁判闘争に取り組むうえで、多少なりとも参考になれば幸いである。

## 大衆的裁判闘争と弁護団の役割

〝闘いの主戦場は法廷の外にある〟

裁判闘争における闘いの主戦場は法廷の外にある。これは、戦後、最大のえん罪事件である松川事件で、被告人全員の無罪判決をかちとった主任弁護人であり、私たちの大先輩である岡林辰雄弁護士（故人）が残した有名な言葉である。

いきなり松川事件のことを持ち出しても、わからない人もいると思われるので、この事件のことを少し紹介すると、一九四九（昭和二四）年八月一七日、福島県信夫郡松川町（現福島市）を通過中だった、青森発上野行きの上り列車が脱線転覆し、先頭の蒸気機関車の乗務員三人が死亡するという列車往来妨害事件がおこった。これが松川事件である。

捜査当局は、この事件を、当時の大量人員整理に反対し、東芝松川工場労働組合と国鉄労働組合の構成員による共同謀議による犯行との見込みのもとに捜査をすすめ、労組員と国労組合員合計二〇名が逮捕、起訴された。

松川事件では、法廷内での弁護活動が検察官の有罪立証の矛盾や疑問点を明らかにし、被告人を有罪とする根拠が破綻していくなかで、弁護人は無罪判決以外にはありえないと考えた。しかし、一審、二審とも、いずれも死刑を含む有罪判決であった。

何故そうなったのか。それには、この当時の社会的状況を理解しておく必要があると思われる。松川事件のおこる約一月前に、三鷹事件とよばれた中央線三鷹電車区で無人電車の暴徒による脱線転覆事件がおこったが、この事件は国労組合員の日本共産党員と非共産党員であった運転士の共同謀議による犯行として逮捕起訴された（その後、三鷹事件では共同謀議の存在は否定され、運転士を除く被告人は全員無罪となった）。

こうした状況のもとで松川事件が発生するが、事件翌日には、増田内閣官房長官が三鷹事件等と「思想底流において同じものである」との談話を発表し、世論もまたそうした見方をとった。こうして形成された社会的偏見は強固なものであり、裁判官もまたこうした偏見にとらわれ、弁護人がいくら法廷で懸命にたたかったとしても、それだけでは、裁判官も含めてこの事件に関して形成された偏見を打ち破ることができなかったことを示している。とりわけ、権力によってこうした偏見が形成されたときには、それを取り除くことがいかに困難であるかを物語っている。

したがって、松川事件で被告人の無罪をかちとるためには、裁判所をとりまく世論を変え、この事件がえん罪であることを社会的に明らかにすることが必要であり、そのための法廷外でのたたかいを大きく発展させることが不可欠であった。

「闘いの主戦場は法廷の外にある」という岡林弁護士の言葉には、こうした状況のもとで、血を吐くような思いが込められていた、ということができる。

## 大衆的裁判闘争の発展と弁護団の役割

闘いの主戦場は法廷の外にある、という松川事件などの裁判闘争の教訓にもとづき、法廷外での大衆的な運動を発展させることが必要なことがいうまでもないが、法廷内でのたたかいと法廷外での運動とをいかに有機的に連動させるかが重要であり、そのための取り組みが大衆的裁判闘争とよばれるものである。

勿論、大衆的裁判闘争を発展させるうえで、重要な役割を担うのは当事者（被害者）と弁護団であるが、とりわけ法廷の内と外とのたたかいを結びつけ結節点となるのは、弁護団であり、その役割は決定的に重要である。

この点に関して、筆者が関与してきた薬害スモンの取り組みの経験を、以下に紹介しておこう。

薬害スモンは、これまでの四大公害裁判などでかちとってきた、企業責任の追及による被害者救済の実現という成果をうけつぎながら、それにとどまらず、国の国家賠償法上の責任を追及するという新しい課題に挑戦するものであった。

しかし、薬害や公害事件で、国の責任を追及して勝利することは現在でもそれほど簡単なことではないが、当時においては、現在よりもはるかに困難であると考えられていた。

そこで、弁護団は、松川事件の教訓に学び、いかに法廷の外で、大衆的な運動を組織し、それを発展させていくかが、スモン訴訟で国の責任を認めさせ、勝利を勝ち取るうえで、重要な鍵になると考えた。

そのために、弁護団はいったいどうしたらいいのか。それは、スモン弁護団に参加する弁護士一人ひとりに突きつけられた課題であり、弁護士としての生き様を問うものであった。

## 弁護士の職分を越えて

薬害スモンで、最終盤、判決行動に取り組んだ弁護士たちは、法廷の外で、早朝のビラ配りから支援オルグ、集会の準備、夜はビラの原稿づくりから印刷まで、弁護士としての通常の職分をはるかにこえたところまで踏み込んだ活動に取り組んだ。こうした弁護団の取り組みが、スモンのたたかいの発展に大きく貢献することになった。

それは同時に、被害者とともにたたかうことの意義について、するどい問いかけなしにはなしえないことであった。一口にスモン弁護団といっても、個々の弁護団員の思想、信条はさまざまであり、裁判闘争に対する考え方にも違いがあるのは当然である。それゆえに、当初は弁護団のなかに運動の領域の中に踏み込んでいくことにためらいや抵抗が存在した。

弁護団一人ひとりが悩み抜きながら、真剣に議論を重ねていくなかで、この裁判に勝利し、本当に被害者の救済を実現していくためには、弁護士としての通常の職分を守っていくだけではだめだ、文字通り被害者とともに運動の領域においてもたたかい抜く以外にはないという決意を固めていった。こうして一九七九（昭和五四）年の連休明けから七月中旬まで、判決前二月余にわたる、全国的な運動の拠点である東京、大阪への弁護団の常駐体制がしかれるにいたった。

東京常駐を担当することになった、キャリアとして厚生省に勤務した経歴をもつ若手弁護士（当時）は、原告団総会で、涙ながらに東京常駐に向けた決意を表明した。弁護団の一人が、こうしたスモンのたたかいを〝弁護団の質を変えるたたかい〟であったと評価したのは、決して理由のないことではない。

このように薬害スモンをはじめ多くの公害裁判では、法廷内のたたかいは弁護団が担当し、法廷外の運動は当事者（被害者）と支援者がやるという、機械的な二分論、分業論を乗り越えて、弁護団が運動の領域にまで踏み込んで活動したことが大衆的裁判闘争を発展させるうえで重要な役割をはたすことになった。

## 〝涙は勇気をつちかう〟

それでは、どうして弁護団が運動の領域にまで踏み込んで活動することができたのであろうか。

スモンの裁判闘争を通して、スモン被害者は、団結してたたかうことの大切さを知り、また巨大な権力と資本を相手取ったこの裁判で勝利を得るためには、大きな国民的支持と世論を背景にしてたたかう以外にはないと考え、痛む身体を引きずりながら、〝苦しみを力にして〟ビラまきや街頭カンパ、労働組合をはじめ各種団体への支援要請に必死になって取り組んでいった。

福岡スモン判決は、こうした被害者の心境を詠んだ次のような歌を、判決理由中に紹介して、スモン患者のたたかいのもつ道義性の高さを積極的に評価した。

〝こわれたる　この身が役に立つという　薬害訴え　今日も街行く〟

深刻な被害に苦しみ、悲しみと絶望にうちひしがれていた被害者が、それを乗り越えてたたかう姿に心打たれ、弁護士も含めて、多くの人々が熱い涙を流したことが運動を大きく広げていく原動力となったことはいうまでもない。

そしてまた、弁護団に結集する多くの弁護士が、被害者の苦しみと痛みを我がことのように受け止め、ともに涙を流したことが、困難に立ち向かい、被害の救済と根絶をめざして、不屈にたたかいぬく勇気をつちかい、はぐくんでいったということができる。

## 専門家支援者との共闘

これまで述べてきたように、大衆的裁判闘争の発展にとって弁護団のはたす役割は重要であるが、だからといって弁護団だけで、裁判闘争を発展させ、勝利の展望を切り開くことができないことはいうまでもない。

そこでは、当然のことながら、被害者・弁護団と専門家支援者との共闘が不可欠である。そしてまた、大衆的裁判闘争を発展させるうえで不可欠な、専門家支援者との共闘を組織するうえでも、弁護団のはたす役割は非常に重要である。

そこで、水俣病裁判など、これまでの公害裁判の経験をもとにして、この点について述べよう。

公害裁判では、必ずといっていいほど、加害企業と行政が一体となって、原因究明を妨害し、あるいは他に原因があるなどと主張して、公害隠しを図るという卑劣な策動を繰り返してきた。その典型ともいうべきものが水俣病における公害隠しと原因究明妨害である。

## 加害企業と行政による公害隠し

水俣病については、熊本大学医学部が設置した水俣病研究班（以下、熊大研究班という）が比較的早くから原因究明に取り組み、一九五九（昭和三四）年七月に有機水銀説を発表し、同年一一月一二日には厚生省食品衛生調査会は厚生大臣に対し有機水銀説を答申して、水俣病の原因が有機水銀であると特定した。

ところが、この答申が出された翌日には、食品衛生調査会の水俣食中毒部会は突然解散させられている。これは、通産省がこの答申によって、チッソの工場排水規制などの水俣病対策の転換を迫られることをおそれ、それを阻止するためになされたといわれている。

またチッソ附属病院の細川院長は、水俣病の原因について独自に研究を始め、工場廃水を直接ネコの食餌にかけて食べさせる実験を行い、ネコに水俣病が発症したことを確認した。これが有名なネコ四〇〇号実験であり、当時、この実験結果は、工場幹部に報告されたが、チッソはその結果を隠して、原因隠蔽工作をつづけた。

その一方で、チッソは、清浦雷作東京工業大学教授に依頼して、水俣湾の水質調査を行い、熊大の水銀説は根拠はないという意見を発表させるなど、水俣病の原因究明を妨害する策動を展開した。また、清浦教授は翌六〇（昭和三五）年に、水俣病の原因は水俣湾内の魚介類の蛋白質が腐敗したことによるものだというアミン説を発表して、原因究明を妨げた。

このように、加害企業（チッソ）と行政による公害隠しと原因究明妨害の策動に対抗し、水俣病の原因を解明して、被害の救済を実現するためには、真実に目をそむけることなく、公害による深刻な被害の実態を直視して、良心にもとづいて公平で科学的な意見を述べる科学者、医師、研究者等の専門家を広く結集し、組織することが重要なことはいうまでもない。それは、公害裁判のなかで、因果関係や責任に関する原告・被害者の主張を裏付けるうえで必要なだけではなく、国民世論を形成するうえでも重要である。

かつて、松川事件で、作家の広津和郎氏が有罪判決を批判する論文を『中央公論』に掲載して、世論に大きな影響を及ぼしたことが知られているが、公害事件でも、専門家が公害の原因を明らかにし、被害の救済と公害防止のために積極的な役割を果たすことが求められていることはいうまでもない。

## 問われる専門家の役割

水俣病では、清浦教授に代表される、加害企業の利益を代弁し、あるいは行政の意向に追随する専門家・研究者などが相次いで登場し、原因隠蔽工作に手を貸し、被害の救済をさまざまな形で妨害してきた。それは、水俣病の問題だけにとどまらず、あらゆる公害問題に共通してみられる現象である。

そのことが集中的にあらわれたのが原発問題である。昨年（二〇一一年）三月一一日に発生した福島第一原発事故は、水素爆発によって、大量の放射性物質が外部に飛散し、広範な放射能汚染を引き起こした。今回のような深刻な福島原発事故を招いたのは、「安全神話」に依拠して、電力会社が必要とされてきた過酷事故対策を含む安全対策を、これをことごとく怠ってきたことにあるが、その背景には、原子力安全委員会などに参加している科学者・専門家が、科学的な根拠を欠く「安全神話」にお墨付きを与えてきたことがある。

福島原発事故が明らかにしてきたのは、虚構の「安全神話」のうえにたって、政府や電力会社が原発を推進してきたことであるが、そのことを支えてきたのが、「御用学者」と呼ぶほかない科学者・専門家たちであったという事実である。このように見てくると、いま改めて、科学者・専門家の役割がきびしく問われているといわなければならない。

こうした「御用学者」の欺瞞性をあばき、公害裁判で、被害者、住民の立場に立って、真実を明らかにする科学者、医師、研究者等の専門家の協力を得ることが不可欠であることはいうまでもない。そのためには、専門家との共闘をいかに広げていくかに関して、弁護団が常に心を砕き、さまざまな努力を積み重ねていくことが求められている。それは、最大の公害問題というべき原発事故問題に立ち向かううえでも、重要な課題である。

## 全ての被害者の救済に向けて

公害裁判では、最終的には、全ての被害者の救済を実現すること、すなわち被害者全員の救済が究極の目標となる。全ての被害者の救済という、公害裁判の最終的な目標を達成するうえで、医師など多くの専門家との共闘が決定的に重要なことはいうまでもない。

この点に関して、水俣病では次のような取り組みがなされてきた。

まず第一に、水俣病に苦しむ被害者の救済を図ることをめざした医師団の結成である。水俣病の現地熊本では（勿論、新潟水俣病では新潟で）、早くから県民医師団が結成され、被害者の検診と診断にあたってきたが、県外に居住している被害者が、東京、京都、福岡など、熊本以外の裁判所でも水俣病訴訟を提起するなかで、それぞれの県外訴訟に対応する形で全国各地に医師団が結成されていった。

また第二に、医師団を中心にして、各地にうずもれている、潜在被害者を掘り起こすための一斉検診活動が全国各地で取り組まれた。そうした一斉検診活動のピークとなるのが、一九八七（昭和六二）年一一月に、不知火海一円一九ヵ所で全国から一一〇人の医師と七四人の看護婦の参加を得て取り組まれた一大検診活動である。この検診活動の取り組みは、二〇〇五（平成一七）年一〇月に始まったノーモア・ミナマタ国賠訴訟でも引き継がれ、二〇〇九（平成二一）年九月に、全国から約一四〇名の医師と約六〇〇名の医療スタッフが参加して、約一〇〇〇名もの被害者の検診が行われ、水俣病被害者の大量提訴を促すことになった。

さらに第三に、医師団による共通（統一）診断書の作成に向けた取り組みである。医師団は、水俣病の診断にあたって、診断方法や診断基準等について、共同の議論を積み重ねて、統一的な知見を確立して、それにもとづいて共通診断書を作成した。こうしたなかで医師団は、汚染された魚介類を多食したという疫学条件と四肢末梢優位の感覚障害があれば、水俣病と診断することができるという診断基準を明確にして、これをもとに共通診断書の作成に取り組んだ。医師団の上述した水俣病の診断基準は、裁判所にも基本的に受け入れられ、医師団の診断書は信用できると評価された。

このように水俣病では、大量の被害者救済を実現するうえで、医師団が重要な役割をはたしたが、こうした医師団の取り組みの経験は、他の公害裁判にも引き継がれていった。したがって、公害裁判で全ての被害者の救済をめざす取り組みをすすめるうえで、医師団の結成を働きかけ、医師団との協力体制をつくりあげることは非常に重要であり、この点に関する専門家との共闘の実現に向けて、弁護団が大きな力を注ぐことが求められている。

## おわりに

以上をもって、筆者がこれまで関与してきた公害・薬害事件の経験をもとにした、冒頭に掲げた二つのテーマに関する本稿の拙ない論述を終えることにしたい。筆者が本稿で強調したかったことは、弁護団が法廷内の弁護活動で力を尽くすことは当然のことであるが、それにとどまらず法廷外での大衆的な運動の発展や専門家支援者との共闘の組織化に向けても、積極的な役割をはたすことが求められており、こうした法廷外での弁護団の取り組みを抜きにして、公害裁判で勝利の展望を切り開くことはできないということである。

もとより、法廷の内外で、弁護団がその力量を最大限に発揮して、上述した課題に取り組み、それをなし遂げることは、それほど簡単なことではない。むしろ、弁護団のなしうることには、さまざまな限界があることを見すえたうえで、いかに専門家支援者との共闘を広げるかが、大衆的裁判闘争の発展の鍵をにぎっているということができる。

そしてまた、法廷の内外で、弁護団がその力量を最大限に発揮するうえで、その原動力になるのは、被害者の苦しみと痛みを我がことのように受け止め、ともに涙を流してたたかうという熱い想いであり、そうした熱い想いを、専門家支援者にいかに広げていくか、さらには公害裁判を担当する裁判官を含めて、広く国民にいかに届けていくのかが重要である。その意味で、〝公害裁判は被害に始まり、被害に終る〟ということができる。この言葉をもって、本稿の結びとしたい。

# ２　炭鉱夫じん肺訴訟における馬奈木イズムの実践とその成果

弁護士　稲村晴夫

## １　はじめに

私は一九七九年四月から一九八四年三月まで馬奈木先生が所長であった久留米第一法律事務所に勤務した。馬奈木先生は私（三一期生）よりも一〇歳年上で一〇期先輩であるから、私が久留米第一法律事務所で活動した時期、馬奈木先生は三〇代の後半から四〇代の初めであった。しかし、私が入所した当時から馬奈木先生は福岡県のみならず、九州の集団訴訟のリーダーであり、オルガナイザーであった。

私が久留米第一法律事務所にいた時期、馬奈木先生が関与していた集団訴訟は主なものでも水俣病、カネミ油症、予防接種、長崎北松じん肺、三井山野炭鉱ガス爆発、筑後大堰建設差止、大牟田区画整理事業取消事件、筑後川下流土地改良事業取消事件などがあった。おそらく当時の福岡県における大型の集団訴訟で馬奈木先生が関与していなかったものはほとんどなかったのではないだろうか。

四〇歳前の弁護士がこれら大型の集団訴訟を組織し、リードしていたことに改めて驚くほかない。

当時の馬奈木先生の事務所での執務スタイルはハダシにサンダル履き、片手にパイプというものであり、他の弁護士にない個性を放っていた。私は実社会での経験も、政治活動の経験も全くなく、それこそ教科書で学んだ以上のことは全く知らなかったから、馬奈木先生から多くのことを学ぶとともに強い影響を受けた。その意味で馬奈木先生は私の師匠である。

## 2　全国初の炭鉱夫じん肺訴訟提訴時の戦略

一九七九年の一一月に全国で初めての炭鉱夫じん肺訴訟である長崎北松じん肺訴訟が長崎地裁佐世保支部に提訴された。この訴訟をオルグされたのも馬奈木先生であった。

そのきっかけは全国じん肺患者同盟の長崎県の会長であった堤勇孝氏と幹部の皆さんが馬奈木先生を訪ねて来られ、じん肺患者の窮状とその救済を訴えられたことにある。その後長崎北松じん肺訴訟を提起したときの馬奈木先生の戦略は、私の理解では以下のようなものであった。

①患者同盟からは国を訴えてほしいとの意見もあるが、企業の責任も明らかになっていない段階でいきなり国を訴えるのはうまくゆかない。まず企業の責任を明確にし、その後に国の責任を追及するべきである。

②じん肺患者の行政認定の訴訟は集団事件としてはなじまない。またじん肺を根絶するためには企業のじん肺発生責任を追及し、じん肺患者を発生させることが企業にとっては大きな痛手となることをわからせなければいけない。そのためにはじん肺患者の被害を明らかにして加害企業に適正な賠償をさせることが必要である。

これらの目的を達成するためには患者が団結して企業の加害責任を追及する集団訴訟を提起するべきである。

馬奈木先生の以上のような戦略のもとに長崎、佐賀、福岡の三県の弁護士からなる弁護団が結成され、加害企業である日鉄興業を被告とする長崎北松じん肺訴訟が提起された。

同訴訟は一九八五年三月に一審の判決があった。時効棄却者を出すという問題は有しつつも、昭和一〇年代からの加害責任を認め、じん肺管理区分４及び死亡者には二三〇〇万円の損害を認めるという画期的な判決であった。この一審判決を受けて、筑豊、北海道、常磐という旧産炭地において、次々と大型の炭鉱夫じん肺訴訟が提起された、そして筑豊と北海道の訴訟では国も被告として、国のじん肺発生責任を追及する動きへと発展してゆき、遂には国の責任も認めさせる成果を勝ちとったのである。

その後のじん肺訴訟とじん肺根絶運動の展開を考えるとき、一九七九年の長崎北松じん肺提起当時の馬奈木先生の戦略は将来を正確に見通していたことになる。

## 3　長崎北じん肺訴訟における勝利の確信と理論

長崎北松じん肺訴訟が提訴されたとき、私は弁護士一年目であった。炭鉱夫のじん肺訴訟は全国で初めてであり、もちろん裁判例はなかった。提訴当時は未だじん肺をめぐる文献は少なく、そのうえ、弁護団はじん肺についても、炭鉱についても全くと言ってよい程知識を有していなかった。

私たち新人弁護士にとっては前人未踏の山に挑戦するようなもので、「本当に勝てるのだろうか」との思いに悩まされた。そんなとき馬奈木先生は裁判の見込みについて以下のように話していた。

「企業が労働者を職場で傷つけ、殺すことは絶対に許されない。職場で労働者が傷つき、殺されたとしたら、絶対的に企業に責任がある」

「難しい議論は要らない。職場で労働者がじん肺になった。それだけで企業には責任がある。職場で労働者を傷つけたり、殺したりしてはならないというのは市民法の当然の原理である」

馬奈木先生は法廷でも、原告団集会でも、弁護団会議においても、確信をもって上記のような話をしていた。このような馬奈木先生の話は原告達のみならず、私達若い弁護士にとっても勝訴に向かっての展望と自信を与えるものであった。

長崎北松じん肺訴訟では企業の責任をめぐる理論として「企業の安全配慮義務」が論じられていた。企業側の主張は「安全配慮義務という概念は雇用契約とは異なる労働契約関係から導かれるものであり、原告達が働いていた昭和一〇年代から三〇年代にかけては、そのような概念はなかった。したがって昭和一〇年代から三〇年代にかけての企業の安全配慮義務違反を問うことはできない」というものであった。

この企業側の主張に対してどう反論するかも原告弁護団で議論され、原告弁護団のなかでも、「安全配慮義務は雇用契約とは別個の労働契約に由来するものである」との主張も検討された。しかし、原告弁護団は「労働契約由来説」はとらず、上記馬奈木説で反論したのである。

その反論は、私の理解するところでは、以下のようなものであった。

「安全配慮義務の根拠を労働契約に求める必要はない。従来の雇用契約においても安全配慮義務は当然に認められるべきである。なぜなら労働者は雇用契約において労働力は売るが、その源泉である生命や健康は売っていないからである。労働者の労働力は日々再生産されなければならず、そのためには労働の過程で労働者が生命、身体、健康を害されることがあってはならない。すなわち企業は労働者を働かせるときは、労働者の生命、身体、健康を守るべき義務を負っているのである。そしてこの安全配慮義務は雇用契約に内在する企業の本質的な義務と言うべきである」

この議論の帰着点が馬奈木先生の言う「企業は職場で労働者を傷つけたり、殺したりしてはならないというのは市民法の原理であり、企業がこれに反した場合、絶対的に責任を負う」ということになるのであろう。

馬奈木先生からは「勝つための理論はできるだけ簡潔で平易なものがよい。難しい理屈を言わないといけないようなものではダメだ」とよく言われた。「勝つための理論はできるだけ平易に、簡潔に」という考え方はじん肺訴訟のみならず、他の集団訴訟においても徹底されていたように思う。

私は三井山野炭鉱ガス爆発訴訟にも新人弁護士として参加させてもらったが、坑内におけるガス爆発の出火原因をめぐる議論においても原告側の主張は帰するところ「坑内に出火源があってはならないのだから、出火が引き金となってガス爆発をおこした以上会社に責任があるのは当然」というものであった。三井鉱山側の高名な大弁護士達が唱えた精緻な出火原因論も原告側の上記のような主張には有効な防禦とはなりえなかった。原告の出火責任論は三井鉱山が彫刻刀を使って巧みに造りあげた造形物をまるで大鉈で断ち割るようなところがあった。そのような福岡における集団訴訟の闘い方、気風をつくっていったのも、馬奈木先生に拠るところが大きいと思う。

## 4　じん肺訴訟における全国各地のじん肺闘争の団結・共同とその成果

初めての炭鉱夫じん肺訴訟であった長崎北松じん肺訴訟の第一審判決（一九八五年三月）は昭和一〇年代からの企業のじん肺加害責任を認めた。

この判決を受けて、筑豊じん肺訴訟（一九八五年一二月提訴）、伊王島じん肺訴訟（一九八五年一二月提訴）、常磐じん肺訴訟（一九八五年九月提訴）、北海道じん肺訴訟（一九八六年一〇月提訴）、日鉄釜石じん肺訴訟（一九八七年一二月提訴）などが集団訴訟として次々に提訴されていった。

一九八五年以降は、炭鉱夫じん肺訴訟は、九州から全国各地に拡がり、筑豊じん肺訴訟と北海道じん肺訴訟においては企業のみならず国の責任を追及することとなった。「まず企業の責任を明らかにして、その後に国の責任を追及する」との馬奈木先生の当初の方針どおりの展開となった。

また「勝つためには同じ被害を受けている者と連携・協力して闘う。闘う被害者の数をできるだけ大きくする。数は力である」との馬奈木先生の教えどおり、全国のじん肺被害者は互いに連携・協力して裁判闘争とじん肺根絶の運動をすすめ、着実にその成果を勝ち取っていった。

そのなかで私は全国闘争の意義とその成果を実感したことが何回もあった。特に印象に残っているものを二つだけ挙げることにする。

①長崎北松じん肺訴訟は一九八九年三月三一日に言渡された福岡高裁判決で無惨な敗訴判決を受けた。一審の認定した被害額を二分の一に減額し、かつ最初の行政管理区分認定時から消滅時効の進行を認め大量の時効棄却者を出すというもので、一審判決後原告らが仮執行によって得た金額から約二億円を返還しなければならない程厳しいものであった。

この判決に対して原告は直ちに上告したが、高裁判決棄却差戻しの最高裁判決（一九九四年二月）が出るまで約五年の期間を要することになった。

しかし、この五年間で、全国でのじん肺闘争は、常磐じん肺訴訟第一陣勝訴（一九九〇年二月）、常磐じん肺一陣訴訟和解成立（一九九二年一月）、北海道金属じん肺訴訟和解成立（一九九二年七月）、常磐じん肺二陣訴訟和解成立（一九九二年九月）、常磐北茨城じん肺訴訟和解成立（一九九三年三月）、三井三池じん肺訴訟提訴（一九九三年一二月）など勝利判決と和解成立を勝ちとり、さらに新規の提訴を行うなど、長崎北松じん肺の福岡高裁判決を克服する成果と運動の発展拡大を成し遂げていった。長崎北松じん肺の原告団・弁護団はこれら全国の運動と成果に励まされ、支えられて、五年近くに及ぶ長い上告審闘争を闘い、そして遂には福岡高裁判決の破棄差戻しという画期的な最高裁判決を得ることができたのである。

もし、長崎北松じん肺訴訟が孤立したただひとつの炭鉱夫じん肺裁判であったとしたら、おそらく高裁判決差戻しという最高裁判決は勝ち取れなかったと思う。最高裁は、下級審における全国のじん肺訴訟の推移を見守り、全国の闘いが発展拡大していることを見極めたうえで、不当な福岡高裁判決を破棄するという判断を下したと思う。

このことから私は全国の力を結集して、協力共同して闘うことの大切さを強く認識した。

②筑豊じん肺訴訟における国の責任をめぐる攻防においても全国闘争の果たした役割は極めて大きなものがあった。

筑豊じん肺訴訟は一九八五年一二月に国と企業（三井、三菱、古河、住友、日鉄）を被告として福岡地裁飯塚支部に提訴された。一審判決は一九九五年七月に言渡され、企業には勝訴したものの、国には敗訴し、一部時効棄却者も出た。二審においては国の責任論と時効論が主な争点となった。

一審の段階においては、原告は「国は石炭対策において生産優先、保安無視の施策をとり続け、大量のじん肺患者を発生させたのであって直接的な加害責任がある。また企業に対する指導監督行政も極めて不十分なものであった。国は原告らが就労していた昭和一〇年代以降の全期間において責任を負う」旨主張していた。しかし、一審において、この主張が容れられず、敗訴してしまった以上、弁護団としてはそれまでの主張を再検討せざるをなかった。

再検討点は、直接的加害責任論の位置づけと国の責任論をどのように構成するかということにあった。弁護団は一審判決後、原告・被告双方から提出された全ての証拠を見直して、証拠カードをつくり、項目毎に整理していった。事実を明確にしたうえでどのような理論を構築すれば裁判所が勝たしてくれるのかを検討した。国の責任をめぐる立証命題ははっきりしていた。一言で言うならば「国のじん肺行政は著しく不合理なものであった」ということを裁判所に認めさせればよい。問題はこのことをどのような切口と筋立てで語れば裁判所に対して説得力のあるものになるかということにあったのである。

この意味において、「生産優先・保安無視の直接的加害責任論」や「昭和一〇年代から国には責任があり、その後その責任は深化・増大していった」との従来の責任論は国の炭鉱夫じん肺行政を「著しく不合理」なものとして説得するには説得力を欠いていたと言うべきであった。このような考えのもとに、責任論の再構築を模索していた私達に強力な援軍となってくれたのが、金属鉱山におけるじん肺被害を追及していた三菱マテリアル細倉じん肺訴訟の弁護団であった。

同訴訟の弁護団長であった山下登志夫先生は全国じん肺弁護団連絡会議の幹事長でもあり、筑豊じん肺訴訟にも弁護団の一員として参加してもらっていた。筑豊弁護団はこの山下先生から金属鉱山におけるじん肺対策の実態と金属鉱山保安規則についての貴重な情報を提供していただいた。

その情報のなかで、私達弁護団が最も注目したのは、「通産省はさく岩機の一〇〇％湿式化をめざして、昭和二七年には金属鉱山保安規則を改正し、けい酸質区域指定制度を廃止し、昭和二九年度には金属鉱山におけるさく岩機の一〇〇％湿式化、昭和三三年度には坑内配水管の一〇〇％敷設を達成した」というものであった。「けい酸質区域指定制度」とはけい酸分の高い区域を指定し、その区域での湿式さく岩機の使用を義務づけるというものである。

金属鉱山保安規則では昭和二七年に廃止されたこのけい酸質区域指定制度が、石炭鉱山において廃止されたのは昭和六一年一一月になってからであった。

一方、昭和三五年には「すべての鉱物性粉じん」がじん肺の原因となることを認めた「じん肺法」が制定されていた。

けい酸質区域指定制度が昭和六一年まで温存されたことが炭鉱におけるさく岩機の湿式化を不十分なものとし、さらに「炭じんは吸っても安全」という誤った認識をもたらし、そのことが炭鉱におけるじん肺対策が軽視されるということにつながっていたのである。

私たち弁護団は、山下先生からもたらされた金属鉱山と石炭鉱山における保安規則の違いとそれがもたらしたじん肺対策の問題点及びじん肺法と炭則との矛盾・乖離を徹底的に明らかにすることにした。そのことによって通産省の炭鉱におけるじん肺行政が「著しく不合理なものである」ことを説得力をもって論証できると確信したからである。

じん肺法と炭則との矛盾・乖離を明らかにして通産省が意図的に炭鉱でのじん肺予防対策を怠っていたとの私達の主張は、ほぼそのまま福岡高裁判決の認めるところとなった。

もし、筑豊じん肺弁護団に細倉じん肺訴訟の闘いの成果が生かされなかったならば、私達が上記のような国の責任論を打ち立てることができたか疑問である。

「同じ被害を受けているものは全国規模で連携・共同して闘うべきである」との馬奈木イズムの実践はこの点においても大きな成果を生んだのである。

## 5　勝つために何をするか

私が参加した、長崎北松じん肺訴訟は提訴時から解決まで約一六年間を、筑豊じん肺訴訟は約一八年間を要した。原告患者の多くが訴訟の途中で亡くなっていった。私達弁護団は全国初の炭鉱夫じん肺訴訟と全国初の国の責任追及という絶対に負けられない二つの訴訟を並行して闘っていた。

筑豊じん肺訴訟を闘っているときは、定期的に住民学習会が行われ、弁護団は地元公民館などに赴いて集まって患者本人や遺族の皆さんに裁判の状況や見通しについて説明をしていた。私もこの説明会に出かけていたが、今でも忘れられない場面がある。国に敗訴した一審判決後の住民説明会において原告団の事務局長であった城利彦さんから次のように言われたのである。

「どうせ国には勝たんでしょう。皆もそう思っていますよ。国に対する訴えは取り下げて企業だけ残し、さっさと解決しましょうよ。これ以上の裁判の長期化は耐えられんですよ」

そして城さんのこの発言に多くの原告・遺族が賛同したのである。すでに提訴以来一〇年余が経過し、多くの患者が次々と死亡していた当時の状況からみれば、城さんの発言は原告団の気持ちを代弁するものであったのだろう。城さんはそんな原告団の意見を私達弁護士に聴かせ、弁護団の奮起を促していたのかも知れない。

これに対して、同席していた私と小宮学弁護団事務局長は以下のように答えた記憶がある。

「国には必ず勝つ。二審では国に勝つために全力をあげる。少し時間がかかるかも知れないが弁護団を信じて一緒に闘っていってほしい。企業がなくなって国だけを相手方としている原告のためにも必ず国に勝ってみせる」

このような決意表明をせざるをえなかった私達弁護団は国に勝つためただひたすらに全力を尽くすしかなかった。

国の責任論をめぐる議論のなかで今も私の印象に残っている出来事がある。二審における最終準備書面の作成・提出をめぐる弁護団会議での議論である。馬奈木先生は「最終準備書面はこれまでの主張をとりまとめ、これ一冊を見れば原告の主張がわかり、裁判官が勝訴判決を書けるというものとして提出するべきである」旨述べられたのである。

私達実務を担当していた弁護士は、国の責任論に関してはそれまでに多数の準備書面を出しており、その主張は尽くされていると考えていた。そのため屋上屋を架すような最終準備書面をさらに出すべきかについては否定的な意見が多かった。また馬奈木先生が提案するような最終準備書面を作成するとなれば数百ページに及ぶ大部のものとなり、それに要する時間と労力も相当なものとなると思われ、そのことも実務担当者の消極的姿勢の一因となっていたと思う。

しかし、馬奈木先生の提案は正論であり、結局、主張の全てを完結させた最終準備書面を作成することになった。

私はこの最終準備書面を完成させたときに、「国のじん肺行政は著しく不合理なものであった」ことを論証できたと思った。少なくともまともな裁判官であれば、昭和三五年のじん肺法施行以降のじん肺行政は著しく不合理なものであったと認めることができるはずだと確信することができた。

最終準備書面をまとめることによって、私達弁護団はそれまでの主張立証を整理し、筋道立てて、真に裁判官を説得するに足る主張を展開することができたのである。福岡高裁判決の国の責任についての判断は、ほぼそのまま原告の主張した構成どおりとなっている。

「闘いのイニシアティブは我々がとらなければならない。勝つための主張も勝つための立証も解決に至る筋道も我々が提示しなければならない」というのは馬奈木先生の持論である。

二審における最終準備書面提出をめぐる場面でも馬奈木イズムは実践され、そして国に勝利する画期的な判決をもたらすことになったのである。

## 6　最後に

以上、私が弁護団として参加した長崎北松じん肺訴訟と筑豊じん肺訴訟において馬奈木先生の基本的な考え方や活動スタイルがどのような影響を及ぼし、どのような成果をもたらしてきたかを私なりの観点から述べてきた。

一人の弁護士がこれ程多種多様な集団事件に関わり、リードしてきたというのは我国においてほとんど前例がないのではないか。私の知る限りでは東京の小野寺利孝先生ぐらいではないか。また今後馬奈木先生と同じような活動ができる弁護士が現れるとは考えにくい。その意味で馬奈木先生の考え方や活動について記録を残し、後に続く法曹がそこから学ぶということはとても大切なことであると思う。

また私達が馬奈木イズムと呼ぶものは、集団事件における闘いを通して福岡、九州における多くの弁護士のなかで脈々と息づいており、九州、福岡における人権訴訟・集団訴訟のバックボーンとして受け継がれてゆくであろうし、また受け継いでゆかねばならない。

# 3　よみがえれ！有明訴訟の戦略と戦術

有明訴訟弁護団　弁護士　堀　良一

## 1　運動の議論に時間を割く弁護団

### (1)三〇年前の会話

運動の議論に時間を割かない弁護団なんか、碌でもないに決まってる。

わたしたちを見渡しながら、馬奈木先生がパイプをくわえて、嬉しそうに、謎めいた言葉を口にする。わたしたちは顔を見合わせ、その意味はああだろう、こうだろうと議論する。一通りの意見が出尽くしたところで、先生からヒントが与えられる。

事務所を訪問した修習生と馬奈木先生の間で、こんな類いのやりとりがよく交わされた。禅問答のような馬奈木先生の問いに答えるのが楽しみで、わたしたちは、よく久留米第一法律事務所を訪れた。まだ事務所が先生のご自宅の隣にあった頃だ。わたしは二〇代、先生は三〇代だった。ひととおり事務所での議論が終わると、焼き肉屋に場所を移して議論した。わたしたちは、腹一杯になるまで焼き肉をご馳走になり、たくさんのビールを飲んで、熱っぽく語り合った。

「よみがえれ！有明訴訟」を準備するために、久しぶりに馬奈木先生にお会いした時、そんな光景が懐かしく浮かんだ。そして、弁護団の事務局長をまかされ、真っ先に思い出したのが、あの時の先生の言葉だった。運動の議論に時間を割かない弁護団は、碌でもないに決まってる。

## (2) 社会的紛争と意識された戦略・戦術

わたしたち弁護士は、事件の依頼を受けたとき、依頼者と解決に向けてのロードマップを検討する。通常、日常業務で依頼を受ける時は、依頼者の要求のうちどこまでを目標にするか、そのための手段は交渉か裁判か、法律構成をどうするか等々である。このようなとき、わたしたちは戦略や戦術などという言葉を、明確には意識していない。

しかし、社会的な広がりをもった事件になるとそうはいかない。紛争解決のプロフェッショナルたらんとするとき、まず、わたしたちに求められるのは、しっかりと考え抜かれた戦略と戦術、そのなかでの裁判の位置づけである。そして注意しなければならないのは、日常業務に引きずられて、何か裁判で全てが解決するかのように思いがちな人々の幻想にきっぱりと釘を刺さなかったり、当事者や支援者それぞれの紛争解決に向けた役割と行動を提起しなかったり、裁判闘争を対裁判所だけの取り組みに矮小化したりすることだ。裁判の果たす役割と可能性が、目の前にある社会的紛争を解決するための戦略と戦術の中に正しく位置付けられて始めて、裁判闘争は紛争解決の真の力たり得るのだ。

運動の議論に時間を割かない弁護団は碌でもない、という馬奈木先生の言葉を、わたしはそんなふうに理解している。

## (3) 戦略・戦術をどう構築するか

実は、戦略と戦術をどう構築するかということを、わたしは長い間、市民運動や自然保護運動のなかで、ずいぶんといろんな人から教わってきた。教えられたのは次のようなことである。

まず、状況をきちんと分析する。歴史的に、全体的に、どこからきて、どこへ向かおうとしているのか、現在の観点からだけではなく、過去の観点から、未来の観点から、事実に基づいて正確に把握する。

次に、何を目標に現状を変革するのか、しなければならないのか。ゴールを明確にすることだ。社会的紛争を解決するというのは、現状を変革することに他ならない。目標は人々に希望を与えるものでなくてはならない。

そして目標に行き着くための課題を抽出し、それぞれの課題を達成するための行動計画を明確にする。それぞれの課題と行動は分かりやすく、たたかいの経過に応じて臨機応変に具体化しなければならないし、行動計画はどう動けばいいのか瞬時にイメージできるものでなくてはならない。それぞれの課題と行動計画は、相互に有機的に結びついて、目標達成の確信と、目標達成に向けた人々のエネルギーを沸き立たせ、それぞれの人々が目標に向けて、主人公としてやりがいを持ちうるものにしなければならない。

抽象的に述べるとそんなところだが、現実の社会的紛争の中で、正しく戦略と戦術を構築するのは生半可なことではうまく行かない。それなりの経験と意識的な適用の智恵が必要だ。

戦略と戦術を具体化するということがどういうことなのか、「よみがえれ！有明訴訟」のなかで、わたしたち弁護団員は、たくさんのことを馬奈木先生から教わってきた。

## ２　諫早湾干拓事業と「よみがえれ！有明訴訟」

### ⑴提訴時の状況

国営諫早湾干拓事業は、土地改良法に基づく、農水省所管の国営干拓事業である。有明海の諫早湾奥部三五四〇ヘクタールを全長七キロメートルの潮受け堤防で閉め切り、内部に二六〇〇ヘクタールの淡水の調整池と九〇〇ヘクタールの干陸地を造成するというものだ。干陸地の大部分は農地で、残りは堤防や道路、排水路、排水機場などの関連用地である。目的は優良農地の造成と、潮受堤防と調整池の水位管理によって高潮、洪水、排水不良などに対処する防災である。

この事業は計画当初から無駄で有害な公共事業として問題になり、一九八九年の起工式を経て工事が本格化するにつれ、まず諫早湾内で漁業被害が発生した。一九九七年四月のギロチンと呼ばれた潮受堤防閉め切り以後、漁業被害は有明海全域に広がり、潮流の鈍化、大規模赤潮や貧酸素水塊の発生などで宝の海と呼ばれた有明海の自然環境が破壊された様は「有明海異変」と呼ばれるようになった。

二〇〇〇年暮れから二〇〇一年初頭にかけて有明海全域で発生した大規模な赤潮は、有明ノリで有名なノリ養殖業に歴史的不作をもたらし、有明海沿岸の漁民数千人が漁船を連ねて潮受堤防の前に集結して干拓事業に抗議し、数度にわたる漁船デモを行った。

農水省は事態を収めようとノリ第三者委員会を立ち上げ、同委員会は二〇〇一年一二月に有明海異変の原因は干拓事業にあると想定されるとして、より科学的な検証をするための短期、中期、長期の開門調査を提言した。開門調査の実施は事業の見直しに繋がると、漁民は大歓迎した。ところが、二〇〇二年四月に農水省は形だけの短期開門調査をアリバイ的に実施し、八月には中長期の開門調査をサボタージュしたまま工事を強行してきた。工事の進捗率は九四％である。たまらず、福岡県漁連が同年九月に工事中止の仮処分を福岡地裁に申し立てた。

このような中、福岡県漁連だけにまかせず、漁民と市民が当事者になって提起したのが「よみがえれ！有明訴訟」である。わたしたちは二〇〇二年一一月二六日、佐賀地裁に、「よみがえれ！有明訴訟」として、工事中止の仮処分と本訴を提起した。

先行する訴訟としては、福岡県漁連の仮処分のほか、有明海漁民・市民ネットワークが中心になって取り組まれている訴訟、それに「ムツゴロウ訴訟」と呼ばれる自然の権利訴訟があった。

(2)戦略と戦術をどう設定したか

わたしのＰＣには、当時、弁護団の方針を解説するために作成したパワーポイントのファイルが残っている。漁民や市民からなる原告団の集会はもとより、支援の輪を広げ、運動を拡大するために各地の集会で使用したものである。

干拓事業の概要や問題点、被害の実態を説明するスライドに続くのが、わたしたちの戦略と戦術というスライドだ。そこには、宝の海・有明海と地域社会の再生が、わたしたちの目標であると記されている。

この戦略目標、ゴールの設定については、馬奈木先生の集会における報告が目と耳に焼き付いている。提訴にあたって、佐賀の狭い会場は熱気に溢れていた。壁には、「宝の海を返せ」、「中長期開門調査を実施せよ」などの垂れ幕が何枚も掲げられていた。

団長報告のマイクを握りしめた馬奈木先生は、「わたしたちのたたかいは、有明海を宝の海に再生すること、それはもちろん大前提であります。しかしながら、わたしたちのたたかいの目標はそれに止まるものではない。それを通じて、有明海の地域社会を再生させること、わたしたちはそれを目指してたたかいます。だから、この裁判は『よみがえれ！有明』なんです。この裁判は、漁民だけの裁判ではない、沿岸の人々がみな主人公のたたかいなんです」と、例の馬奈木節で朗々と訴えた。みな主人公だと訴えられた会場の人々は、新たに始まるたたかいに胸を熱くしていた。

目標は設定された。そのゴールに向かって、わたしたちは、どのような課題を達成しなければならないのか。

すでに潮受堤防は完成している。工事の進捗率は九四％。残っているのは内部堤防などの工事である。したがって、残工事を止めるだけでは宝の海は取り戻せない。しかし、兎にも角にも残工事を止めなければ、事業の見直しから宝の海と地域社会の再生へと繋がる展望は見えてこない。

そこで、出発点にあたって、わたしたちが設定した基本となる課題はこうだ。

訴訟、とりわけ仮処分で工事を現実的に、早期に止めること。そして訴訟を起点にした全国的な運動を構築し、政府に事業見直しを迫る運動に発展させること。運動の独自課題として農水省がサボタージュしている中長期開門調査の実施を迫り、既存の運動との継続性を保ちつつ、訴訟と連携すること。

当時、よくわたしは、集会で次のように発言していた。国策としての大規模公共工事を止めた裁判は、かつて例がない。わたしたちはそれをやり遂げる。しかし、それは弁護団だけで実現できるものではない。なぜなら、担当する三人の裁判官が工事を止める裁判をするためには、並大抵ではない勇気がいるからだ。清水の舞台から飛び降りるような決意がいるだろう。弁護団は、訴訟活動によって、必ず、彼らを飛び降り口まで連れてくる。そして現実に飛び降りさせるのは、運動の力、世論の後押しだ。裁判の勝利は弁護団と運動のそれぞれの活動によって勝ち取るものだ。

訴訟は、仮処分を中心にして、有明海異変の原因は干拓事業にあると想定されるとしたノリ第三者委員会の資料を活用し、基本的にはその範囲で裁判所に仮処分決定を出させる。同時に、訴訟はそれ自体が運動の一翼を担うものと位置づけ、毎回の意見陳述、傍聴、報告会を充実させる。

運動では統一と団結を実現する。三つの先行訴訟と連携し、早い時期からこの問題に取り組んでいた自然保護団体とも連携する。公害弁連と連携し、国会、政府のある首都圏に支援組織を構築する。

どれも相当の力仕事を必要とするものばかりだった。

(3)訴訟提訴直後の行動

訴訟の第一回期日では、訴訟そのものが運動だという位置付けから、裁判所と交渉し、法廷を二つ用意させ、溢れた傍聴者は隣の法廷に入廷できるようにした。隣の法廷の傍聴者は、マイクとスピーカーを通じて裁判の行われている様子をリアルタイムで体感した。法廷では当時はまだ一般的ではなかったパワーポイントを使った意見陳述を行い、裁判官は裁判官席から降りて、傍聴席の前の柵の内側の席でスクリーンに見入った。隣の法廷でも同じようにスクリーンが準備されスライドが映し出されていた。結局、マイクとスピーカーで二つの法廷をシンクロさせて多数の傍聴者を入れるという取り組みは、電波法の関係があるとかで一回で終わった。しかし、裁判所に世論の期待と意気込みを伝え、原告や支援者に何か違うことが起こりそうだという勇気と確信を与える上では大きな取り組みだった。

第二回期日では、ノリ第三者委員会の膨大な資料を証拠として提出し、実質的には最終準備書面だと述べて書面を提出して、少なくとも仮処分においては、国がその準備書面に反論した段階で決定を出すべきだと裁判所に迫った。

一方、訴訟外では後藤弁護士が上京し、一〇日間くらいだったか、ウイークリーマンションに住み込んで、東京支援を組織した。自然保護団体とつながりのあるわたしは、それぞれの団体に訴訟の支援を依頼し、訴訟と一体となった取り組みを要請した。

先行する三つの訴訟とは、協議の結果、公害等調整委員会の原因裁定を共同で取り組むことになった。原因裁定の取り組みは、それぞれの団体が相互の信頼関係を構築する上で大きな役割を果たした。原因裁定を重視した漁民・市民ネットワークの羽生氏は、精力的に研究者を組織し、それまでになかった強力な研究者チームを組織した。また、できたばかりの東京支援にとって、霞ヶ関の庁舎で行われる原因裁定は、「よみがえれ！有明」のたたかいが、遠い九州のできごとではなく、自分たちが傍聴する、身近なたたかいであることを意識してもらう上で、格好のものとなった。その後、毎年のように、東京支援を中心としたエコツアーが水俣などと並んで有明の現場を訪れ、有明は、毎年恒例の全国公害被害者総行動の中心的なテーマの一つとして取り上げられるようになった。

## 3　開門判決確定に至るまでのたたかいと情勢を切り開く戦略・戦術の具体化

### (1)工事差し止め仮処分と本訴における佐賀地裁の開門判決

佐賀地裁で工事差し止めの仮処分決定が出たのは、二〇〇四年八月二六日のことである。ところが、福岡高裁は翌二〇〇五年五月一六日にこれを覆した。干拓工事による影響は定性的には認められるが定量的に証明する資料がないから因果関係は認められない、というものである。結局、この高裁決定は最高裁で確定した。同じ年の八月には原因裁定でも同じような理由で棄却となった。当然のことながら、国は勢いづき、本訴でも早期結審の構えを見せた。

納得のいかない漁民や支援者を前にして、その暗澹とした気分を吹き飛ばしたのは、馬奈木先生の集会での発言だ。

わたしたちは誰一人納得していない。それはなぜか、社会的紛争を解決するはずの裁判所がその役割を果たさないからだ。だったらそれを具体的に見せてやろう。次々に追加提訴して、裁判所がおかしなことをして紛争をより激化させたことを原告の数で示そうじゃないですか。

この呼びかけに漁民が決起した。二〇〇五年五月の高裁決定の時に二〇〇名弱だった漁民原告はその年の暮れまでに一五五〇名ほどに膨れあがり、佐賀地裁の原告数は市民を含めて二五〇〇名を超えることになった。

その勢いのなかで、研究者の新たな研究成果を根拠に裁判所を説得して訴訟を継続させ、結局、二〇〇八年六月に佐賀地裁における開門判決を勝ち取った。

⑵公金支出差し止め訴訟

干拓事業は二〇〇八年三月で終了し、同年四月から入植者による営農が予定されていた。わたしたちは、無駄で有害な公共事業の「無駄」の部分が端的に顕在化するのが、この入植問題だと考えていた。干拓の背後地では次々に耕作放棄地が増大するような農業情勢のなかで、果たして高額の資金を投入して干拓地を購入する農業者がどれだけいるのか。農水省とともにこの事業を推し進めてきた長崎県は、強気の姿勢を崩さなかったものの、さすがに不安に感じたのか、それまで休眠状態だった長崎県一〇〇％出資の農業振興公社に、長崎県が購入資金を貸し付けて干拓地を買い取らせ、格安の料金で入植者にリースするという干拓農地リース事業を起こして、乗り切ろうとしてきた。二〇〇五年九月のことである。干拓地での営農が順調に行かなければ、貸付金の回収はままならない。厳しい自治体財政のなかで、長崎県は県民の血税を使って干拓事業の矛盾を糊塗しようとしたのだ。

農水省とともに干拓事業を推進してきた長崎県を相手に、「無駄」という干拓事業のもう一つの矛盾を突くことは、事業見直しにとってプラス材料になることは間違いない。わたしたちは、長崎県の干拓農地リース事業に対して公金支出差し止め訴訟で対抗することにした。住民監査請求を経て、二〇〇六年八月に提訴した。

このとき馬奈木先生が語った訴訟の位置付けは教訓的である。

わたしは当初、この訴訟の意義について、事業見直しの側面援助みたいな抽象的なイメージしか持っていなかった。ところが馬奈木先生はそれだけに止まらなかったのだ。

干拓農地リース事業は、この事業が地域を破壊することの現れの一つだ。県財政を逼迫させ、県民生活を苦境に追いやる。それは新たな被害に他ならない。長崎県民がいよいよ自分の問題として、被害者として、この事業に向き合う契機になるたたかいにならざるをえない。馬奈木先生の訴訟の位置付けは明快だった。

わたしたちは、そんな馬奈木先生の言葉に導かれて、主張を構成し、原告を組織し、期日での意見陳述をアレンジし、法廷外の運動について運動団体と協議した。

この訴訟は結局、行政裁量の違法論の枠を突破できずに敗訴したが、裁判の過程で活性化した地元の運動は、現在の運動にとって大きな財産となっている。

### (3)国会行動、そして、開門判決、上告か確定かをめぐるつばぜり合い

二〇〇八年三月の事業終了に向けて、わたしたちは佐賀地裁の本訴の請求の趣旨を工事差し止めから潮受堤防撤去と排水門の開門に変更し、開門判決を現実的な目標に設定し直した。公金支出差し止め訴訟はその前年の二〇〇七年九月二日に結審、佐賀地裁の本訴も翌二〇〇八年一月に結審が予定され、二つの訴訟の判決が事業終了の前後に相次いで出されることになった。

わたしたちは、二〇〇四年八月の工事差し止め仮処分決定をこの紛争の政治的解決にうまく結びつけられなかった反省を踏まえ、公金支出差し止め訴訟が結審した直後の二〇〇七年九月一二日から、東京支援や、漁民・市民ネットワーク、環境ＮＧＯときっちり連携し、攻勢的に国会行動を展開することにした。

二〇〇七年九月一二日の記念すべき最初の国会行動は、当時の安倍首相が突然退陣を表明した日である。政治は確実に迷走する。そのなかで、開門に向けた政治状況を切り開かなくてはならない。あのとき全身に走った緊張感は、いまでもリアルな感覚として呼び起こすことができる。

以後、今日に至るまで、毎月一〜二回上京し、東京支援などと協力し合って、農水省前で早朝宣伝を行い、全議員に国会ニュースを配布し、院内集会を開催し、主な議員には論点別のパンフレットを作成して配布してきた。

開門判決直前の二〇〇八年初頭には、主要な与野党の協力議員をほぼ獲得し、それらの議員を前面に立てて、農水省の担当官僚を呼んでの開門論争を展開した。論争は六月二七日の開門判決の直前まで続いた。参加した議員から農水省に対し、開門ができない根拠を全部述べるように命じ、わたしたちは、議員とともに、それらの一つ一つを論破していった。この農水官僚との面と向かっての論争は、議員とともに開門の正当性

を共有する上で極めて大きな成果を生んだ。この成果が今日の取り組みの基礎になっている。農水省はさんざん論破された挙げ句、最後に、それでも予測できない被害がある、と負け惜しみの捨て台詞を残し、わたしたちは、いよいよ開門の正当性を確信した。

そして佐賀地裁の開門判決。あと少しで控訴が阻止できるかというところまで到達したものの、結局、国は控訴。福岡高裁の控訴審では国会行動の成果を訴え、二〇一〇年一二月六日には開門の控訴審判決。この間、政権が交代し、政治決着の条件も変動した。

開門が現実味を帯びるなか、その都度の情勢を分析し、大局的な戦略・戦術を補強する当面の戦略・戦術を構築する作業もあわただしくなった。「漁業と農業・防災が両立する開門」「農業共存」「段階的開門論」など、訴訟外での弁護団の政策提起が新たな課題として浮かび上がってきたのも、以前とは違う状況であった。

二〇一〇年一二月六日の福岡高裁開門判決から同月二〇日の上告阻止、判決確定までの二週間は、わたしにとって忘れられない日々である。

判決の直後、馬奈木先生が倒れて入院した。わたしは若い諸君と上京し、あれこれと情報を集め、農水省が次々にリークするマスコミ報道に対して弁護団見解や弁護団声明を発表しなければならなかった。上告か確定かをめぐって息苦しいたたかいが展開された。

途中、もはや上告を阻止することは不可能かもしれないという状況のなかで、上告を認めるが、それとは別途開門は進めるという和解的対応の判断を求められた局面があった。そのとき、わたしの心が動いたのは事実である。硬直した対応ではなく、実を取ることもあり得ると考えた。でも、病床の馬奈木先生に電話すると、ただちに否定された。ここは原則を貫くのが正しい、と。その後の農水省や長崎県の頑なな対応を経験した今となっては、このとき変に妥協的対応をしたら、とんでもないことになっていたと、冷や汗をかく思いがする。

## 4　有明海の再生に向けて

福岡高裁開門判決の確定によって、有明海再生をめぐるたたかいは、新たなステージを迎えた。農水省と長崎県がなりふり構わず抵抗するなかで、如何に、早期の開門を実現するか、開門を有明海再生の次のステージに向けて、どう繋げていくか、わたしたちの当面の戦略と戦術は、より柔軟に、より精緻に、激しく移りゆく状況との関係で機敏に構築することが求められている。

そして、わたしたちが設定した宝の海と沿岸地域社会の再生という終局の目標は、まだまだ先の未来にゴールテープを置いている。それまでに乗り越えなければならない課題は少なくない。

この間、馬奈木先生に率いられて、この社会的紛争解決のために練り上げてきた戦略と戦術の思考方法は、今後、ますます重要になるだろう。それは終局のゴールに向けて、次の世代に受け継がれなくてはならない。

わたしは常々、社会に変革をもたらすのは、群像ともいうべき人々の集合体だと考えている。傑出した英雄個人の所業だけでは、到底、なしうるものではない。しかしそれは、決して傑出した人物の役割を否定するものではない。なぜなら群像の力はそれを構成する人々の力の総和だからだ。傑出した人物の力は、総和としての群像の力を強める。同時に、傑出した人物から学ぶ人々の力を向上させ、それはより群像の力を強める。

馬奈木昭雄という類い希な戦略家に率いられ、よみがえれ！有明訴訟弁護団という学校で学んだ若い弁護士諸君の力量は確実に向上している。それは何よりも確かな前進のための保証である。

# 4　筑豊じん肺の運動論

筑豊じん肺訴訟弁護団事務局長　小宮　学

## 第1　筑豊じん肺の和解戦略

### 1　馬奈木昭雄弁護士の指導

私は、筑豊じん肺訴訟が提起された年である一九八五（昭和六〇）年四月に弁護士登録し、久留米第一法律事務所に入所し、馬奈木昭雄弁護士の指導を受けることになった。

馬奈木弁護士は、当初は筑豊じん肺訴訟の弁護団副団長であり、松本洋一弁護団長の急逝後は、角銅立身弁護士と共に弁護団代表幹事に就任され、一審判決後に二代目の弁護団長に就任された。

私は、筑豊じん肺訴訟弁護団事務局長であった江上武幸弁護士を支えるべく、一九八八（昭和六三）年に久留米第一法律事務所を退所し、飯塚市の登野城・江上法律事務所に入所し、その後、二代目の弁護団事務局長に就任した。

馬奈木弁護士からは、事務所移転に際して、筑豊じん肺訴訟をどのようにして解決にもっていくのかについて、戦略を持たなければならないといわれた。

また、馬奈木弁護士から、「公害訴訟は、被害に始まって被害に終わる。じん肺訴訟も同じだ」ということをいわれた。

事務所移転後、城利彦原告団事務局長にお願いして全入院患者約一〇人位のお見舞いに行った。じん肺被害の悲惨さを目の当たりにし、じん肺患者に寄り添うスタンスが身についた。

2　和解戦略

一九九一（平成三）年秋、一九九二（平成四）年中には筑豊じん肺訴訟を和解によって解決するという戦略を立てた。

患者原告は、じん肺の症状が進み、次々と亡くなっていっていた。一年に約一〇人の患者原告が亡くなっていた。提訴から五年四ヵ月が過ぎた一九九一（平成三）年四月一四日に筑豊じん肺訴訟「合同慰霊祭」を開催した。この時までの死者は、提訴前になくなった二七人を含めて七五人となっていた。「生きているうちに救済を」というのは、切実な要求だった。早期解決のためには和解しかない。馬奈木弁護士は、常々、和解は、企業や国が自らの意思で解決を選択することであり、反省を伴うものであるから最善の解決方法である。これに対して、判決はいやでも従わなければならず、反省を伴わないし、控訴され、上告されて長期化すると説いていた。

その時期、被告企業は、常磐じん肺訴訟の被告企業である常磐興産も入れて、企業のじん肺担当者の対策会議、企業代理人弁護士の弁護団会議をそれぞれ設けて、徹底抗戦の構えをとっていた。

常磐じん肺訴訟の一審判決が一九九〇（平成二）年二月八日に福島地裁いわき支部で言い渡され、最大の争点だった消滅時効は、じん肺管理4の決定の時から一〇年とされた。さらに、一〇年の時効が完成する原告については、「常磐興産の時効の主張は著しく正義に反し、社会的相当性を欠き権利の濫用」として、原告全員が勝訴していた。

さらに常磐興産のじん肺発生責任は、単なる過失責任（注意義務違反）ではなく、故意責任（労働者がじん肺にかかるのを予見しながら、あえて対策をとらなかった）とする企業に厳しい判断が示されていた。

常磐じん肺訴訟は、裁判の舞台が仙台高裁に移されたが、審理と平行して、常磐じん肺原告団・弁護団では、常磐興産が経営する当時の『常磐ハワイアンセンター』（現・スパリゾートハワイアンズ）前で観光客向けにビラ配りをするなどして、和解への動きを強めていた。

そんな中の一九九一（平成三）年四月、筑豊じん肺訴訟の裁判長に桑原昭熙裁判官が就任し、同年同月一七日の第二九回弁論で、同裁判長は、いずれ時期を見て和解を勧告することを予告し、同年九月一八日の第三二回弁論で和解を勧告し、被告企業に対し和解のための説得に乗り出した。

和解解決の世論を盛り上げるべく、一九九一年（平成三）年九月二四日には、飯塚市の嘉穂劇場で一〇〇〇人の観客を集めて、「俺たちはボタじゃない」（座長・安部千春）を開催した。

「俺たちはボタじゃない」は、原題を「鉱山（ヤマ）ゆかば草むす屍」と言い、初代弁護団長松本洋一のシナリオによる。松本弁護士は、同年一〇月二一日に他界され、「俺たちはボタじゃない」は松本弁護士の遺作となった。この「俺たちはボタじゃない」を芝居として開演することにしたのは、稲村晴夫弁護士の発案による。その後、「俺たちはボタじゃない」は、筑豊じん肺訴訟や炭鉱夫じん肺訴訟の意義を代表する言葉となった。

当時、日鉄鉱業は、長崎北松じん肺、伊王島じん肺、東京松尾じん肺、岩手釜石じん肺の被告企業でもあった。日鉄鉱業は、長崎北松じん肺の一審判決後、北松、伊王島、筑豊、釜石の未提訴の代表者との間で、「長崎北松じん肺の最終的解決に従って解決する」、「裁判は起こさない」という覚書を交わしていた。したがって、日鉄鉱業との和解が最もハードルが高いとみられていた。

三井鉱山、三菱マテリアル、住友石炭鉱業は、北海道石炭じん肺の被告企業でもあった。その中でも、裁判のうえでは、三菱マテリアルが徹底抗戦をしており、日鉄鉱業の次にハードルが高いとみていた。

古河機械金属は、筑豊じん肺のみの被告企業であった。古河機械金属は、すでに金属鉱山で働き、じん肺となった人たちが提起した遠州じん肺訴訟で一審敗訴し、東京高裁で責任を認めて和解していた。しかも、比較的早い段階で鉱山事業から撤退し、筑豊じん肺の原告数も少なかったし、裁判に加わっていないじん肺患者数（潜在患者）も少ないと見込まれていた。

そこで、最初に古河機械金属と和解し、次に住友石炭鉱業、三井鉱山と和解し、次に三菱マテリアルと和解し、最後に日鉄鉱業と和解する。

その後、国と和解するとの方針をたてた。

3　「和解に対する当裁判所の見解」

和解方針を裁判所に報告し、和解所見を出すように要請した。

桑原昭熙裁判長は、一九九二（平成四）年一二月一六日、「和解に対する当裁判所の見解」を発表した。国の責任に触れた部分を引用する。原告団・弁護団は、これを武器に企業や国を和解に追い込めると運動を開始した。

①和解見解に至った経緯（略）

②裁判所の決意（略）
③企業の責任（略）
④被告国についてみるに、国は石炭産業について、明治期の国営の頃はもとより、その後も深いかかわりをもっていたこと、そして、戦中、戦後の一時期までの石炭産業に対する国の指導、監督及び規制の在り方は、他産業に対する対応、すなわち企業外にあってのそれとは異なり、企業経営、生産の在り方にまで主体的にかかわりを持ち、他産業に対するものとは明らかに一線を画す、異質、高度のものであったと、石炭産業史は記述しており、その記述の当否は暫くおくとしても、国の石炭産業に対する深いかかわりに鑑みると、石炭じん肺患者に対し、更に深い関心を示すのが相当と考えられ、福祉国家の理念、道義的立場からも和解による早期解決につき原告らの現状等諸般の事情を慎重に検討し、前向きに再考されることを切に望んでやまない。
⑤和解案を提示予定であること（略）
⑥企業と国に対する要望（略）

4　和解戦略の見直し

その後の一九九三（平成五）年一月、桑原昭熙裁判長は定年で退官され、川畑耕平裁判長が着任された。同年一二月一五日、第五九回弁論で筑豊じん肺訴訟は、結審した。川畑裁判長は、結審にあたり、具体的和解案ができれば、原、被告双方に示す予定であることを告げられた。

結審から九ヵ月後の一九九四（平成六）年九月二二日、川畑耕平裁判長は被告企業に対し、「企業は、じん肺患者に対し、管理2（合併症の有無）、管理3（合併症の有無）、管理4、じん肺を原因とする死亡に応じて一〇〇〇万円から二〇〇〇万円を支払え」との和解案を文章で示された。企業との間で最大の争点となっていた消滅時効については、「時効による棄却者を出さない全員救済の和解案である」という発言が口頭であった。

同年一〇月三日、川畑耕平裁判長は、被告国に対し、口頭で、「これまでの石炭産業とのかかわりを考慮すると、応分の負担をしていただく必要がある」といわれた。文章による和解案は出されなかった。

結審から具体的和解案が出される九ヵ月の間、原告団と弁護団はローテーションを組んで、何回となく、被告企業とその背景資本（銀行、生保など）に和解で解決するように要請行動を繰り返した。通商産業省（現・経済産業省）や労働省（現・厚生労働省）の役人に対しても、和解で解決するように要請行動を繰り返した。福岡や北海道選出の国会議員に呼びかけて、国家議員会館内での集会も開いた。

しかし、被告企業は、和解を拒否し、被告国は、「訴訟の争点が行政の根幹にかかわる重大な事案で、和解は今後の行政にも影響を与える。また当事者間の主張には大きな隔たりがあるため、基本的に和解にはなじまない」とする文章を提出し、和解を拒否してきた。

一審判決で全面勝利し、その勢いで企業と国に和解を迫るしかなくなった。和解戦略は、見直しを余儀なくされた。

## 第２　一審判決と古河機械金属、三菱マテリアル、住友石炭鉱業との和解

### １　一審判決

一九九五（平成七）年七月二〇日、一審判決が言い渡された。

川畑裁判長は、「被告企業は粉じんの発生防止義務を怠った」として、被告企業側に総額一九億六九〇〇万円の損害賠償を命じたものの、国の損害賠償責任を否定した。また、企業との間で最大の争点となっていた消滅時効の起算点については、「最も重い症状の行政決定を受けた時点」とし、原告側の「企業の時効の主張は著しく正義に反し、社会的相当性を欠き権利の濫用」との主張を退けた。

よもやの「国に敗訴」、「時効敗訴」だった。

不当判決と評価し、「不当判決」との垂れ幕を出した。

和解は難しい状況となり、当面、原告団・弁護団は、控訴審での審理に全力をあげることとなった。

2　古河機械金属、三菱マテリアル、住友石炭鉱業との和解

一九九六（平成八）年一二月、古河機械金属の代理人弁護士から「和解することを決断した」との連絡を受けた。古河機械金属の代理人弁護士とは、一審段階から話し合いをしてきており、信頼関係ができていた。

弁護団は、年末に次の二点を提案した。

①各人毎の和解金額は、一審判決金額を採用し、弁護士費用や訴訟追行費用として一審判決金額の四割増しとする。

②一審判決では古河機械金属関係の原告患者一二名中三人が時効を理由として敗訴していたが、時効差別は認めない。

一九九七（平成九）年初めに交渉し、原告患者一二名全員について、一審判決金額の三割四分二厘増しで時効差別のない和解をすることで合意し、同年二月二七日、福岡高裁で電撃的に和解した。

次が三菱マテリアルとの和解である。三菱マテリアルは、戦前は三菱鉱業を称していたが、財閥解体によ

り金属部門と石炭部門に分離させられ、金属部門を三菱金属、石炭部門を三菱鉱業セメントと称していたが、訴訟継続中に三菱金属と三菱鉱業セメントは合併し、三菱マテリアルとなった。

一九九六（平成八）年一〇月には、三菱細倉じん肺訴訟で原告側と三菱マテリアルの和解が成立していた。その年の三月二二日、三菱細倉じん肺第一次訴訟で、三菱マテリアルは敗訴していた。

旧三菱鉱業セメントが筑豊じん肺で敗訴し、旧三菱金属が三菱細倉じん肺で敗訴したことから、徹底抗戦をしていた三菱マテリアルが和解へと方針転換し、まず、三菱細倉じん肺訴訟で和解を選択したのである。もちろん、三菱細倉じん肺原告団・弁護団の運動の力は大である。

一九九七（平成九）年二月から、筑豊じん肺と北海道石炭じん肺は、三菱マテリアルとの和解交渉に入った。三菱マテリアルの代理人弁護士とは、三菱細倉じん肺弁護団の小野寺利孝弁護士、山下登司夫弁護士が信頼関係を築いており、両弁護士に仲介してもらって直接交渉が実現した。

弁護団は、古河和解を参考に、次の提案をした。

①各人毎の和解金額は、一審判決金額を採用し、弁護士費用や訴訟追行費用として一審判決金額の三割五分増しとする。

②一審判決では原告患者三五名中三人が時効を理由に敗訴していたが、時効差別は認めない。

③一審判決では三菱マテリアルの子会社に就労した原告患者二人が、敗訴していたが、子会社差別も認めない。

基本的に、三菱マテリアルは原告側の提案を受け入れることとなり、一九九七（平成九）年四月二五日午前、福岡高裁で電撃的に和解した。

次は、三井鉱山と住友石炭鉱業との和解の番である。

同日午後から福岡高裁より和解についての被告側からの意向聴取が行われた。

三井鉱山は、裁判所に和解をするかどうかについて社内で検討中であるので、暫く待ってほしいと申し入れた。

住友石炭鉱業とは、裁判所で和解協議を継続することになった。古河や三菱の代理人弁護士とは違って、住友石炭鉱業の代理人弁護士とは信頼関係がなかったので、裁判長がリードする形で和解協議が行われた。時間もかかったし、原告側も譲歩を迫られた。

七回の和解協議を経て、一九九八（平成一〇）年二月六日にようやく和解が成立した。原告患者九人について、一審判決認容金額に二割五分増しの解決金を支払うという内容だった。

## 3　日鉄鉱業、国、三井鉱山の和解拒否

日鉄鉱業は、和解を拒否した。日鉄鉱業は、長崎北松じん肺訴訟を初めとするすべてのじん肺訴訟で和解を拒否していた。一九九五（平成七）年九月八日、長崎北松じん肺の差戻審判決が言い渡され、確定した。それを受けて、日鉄鉱業は、同月一一日、長崎北松、伊王島、筑豊、岩手釜石の各地の潜在患者の代表者との間で、一九八五年締結の覚書の趣旨に基づき、一〇〇〇万円から二三〇〇万円を支払うとの覚書を交わしていた。日鉄鉱業は、覚書による解決以外の解決を頑なに拒否していた。日鉄鉱業の和解拒否は、想定内のことではあった。

国も、一審の和解拒否と同じ理由で和解を拒否した。一審判決で原告側は敗訴しており、やむをえないところだった。

ところが、一九九七（平成九）年九月、三井鉱山の責任者が、三井鉱山の代理人弁護士と共に、じん肺裁判が係属していた福岡高裁（筑豊じん肺）、福岡地裁（三井三池じん肺）、札幌地裁（北海道石炭じん肺）を訪問し、「賠償金を負担する体力がない」との理由で、和解拒否を伝えた。

三井鉱山の和解拒否は、想定外だった。「賠償金を負担する体力がない」というのは、ウソではないが、表向きの理由であって、本当の理由は、三井三池じん肺の原告患者や三池の潜在患者について、消滅時効を理由に切り捨て、安上がりの解決をしたいということだった。

再び、和解戦略の見直しを余儀なくされ、原告団・弁護団は、控訴審判決を受けることになった。

## 第３　三井鉱山との和解と国との和解

### １　福岡高裁井垣判決

二〇〇〇（平成一二）年四月、井垣敏生裁判長が着任し、二〇〇一（平成一三）年七月一九日、国、三井鉱山、日鉄鉱業に対して控訴審判決が言い渡された。

控訴審判決は、国に勝訴、時効勝訴の画期的判決となった。

消滅時効については、「最も重い症状の行政決定を受けた時」とする長崎北松じん肺訴訟の最高裁判決を踏襲した上で、じん肺を原因とする死亡患者については「死亡日」をその起算点とする「死亡時別途起算点説」が採用されていた。この基準に該当せず、消滅時効期間が経過した三人についても、じん肺が進行性の病気であることを考慮して、「時効の適用を求めるのは権利の濫用で許されない」として救済された。

原告団・弁護団は、上告期間である一四日間、ローテーションを組んで上京し、上告阻止運動を展開した。日鉄鉱業が入居している丸の内の郵船ビル前、霞が関の経済産業省前、永田町の総理大臣官邸前、三井鉱山が入居している江東区の豊洲センタービル前、三井鉱山に影響力を持つ日比谷の三井住友銀行本店前で、「上告するな」との宣伝行動を繰り返し、それぞれに「上告するな」と要請した。

同年五月には、ハンセン病の熊本地裁判決があり、ハンセン病は、「控訴するな」という国民的運動を巻き起こし、控訴断念に追い込んでいたが、我々は国民的運動とはできなかった。

結局、日鉄鉱業、国、三井鉱山の順で上告受理の申立が行われた。

## 2　三井鉱山との和解

この時効についての判断が、三井鉱山の消滅時効を理由に切り捨て、安上がりの解決をするとの目論見を打ち砕いた。

三井鉱山は方針を転換し、同年一一月初め、三井鉱山の担当者は、じん肺弁護団連絡会議幹事長の山下登司夫弁護士の法律事務所を訪ね、筑豊じん肺、三井三池じん肺、北海道石炭じん肺について、一括解決したいと申し入れてきた。

一九九七（平成九）年に和解のチャンスがありながら、三井鉱山の返事を待ち、結局、和解を拒否されたという苦い経験があったので、法廷外での運動を繰り広げた。

三井鉱山が入居している豊洲センタービル前の広場を、全国のじん肺原告団や東京の支援者など五〇〇人で埋め尽くし、三井鉱山に和解解決を迫った。三井鉱山の背景資本である三井住友銀行の日比谷本店前で原告のじん肺原告団や東京の支援者二〇〇人が集会をし、三井鉱山が和解するよう強く働きかけるよう三井住友銀行に要請した。

その他、三井物産や中央三井信託銀行、三井生命保険に対しても、三井鉱山が和解するように働きかけるよう要請した。

ついに、二〇〇二（平成一四）年八月一日、三井鉱山側は、約八〇億を原告側に支払うことで、筑豊じん肺、三井三池じん肺、北海道石炭じん肺を一括解決した。福岡市の西鉄グランドホテルで、原告側の代表と三井鉱山の西野脩司社長が出席し、三井鉱山関連じん肺問題終結共同宣言が執り行われた。

３　最高裁判決

二〇〇四（平成一六）年四月二七日、国と日鉄鉱業の上告は棄却され、福岡高裁井垣判決は確定した。

最高裁判決を受けて、国は謝罪したが、日鉄鉱業は謝罪しなかった。

４　国との和解

同年一二月一五日、北海道石炭じん肺訴訟は国との間で筑豊じん肺福岡高裁判決を基準とした和解が成立した。

和解条項第一項には、「国（経済産業大臣）は、筑豊じん肺訴訟最高裁判所判決において、昭和三五年四月以降、石炭じん肺防止のための鉱山保安法上の規制権限を直ちに行使しなかったことが国家賠償法の適用上違法と判断されたことを厳粛に受け止め、関係の皆様にお詫びする」、第四項には、「国（経済産業大臣）は、鉱山におけるじん肺対策に関し、じん肺法制定の趣旨・目的に照らし、最新の医学的、専門的知見を踏まえ、所要の検討を行う」と書かれている。

現在、日鉄鉱業を除く石炭企業との間では、裁判を起こさないで和解するという道が切り開かれた（裁判外和解システム）。また、国との間では、裁判を起こしたうえで、筑豊じん肺福岡高裁基準で裁判上の和解をするとの道が切り開かれた（司法救済システム）。

裁判外和解システム、司法救済システムで解決したじん肺患者は、西日本石炭じん肺請求団だけで三〇〇人以上、新北海道石炭じん肺請求団だけで一〇〇〇人以上となっている。

日鉄鉱業は、延べ三五回の敗訴判決・決定をうけても、現在に至るも和解していない。原告団・弁護団は、筑豊じん肺最高裁判決後に経済産業省原子力安全・保安院に、日鉄鉱業が謝罪して解決するように指導されたいと申し入れた。申し入れを聞いて、原子力安全・保安院は、日鉄鉱業の当時の社長・高橋三郎氏を呼んで、「判決によって炭鉱企業の後見的責任があるとされた国でさえも、石炭じん肺の患者や遺族に謝罪して和解しているのだから、炭鉱を経営した日鉄鉱業が謝罪して和解しないのはいかがなものか」との趣旨の話をしたが、高橋社長は国に対しても「時代時代にとり得るじん肺対策はとってきた。だから、じん肺発生責任は認められない」という趣旨の返事をしたそうである。

日鉄鉱業との間では、西日本石炭じん肺訴訟として、現在も裁判が続いている。

# 5　水俣病福岡訴訟で学んだもの

弁護士　幸田雅弘

## 1　福岡訴訟提訴の頃

水俣病の発生・拡大について国の責任を問う水俣病第三次訴訟は、一九八〇年五月に熊本地裁に提訴された。一陣は患者数にして七〇名であったが、その後第二陣から一五陣まで提訴が続き、熊本地裁だけで一四〇〇名近くになった。戦線を拡大するため、一九八二年に新潟地裁、一九八四年に東京地裁で国と県の責任を問う訴訟が提起され、闘いは全国に広がった。とりわけ、環境省と国会のお膝元の東京で水俣病第三次訴訟が提起された意味は大きかった。一九八四年八月に水俣病被害者・弁護団全国連絡会議（水俣病全国連）が結成されて、全国的な連携ができた[1]。一九八五年一一月に京都地裁での提訴が続いた。

このような中で、一九八五年八月、未認定患者の救済を求めた水俣病第二次訴訟の控訴審福岡高裁判決が下った。判決は、国の水俣病認定判断基準が「厳格に失する」と批判して、原告らを勝訴させるものであった。しかし、環境省は「司法判断と行政判断は異なる」と言って認定基準を変えようとしなかった。一九八七年三月、熊本地裁で水俣病第三次訴訟一陣の判決が下った。水俣病の発生・拡大について国の責任を認め、国の認定基準によって切り捨てられた原告全員を水俣病被害者と認める原告全面勝訴の判決だった。国の責任がはっきりしたことで状況は変わるのではないかと思われた。被害者は上京して環境庁長官に面談して、「大量切り捨て政策」をやめるように要求したが、国は控訴し、国が救済を拒む状況は変わらなかった。[1]

## 2　水俣病福岡訴訟の提訴

一九八二年初夏、水俣病全国連の豊田誠弁護士が福岡第一法律事務所の小島肇弁護士を訪ねてきた。「北部九州に水俣病被害者がいるが、救済の手を差し伸べる必要がある。熊本の水俣病第三次訴訟一陣が福岡高裁にやってくるので、その支援も福岡の地で取り組む必要があるので、福岡で国の責任を問う水俣病第三次訴訟を担って貰えないだろうか」というのである。「重要な話がある」と声をかけられて同席していた私は三年目の駆け出し。同期の弁護士が東京訴訟や京都訴訟に多く参加していたので水俣病第三次訴訟のことはおぼろげながら知ってはいたが、いきなり重要な役割が回ってきた。

その後、馬奈木弁護士や熊本の板井優弁護士に連れられて、月の浦坪谷出身の川上さん夫妻や田浦出身の橋本さん夫妻などと会って話を聞き、この人たちを放置はできないという思いを強くし、提訴に向かって準備をしていくことになった。

水俣病の歴史、特に国の産業政策と水俣病の切り捨て政策の歴史を知るにつけて、この訴訟は被害者の人権を踏みにじってきた国の産業政策そのものを問うものであることが理解できるようになったとともに、訴訟はそうした社会的な運動の一翼を占めるに過ぎないことを知るようになった。馬奈木昭雄弁護士と板井優弁護士は、「この闘いは単なる裁判闘争ではない。水俣病被害者を支援するすべての人たちの力を結集して全員で闘う必要がある」と言って、私の奮起を促した。

昭和六三年三月、橋本正光さんを団長とした福岡訴訟一陣八名が加害企業チッソと熊本県・国を相手に損害賠償を求める提訴にこぎつけた。以後、五陣まで追加提訴し、福岡や山口の五一人の被害者が立ち上がった。弁護団長は野林豊治弁護士、副団長は岩本洋一郎弁護士、その下に私のほか、浦田秀徳、古屋勇一、小林洋二、髙橋謙一、矢澤昌司、井上茂子など司法修習三六期以降の若手弁護士が約二〇名ほど結集した。

## 3　福岡訴訟原告団・弁護団の役割

福岡訴訟は全国連の中では一番遅く提訴したので先行している訴訟に追いつくことが当面の課題であったが、動かない国を動かす政治情勢を作り出すために地元福岡の労働組合や商工団体、医療団体などを回って、水俣病闘争への支援を取り付けること、広範な運動を組織することがとりわけ重要であった。他の公害被害者とも連携して支援の輪を広げることも必要だった。

水俣病全国連では、一九八九年一月、水俣病の認定基準を変えさせるために多くの勝訴判決を積み重ねるという従来型の運動からもう一歩進んで、司法の場を利用し和解によって原告全員の救済を図ることを内容とした「司法救済システム」を提案して早期解決をめざすことになった[2]。一九九〇年九月の東京地裁を皮切りに、熊本・新潟・京都・福岡と五つの裁判所で立て続けに和解勧告を勝ち取った。これを機に、福岡高裁と東京地裁、熊本地裁の三ヶ所で原告・チッソ・熊本県の三者による国抜きの和解協議が始まってからは、水俣病問題を解決する世論を喚起するための行動は日増しに増えていった。

一九九三年一月、福岡高裁の和解所見を勝ち取る頃から、環境庁交渉や国会要請行動で忙しくなった。

一九九四年の公害弁連の報告書には、この頃の活動として次のように記載されている。

「一月七日に高裁所見を勝ち取ってからは、一月一三～一四日東京行動二名、一月一七日全国連総会（水俣）、一月三〇日原告団総会（水俣）、二月二～三日東京行動四名、二月五日福岡高裁弁論早朝宣伝、二月一四日福岡原告団総会、二月二四～二五日団体回り二名、三月七日原告団総会（水俣）、三月二二～二三日東京行動二名、三月二五～二六日熊本判決行動・東京行動二名、四月七日早朝宣伝、四月二二～二三日東京行動、五月一六日福岡原告団総会、五月二七～二八日東京行動二名……」

裁判所前の宣伝活動・福岡市内の団体回り・東京行動の三つの運動の目白押しである。一年三六五日のうち二五〇日を運動に追われていたとも記載されている。

福岡市内の労働組合や商工団体、医療団体を回っては裁判当日の宣伝行動への参加を呼びかけ、予定の早朝宣伝をやり、参加してくれた団体にお礼の団体回りをする。こうして信頼関係を築いて、福岡・熊本のみならず東京での支援をお願いし、付き合いのある国会議員を紹介してもらって水俣病問題の解決の必要性を訴えてまわるのである。じん肺・みなまた・国労という「全面解決」を求めている三団体の共同行動も行った。

同じような行動の繰り返しであり、手ごたえをつかむのは難しいが、早朝宣伝に参加する支援の人が増え、次第に運動が広がっていくのである。

地元ばかりではない。こうした地元の活動が東京での支援の広がりに繋がってゆく。一九九〇年の熊本県民集会、一九九一年一〇月の環境省・厚生省・農水省を三〇〇〇人で取り囲む「人間の輪」運動、一九九二年の一〇〇万人署名、一九九二年一一月から一九九三年にかけて断続的に取り組まれた環境省前座り込み、一九九三年の全国キャラバン、一九九五年のミナマタ・スリーデイズ・トークなどの成功に結実してゆくのである。

一九九五年六月、政府与党三党の「水俣病問題の解決について」と題する解決策が決定され、この与党合意をもとに政府の最終解決案が決定され、水俣病全国連としてもこれを受け入れた。

一九九〇年からこの一九九五年までの六年間、福岡訴訟の原告団と弁護団は要請行動と宣伝行動に明け暮れたといっていい。

水俣病被害者救済の闘いは、被害を発生拡大した国の産業政策を問い、大量切り捨て政策を行った過ちを問うものであるが、運動的には過去の過ちを認めようとしない官僚組織と闘い、これを政治の力でなんとか乗り越えようとする闘いだった。

## 4　原告の闘い

福岡の原告は、こちらから呼びかけて作った原告団なので初めは要請活動の参加にもやや消極的だった。これを乗り越えさせてくれたのが、カネミ訴訟の横地秀夫さんやスモン訴訟の原告の草場重弘さん達である。福岡高裁前の早朝宣伝の時に、横地さんと喫茶店に行って、「あなたがたは今日集会に来る前に一体どれだけ団体を回ったのか。今日の報告はどうするつもりなのか。次も来てくれるように頼みに行かないのか」と厳しく言われた。それに輪をかけて、東京の鈴木恒也さんがやかましく言ってくれて、この三人から福岡の原告団は一年近く指導を受けた。

お蔭で原告団自身で福岡市内の各団体を回るようになり、水俣の現地調査に喜んで参加するようになった。

最後の二年くらいは、福岡民医連の千鳥橋病院からマイクロバスを出してもらって、患者さんが一〇人くらい、弁護団が四～五人、あわせて一五人くらいがいつも参加するようになった。弁護士と被害者という関係だけではない信頼関係が生まれた。こうしたことを通して原告の運動に取り組む姿勢が大きく変わったように思う。運動が原告をも変えていくのである。この内の数人から毎年、年賀状が届く。ともに闘ったことを実感できる時である。私を誘ってくれた豊田誠弁護士と馬奈木弁護士、板井優弁護士に感謝をしている。

## 5　水俣病裁判に参加して

水俣病福岡訴訟に参加して、裁判で個別救済することの限界を知ることができたし、そのために制度を変えることがいかに重要であるか痛感するようになったが、一番の収穫は、全国連の主だったメンバーがいかに困難な時も決して悲観的にならず、常に前向きの方策を考え続ける姿に接したことである。その典型が馬奈木弁護士である。

馬奈木弁護士は、「私たちは決して負けない。勝つまで闘うからだ」とよく言うが、大衆的な裁判として原則的な活動をしつつ、こうした前向きな姿勢を取り続けるのは容易なことではない。困難な時にもいつも「これは面白い」と言って笑っている馬奈木弁護士の笑顔こそ、馬奈木弁護士の強さなのだと思う。

1　『法律時報』一九九六年九月号、千場茂勝「水俣病解決と訴訟の意義」二四頁

2　『法律時報』一九九六年九月号、馬奈木昭雄「大量訴訟における個別救済」

## 6　環境的弁護士（The Environmental Lawyer）をめざして

日本環境法律家連盟代表理事　弁護士　**籠橋隆明**

環境とは言うまでもなく「何かを取り巻く周辺の状」である。それが「環境問題」となるのは人の手によって環境が害され、人の権利が害されるために「社会問題」として捉えられていくからである。人の手によって害されたものは人の手によって解決しなければならない。環境問題の「問題」たる所以は解決に向けての人の強い決意が込められている。そして、その解決の基準は人の幸福であり、個人の尊厳である。ここに法的正義の担い手である弁護士の役割が出てくる。個人の尊厳の実現こそが環境派弁護士の究極の任務であることは公害事件を始めとした多くの環境訴訟が明らかにしてきたことである。

### 足尾鉱毒事件

我が国の環境問題の原点は足尾鉱毒事件にある。一九世紀、栃木県足尾銅山操業に伴う水質、大気の汚染は農民ら地域住民に対して壊滅的な打撃をもたらした。この事件が明治政府の富国強兵政策を個人の生命より優先させた棄民政策とも言うべきものであったこと、人々の生命や幸福が正義の基準として機能して社会問題になったこと、何よりも田中正造を中心に正義の名のもと人々が結集し、社会の変革に立ち向かっていったことが、この事件をして日本の環境問題の原点と言わしめる所以である。環境問題は社会問題であり、人の手によって解決されなければならないが、人の手によって解決されるとは環境問題が提起する社会的正義が人々の共感を集め、その共感が社会を動かす過程が存在するということである。

もっとも足尾鉱毒事件では解決に至らなかった。それは、当時日本国憲法が無かったからである。当時国体の価値を個人の尊厳の価値より上に置かれていたことが、この闘争を限界づけた。日本国憲法が誕生し、秩序の正当性は個人の尊厳にあることが明確にされ、基本的人権が保障され、それを実現するための司法制度ができあがったことは日本の歴史上決定的な意義を持つことは言うまでもない。一九六〇年代から七〇年代にかけて、水俣病訴訟など四大公害訴訟が展開され、勝訴に至ったのは日本国憲法の存在無くして語ることはできない。

## 公害闘争

戦後四大公害訴訟が被害の完全救済を求めて展開された。悲惨な公害被害を目の当たりにし、弁護士たちは公害被害者の持つ正義の意味を明らかにしていった。公害被害が人の生命を脅かし、人生を破壊するものであること、その公害が国家的な経済優先政策の犠牲であることを明らかにしていった。このようなテーマは一九七〇年代に米国を中心に展開した「環境的正義」そのものであり、我が国の環境保全運動の歴史は欧米に先行して環境問題と人権、社会問題と関係を理解していたのである。

ともかく、「被害に始まり被害に終わる」、「闘争は法廷の外にある」、「裁判官は飛躍する」など環境訴訟を展開する上で重要な考え方が提起されていった。訴訟は事実と法的正義を明らかにする過程であるが、その過程そのものが被害者にとって直接的な表現行為として意味を持つ。公害被害という凄惨な被害、その被害を回復する正義の基準、個人の尊厳の回復を求めて活動する被害者、弁護士、支援のひたむきな活動、こうした諸要素が社会全体を説得し、ついには裁判官を動かし、社会の仕組みも動かしていった。大衆的裁判闘争は我が国の輝かしい到達点であり、いかなる環境事件であれ、その後の環境訴訟のあり方を決めていったのである。個人の尊厳や基本的人権という言葉はある。しかし、それが現実を動かすプロセス持たなければけっしてそれらが実現することはない。大衆的裁判闘争は個人の尊厳が社会を変え、人々を救済する力を持つものであることを明らかにしたのである。

環境問題が個人の尊厳を実現する問題であるという考えは様々な形で発展している。その展開は大衆的裁判闘争という社会の現実を変えるという理念と行動に支えられていた。そうした展開の中で環境訴訟は「公共」という概念に対しても新たな視座を提起した。大阪空港訴訟は騒音被害という個人の利益と空港行政のという公共の利益が対峙した事件であるが、弁護団は人権侵害をもたらす施設をそもそも公共的施設と呼んでよいのかという提起を行った。「公共」というのは人権を制約する国家的な利益とされていたところ、公共であることの根拠を具体的に検討することによって、それが多義的であること、人権を実現することもまた公共的であること、あるいは人権侵害がなされることで公共的であることの正当性を失うことなどを明らかにしていったのである。また、公共の意義を分析することによって、公共性というとらえどころない概念を事実問題、立証できる問題として解明していったことの意義は大きい。

## 都市景観

公害訴訟に始まった我が国の環境訴訟は、都市の問題にも広がっていった。都市政策は伝統的には国や自治体の公共政策であった。それは個人を超越した抽象的国民的利益を法益としており、個人の利益はあったとしてもせいぜい反射利益に過ぎないとされていたのである。しかし、都市空間の公共性は人々の豊かで文化的な生活が保障されることで正当性を持つ。人々は都市に居住し、仕事をする。人々の営みが蓄積され、都市を形成し、都市景観を形成する。都市景観は個々の人々の生活上積み重ねによって蓄積された地域の文化的な財産ともいうべきものである。都市景観は単なる外観にとどまらず、地域の生活、文化の総合的指標であり、個々の人々の生活上の利益と密接に結びついている。都市の景観が公共性を持ちうるのはこうした人々の都市空間に対する生活上の利益、人格上の利益を表象しているからに他ならない。国立マンション事件最高裁判決がきわめて制限的ながらも景観上の利益に対して個人の法的利益を認めうる旨判示したことは、「公共の利益と私的利益は二者択一」という立場ではなくて、「公共空間は、私的利益を持つが故に公共性を持つ」という論理をある程度受け入れたとも言える。「大衆的である」ということの意味は個人一人ひとりの尊厳を大切にすること、一人ひとりが権利を実現するために行動できること、さらに個人の行動が組織化され大きなうねりとなって社会に新しい価値をもたらして権利が実現されることを意味していた。都市という市民社会にあっても「大衆的裁判闘争」の到達点は生かされていったのである。

## 「自然の権利」訴訟

私たちは一九九六年、アマミノクロウサギを原告として表示した奄美「自然の権利」訴訟を提起した。生物の多様性や絶滅といった自然保護のテーマは訴訟として展開することは難しかった。しかしこの裁判の後、自然保護訴訟は、「自然の権利」訴訟という形で、たとえば諫早湾の訴訟や沖縄ジュゴン訴訟などにより、展開されることになった。ここでも「大衆の要求」をくみ上げ訴訟に結集していくという大衆的裁判闘争の教訓は生かされることになった。戦後から高度経済成長期を経て、日本の自然環境は大きく破壊されていった。人々は自然を失い、ふるさとを失いかけてきた。そんな中、社会は自然と人間のあり方を見直していた。人は自然の一部である、地球という家族の一構成員に過ぎないという思想は多くの支持を得てきた。「自然の権利」訴訟は自然と人間との関係、持続社会の中での人の幸福のあり方を提起したのである。開発行為がもたらす自然破壊の深刻さ、そこに貫かれるべき正義を訴訟が提起しなければ全国の国民の声がウサギの保護に結集することは無かったであろう。

カナダの太平洋側、北緯五二度から五四度にかけてクイーンシャーロット島が存在する。日本環境法律家連盟ではそこで暮らす先住民ハイダ族と交流を持った。豊かな原生林の伐採闘争に当たって、リーダーのグジャウ氏は「人は森なしでも生きていける。しかし、ハイダがハイダであるためには森が必要だ」と述べた。この言葉は自然保護が人の生活、人生にかかわる問題であること、なぜ、自然保護が人権課題であるかを明らかにしている。自然の公共性は個人の公共性の集合であり、個人の利益こそが公共性としての正当化根拠でなければならない。自然生態系は一種のコモンズとして人々の利益として構成されなければならない。「自然の権利」訴訟は自然とともに生きたいという人と、自然を犠牲にして経済的利益を追求したいという人との対決の問題である。「自然の権利」訴訟はこうした人々の要求、その大衆的な結集、新しい価値観の提起、社会に対する説得など「被害に始まり被害に終わる」という大衆的裁判闘争の伝統的な教訓に立って展開されたのである。

## 環境的正義

環境問題の解決の基準は常に個人の尊厳という憲法的価値に根ざす。これはまさしく「人類普遍の原理」だ。環境と人権の関係は米国では一九七〇年代に「環境的正義」（Environmental Justice）として提起された。環境的利益を特定の者にのみ得させること、環境的負荷を社会的弱者に負わせること、こうしたことは不正義であるというのである。持続的社会を実現するためには「環境的利益」が未来世代も含めて平等に享受される必要がある。特定の企業、特定の世代が環境的利益を浪費し、破壊することは不公正だというのが環境的正義の思想であり、政策である。これは日本の公害訴訟が提起したテーマと同じであり、国際的普遍性を持っていることを証明するものである。

環境問題と人権の課題は世界に共通のものであり、世界各地で展開する環境保護運動は「個人の尊厳」の一点で幅広い連帯をつくっている。グローバリゼーションが進展するなか、ローカルな経済が破壊され、人々のコミュニティの持続性が奪われつつある。アマゾン川流域の開発、タイ、マレーシアでのアブラヤシの大規模プランテーション、ミャンマーにおける天然ガスパイプライン問題と多くのコミュニティ、自然生態系がグローバル経済の犠牲になっている。こうした問題に対して国際的な環境保護運動は個人の持続的な生存の保障をテーマに幅広い連帯が進められている。これは経済中心のグローバリゼーションに対するもう一つの国際秩序を提起するものである。

地球温暖化問題は焦眉の課題であるが、地球の大気が有限な存在で、大気の利益は世界の全ての人に等しく分け与えられるべきだという考えが国際的な運動を支えている。ここでも国際的環境保護運動は国際的な環境的正義、環境と人権をテーマに幅広い連帯の下、進められているのである。

つまり、足尾鉱毒事件、四大公害訴訟に始まる我が国の環境訴訟の歴史は常に「個人の尊厳」という「人類普遍の原理」の探求の歴史でもあり、人類の幸福追求という世界史を創造した歴史とも言えるのである。

# 7　川辺川利水訴訟における闘い

川辺川利水訴訟弁護団事務局長　弁護士　森　德和

## 1　川辺川ダム計画と土地改良事業

九州山地に源流を発し、人吉市を経て八代海（不知火海）に注ぐ球磨川の最大の支流が川辺川である。

川辺川ダム計画は、一九六六（昭和四一）年、建設省が、治水専用ダム計画を立てたことに始まり、二年後にかんがいと発電が計画に加えられ多目的ダムになった。一九七六（昭和五一）年、建設省は、「川辺川ダムに関する基本計画」を告示した。

かんがいについては、一九八四（昭和五九）年、農水省が策定した国営川辺川総合土地改良事業計画（当初計画）が確定した。同計画は、熊本県人吉球磨地方（一市二町四村）にまたがる三五九〇ヘクタールの農地について、用排水（畑地かんがい）、農地造成及び区画整理を実施する事業である。

その後、農業を取り巻く環境の変化に伴い、一九九四（平成六）年二月、対象地域を三〇一〇ヘクタールに縮小した変更計画が告示された。変更計画に対して、一一四四名の農家が異議申立てを行ったが、農水大臣は、一九九六（平成八）年三月に異議を棄却した。

## 2　川辺川利水訴訟の経緯

農水大臣が異議を棄却したことを受けて、一九九六（平成八）年六月、農水大臣を相手として行政訴訟（熊本地裁平成八年（行ウ）第九号）が提起された（川辺川利水訴訟／原告団長梅山究、弁護団長板井優）。裁判は、当初八六六名の原告が提起したが、その後補助参加人が加わり合計二一〇〇名に及ぶ大規模訴訟となった。裁判の主たる争点は、土地改良法が定める受益農家（三条資格者）の三分の二以上の同意が得られたかどうかであった。

二〇〇〇（平成一二）年九月、熊本地裁（杉山正士裁判長）は、用排水、農地造成及び区画整理いずれも受益農家の三分の二以上の同意があるとして、原告の請求を棄却した。そこで、原告は、直ちに控訴して舞台は控訴審に移った（福岡高裁平成一二年（行コ）第二七号）。

二〇〇三（平成一五）年五月一六日、福岡高裁（小林克巳裁判長）は、用排水及び区画整理事業については、受益農家の三分の二以上の同意がなく違法との判決を下した。農水省（亀井善之大臣）は、上告を断念し、勝訴判決は確定した。

## 3　事前協議と新利水計画

同年六月、熊本県（鎌倉孝幸理事）は、農水省九州農政局、原告団及び弁護団など関係団体に呼び掛け、新利水計画の策定作業に着手した（事前協議）。事前協議では、ダムによる取水に限らずに新たな利水計画を策定することを目指して協議が重ねられた。

しかし、水源をダムに求めるダム案と既存の利水施設の改修を主とする非ダム案との綱引きが続き、新利水計画の策定作業が難航したため、事前協議を主宰してきた熊本県は、二〇〇六（平成一八）年七月に事前協議を打ち切った。これに反発した最大の受益地相良村（矢上雅義村長）は、利水事業からの脱退を宣言した。地元市町村の合意形成が出来ないことを受けて、農水省は、二〇〇八（平成二〇）年度予算案において、利水事業の事業費計上を行わず、利水事業の休止が決定した。

## 4　川辺川ダム問題の行方

二〇〇八（平成二〇）年三月に当選した蒲島郁夫知事は、有識者会議を設置し、その結論を受けて川辺川ダム建設の是非を判断すると表明した。

同年八月から九月にかけて、流域の相良村（徳田正臣村長）及び人吉市（田中信孝市長）が相次いで川辺川ダム建設計画に反対の意思を表明した。これを受けて、蒲島知事も、現行計画を白紙撤回し、ダムによらない治水対策を追求すべきだとして、正式に川辺川ダム計画に反対する姿勢を明らかにした。

政権交代により自民党から民主党に政権が移行したことに伴い、二〇〇九（平成二一）年九月、前原誠司国交大臣は、就任会見の席上で、川辺川ダム事業を中止することを明言し、計画から四三年が経過して歴史的な転換点を迎えることになった。

## 5　少数派を多数派に変える闘い

### （1）土地改良法と当初計画

土地改良法は、土地改良事業の策定や計画変更の際に、受益農家の三分の二以上の同意を求めている。しかし、農水省は、国営の土地改良事業を実施する場合には法定の要件を上回る九割以上の同意が得られることを事業開始の条件としてきた。そのため、当初計画段階では、用排水事業については九七％の同意が集められたと言われている。

土地改良法は、受益農家の申請によって土地改良事業を開始する建前を採っているが、上記のような同意取得が条件とされていることから、対象地域では、首長、議会、地域の実力者（推進委員）のほか、土地改良事業の施行を請け負う土建業者が一体となって同意取得に奔走してきた。その結果、土地改良事業に関する受益農家への説明は二の次とされてきた。

（２）変更計画に対する農家の不信感

一九九四（平成六）年二月に変更計画が告示された際も、市町村が、三分の二以上の同意を取得することを至上命令としたことから、「水代はタダ」という根拠もない宣伝が流布され、受益農家不在の手続が進められた。これに対して、最大の受益地である相良村を中心に受益農家の一部が、「水代はタダ」という宣伝などに対して疑問を唱えたが、顧みられることはなかった。

そのような状況下で、後に原告団長となる梅山究をリーダーとする受益農家が、熊本中央法律事務所の門戸を叩き変更計画への対応について相談した。相談を受けた板井優は、変更計画の反対派と自称する梅山らに対して、少数派が反対と声高に叫んでも多数派に勝利することは出来ないと諭した。そのうえで、変更計画については、受益農家に十分な情報が与えられていないので賛成出来ないと主張して、受益農家の支持を広げるようアドバイスを行った。

（３）訴訟提起と補助参加

一九九六（平成八）年六月、八六六名の受益農家が農水大臣を相手取り行政訴訟を提起したが、当時四〇〇〇名と言われていた受益農家総数から見れば、二割程度の人数に過ぎなかった。

そこで、行政訴訟への補助参加を募る運動を繰り広げ、原告と併せて二一〇〇名に達する大規模訴訟に発展させた。その時点で、原告、補助参加人は、受益農家総数の過半数を上回り、変更計画が受益農家に受け入れられていないことを社会的に明らかにした。

（4）熊本地裁判決が示した限界

二〇〇〇（平成一二）年九月、熊本地裁は、受益農家の三分の二以上の同意があるとして、原告の請求を棄却した。

原告は、裁判の中で原告、補助参加人を対象とした同意署名の確認作業を行ったが、原告、補助参加人以外には広がらず、未調査の同意署名については、成立に関する認否を留保していた。しかし、判決では、原告が成立の認否をしていないことを明示したものの、認否未了の同意署名も有効な同意として取り扱った。

原告は、大規模訴訟の提起により変更計画の問題点は社会的に明らかになったと主張したが、それだけでは裁判所を動かすことは出来ないという限界を目の当たりにした。

（5）アタック2001

控訴審では、裁判所から、原告が成立の認否をしていないことを指摘され、四〇〇〇名の受益農家全員について、同意署名の認否を行うよう求められた。

そこで、原告は、認否未了の二〇〇〇名を対象とした調査活動を約半年にわたり展開することにした。「アタック2001」は、調査活動が二〇〇一年に実施されたこと、約二〇〇〇の受益農家を対象としたことから命名された空前の運動を指す。

熊本地裁における調査活動が、主として原告、補助参加人を対象としたことから、アタック２００１は、変更計画に同意した受益農家が対象となることが予想された。その際、原告団は、変更計画を強力に推進した者に対しても調査を実施するか躊躇した。相良村の高岡隆盛村長は、変更計画推進の中心人物であったが、原告は、聞くまでもなく結果は知れているとして調査に消極的であった。これに対して、弁護団は、調査活動は受益者全員に対して等しく行うことによって信憑性が認められるのであるから、対象者が誰であろうと例外を設けるべきではないとして調査を断行した。

ところが、推進派に対する調査活動は、予想外の波紋を生み出した。すなわち、原告団が、推進派の本丸まで踏み込んだことが明らかになったことで、対象地域の変更計画に対する世論が一変した。もはや、原告団は、少数派ではなく対象地域の受益農家の考えを代弁する存在であることが広く認識されたのである。

アタック２００１は、控訴審の勝利を呼び込んだに止まらず、少数派が多数派に生まれ変わる社会変革を実現する闘いとなった。

農水省は、原告勝訴の控訴審判決に対して上告を断念したが、上告断念の背景には、人吉球磨地方の世論の変化が存在したことを忘れてはならない。

（６）おわりに

馬奈木昭雄弁護士も代理人として参加した川辺川利水訴訟は、後世に数々の教訓を残す裁判となった。その教訓とは、地域の少数派を多数派に変えていく闘いの重要性であり、裁判と運動を通じてそれを実現する方法こそが、馬奈木弁護士が残した功績である。

# 8　主戦場は法廷の外にある

有明訴訟弁護団　弁護士　**後藤富和**

## 1　有明訴訟提訴

私の弁護士登録は、「よみがえれ！有明訴訟」提訴の一ヵ月前。

弁護士登録直後に、馬奈木先生や先輩弁護士と一緒に私たち五五期の新人弁護士は柳川や大牟田など有明海沿岸地域の漁民宅を訪問しました。漁民から伺う有明海漁業の現状、諫早湾干拓事業の影響、漁民の苦しみに驚いたのはもちろんですが、私たち五五期を虜にしたのは、有明海の幸。柳川の漁民宅で出された丼に山盛りとなったタイラギの美味しさに新人弁護士は取り込まれてしまい「こんな美味しいもんが食べられなくなるのは嫌だ」と有明海再生への気持ちを強くしました。

「よみがえれ！有明訴訟」の第一準備書面を担当しました。テーマは、有明海の価値。第一稿は、学者の文献などから引用して有明海の環境や生態系を詳細に解説しましたが、弁護団合宿で「面白くない」とダメ出しの洗礼を受けました。有明海の音や匂い、そこで生活する人たちの息吹が聞こえてこない、何より書いている君が楽しんでいないとのこと。私達が修習生の頃は、久留米第一法律事務所を訪問し、馬奈木先生のお話を伺うのが定例行事となっていたのですが、その時ご馳走になった有明海料理のことや、漁師のお宅でタイラギを食べながら伺った有明海の話など盛り込んで書き直したところ、ＯＫを頂きました。裁判所を説得するには、学者の論文だけでなく、現場に足を運び、自然環境やそこで暮らす人々の生活を、音や匂いを体で感じ、その体験を生々しく伝えることが重要であることを学びました。

## ２　東京で運動を作る

有明訴訟のように国策を真正面から問う闘いの場合、法廷での闘いの他に、政治を変える闘いが重要となります。もちろん、弁護士になりたての私にその意味は分かるはずはありません。当然のことですが、研修所では裁判のことは習っても運動のことは習いません。

有明訴訟提訴当時は、ギロチンと呼ばれた潮受堤防の締め切りからすでに五年以上が経過しており、諫早湾干拓事業をめぐる有明海の問題は、すでに過去のものとの認識が全国的には蔓延していました。

そこで、政治を変えるために、東京に常駐して運動を作ることが私の役割となりました。といっても、かつて水俣病や薬害スモンなどを支援してきた東京の活動家と一緒に行動しなさいというだけで、他に具体的な指示はありませんでした。

ひとまず、東京にウイークリーマンションを借り、そこから毎日、東京の活動家と一緒に東京やその近郊の運動団体、環境保護団体を回りました。東京の活動家の方と一緒に行動しますが、有明海の状況を訴え、支援を求めるのは、当然、私がしなければなりません。質問にも答えなければなりません。弁護士一年目の私にとって、この経験は大変勉強になりました。有明海のことを人に説明し、質問にも答えることができるように調べたのはもちろんのことですが、有明海という東京の人たちからすると遠く離れた地方の問題について東京の人たちの心を動かし、支援をしてもらうためにはどうすれば良いのか。地方の問題を全国民の課題と捉え、東京を中心にして世論と政治を変えていくためには何を訴え、何をすべきかを学びました。その過程で、東京の運動団体の方から異口同音に語られるのは「九州の方は熱心ね」ということ。水俣の時は誰々が来たよ、カネミの時は誰々、じん肺では誰々が来てたね、と言った感じで馬奈木先生をはじめとする九州の先輩弁護士の名前が次々と出てきます。先輩達も同じことをしていたんだと実感できると疲れや不安感も吹き飛びます。

闘いに勝つためには、法廷活動だけでなく、国を動かすための運動も重要で、その活動の中心に弁護士がいるというのは、水俣病以来の九州の伝統となり、勝利の方程式となって、私たちに受け継がれています。

## 3　国会活動

国会での行動を始めた当初、多くの議員にとって、諫早湾干拓は終わってしまった問題で、国会の場で取り上げられることもほとんどなくなっていました。

そこで、まずは環境問題や農水問題を担当する議員、公共事業チェックの会、地元の議員を中心に個別に面談し、有明海の現状を訴えました。最初は、ほとんど相手にしてもらえなかったのですが、そのうち、秘書にも顔を覚えてもらい、スムーズに面談ができるようになりました。

有明弁護団は、全力をあげて裁判に取り組むのは当然のこととして、国を動かして有明海を再生させるため、裁判と同じだけの、いや、それ以上の労力を運動に割いています。裁判で勝とうが負けようが結果に関係なく運動で政治を変える。裁判で勝てば、それをテコに国に政治決断を迫る、逆に、仮に裁判に負けても政治の場で解決させる。要は、裁判で勝とうが負けようが、やることは同じ。判決が出る前に運動を構築し、仮に負け判決であっても、その影響を受けず、あるいは最小限にとどめ、運動で勝利に向かって飛躍する。勝ち判決だったら勝利のスピードをより一層加速させる。このような馬奈木哲学で、有明弁護団は動いています。

二〇〇八年六月の佐賀地裁判決に向けて、前年秋から国会行動を強化しました。弁護団は、月一、二回のペースで東京に行き、国会議員との面談や議員を通じた国会での質問などを繰り返し、国会に判決に向けた素地を作っていきました。

ところが、勝利を予定していた公害等調整委員会、公金支出差止訴訟で、予想外の負け判決を受けました。もっとも、負けて落ち込むのではありません。「負けても勝つ」ためにこれまで以上に東京での運動に力を入れることとしました。

そこで、これまでは単発的に発行していた議員向けのビラを、連載形式でシリーズ化し、それをすべての議員に配布する。さらには農水省の職員にも配布することとしました。そうやって二〇〇八年四月に始まったのが「よみがえれ！有明海・国会通信」です。

東京のニュースや新聞では取り上げられていない有明海の最新情報も即時に国会通信にして議員に知らせるようにしました。農村振興局だけでなく、それ以外の農水省職員にも配布し省内全体で議論してもらうことも狙いました。

発行当初は、農水委員会以外の議員の秘書などからは「うちには関係ないから」と言って受け取ってもらえないこともありました。しかし、何度も繰り返すうちに、直接は有明海と関連がない議員の秘書から「あれ面白いわね」「毎回楽しみにしてるよ」といった感想をもらえるようにもなりました。

また、農水省前では出勤時の職員に配布をするのですが、今ではわずか四〇分程度で一〇〇〇部以上がなくなり、わざわざ受け取りにくる方や、「応援しています」と声をかけていく職員も増えています。そして、諫早湾干拓事業を所管する農村振興局の担当者までもが、国会通信をすべてファイリングして資料とし活用しています。

この国会通信は、私が考えたオリジナルだと思っていたのですが、馬奈木先生が四〇年前に発行していた水俣の「弁護団通信」を見た時には驚きました。四〇年前の馬奈木先生が私と同じことをしていたのです。というか、正確には、四〇年前に馬奈木先生がやっていたことと同じことを私達がやっていたのです。「主戦場は法廷の外にある」「裁判で勝とうが負けようが世論で押し込む」といった馬奈木哲学を具現化すると、自然と国会通信にたどり着くということです。

この国会通信、もちろん農水省前で馬奈木先生も自ら農水省職員に配布しています。朝早く、雨が降っていても、馬奈木先生は若手の弁護団員と一緒に農水省の職員に挨拶をしながら配布します。団長自らここまでするのですから我々が負けるはずはありません。

この国会での活動は、漁民たちを勇気づける結果となっています。有明海沿岸、特に長崎県の漁民は、諫早湾干拓事業の話題がタブー視され、諫早湾の開門を叫ぶことが村八分になりかねないほど閉鎖的な環境で暮らしています。その彼らが東京に来て、多くの市民が有明海の再生に向けた開門を叫び、国会では与野党を問わず、議員が開門を求めている。つまり、開門に反対しているのは長崎県知事などごく一部の狂信的な政治家にすぎない、全国の多くの方が開門を求めていることを実感できるからです。

## ４　判決時行動

馬奈木哲学からは、裁判所に運命を委ねない、つまり、正しい主張さえしていれば裁判所が勝たせてくれるとは思わない、裁判所に正しい判断をさせるために原告の力を示すことの必要性を学びます。

二〇〇八年六月二七日、佐賀地裁は、漁業者たちの訴えを受け止め、国に対して開門を命じました。この時は、仮に佐賀地裁で負けたとしても、開門の政治判断をさせるつもりで国会行動を繰り返していました。ですので、勝訴判決を得て東京での運動は一層盛り上がりました。

判決翌日から控訴期限満了までの二週間、原告団、弁護団、支援団体は農水省前で座り込みを行いました。この控訴期間中、ちょうど環境をテーマにした洞爺湖サミットが開催されましたので、私たちは首相を北海道まで追いかけて、札幌市内でシンポジウムやパネル展示を行い、各党党首や議員らとの面談などを繰り返しました。それと同時並行で様々なルートを使って首相や農水大臣へのアプローチを行いました。この控訴期間で世論は大きく動き、様々な環境保護ＮＧＯが政府に対して控訴断念を迫りました。どのマスコミの論調も佐賀地裁判決を指示し政府に開門の決断を迫るものとなりました。その結果、現役の農水副大臣二人とも控訴に反対し、控訴の権限を持つ鳩山邦夫法務大臣が控訴手続きを拒絶するという前代未聞の事態にまで発展することとなりました。地裁判決の段階で、しかも自民党政権下でここまで政治を動かしたというのはなかなかない成果だと思います。訴訟、現地での運動、東京での運動のそれぞれが最大限の力を発揮し、三位一体の大きな効果を発揮した結果だといえます。

結局、期限の前日に国は控訴をしましたが、農水大臣は開門調査を行うことを約束しなければなりませんでした。国が控訴したあと、夜の農水省前で漁民たちがマイクを握り怒りと悔しさをぶつけていた光景が今でもはっきりと思い浮かびます。

裁判所の判断に左右されずに運動で勝利をつかむ。それだけでなく、逆に運動によって裁判を変えるというのも馬奈木先生の戦略です。その相乗作用によって勝つ。裁判の勝ち負けが結果の全てではないから、裁判で勝っても負けても、われわれは勝つ。被害と被害者がいる限り闘い続ける。だから絶対に負けない。

## 5　絶対に負けない

開門を認めた二〇一〇年一二月の福岡高裁判決の時も、私たちは政府に上告断念を迫る闘いを行い、世論が菅総理に上告断念を決断させました。私たちは勝ちました。しかし、勝っても闘いをやめることはありません。この間、泡瀬干潟の埋め立てなど裁判の判決では勝ったものの事業が止まらなかった事例が相次いでいます。私たちは、裁判の勝利は一つのきっかけにすぎないと捉え、完全な勝利に至るまで手を緩めることはありません。福岡高裁判決確定後も、国会行動を続け、開門の実現、そして有明海の再生まで闘いを続けています。

われわれは絶対に負けない。なぜなら勝つまで続けるから。そして勝っても闘い続けるから。これが、馬奈木門下生である私たちのスタンダードとなっているのです。

## 9　「有明に関する思い」――馬奈木先生の古希をお祝いして

衆議院議員　大串博志

馬奈木先生の古希を心からお祝い申し上げます。

馬奈木先生との出会いは、二〇〇五年六月の初めでした。有明弁護団の皆さんの佐賀での報告集会の際だったと思います。

当時私は、財務省を退官して間もない頃。次の総選挙での出馬を目指して佐賀で活動を始めたところでした。そんな中で、親しくしていただいていた当時川副町議（現在佐賀市議）の白倉和子さんが、諫早湾干拓潮受け堤防開門を目指す有明原告団のひとりとして活動されていて、彼女から誘いを受けて報告集会に足を運んだのでした。

私自身、実は政治の世界に飛び込む以前から、諫早湾干拓の問題については批判的な立場から関心を持ち、私なりに追い続けていました。

「是非潮受け堤防をこの目で見てみたい」と、まだ官僚の仕事をしていた頃佐賀に帰省した折に、兄から借りた車を飛ばして潮受け堤防まで行ったことがあります。当時は堤防上の道路は締め切られていたのですが、係の人に「財務省の者ですが」と言って中に入れてもらって見てきました。

そして、私が初めて参加した前述の報告集会で「開門に向けて皆さんと一緒に頑張っていきたい」と発言したことを覚えています。それが私の諫早湾干拓問題についての公式な発言の第一号だったと思います。

その後、私も有明原告団のひとりとして活動させていただくことになりました。報告集会に参加し、また法廷が開かれるときには一緒に傍聴し、活動をともにさせてもらいました。漁業者の皆さんとの座談会も何度も行わせてもらいました。

そして、二〇〇五年九月の総選挙で幸い衆議院の議席を預かることができました。本格的に国会議員として、諫早湾干拓問題に携わることができるようになったわけです。

馬奈木先生からは、報告集会や個別の協議を通じて仔細に諫早湾干拓の論点を指導していただきました。これらをもとに、私は、衆議院農林水産委員会での質疑に立って農水省と議論を重ねました。また、馬奈木先生をはじめ、原告団、弁護団の皆さんが上京された折には、ともに農水省との協議に臨みました。開門に徹底的に抵抗する官僚側の答弁には、腸の煮えくり返る思いをしたことも多々あります。

そんな時の馬奈木先生の態度は、団長として実に頼もしいものでした。普段は大変物静かな態度で私たちに接してくださる先生が、農水省協議の際には、諭すように論点を指摘しながらも、「ここ」という時には、「これはどうなっているんだ!」と、ずばっと官僚の痛い点を突く。その緩急の巧みさには、私自身「これが長年の法廷内外での闘争を経験されてきた馬奈木先生の真髄か」と、舌を巻く思いで見ていたことを覚えています。

私が運動に参加させていただきながら悔しい思いをした裁判も多々ありましたが、逆に二〇〇八年六月の佐賀地裁での開門判決は、大変嬉しい結果でした。私は後ろの席で傍聴をしていましたが、開門を命ずる趣旨の裁判長の言葉を聞いたとき、一瞬自分の耳を疑ったくらいでした。

その嬉しい判決を受けて、その後馬奈木先生方と即座に上京し、「国は控訴するな」という運動を開始しました。農水省前で座り込みをしながら、あるいは総理官邸前でマイクを握りながら運動を行いました。そしてなかなか実現しなかった若林農水大臣との面会が、やっとの思いで実現しました。控訴期限は間近。控訴すべきでないという馬奈木先生の若林大臣への詰め寄り方は凄まじいものがありました。しかし残念にも控訴という結果となりました。しかも「開門のための環境アセスメント」という「玉虫色」の決定付きで。

その後も開門に向けた闘争は続きました。引き続き、私は馬奈木先生から論点の指導、アドバイスを受けながら国会質疑の中で開門を求め、ともに農水省協議に臨みました。開門に向けた運動は良い進展を受けて勢いを得るときもあれば、逆に残念な結果を受けて勢いを維持すること自体が課題となることがあります。馬奈木先生はそんな課題に対して常に戦略的に裁判スケジュールと行政スケジュールとを綿密に分析しながら、どこでどう運動すれば開門に向けた勢いが世論を含めて増していけるのかを考えていらっしゃいました。その姿は一弁護士という領域を超えて、まさに「運動家」としての凄さを見せつけてくださったと思います。

さて、その後二〇〇九年の総選挙が行われました。私は、政権交代をして開門を成し遂げるということを訴えて闘いました。結果は、果たして政権交代の実現。私は今度は与党として、開門に向けて政府内で運動を続けていく立場となりました。

当時農水大臣は赤松広隆さん。与党側ですから、国会質疑の場で開門を求めていくということより、政府の中で開門に向けて議論をしていくという活動に私は力を入れていきました。馬奈木先生とも定期的に相談報告しながら、農水省の政務三役とも内々連絡をとり、赤松農水大臣の決断を求めて働きかけを続けました。

次第に赤松農水大臣が、開門を前向きに進めようとしていることが感じ取られるようになりました。果たして、二〇一〇年二月の国会審議において、赤松大臣は開門に向けての検討を行うことを明らかにし、農水副大臣（郡司参議院議員〈当時〉）をヘッドとして、関係各県の国会議員が入った場で行うことになりました。

その検討会議での議論は進み、馬奈木先生方も検討会議の議員に対して熱心な働きかけを行われました。そして、その年の春には概ね開門に向けての方向性が出てきました。その結果、その年の五月、赤松農水大臣が関係県を訪問して、開門に向けて進めることを発表することになっていました。私たちにとっては待ちに待った政府による開門の意思決定です。期待に胸を膨らませてその日を待っていました。ところが、当時宮崎県で発生した口蹄疫問題等のため、赤松大臣の訪九州は繰り返し延期され、そしてさらには、口蹄疫問題への対応に責任をとるかたちで赤松農水大臣はその職を辞しました。期待が大きかっただけに、馬奈木先生も大変落胆されたことだろうと思います。

その後を継いだ農水大臣は長崎県選出の山田正彦氏。私自身は山田氏本人は開門に対して柔軟な考えであると思っているのですが、何せ長崎県選出の農水大臣ですから、開門はより難しくなるのではないかと皆が心配しました。

その後秋には鹿野農水大臣の任命となりましたが、そのような状況でしたから馬奈木先生方と何度も打ち合わせをしながら、その年の一二月に見込まれた控訴審での判決日程をにらみながら運動を盛り上げるとともに、判決結果に応じながらその後の運動をどう展開していくのか検討を深めました。

一方私は、筒井農水副大臣と連絡を取り合いながら、農水省がどのような判決の見通しを持っているのか、かつそれを受けてどのような対応をしようとしているか議論を行っていきました。筒井副大臣からは判決が出る前に予断を与えるような言質はありませんでしたが、農水省が国に有利な判決が出るだろうと推察していること、そしてその上で、開門するという方針を決め、長崎県と交渉を始めようという考えであるなと私は感じました。

そのような状況も逐一馬奈木先生と連絡を取りながら、一二月の判決の日を迎えました。判決結果は「三年間の準備期間を経て五年間の開門。」再び、国に対して「上告するな」を訴える運動に即座に入りました。

私は、弁護団とも連絡をとりながら筒井副大臣との折衝を続けました。ところが、まさにそのとき馬奈木先生は体調不良で入院されているという状況となりました。運命のいたずらを恨みながら、また馬奈木先生ご自身自ら現場で陣頭指揮をとりたいと、どんなに強く思っていらっしゃるだろうかと思いを馳せながら、堀先生方と共に上告期限までの二週間、まさに日々刻々の政府との折衝の日々でした。

筒井副大臣との折衝と同時に私は総理官邸とも連絡を取り合いました。そのような流れの中で、本件は仙谷官房長官のもとの検討課題に格上げされていきました。当時の農水省の考えは、上告をした上で開門の方針もあわせて決定しその具体化を図っていくというものでした。

もし政府が本当にそのような方針となった場合、原告団・弁護団としてはどう考えるのか、堀先生との議論はその点に尽きました。一時期においては、開門方針の具体化の検討の中で、原告団・弁護団、そして関係各県が入った場を作って裁判上の和解に向けて話し合いをしていくという前提であれば、そのような政府の方針を受け入れてもいいのではないかといった考え方も検討の俎上にのぼりました。

しかし、この点について、堀先生が馬奈木先生の判断を仰がれたところ、馬奈木先生の考えははっきりと、「いや、あくまでも上告させないよう闘い抜くべき」というものでした。これを受けて、私も、筒井副大臣、鹿野農水大臣、仙谷官房長官との話し合い、そして最後には総理室における菅総理、鹿野大臣との話し合いにおいても、「上告せず」という方針を主張しました。

結果として菅総理の判断は、「上告せず」ということになりましたが、あの時に、馬奈木先生がきっぱりと「上告させないよう闘い抜くべき」と言い切られたのが、その後の流れを作ったと私は思っています。その馬奈木先生の判断は、長年の、そして幾多の法律闘争を乗り越えてきた経験にもとづく、極めて直感的な鋭い判断ではなかったかと思います。その後これまでの長崎県の開門反対の声を思うと、「上告した上で話し合う」ということではなく、開門判決を確定させるということが極めて大事な決断であったことが改めて痛感させられます。

ちなみに、菅総理室での最終判断が行われるまでの数日間の間に、菅総理から私に直接電話がかかってきたことがありました。菅総理からの電話の趣旨は、「大串君、君は今弁護団の皆さんとの間に入って対応案を検討してくれているということだが、最後は自分（菅総理）のとこで判断するから」というものでした。すなわち、菅総理は、私があらかじめ弁護団の皆さんと打ち合わせ、ある程度丸めて合意した案として菅総理のところに持ってくるのではないかと感じられていた（それは誤解なのですが）のではないかと思います。それは菅総理の本意ではなく、そうしないようにという意味で、「最後は自分が判断するから」と、私にわざわざ伝えてきたのではないかと思います。そんな感じを受けていたものですから、私は、菅総理は最終判断を下す前から、「上告せず」という結論を密かに自分の中で決めていたのではないかと思います。

いずれにしても馬奈木先生の鋭い判断は、菅総理の決断と符合し、「上告せず」、「開門判決確定」となりました。

さて、その後具体的な開門実施の道のりは、まだ大きな山を超えなければなりません。長崎県は開門に向けて、引き続き極めて強い反対論を述べています。そんな中で、馬奈木先生は引き続き、巧みに裁判を、そして農水省との協議を含めた全体的な運動を引っ張り、開門に向けた、たゆまぬ精力的な取り組みを続けてくださっています。

そのような馬奈木先生の姿を目の当たりにして、私としても馬奈木先生の全身全霊をかけたとも言えるような取り組みに恥じない、国会議員としての取り組みをしていかなければならないと常に奮い立たされます。

馬奈木先生の一見物静かで、しかし実はその芯に炎の燃えるかのごとき活動の力の源泉はどこにあるのだろうかと、不思議に思うくらいです。おそらくそれは、権力によって追い込まれ、弱い立場に立たされた人たちを救いたいという一途な思いのなせるわざなのではないかと思います。

我を顧みないその凛とした姿勢には心を打たれる思いがします。馬奈木先生の古希を心からお祝いし、先生がこれからもお元気で、有明を含めた活動の勝利に向けて進まれることを心からご祈念申し上げます。

# 10 「世論づくり」について——司法記者の立場から

西日本新聞記者 阪口由美

二〇一一年一〇月から翌年三月、西日本新聞で馬奈木先生の聞き書き連載「たたかい続けるということ」(計一一六回)を担当させていただいた。今回、先生の古希記念出版ということでお声かけをいただいたものの、錚々たる顔触れに並んで論考を寄せるなど恥じ入るばかり、というのが正直なところなのだが、ほんの一時期でも司法担当として取材に携わった一人として、そして、今後も共に「たたかう」立場でありたいという思いから、ほんの少し紙面を拝借できればと思う。

五〇回を超えた先生へのインタビューで、あらためて感じたことは、弁護士像と、(あるべき)記者像との共通点だった。「一に事実、二に事実、三も四も五も事実」。特に、馬奈木先生が水俣病訴訟に専従するために水俣市に事務所を構えた時代、夜の闇にまぎれて患者宅をまわり、「偏執狂なまでに」事実を追い求めた——というくだりは胸を突いた。「それこそが記者の仕事だろう」と。

埋もれた事実を掘り起こし、事実に立脚して問題提起することで司法や世論に訴え、政策や制度の不備を改善させていく——ということが集団訴訟の目的だろうと理解しているが、それは、私たちが諸先輩から聞かされてきた「記者のなすべき仕事」でもあった。もちろん、そのときどきの担当分野によって、例えば学校の施設整備であったり、政治資金の使途や公開の仕組みであったりと、テーマはさまざまにあるわけだが、こと「司法担当記者」にとっては、集団訴訟こそが大きなフィールドであり、学ぶべきものが多かった。

振り返れば、自分自身はただ弁護団を追いかけ、訴訟の流れ、原告の訴え、世の動きを追い、原稿で伝えることで精いっぱいだった。しかし、もっと積極的に、能動的に関わる方法はなかったか、もっとやりようがあったのではないか……ともどかしさを感じることも多い。

世論づくりという点では、私自身の実際の経験で言えば「薬害C型肝炎訴訟」の取材があった。ちょうど、福岡地裁・高裁を担当していた二〇〇三年四月に「九州訴訟」提訴。当初は、自戒を込めて言えば問題の深さも、広がりも、展望も予想できていなかった。それが、後に全国原告団代表となる山口美智子さんをはじめ、取材に応じてくださった原告の方々の話を聞くにつれ、ただ「書かずにはおれない」気持ちになっていった。「実名公表」原告が訴える力の広がりと、期日や追加提訴ごとに会見を設定し、その日の「メーンプレーヤー」たる原告を登場させる弁護団の戦術（？）があいまって、期日ごとに記事の扱いが大きくなっていくほどでもあった。これは、ほかの裁判ではあまり例のないことだった。

会社で原稿をチェックする「デスク」に「追加提訴で会見があった」と報告すると「同じような話なら絞り気味で（短い原稿で）」などと言われるのが通例だが、「今度の原告は、実名公表して会見した山口さんの姿を見て、同じ病院で同時期に闘病した人だと分かり、自分の感染原因も同じだと分かって提訴に至った女性です。その〝再会〟の話を描きたい」と言えば、長めの原稿にデスクも納得。加えて、学生による支援の会立ち上げ、模擬裁判の実施などの「話題もの」のほか、臨床試験や審査のずさんさを示す証拠資料の提出など、記事を書けば書くほど大きく扱ってもらえる〝土壌〟ができていったとも言える。

その後、私自身は東京支社に異動となったものの、解決に向けて大きく動き出すことになった二〇〇七年、幸運にも、今度は厚生労働省担当として基本合意までを取材することになった。原告団の座り込み、街頭活動、厚労省記者クラブでの連日の会見……。後から聞いて「脱帽」したのは、山口さんの話だった。薬害肝炎訴訟について、九州で発行される紙面には大きく取り上げられてきたものの、当初、東京の紙面ではそれほどでもなかったし、記者クラブで山口さんは弁護士と間違えられもしたのだという。「これほど全国を回ってきたのに」と忸怩たる思いを抱いた山口さんは、テレビ局や全国紙の東京本社に乗り込み、論説委員や編集委員との面会を取り付け、自ら解決の必要性を訴えてまわった。地元紙の限界を思うエピソードでもあるが、そんな努力もあって薬害肝炎問題は各メディアでも連日報道されるようになり、紆余曲折を経つつも、政治解決に至った。

一応の解決まで、及ばずながら寄り添うことができたのでは、という達成感はあった。それでも、自らの苦悩とともに「三五〇万人の肝炎患者の思い」を背負い、弁護団とともに官僚や国会議員たちと対峙し続けた山口さんたちの運動を思うとき、記者たる自分は何をしていたんだろう、やっぱり、まずはその日の紙面をどう作ろうかと頭を悩ませるのに精いっぱい、それだけで終わっていたのではないかと自問するわけである。

馬奈木先生の「聞き書き」に話を戻すと、記者の立場を考えさせられた、もう一つのエピソードがあった。水俣市に計画された産廃処分場建設を阻止した際の話。聞き書きから引用させていただくと「よく自治体の首長さんは『行政は中立の立場だ』と言う。水俣病でも『国側』についた医者は『私たちは中立だ』と言いました。考えてみてください。医者は誰のために存在しているのか。患者の立場に立たないで、どこの立場に立つのか。医者が『中立だ』と言った瞬間、『患者の立場には立たない』と宣言したのと同じです。行政も同じです。『中立だ』と言うのは『住民の側には立たない』、もっと言うと『業者に配慮する』という宣言だと言える」

原田正純先生の言葉としても記事で紹介されたことがあった。「医師は中立でなければという人がいる。中立って何？　強者と弱者の間では、被害者側に寄ってこそ本当の中立だよ」

「医者」や「行政」を「記者」と置きかえたら……と考えさせられるわけである。諫早湾干拓問題で言えば、記事では決まって「開門賛成派」「開門反対派」の話を両立させて終わることが多い。それでいいんだろうか、というのは、私が言うよりもむしろ、弁護団の先生から常々ご指摘いただいていることではあるが。どちらの意見も理解したうえで、ときには過ちを正し、双方を納得させられるように提起していく「場」、それは、例えば実際の交渉で相手側が同じテーブルにつくことを拒否していても、例えば新聞紙面上で、取材に基づいて作っていくこともできるはずだろう。

そういうことを考えていくうえで、現在、「よみがえれ！有明訴訟」の弁護団、支援者、関係者の方々で共有しているメーリングリストは、取材する側にとっても大変、力になるものだと思っている。議論の流れや、ホットな話題を即座にキャッチでき、取材の方針を練ったり企画を考えたりという作業にも大変役立つものだからだ。こうした情報共有、そして信頼関係の構築が、記者としても、もう一歩踏み込んで「協働」「共闘」のあり方を探っていくヒントになるのでは、と考える次第である。僭越ではあるけれども、志を同じくする者として。

「世論づくり」について、司法記者の立場から――というお題をいただいたのにもかかわらず反省の弁に終始してしまったが、やはり何よりも、生の「原告の訴え」をはじめとする「人間ドラマ」が一番、力を持っているし、記事に魂も宿る、と思っている。それは、数々の集団訴訟をエピソードとともに振り返ってくださった馬奈木先生の「聞き書き」で描かれたドラマもしかり。余談ながら、これほどのインタビュー取材は、もう私の記者人生でも空前絶後だろうと思う。

# 第４章

# 法廷でも圧倒する！　法理論と手続戦術

# 1　民法七二四条後段の「不法行為の時」

立命館大学法科大学院教授　松本克美

## 1　はじめに

一九六〇年代以降、職業病や公害、薬害等において、加害行為から二〇年以上を経て損害が顕在化するような不法行為類型が訴訟で争われるようになり、民法七二四条後段の二〇年期間の起算点である「不法行為の時」とは、加害行為時と解すべきか（加害行為時説）、損害発生時とすべきか（損害発生時説）という解釈論上の争いが実務においても理論においても先鋭化するようになった。こうした中で、判例上の画期をつくったのが、周知のように筑豊じん肺訴訟最高裁判決（最判⑶２００４（平16）・４・27民集58・４・１０３２）であった。本稿は、この筑豊じん肺最高裁判決の意義を確認した上で、現在、福岡地裁で係争中のカネミ油症新認定訴訟で争点となっている「不法行為の時」の起算点論について、私見を展開するものである。[1]

## 2　筑豊じん肺訴訟最高裁判決

筑豊じん肺訴訟の事案自体については、本書の他の論稿で多くが語られるであろうから省略する。ともかく、一審は、使用者の安全配慮義務違反の債務不履行責任を認めたが、国の国家賠償責任を否定した。これに対して二審判決は、国の賠償責任を認めたため、「不法行為の時」の起算点についての解釈も判決で示されることになった。二審判決は、不法行為に基づく損害賠償請求権が成立するためには、加害行為だけではたりずに損害の発生が必要であるから、「不法行為の時」とは、「不法行為責任の成立要件を満たした時」すなわち、損害発生時と解すべきであるとする損害発生時説にたち、具体的な損害の発生は、じん肺管理区分の最も重い通知を受けたときないし死亡のときであるとして、それから提訴まで二〇年たっていない場合には除斥期間は経過していないとして、原告の請求を一部認容する判決を下した。

これを不服とした国の上告がなされた上告審で、最高裁は次のように判示し、結論としては、原審の判断を正当として是認できるとした。

「民法七二四条後段所定の除斥期間の起算点は、『不法行為ノ時』と規定されており、加害行為が行われた時に損害が発生する不法行為の場合には、加害行為の時がその起算点となると考えられる。しかし、身体に蓄積した場合に人の健康を害することとなる物質による損害や、一定の潜伏期間が経過した後に症状が現れる損害のように、当該不法行為により発生する損害の性質上、加害行為が終了してから相当の期間が経過した後に損害が発生する場合には、当該損害の全部又は一部が発生した時が除斥期間の起算点となると解すべきである。なぜなら、このような場合に損害の発生を待たずに除斥期間の進行を認めることは、被害者にとって著しく酷であるし、また、加害者としても、自己の行為により生じ得る損害の性質からみて、相当の期間が経過した後に被害者が現れて、損害賠償の請求を受けることを予期すべきであると考えられるからである。

これを本件についてみるに、前記のとおり、じん肺は、肺胞内に取り込まれた粉じんが、長期間にわたり線維増殖性変化を進行させ、じん肺結節等の病変を生じさせるものであって、粉じんへの曝露が終わった後、相当長期間経過後に発症することも少なくないのであるから、じん肺被害を理由とする損害賠償請求権については、その損害発生の時が除斥期間の起算点となるというべきである。これと同旨の原審の判断は、正当として是認することができる」（傍点引用者――以下同様）。

## 3　筑豊じん肺訴訟最高裁判決の意義[2]

### 1　損害発生時説との関係

原判決が損害発生時説をとったことは明確であるが、上告審判決（以下、本判決と略す）はどうであろうか。調査官解説やその他の評釈の一部には、本判決は、加害行為時説を原則としつつも、加害行為時から長期間を経て損害が発生する例外的な場合に、損害発生時を起算点とすることを示しただけで、損害発生時説を採用したものではないとするものがある。[3]しかし、このような〈原則＝加害行為時／例外＝損害発生時〉とする二元論は、論理的にも疑問である。なぜなら、損害が加害行為時に発生する場合には加害行為時、損害が後から発生する場合には損害発生時とするならば、両者とも損害発生時を起算点とすることで一元的に把握可能だからである。つまり、損害発生時説にたてば、加害行為時に損害が発生する場合は、損害発生時＝加害行為時となり、加害行為に遅れて損害が発生する場合は損害発生時として統一的、一元的に起算点を把握可能となり、わざわざ原則―例外の二元説に立つ意味がないからである。[4]

### 2　不法行為の成立要件充足説を採らない理由

さらに、本判決が、原判決のような不法行為の成立要件充足説を前提とした損害発生時説を端的に採るのではなく、そう解さないと「被害者にとって酷」「加害者は予期すべき」という利益考量論を前面に押し出している点も注目される。この点は、損害発生時を起算点と解すとしても、何をもって損害の発生と捉えるのかという問題とも関連すると思われる。じん肺のような潜在的、進行性被害であっても、粉じん曝露により、体内ではじん肺症の損害が発生していると言えば言える。しかし、じん肺管理区分の決定の通知を受けて、はじめて、被害者は自己の症状が、例えば管理区分4に相当する症状なのだということを客観的に認識可能となるのである。そして、損害の発生時を被害者における客観的認識可能性と無関係に捉えることは、「被害者にとって酷」となるし、加害者としても「自己の行為により生じ得る損害の性質からみて、相当の期間が経過した後に被害者が現れて、損害賠償の請求を受けることを予期すべき」なのだから、被害者の客観的認識可能性を基準に損害の発生時を捉えることには合理性がある。

3　本判決の射程距離と被害類型について

本判決の射程距離は、本判決の事案のように潜在的な健康被害にだけ及ぶのかという問題がある。注意を要するのは、本判決を掲載した最高裁民事判例集では、判示事項を「加害行為が終了してから相当の期間が経過した後に損害が発生する場合における民法七二四条後段所定の除斥期間の起算点」とし、また、判決要旨を「民法七二四条後段所定の除斥期間は、不法行為により発生する損害の性質上、加害行為が終了してから相当の期間が経過した後に損害が発生する場合には、当該損害の全部又は一部が発生した時から進行する」とまとめている点である。すなわち、ここでは、「加害行為が終了してから相当の期間が経過した後に損害が発生する場合」の事例判決としてまとめられており、潜在的な健康被害の場合の事例判決であるとの絞りはかけられていない。このことは、この判決自身は、たとえば潜在的な財産被害の事案について損害発生時説に立たないというようなことを暗示しているわけではないこと、むしろ、そのような被害類型をも含みうることを示唆しているとも解すことができるのである。

例えば、二〇一一年三月一一日の東日本大震災では、津波による建物被害以外に、宅地造成時の地盤の瑕疵による地滑りなどで建物に被害がでたり、あるいは地盤の液状化による建物被害が報告されている。[5] このような被害についても、加害行為は地盤の造成時であったとしても、そのことによる損害が顕在化したのは、地震の際なのであるから、筑豊じん肺訴訟最高裁判決のいう損害発生時説は、潜在的な健康被害の場合に限らず、このような潜在的な財産被害にも及ぶと解すべきである。

４　その後の判例の展開

本判決の損害発生時説は、二〇年期間の起算点解釈が争点となった、関西水俣病訴訟上告審判決（最判(2)2004（平成16）・10・15民集58・7・1802）、B型肝炎訴訟上告審判決（最判(2)2006（平18）・6・16民集60・5・1997）でも踏襲されている。[6]

いずれの判決も筑豊じん肺訴訟最高裁判決を引用した上で、前者は、「上記見解に立って本件をみると、本件患者のそれぞれが水俣湾周辺地域から他の地域へ転居した時点が各自についての加害行為の終了した時であるが、水俣病患者の中には、潜伏期間のあるいわゆる遅発性水俣病が存在すること、遅発性水俣病の患者においては、水俣湾又はその周辺海域の魚介類の摂取を中止してから四年以内に水俣病の症状が客観的に現れることなど、原審の認定した事実関係の下では、上記転居から遅くとも四年を経過した時点が本件における除斥期間の起算点となるとした原審の判断も、是認し得るものということができる」とした。

また、後者は、「B型肝炎を発症したことによる損害は、その損害の性質上、加害行為が終了してから相当期間が経過した後に発生するものと認められるから、除斥期間の起算点は、加害行為（本件集団予防接種等）の時ではなく、損害の発生（B型肝炎の発症）の時というべきである」と判示した。

## 4　カネミ油症新認定訴訟における「不法行為の時」

### 1　カネミ油症新認定訴訟と争点の一つとしての二〇年期間の起算点

一九六八年、九州一円に発生した大規模な食品公害事件であるカネミ油症事件は、被告カネミ倉庫、鐘化の不法行為責任、国の国家賠償責任を追及する数次の民事訴訟を経て、カネミ倉庫、鐘化とは裁判上で和解し、国への訴えは取り下げるという形でいったん収束を見た。[7] ところが、カネミ油症の認定基準が改訂される中で、従来、カネミ油症と認定されていなかったが、新認定基準によりカネミ油症と認定された被害者が、カネミ倉庫を相手取り、新たに不法行為責任を問う訴訟が二〇〇八（平成二〇）年に福岡地裁に提訴され（新認定訴訟）、現在係属中である。

被告は、民法七二四条後段の二〇年期間の起算点である「不法行為の時」とは、本件不法行為とされるカネクロールの漏出、混入があった一九六八（昭和四三）年一月三一日から同二月初めの時期であり、損害発生時（発症時）をもって起算点と解しても、本件原告らに油症被害が発症したのは、一九六八（昭和四三）年秋頃から一九六九（昭和四四）年にかけてのことであるので、いずれにしても提訴時である二〇〇八（平成二〇）年五月二三日までに除斥期間が経過していると主張している（被告側準書面⑵）。

これに対して、原告側は、「不法行為の時」の起算点は、損害が顕在化した時と解すべきであり、本件において原告らのカネミ油症被害の損害が顕在化したのは、自己がカネミ油症と認定された時点であると反論している（原告側準備書面⑷）。

2　認定時説の合理性

そもそも、カネミクロールの混入事件があった一九六八年ないしそれに近接する時点で、原告らが何らかの症状を自覚したとしても、それがカネミ油症によるものであると客観的に認識可能でなければ、およそ、当該不法行為による「損害」の賠償の請求権を「行使」することはできないはずである。この点、上述の筑豊じん肺訴訟最高裁判決が、じん肺症の症状発症時をもって「不法行為の時」とするのではなく、じん肺法上の管理区分の通知時をもって起算点と解した原判決を正当として是認できるとしている点に留意すべきである。

このこととの対比でいえば、本件においては、原告主張のように、カネミ油症と認定された時をもって、損害が発生した時と解すべきである。これに対して、被告は、筑豊じん肺訴訟最高裁判決や関西水俣病訴訟最高裁判決は、「症状の発生機序が明確となっており、その性質上、蓄積進行性ないし遅発性が明確となっている場合に、かかる損害の性質から、その起算点を遅らせたものに過ぎない」とする（被告準備書面・平成二三年八月一一日・九頁）。確かに、これら二つの最高裁判決において不法行為によって生じた損害は「蓄積進行性」「遅発性」をその特徴とする。しかし、重要なことは、「蓄積進行性」「遅発性」損害の場合に、損害発生時が「不法行為の時」と解されるのは、当該損害が発生することによって当該不法行為があったことが客観的に認識可能になるという点である。したがって、何らかの症状が発症したとしても、それがカネミ油症であることが認識可能でなければ、カネクロールの混入により自己の被害が発生したことの認識可能性がないのだから、当該不法行為により発生した損害であるとの認識可能性がないことになる。それ故、本件における二〇年期間の起算点は、カネミ油症と認定された時と解すべきである。

このような場合に、カネミ油症であるとの認定がなく、したがってカネミ油症の被害を与えた不法行為についての認識可能性もないまま二〇年期間の進行を認めることは、筑豊じん肺最高裁判決が判示したのと同様に、「被害者にとって著しく酷」であるし、「加害者としても、自己の行為により生じ得る損害の性質からみて、相当の期間が経過した後に被害者が現れて、損害賠償の請求を受けることを予期すべき」だから、カネミ油症認定時を起算点と解することには合理性が認められる。

## 5　結びに代えて

筑豊じん肺最高裁判決が示した「不法行為の時」とは損害が発生した時であるとする解釈基準は、上述したように画期的なものであった。近年、アスベスト疾患に罹患した被害者が、使用者や国、あるいはアスベストないしその含有製品の製造メーカーを相手取って不法行為責任を追及する訴訟が増加しているが、アスベスト疾患は長期の潜在性があるのが特徴で、中皮腫などは三〇年から五〇年の潜伏期間があると言われている。[8] このような被害について、もし加害行為時説をとれば、ほとんどの被害者は七二四条後段の二〇年期間の経過により損害賠償請求権が消滅したと判断されていたことになる。しかし、加害行為から相当期間経過後に損害が発生した場合の「不法行為の時」とは、損害の発生した時だとする判例の損害発生時説によれば、まだ、損害賠償請求権は消滅していないと判断されることになり、そのような起算点論によって現に多くの原告の請求権が時の経過の一事による消滅を免れているのである。

ところで、筑豊じん肺訴訟の原告側弁護団の中心としてこの訴訟にかかわってきた馬奈木昭雄弁護士は、これまでの弁護士生活を回顧する新聞の連載記事の中で、勝ち取った筑豊じん肺訴訟判決の大きな意義を認めつつも、提訴から上告審判決までに一八年四ヵ月という長い年月がかかり、その間に原告の八割が亡くなってしまったことについて、遺族の方々に申し訳ないとお詫びしたこと、また、この勝訴判決は原告と家族の方々が、まさに「命と引き換えに」闘い抜いたものであることも述べている。[9] 時の経過による権利の消滅を阻止するための実務、理論の役割はもちろん重要だが、しかし、何よりも大切であるのは、権利主体である人の命そのものであることをその新聞記事をみて改めて教えられた。

1　筆者は筑豊じん肺控訴審で時効・除斥期間問題について原告側意見書を書いたが、意見書執筆の依頼のために馬奈木昭雄先生が他の数人の弁護団とともに、当時、衣笠にあった立命館大学法学部の筆者の研究室に尋ねてこられたことが今でも思い出される。また馬奈木先生は一連のカネミ油症訴訟でも中心的役割をはたして来られた。こうしたこともあって、本稿のテーマをこのようなものに選んだ次第である。

2　筑豊じん肺訴訟最高裁判決についての筆者の詳細な検討は、松本克美「民法七二四条後段の『不法行為の時』と権利行使可能性――筑豊じん肺訴訟最高裁二〇〇四年判決の射程距離」『立命館法学』三〇七号一四八頁以下（二〇〇六）を参照されたい（なお同論文は、松本『続・時効と正義』〈日本評論社、二〇一二刊行予定〉に収録）。

3　宮坂昌利「判解」最高裁平成一六年度判解・三三五頁注三〇（二〇〇七）、大塚直「判解」『月刊法学教室』別冊『判例セレクト二〇〇四』二二頁、吉村良一「判解」平成一六年度重要判例解説（『ジュリスト』一二九一号）八五頁（二〇〇五）、金山直樹「判批」『法学協会雑誌』一二二巻六号二〇二頁（二〇〇五）など。

4　松本・前掲注2七二七頁。五十川直行「民法判例レビュー八七・今期の主な裁判例［民事責任］」『判例タイムズ』一一六六号八六頁（二〇〇四）も、本判決は損害発生時説をとったものと解している。

5　三辻和弥・源栄正人「地盤の被害状況」『建築技術』七四〇号一四八頁以下（二〇一一）。

6　これらの判決の詳細は、松本・前掲注2、七二三頁以下参照。

7　カネミ油症訴訟の経緯については、原告側弁護団事務局長の吉野高幸『カネミ油症――終わらない食品被害』（海鳥社、二〇一〇）に詳しい。

8　日本のアスベスト訴訟については、松本克美「日本におけるアスベスト訴訟の現状と課題」『立命館法学』三三一号八六二頁以下（二〇一〇）参照。

9　「聞き書きシリーズ・馬奈木昭雄さん・たたかい続けるということ・九一」西日本新聞二〇一二年二月二日。

## 2　牛島税理士事件・最高裁への取組み——馬奈木昭雄さんの業績を振り返りつつ

元自由法曹団団長　弁護士　松井繁明

### 『労働裁判』出版のころ

一九七〇年代のはじめごろだろうか。九州方面で元気のよい弁護士が自由法曹団に入団し、あれこれの会議で堂々と発言していた。馬奈木昭雄さんの最初の印象であった。

しばらくしてその馬奈木さんが、水俣市に居を移したことを聞いた。水俣病事件のためにはそれが最適の選択だったのだろうが、なかなかできることではない。おおいに感服したものである。

そのころ、坂本修・上条貞夫さんと私は『労働裁判』という著書を発刊した。出版者側のある事情もあってあまり売れず、よい評判も聞こえてこなかった。ところが、この本を馬奈木さんが高く評価してくれていると、坂本さんから聞かされ、うれしかった。どこを評価してくれたのか、その後も馬奈木さんから直接、聞いたことはない。

当時の自由法曹団のなかでは、刑事裁判に関する法廷闘争論が出揃いはじめていた。「主戦場は法廷の外にあり」を唱えた故岡林辰雄さんをはじめ、故大塚一男さん、故上田誠吉さん、故竹澤哲夫さん、故中田直人さんらの著作や論稿などであった。

これにたいし私たちは、労働事件の「法廷闘争論」をまとめたいと考えたのだ。労働裁判のばあいも「主戦場は法廷の外にあり」はまぎれもない真実であった。その「法廷の外」とは、裁判闘争を支援する人びとをもちろん含むが、それだけではない。職場の労働者を中心とする単組、その上部団体の単産、県評・地区労などの地域組織、総評などのナショナルセンターや全労働者、全国民におよぶものでなければならない。

たとえば組合活動家にたいする解雇事件のばあい、解雇撤回がその中心的要求ではあるが、そのための法廷では、賃上げや「合理化反対」など職場労働者の要求闘争、労働者全体にかけられる総資本の攻撃とその横暴性などもまた、テーマとされるべきだ。それによって裁判闘争は、労働運動の「合法的発展」に役立つことができる、と考えた。

そのために弁護士は、職場や争議団に足を運び、労働者の実情とその運動を理解しなければならない。裁判支援闘争だけでない「法定外闘争の二重性」を提起したつもりである。

馬奈木さんの、その後の公害闘争の足どりなどをみると、このあたりのところを評価してくれたのではないか、と推測している。

話はすこしそれるが、七〇年代前半ごろには若い弁護士のあいだで、こんな議論がおこなわれていた。——悲惨な公害被害者たちの心情を自分たち弁護士が真に理解することは不可能だ。そのような弁護士には公害裁判に参加する資格がない。だから公害裁判に自分は参加しない。

このような議論を聞いて私は呆然としてしまった。被害者の心情をすべて理解できるなどと安易に思いこむのはよくない。しかしそのことから公害裁判に参加しないという結論がどうして導かれてくるのか、私には理解できなかったからである。それでも私は、このような弁護士にどう回答したら説得できるのか、迷ってしまった。

会議の席で聞いたのか、文章で読んだのかは忘れてしまったが、これにたいする馬奈木さんの回答は明快であった。

「被害者の心情が理解できるかどうかが問題なのではない。被害者らが、法律専門家の援助を切実に求めていることが問題なのだ。この求めに応じないことが許されるのか」――。馬奈木さんが問題の本質をつかみ、明快な言葉で表現できることに、ここでも私は感心してしまった。

こうして馬奈木さんは私にとって、いつも気に掛かる存在であったのだが、九州と東京という距離もあって、一緒に仕事をすることはなかった。それが牛島税理士事件ではじめて、同じ弁護団にはいって共同の仕事をすることになった。

## 牛島税理士事件と弁護団への参加

牛島税理士事件は思想・信条の自由をめぐる訴訟であった。

南九州税理士会の税理士であった牛島昭三さんは一九七八年、同会の特別会費（五〇〇〇円）の納入を拒否した。この特別会費は、自民党議員などへの政治献金をおこなっている南九州税理士政治連盟に流されることが明らかで、これを納入することは牛島さんの思想・信条に反したからである。これにたいし南九州税理士会は牛島さんの選挙権・被選挙権を剥奪する暴挙に出た。この暴挙はその後二〇年も続いた。

牛島さんは一九八〇年、南九州税理士会にたいし①選挙権・被選挙権剥奪の無効、②特別会費納入を義務づけた総会決議の無効、および③損害賠償を求める訴訟を提起した。理由は第一に、思想・信条の自由にたいする侵害であること、第二は公益法人である税理士会の目的を逸脱すること、であった。

熊本地裁は一九八六年二月、牛島さんの主張を全面的に認め、完全勝訴の判決を言渡した。被告の控訴によって舞台は福岡高裁に移ったが、そこでも牛島さん側は、一審では明らかにできなかった南九税政連による政治家への献金の実態を内部資料によって立証するなど、攻勢をつよめた。ところが一九九二年四月福岡高裁は、ほとんどの人の予測をくつがえして、牛島全面敗訴の判決をおこなった。牛島さん側はただちに上告し、最高裁での闘いが始まった。

その年の五月か六月ごろ、九州の弁護団から自由法曹団本部へ、東京の弁護士を弁護団に参加させてほしいという要請があった。団本部でも事件の重要性を認識し、在京の弁護士を参加させる必要も認めたが、人選は難航したようである。当時の執行部から相談をうけた私は、上条貞夫さんを推薦した。ところが上条さんは、松井さんも参加するなら、という条件をつけて承諾したという。やむなく私も承諾した。――これが、牛島税理士事件に私がかかわるようになった事情である。

## 牛島税理士事件での活動

上条さんと二人で上告趣意書を一通、書くことにした。

私は原判決批判の部分を担当した。南九税理士会が直接政治献金をしたのなら違法は明白なのに、南九税政連を介すれば合法になる理由はない。原判決は稚拙なマネーロンダリングを見過ごす誤りをおかしている、などと主張した。上条さんは、憲法体系における思想・信条の自由の位置づけと、詳細な判例の跡づけをおこなった。二つを併せて一通の上告趣意書とし、九州の弁護団の承認をえて提出した。

私としては、これで十分に任務をはたしたつもりであった。各地からの上告事件について在京の弁護士が参加しても、主な役割は地の利を生かして最高裁との連絡や折衝をすることで、まあ「連絡将校」のようなものである。その任務を超えて上告趣意書まで提出したのだから、これ以上の深入りをするつもりはなかった。そう思っていた私を変えたのは、その年の秋におこなわれた弁護団合宿であった。

その弁護団合宿は、その名も恐ろしげな「地獄温泉」でおこなわれた。

一泊二日の合宿は、重苦しい雰囲気につつまれた。各論点ごとに担当者が報告し、討議をつうじて問題点を深め、詰めてゆく。それぞれの報告はよく研究・準備されていたし、討議も悪くはなかった。しかし、ではそれによって最高裁の判事らを説得できるのか、だれも確信をもてなかった。

二審判決の論理は理不尽であったが、いわゆる「俗論の強さ」があった。「南九税理士会と南九税政連の目的は同じだから、寄附をしても目的逸脱にはならない」などという「俗論」を崩すのは、ことのほか困難なのである。

弁護団長は馬奈木さんであった。前の弁護団長故福田政雄さんが一九八九年に亡くなったあとを引き継いだのである。

福田さんは、私が最も敬愛する弁護士のひとりであった。東京帝国大学を左翼運動で退学させられ、治安維持法による拷問・弾圧も受けている。戦後、日本共産党に入党し、占領政策違反でＧＨＱからの弾圧も受けた。弁護士が政治・社会活動をしたのではなく、筋金入りの活動家が弁護士になった人である。

この合宿での馬奈木団長は、積極的な発言を控え、若い弁護士らの発想・発言を重視して、それを伸ばそうとしているようだった。それでも私は馬奈木さんにつよい信頼をもった。それは馬奈木さんが「敗けを知る弁護士」だったからである。

弁護士にとって裁判で勝つことは重要である。自信がつくし、その裁判を跡づけて「勝ち方」を学ぶからである。それにたいし敗けると自信がなくなるし、なによりも悔しい。しかしその悔しさをバネにして敗因を分析し、やってはならないこと、やるべきことを学ぶことができる。この日の馬奈木さんには、この「敗けを知る」弁護士の落ち着きがあった。この合宿を契機に私も、この事件に真剣にとりくもうと考えた。

## 最高裁での逆転勝利判決と「三〇〇％勝利」和解

一九九六年三月、最高裁は劇的な逆転勝利判決を宣告した。

この最高裁判決の意義は、つぎのように集約されるだろう。

第一に、思想・信条の自由（憲法一九条）を積極的に適用したことである。実質的には思想・信条の自由を擁護しながら明言を避けた関西電力事件判決（一九九五年九月）とは、明らかな違いがある。

第二は、私人間への憲法の適用を認めたことである。牛島さんはもちろん、税理士会も国家や自治体の機関ではないから私人である。私人間への憲法の適用を否定した三菱樹脂・高野事件（一九七三年一二月）の判例を、事実上変更したのである。

第三に、政治献金は税理士会のような公益法人の目的に反することを明言したことである。

「政党など（政治資金）規制法上の政治団体に対して金員の寄附をするかどうかは、選挙における投票の自由と表裏を成すものとして、会員各人が市民としての個人的な政治的思想、見解、判断等に基づいて自主的に決定すべき事柄であるというべきである」。じつに明快である。

さいごに、この判決の論理は政党助成金制度の違憲性を示唆するものであった。出生によって日本国に「強制加入」させられ、事実上離脱の自由がない国民にたいし、政党への一人二五〇円宛の寄附を「強制」するのが政党助成金制度にほかならないからである。

この判決はしかし、原判決を破棄し、特別会費納入義務の不存在を確認したものの、損害賠償請求については原審に差戻すものであった。

とはいえ差戻審である福岡高裁の裁判自体は、損害賠償額を決めるだけのものにすぎなかった。これにたいし牛島さんと九州の弁護団は壮大な和解闘争を展開した。

和解に関しては全国の公害弁護団は、数おおくの実績を蓄積していた。損害賠償と加害者の謝罪をふくめて当事者の精神的・肉体的被害を完全に回復すること、裁判の当事者だけでなく他の同種の被害者をも救済すること、危険の発生を発生源で止めること、被害地の復旧・復興をはかることにまで及ぶ和解を実現していたのであった。

南九税理士会との和解交渉でも、公害弁護団のリーダーの一人である馬奈木さんの力量が、いかんなく発揮されたのであろう。

税理士会側が和解を拒否すれば、損害額を決めるだけの裁判に戻らなければならないという困難な条件のもとで、最高裁判決を武器にして交渉は一年間続けられ、一九九七年三月、和解が成立した。和解交渉になってからは遠く東京から西の空を眺めているほかはなかった私や上条さんにとって、その内容は驚嘆すべきものであった。

——特別会費納入義務の不存在を確認させ、損害賠償額を拡大させたばかりでなく、「深くおわび」させ、政治献金を行わないことを約束させた。それだけではない。特別会費を全会員に返還させること（その財源は一般会員に負担させない）、同じ過ちをおかさない決意表明、税政連との関係の分離、日本税理士連合会機関誌へ牛島さんの寄稿文を掲載させること、全会員にたいする憲法と最高裁判決についての会内研修などまで認めさせたのである。牛島さんが「三〇〇％の勝利」と評価したのも納得できる。こうして牛島税理士事件は、完全勝利として終わった（それにつけても、牛島さんが二〇〇三年一月に急逝されたのは残念でならない。心からお悔やみ申し上げる）。

## 馬奈木さんへの期待とお願い

馬奈木さんも今年、めでたく古稀を迎えられるとか。時の巡りの速さには驚かされる。そんな馬奈木さんに言うのは心苦しいが、いっそうの期待と私からのお願いがある。

ひとつは、東日本大震災に伴う福島原発事故のことである。福島原発事故では、ご子息の馬奈木厳太郎さんが先陣を切って活躍しておられる（最近の私は、厳太郎さんとの交際が深い）。これから、被害者らからの訴訟提起が予想されるが、その裁判の困難さにはかなりのものがあるだろう。馬奈木さんの経験と知見が貴重である。ぜひ力を貸してやっていただきたい。

ふたつめに、最近の司法では、権力や大資本に寄り添う傾向が顕著となっている。

非正規雇用労働者にたいする不当判決が相次ぎ、日航事件では、整理解雇四要件を実質的に崩壊させる判決があった。毒ぶどう酒事件再審請求事件の不当決定が下され、建設アスベスト公害事件や薬害イレッサ事件でも不当判決が続いている。こうした司法の現状を打破するために何をするべきか。ここでも馬奈木さんからの発信がつよく期待されている。

馬奈木さんへの私のお願いというのは、以上のこととも関わって、馬奈木さんにみずからの「裁判闘争論」を執筆してほしい、ということである。

本稿の寄稿にあたって、西日本新聞の「聞き書きシリーズ」で馬奈木さんにたいする、じつに一一六回におよぶ「たたかい続けるということ」という連載記事のコピーを送っていただいた。興味深く通読した。有能な女性記者によるこの記事は、ある意味で馬奈木さんの「裁判闘争論」ともなっている。また、本記念出版もまた、編集委員会の企図としては、馬奈木理論の集約をめざしている。それぞれに貴重ではあると思うが、それはそれとして、馬奈木さん自身の執筆による「裁判闘争論」をまとめてもらいたい。それを熟読したい。あまり急がなくてもよいが、すくなくとも数年のうちに実現してほしいものである。それが実現すれば、刑事事件、労働事件の裁判闘争論につぐ、飛躍的に前進した裁判闘争論となること必然だからである。

あれこれ注文しつつも馬奈木さんには、ご自愛専一で過ごされるよう願っている。馬奈木さんの存在自体が大切に思える時期に、われわれは至っていると思うからである。

# 3　第一次熊本水俣病裁判と馬奈木弁護士との出会い

イタイイタイ病常任、熊本水俣病第一次訴訟弁護団　弁護士　山下　潔

## 1　はじめに

私はかつて、熊本水俣病裁判において印象深かったことを二つあげて書いたことがある。一つは、裁判のはじめに行われた一九七一（昭和四六）年一月八日の現場検証である。二つは、熊本水俣病弁護団は原告患者の現場検証の後、西田工場長の敵性証人の証人尋問を予定していたが、熊本水俣病裁判の主張立証の柱をどうするか、悩みが深かった時期がある。その頃イ病弁護団の石橋一晁（大阪弁護士会）及び私（大阪弁護士会）と熊本水俣病弁護団と熊本市内の旅館で翌午前七頃まで語り明かしたことである。

## 2　現場検証

現場検証は最大のポイントが水俣病の原因となった有機水銀を排出するアセトアルデヒド工場排水路であった。この排水路は会社側がコンクリートで厚く塗り固めていた。このことは、チッソの第一労働組合委員長やチッソの労働者が指摘していたし、現場検証の際にも駆けつけたチッソの労働者も口々に訴えていた

のである。これらは馬奈木弁護士が私等に周到に準備してくれていたことである。私はこの事実が、熊本水俣病裁判の最大の戦場であると心に決めていた。弁護士という肩書から離れて「獲物を狙う猟犬」そのもので動物に近い感覚であったため、私は視野狭窄に陥っており、排水路のコンクリートを破壊せずにはおかない考えを持っていた。

　現場検証は、水俣工場において、裁判所を先頭にして原告、被告弁護士等の集団で予定された施設を順に検証していたが、私と新潟水俣病裁判を遂行していた阪東克彦弁護士と胎児性水俣病となった上村智子さんのお父さん、第一労働組合委員長らはこの排水路に直行して裁判官等を待った。しかし裁判所が来たとき果たして水銀は出るのか不安がよぎったのか、私はツルハシをとりあげコンクリートを打ち砕きはじめた（咄嗟の判断であったがこの時誰もこの挙に出なかったのであるが、私は富山県東砺波群五箇山出身で父親が土建業をしていた関係上、ツルハシなどによりコンクリートを打ち砕くのに時間がかかることを経験していたことが早めた契機かもしれない）。私がコンクリートを砕くのに少し時間をとっているところに上村智子さんの父親がツルハシをもって壊しはじめ、次にチッソの労働組合の方々がこれに続いた。そこへ裁判所と原告・被告弁護士らの現場検証の集団が来た。このコンクリートの打ち砕きを目撃した斉藤次郎裁判長は私に向けて「君、それは器物損壊になる」と声をあげた。しかし私は、上村智子さんの父やチッソの労働者の人達に囲まれていたため、斉藤次郎裁判長のお叱りを聞いていたものの、斉藤裁判長の方に顔を向けず、懸命にツルハシを振りかぶった。四〇センチぐらい掘ったと思うがなかなか水銀が出ず、約六〇センチになって突然パカッ、パカッと水銀の球が噴出した。次いで少し時間をおき、パカパカと連続的に水銀球が踊りだして線につながったのである。しばし、裁判官をはじめとして居合わせた人たちに沈黙が流れた（斉藤次郎裁判長もとがめる顔相が消えたように思えた）。私はこの後どうしていたか一切の記憶がない。頭が真っ白になってしまい、唯心が晴れて、上村智子さんのお父さんに報いることができたなという感触が残っていた。[2] 馬奈木弁護士は弁護士二年生でこの現場検証の後水俣に常駐した。馬奈木弁護士から聞いた話では、裁判所はこの水銀球をサンプリングして裁判所に証拠として持ち帰ったという。そして裁判はこの現場検証から被害者側に理解が示された訴訟指揮がなされたという。

## 3　旅館におけるイ病弁護団と熊本水俣病弁護団との交流

(1)　現場検証の後熊本市に戻り、熊本水俣病弁護団（千場茂勝、青木幸男、荒木哲也、竹中敏彦、立山秀彦と馬奈木昭雄各若手弁護士）とイタイイタイ病弁護団（石橋一晃、山下潔各若手弁護士）が古い木造建築の旅館二階に宿泊（結局は寝ていない）して水俣病裁判の主張立証の柱を討議した。

(2)　イ病裁判と熊本水俣病裁判は被害が水質汚濁であり、長期間にわたる「毒水」のたれ流しが原因しており共通している。イ病弁護団（団長正力喜之助弁護士、副団長梨木作次郎弁護士）は弁護士の「足」の事実調査を徹底した。三井金属鉱業株式会社の鉱毒水（CD、ZN、PB）が川にたれ流され、明治四四年以降魚害、農業被害、人間被害と拡大していった鉱毒史（法則）がある。これは文献の蒐集に加えて弁護士が実際に足で歩き、肌で感じた確信の域にあった。自然科学の「専門家」は現地の特有条件の理解や現地の患者等に接触しない限り必ずといってよい程事実と乖離していく法則を持っている。熊本水俣病もチッソの有機水銀ではあるが、このたれ流しは「鉱毒水」に匹敵する汚悪水であることである。必ずといってよいほど魚、植物害（魚、水性植物）、動物害（例えば猫）、次いで人間被害をもたらす。チッソという営利全業体の「汚悪水」をたれ流すことが過失であり犯罪である。鉱毒水も汚悪水も、これを化学等の微視的な分科科学の次元で裁判で展開することは禁忌である。必ずといってよいほど、数値論や不可知論の次元に陥る危険性があることを強く指摘したものである。熊本水俣病裁判において愈々本格的な過失責任の主張立証に当り、苦悩していた弁護団の中で、この弁護団の足の調査の任務を担うのは弁護士二年生で、水俣に帯駐する馬奈木弁護士が主担当であった。馬奈木弁護士は優しい人柄で、「すべての人の話を教師とする」という度量の広い弁護士であった。イ病弁護団の教訓を忠実に継承していただいた。過失責任の柱である数値論に陥らない「汚悪水」の原型がこの旅館の討議の中から生まれている。そして馬奈木弁護士は徹底した足の調査で西田工場長の責任を追及することの確信が生まれ水俣に常駐されたのである。馬奈木弁護士がおられなかったら、熊本水俣病裁判はどれだけ困難に直面したかははかり知れないであろう。

## 4　第一次熊本水俣病裁判をふりかえって

一九七二年、イ病裁判控訴審は患者側の全面勝訴となり、判決後原告団と三井金属側との交渉により、鉱毒水における汚染地域農地の完全復元のため鉱害防止協定が締結されて、二〇一二年漸く協定は完全に履行され、田は無害となり、神通川の水も無害となった。これは半世紀にわたりイ病裁判を取り組み、一貫した運動体の団結の結果である。一方、熊本水俣裁判は、運動体の分裂もあり、汚悪水に汚染された地域の患者が広範囲に及び、数次の裁判が遂行されてきた。今年に入り、熊本水俣病の基準をめぐり、打ち切りの状況となっている。この両裁判の対比もさることながら、第一次水俣病裁判を遂行して中心的役割を果たした馬奈木弁護士に、汚悪水に汚染された患者に対する深い知見をもっておられるのであり、もろもろの救済をはかるため再度登場が必要ではなかろうか。馬奈木弁護士に期待すること大である。

1　斉藤次郎裁判長の年賀

イ病裁判が日本における公害裁判史上最初の勝訴判決を得たが、第一次熊本水俣病裁判も見舞金契約も一蹴されて勝訴判決をみた。確か斉藤次郎裁判長は長崎地裁の所長をされていたのではと思うが、第一次熊本水俣病判決があった約一〇年後年賀をいただいたことがある。「あの時のことを覚えているか」との添え書きがあった。正に現場検証の時を指していた。

2　現場検証のツルハシと八海事件の正木ひろし弁護士の対話

私の現場検証のコンクリートの破壊は器物損壊の罪になるのかもしれない。唯私の脳裡に弁護士二年生の時に八海事件（最高裁の最終審）の常任弁護団におり、京都の鳴滝で弁護団合宿があった。そこで弁護人をされた正木ひろし弁護士から聞いた話であるが、墓の下の死体を掘り起こして、これが刑事犯罪の他に弁護士の懲戒請求を受けたことを聞いていた。この現場検証の件で私は裁判所と被告側からの懲戒請求を覚悟していた。

# 4　筑豊じん肺訴訟と国の責任

西日本石炭じん肺訴訟弁護団団長　弁護士　**岩城邦治**

筑豊じん肺訴訟は、国の責任＝規制権限不行使の違法の初の最高裁判断を実現した。この判決は、ノンフィクション作家の柳田邦男氏が「迫られる行政の大転換」と論評されたように、その後の同種裁判での行政の責任追及に大きな影響を及ぼし、力となった。

以下では、馬奈木弁護士とともに国の責任を追及した弁護団員の一人として、その経過と、規制権限不行使の違法性判断についての簡単なコメントを記す。

## 1　訴訟で国の責任を追及する

長崎北松のじん肺被害者たちは、炭鉱労働者の最初のじん肺訴訟提起を弁護団に要請するにあたって、「じん肺を根絶するためには、企業の責任とともに国の責任を追及し、制度上の問題点を明らかにする必要がある」として、国を被告に加えることを求めた。一九七九年五月のことであった。

当時の状況は、四大公害訴訟判決に引き続き国の責任を認める一連のスモン訴訟判決のあった直後で、馬奈木弁護士は水俣訴訟での国の責任追及を考えていたし、スモン訴訟に取り組んだ私や河西弁護士も国の責任に対する関心は高かった。しかし、石炭といえば資本主義経済の根幹を担ってきたエネルギー源であり、そこでの職業病発生の責任を問うということは、日本資本主義一〇〇年の歴史を裁く意味をもっていた。そのうえ、国家賠償請求訴訟の中でも規制権限不行使の違法のハードルはとりわけ高いものであった。原田尚彦助教授（当時）も、

「伝統的理論では、一般に許認可行政にたずさわる行政庁の責任は、いわば一種の政治的責任であって、法的責任ではないと解されてきたようである。そのため、行政上の規制や取締りが不十分であったがために、社会的に危険な行為が放置され国民に損害が生じたとしても、規制権限の行使が怠慢であったとして被害者が国に対し法的に不法行為責任を問うことができるといった発想は、わが国の在来の行政法理論の中には、ほとんど定着していなかったといってよい」

との指摘をスモン東京訴訟判決の解説の中で行っている（『判例時報』八九九号一二頁）。さすがに訟務検事も「反射的利益論で一喝すれば事足りる」といった対応は控えるようになっていたとはいえ、「自由裁量論で裁判所は押さえ込める」といった応訴態度を繰り返していた、そんな時代であった。

このため、国のじん肺加害責任追及は今後の課題とされ、とりあえず北松じん肺訴訟では、炭鉱大手の加害責任の追及に全力をあげることとなった。とはいえ、同訴訟では、国の責任を問題にする被害者の気持ちに少しでも応えていくため、石炭生産と国策の関係や、炭鉱でのじん肺発生とその予防について国がどのような関わりをもってきたかを明らかにする意識的取り組みも追求された。

石炭じん肺訴訟初の判決となった一九八五年三月の北松じん肺勝利判決を受け、筑豊、常磐、伊王島で訴

訟が始まり、さらに北海道、三池の各地で石炭じん肺訴訟の取り組みが始まった。中でも、炭鉱経営企業の多くが閉山消滅していた筑豊の場合には、国を被告としなければ救済されない被害者が多くいたことから、国家賠償の請求は不可欠であった。

筑豊じん肺訴訟では、「国の直接的加害責任」と「規制権限不行使」の二つを国の責任追及の柱として主張立証が行われた。そして、責任論の焦点として、石炭鉱山保安規則上の「けい酸質区域指定制度」の問題点を認識するようになってからは、じん肺法の立脚点に反したこの制度の不合理性を徹底して暴露し、同規則上のこの制度の放置を違法原因とする規制権限不行使の違法の主張を展開していくこととなった。

※　けい酸質区域指定制度：じん肺法は、「すべての鉱物性粉じんは危険」との基本認識に立ち、一律の粉じん対策を求めている。これに対して鉱山保安規則は、「粉じん中のけい酸分の多寡」を問題にし、坑内をけい酸質指定区域と未指定区域とに分け、指定区域での粉じん対策とそれ以外の区域での粉じん対策との間に差異を設けてきた。石炭鉱山保安規則上のこの不合理な制度の見直しは、じん肺法制定後も長く放置されていた。しかし、筑豊じん肺訴訟提起により、その翌年の一九八六年一一月になって急遽この制度は廃止となった。

弁護団では軸足を規制権限不行使の不合理に置く主張立証を進めたが、他方で、この点に加え、直接的加害行為として主張していた「国が炭鉱での石炭生産能率（一人当たり出炭量）を基準にした炭鉱合理化を押し進めた事実」や、「これと並行するように炭鉱でのじん肺発生が多くなった事実」についての主張立証も行って、規制権限を行使しない状況での合理化強行の不合理性を追及した。

## 2　筑豊じん肺訴訟判決について

(1)地裁判決について

一九九五年七月の福岡地裁飯塚支部判決は、けい酸質区域指定制度がじん肺法との整合性を欠く不合理な制度である点は認めたものの、「著しく不合理とまでは言えない」として、規制権限不行使の違法を認定することを回避した。

この判決は、判断枠組としては、宅建業法上の知事の規制権限不行使に関する最高裁一九八九年一一月二四日判決（民集四三巻一〇号一一六九頁）や薬事法上の厚生大臣の規制権限不行使に関する最高裁一九九五年六月二三日判決（民集四九巻六号一六〇〇頁）に倣っていた。しかし、法律論的にはおよそ未消化きわまりない判決で、a．石炭鉱山保安規則上のけい酸質区域指定制度がじん肺法の趣旨・目的に反する不合理なものであることは認めながらも（あまりに不合理な制度で、否定したくてもできなかった）、b．規制権限を行使できなかった事情として国側が持ち出してきた主張のすべてを、それが責任の有無に関するものではなくたんに責任の軽重を考慮するうえでの事情でしかないものまで、すべて一切合財を責任の有無判断の材料として拾い出し、結論として、「不合理ではあるが著しく不合理とまでは言えない」として、国の責任を否定した。何度読んでも食傷するごった煮の判決であった。

(2)高裁判決について

国に敗訴したとはいえ、じん肺法の下でけい酸質区域指定制度を放置したことの不合理性を認めさせることはできた。「不合理が著しいことを認めさせれば勝てる」というのが弁護団の共通認識となった。

この視点から、弁護団では全団員が一審記録すべてを手分けして分担して読み込み、原・被告の主張と書証・人証の精密な検討に取り組んだ。その結果、主張の精緻化と明確化が図られ、けい酸質区域指定制度放置＝規制権限不行使の著しい不合理性が誰の目にも明らかになる準備書面をまとめることができた。

このころには原告団も原告団自身の取り組みを活発化させるようになり、たとえばその活動を高校生が文化祭で取り上げたり、その文化祭での取り組みが全国表彰を受けたり、さらに地元の小学校の授業に呼ばれて、授業の中で原告がじん肺問題を直接訴えるなど、じん肺問題の深刻さが多くの人々に伝わっていき、理解されるようになっていった。

そして、井垣裁判長の下での二〇〇一年四月の高裁判決で、国の規制権限不行使の違法が正面から認定された。同判決は、

「遅くとも被控訴人国（通産省）は、昭和三五年三月のじん肺法の成立に合わせて炭則を見直し、けい酸質区域指定制度を廃止するか、少なくとも指定基準を適正に改定してけい酸質含有率を引き下げ、あるいは、同区域の内外を問わず、さく岩機の湿式化等の粉じんの生成・発散防止策を義務付ける必要があったものというべきであり、これらの措置をいずれもとらず、しかも昭和六一年に至るまでけい酸質区域指定制度を廃止せず、多くの炭坑での湿式さく岩機の使用義務付け等を行わなかったことは、著しく不合理」

と指摘し、「規制権限不行使の著しい不合理」を初めて正面から認めたのである。

当日、四人の弁護士が掲げる「国に勝訴」、「三井・日鉄に勝訴」、「時効見直し」、「時効は権利の濫用」の四本の垂れ幕が裁判所の門前に並んだ。完ぺきな勝利判決であった。その日、ほとんどの報道機関が、「国の責任初めて認める」の見出しを掲げた。

(3)最高裁判決について

「この井垣判決が最高裁で逆転されることのないように死守する」、それが弁護団の課題となった。

国の上告受理申立理由書に対して弁護団が一丸となって答弁書を作成し反論したことは当然として、東北大学教授から最高裁判事となってこの事件を裁判長として担当することとなった藤田宙靖裁判官の行政理論や法律論を理解するため、その講演録を入手して読み込んだり、改訂間がない『行政法（総論）』を購入して正月返上で読破したりするなどし、私たちの規制権限不行使の違法という主張が同裁判官の法理解、法認識と乖離していないことの確認も行った。また、以後、上告不受理の判決が出るまでの間、原告・弁護団は毎月東京に出向き、最高裁に対する要請行動を続けた。そればかりか、札幌高裁で審理が進んでいた北海道石炭じん肺訴訟で井垣判決を否定する判決が出ることを阻止するために、国の責任を検討する会議が北海道弁護団であるときには、四、五名の弁護団員が札幌まで出向き、会議に出て検討に加わった。ついには書面の作成も分担して、北海道と筑豊が総力を挙げ、一体となった準備書面を完成させた。

そうした必死な取り組みの末に、二〇〇四年四月二七日の筑豊じん肺最高裁第三小法廷判決（民集五八巻四号一〇三二頁）の言い渡しが行われた。

## 3　筑豊じん肺訴訟最高裁判決に関する若干のコメント

(1)　判断枠組について

同判決は、前記した宅建業法判決や薬事法判決と同じく、

「国又は公共団体の公務員による規制権限の不行使は、その権限を定めた法令の趣旨、目的や、その権限の性質等に照らし、具体的事情の下において、その不行使が許容される限度を逸脱して著しく合理性を欠くと

認められるときは、その不行使により被害を受けた者との関係において、国家賠償法一条一項の適用上違法となるものと解するのが相当である」

との判断枠組を用いている。このあとに水俣病関西訴訟の二〇〇四年一〇月一五日最高裁判決（民集五八巻七号一八〇二頁）が同じ判断枠組を用いているので、この判断枠組による最高裁判決は四判決ということになる。

規制権限不行使の違法性判断に関するこの枠組みについて、担当した調査官は、最高裁判例解説の中で、「規制権限の不行使が著しく合理性を欠くことを要件とする見解」との整理を行っている。ちなみに、この枠組みに関しては、他に、「裁量権収縮論」「裁量権消極的濫用論」および「裁量性を重視しない見解」などがある。

⑵判断枠組についてのコメント

筑豊弁護団は一審段階から「裁量収縮論」に基づいて規制権限不行使の違法を論じてきた。これは、公害訴訟からスモン、じん肺へと続いてきたこれまでの訴訟の流れからすれば、自然な流れであった。

これに対して、「裁量権消極的濫用論」は使い勝手が悪いと言わざるを得ない。「濫用」あるいは「踰越」という基準は漠然としすぎていてあまりにとらえどころがない。論者は「裁量収縮五要件・四要件を考慮する」と説明するが、それならば「裁量収縮論に立つ」と言い切るべきである。実際には、筑豊一審判決が、いったんは裁量収縮五要件を考慮して「不合理」と口にしながら、結局は行政側が持ち出してきた諸事情をあれもこれも取り込んで「著しいとまでは言えない」と締めくくったように、最後は規制権限不行使を合理化するための小道具と化すと断言せざるを得ない。

「裁量性を重視しない見解」については、裁判所が公法・私法二分論と決別するというのであればともかく、権力的行為を、司法の及ばない法領域に置いて保護を図っている現状では、使いたくても使うことは困難といわざるを得ない。

以上の見解に対して、最高裁は、上記の「規制権限の不行使が著しく合理性を欠くことを要件とする見解」を対置させてきた。そして、担当調査官は、最高裁判例解説中で、「どのような場合に権限不行使が著しく合理性を欠くと認められるかについての要件を特に示すことなく、個別事案ごとに具体的事情の下で判断を加えるものである。ただし、考慮要素や違法性の有無の結論においては上記⑴及び⑵の見解と大差はないとの指摘もある」と解説している。

この点からすると、「⑴及び⑵」の共通項は裁量収縮五要件（四要件）であるので、とにかくなによりも五要件（四要件）の整理・把握が最重要ということになるであろう。そのうえで、「不行使の不合理が著しい」という整理・集約をすることができるかどうかがカギとなるものと考えられる。

ちなみに、「濫用」や「踰越」という評価の基準は抽象的で、これを実感し、そのうえで「濫用」「踰越」を人に説明して納得してもらうのはかなり困難と言わざるを得ない。これに対して、「不合理」という評価概念は、少なくとも「濫用」や「踰越」よりは人の日常生活感覚に近い概念で実感しやすく、また論理的でもあることから、人への説明も容易で相手に納得してもらいやすい。現に弁護団では、裁量収縮論に立ちながら、随所で「合理性」の観点に立ち、けい酸質区域指定制度の不合理、同制度の運用の不合理と、この制度を改めない規制権限不行使の不合理を繰り返し指摘し、主張してきた経験をもっている。

たしかに「不合理」に冠された「著しい」という抽象概念が曲者であるとはいえ、とにかく「制度の不合理点」をつきとめて、その不合理と被害発生の関係、およびその不合理と結果回避阻害を論理的に整理し主張・立証できれば、少なくとも門前払いに近い判決は避けることができると思われる。

おそらくは、裁量権消極的濫用説や合理性説も、裁量収縮論の優れた基準性を認め、裁量収縮五要件（四要件）を中核に法的評価を進めながらも、要件の存在が確認された瞬間に即違法と結論付けなければならない点に不安を感じ、行政の弾力性維持の観点からのためらいの結果、濫用説や合理性説による「違法性の個別評価」という逃げ道に逃げ込むものと思われる。

いずれにしても、この判断枠組の問題については、実践的な視点からの検討がさらに必要と感じている。

(3)「適時・適正」基準について

「適時・適正」基準についていえば、これは筑豊じん肺最高裁判決における、きわめて大きな、かつ画期的な獲得物で、その実践的活用が強く求められる。

判決は、「できる限り速やかに、技術の進歩や最新の医学的知見等に適合したものに改正すべく、適時にかつ適切に行使されるべきものである」と判示している。

具体的にみると、同判決は、一九六〇年四月一日のじん肺法施行に照らし、石炭鉱山保安規則上のけい酸質区域指定制度廃止が一九八六年にずれ込んだことを「遅きに失して著しく不合理」と判断した。判決の基準からすると、じん肺法の施行にともない、その趣旨・目的に反する結果となった制度を改める権限の行使が合理性判断上必要であったが、それが二六年も遅れることは「著しく不合理」となるのである。そして、この「適時・適正」基準が最高裁の合理性判断の基準であると考えても過言ではないと私には思われる。

※　とりわけ水俣病関西訴訟最高裁判決では、「適時」の基準適用が典型的な形で示されている。

スモン訴訟と筑豊じん肺訴訟を振り返ってみて、今回のこの最高裁の「適時・適正」基準がより早く示されていたなら、訴訟の取り組みはもっと容易で、被害者救済やより良い制度の改革を導くことができたのではないかと考えている。

## 5　馬奈木昭雄先生のこと――筑豊じん肺と北海道石炭じん肺と

北海道石炭じん肺弁護団代表　弁護士　**伊藤誠一**（札幌）

尊敬する馬奈木昭雄先生が古希を迎えられたことにつきまして心よりお祝い申し上げます。

### 1

西日本新聞〝聞き書きシリーズ〟「たたかい続けるということ――弁護士馬奈木昭雄さん」（一～一一六回）を読ませていただいて、まず率直に思ったことは、能力に秀でた弁護士が、人々から学び、鍛えられて前に進むという態度を貫く限り、これほど多くの社会的意義ある仕事ができるものであるのか、ということであった。勿論馬奈木先生のお人柄であったから可能になったことである。水俣、スモン、筑豊じん肺、諫早湾……。私は、この連載記事で、先生が取り組まれた一つ一つのたたかいの拡がりと影響の大きさを改めて知らされた。それらがいずれも多くの弁護士や市民との共同作業としてなされたものであったにせよ、それらに関わった馬奈木先生がその時に見、聞き、話をし、心に留め、考えたことについての人間性豊かな語りは、真の弁護士たらんと志すとき、その成し得る仕事の可能性の大きさを私に感じさせて止まない。

かねてご高名は伺っていたが、お会いすることが叶わず、北海道石炭じん肺訴訟に取り組んでから、筑豊じん肺訴訟を牽引しておられた先生とようやく親しくお話しさせていただく光栄に浴した。後には札幌に来られた機会に北大ロースクールの講義に関連させて「茶話会」と称する企画をして、学生にお話しいただくなどのお付き合いもさせていただいた。ご著書『農家の法律相談』（農文協、二〇六例、四四〇頁）をお送りいただいて、そのエネルギッシュなお仕事ぶりに驚嘆したこともあった。

## 2

北海道石じん肺訴訟に取り組んだと述べた。傍目にどう映ったかは分らないが、個人的には反省の多い訴訟であった。国の責任を問うについて無我夢中で、馬奈木先生と筑豊の後ろについていったというのが正直なところだった。先生は、北海道訴訟の重要な局面では必ずといってよいほど、山下登司夫弁護士（全国じん肺弁護団連絡会議幹事長）と共に、あるいは小宮学弁護士とご一緒に訴訟手続に加わって下さり、弁護団会議に参加されて、状況打開のための論陣を張り、アドヴァイスをして下さった。そうした共同、サポートがあってこその北海道訴訟の目的成就であった。

筑豊と北海道。二つの訴訟は対比年表（後掲）にみるとおり、北海道はほとんど筑豊の後を追いかけていたといってよい。筑豊の軌跡を辿るについても、手に余る時期があったのではないかと問われれば答えに窮する感がある。実際、各個撃破ではないが、国がまず北海道の主張を退けて、その勢いで筑豊に向かうという方針の下に裁判に臨んでいるのではないかと思われる時期があり、人知れず強い危機感を抱いたこともあった。

さて、馬奈木先生は、北海道訴訟の第一回口頭弁論期日（一九八七年五月一五日）において、次のとおり意見を述べて下さった。「私はこの訴訟において、裁判所は澄んだ目で原告の主張、原告の訴えを見、聞いていただきたいと思います」そうすれば「原告達はけっして私憤の声をあげているのではなく、人間として、人間らしく生きたいという希望、二度とこうした被害を他の人に起こしてはならないという願い、すなわち人間としての尊厳の回復を求めているのだということ、まさしく公憤の声をあげているのだ、ということがご理解頂けると思います」。

じん肺に病む炭鉱夫とそのじん肺死の後に残された者たちが国と企業を訴えた裁判の本質を、的確に提示する意見であった。

社会科学の透徹した目で事柄の本質を見つめて、そこにおける法律実務家の課題を自らに示すように語る馬奈木先生独特の実践姿勢は、最高裁判決の意義についての次のような指摘（「筑豊じん肺訴訟最高裁判決の意義」『働くもののいのちと健康』No.20、二〇〇四年七月号）にもみることができる。

先生はそこにおいて、「この判決が今後の同種訴訟に及ぼす絶大な影響について、特に強調しておくべきだと考えられる」点として三点を挙げる。まず、この判決が全ての粉じん職場に適用される判示になっていることから、全ての職場のじん肺防止について適用されるべきことを示していることであるとし、次に、立法不作為の違法に関して法律レヴェルでは熊本地裁ハンセン病訴訟判決があるが、合理性を欠く省令制定権限の不行使が違法となることをこの判決が具体的事案で宣明したことにより、国に省令改正の積極的義務を命じているといえることを上げる（この辺りまでは私も何とか整理し表現できそうなことではある）。さらに、異なる省庁間における関連法の整合性をチェックするについては法制局があるが、政令についてはそのような機能を果す部署が存しておらず、各省庁が独自に、いわば勝手に規則を制定している結果、極めて不合理な規則間の不整合が生じることになるから、判決によるとこれを是正する部署の検討が必要となると考える、といわれるのである。「違法を問われたのは石炭行政だけだという誤った理解をただす部署が必要だということです」と。

こうした馬奈木先生固有の見地の根底には、筑豊じん肺最高裁判決は、石炭鉱山における通産省所管の鉱山保安法違反問題に限局してなされたものであり、他の行政部署について言及があるわけではないから責任はない、とする、国あるいは行政の或る種の無責任主義を是正しない限り、国家が国民の権利を侵害して被害を発生させるということが形を変えて繰り返される、という、経験に裏打ちされた社会科学的な見方があることは明らかである。

発生させた現場や産業こそ多種多様であったものの、一九七〇年代以降、全国で展開されたじん肺の集団訴訟は、争点を共通にしていたから、どの訴訟についてもそれまでの判決や解決の水準に規定されつつ、自らの訴訟活動が後続の訴訟の帰趨を決しかねないという緊張感をもって取り組まれたといっても決して言いすぎではないであろう。まして筑豊と北海道は、国の責任を問う訴訟であったから、少々大袈裟に言うと、攻める側、攻められる国の側それぞれの一挙手一投足のもたらす結果が他に波及しかねない内容を含んでいたといってよい。この点、私は馬奈木先生をリーダーとする筑豊のたたかいには学ぶことばかりで頭が上がらない。国の責任を問う訴訟なのであるから、そのようなことは当り前ではないかと言われればそれまでだが、徹底した調査と整理、分析にもとづいて、議論を深め、主張を練り上げて国に挑んでいたからである。

控訴審では、国の責任を否定した一審判決を当然視し、消滅時効の援用を許すかのような態度をあからさまに示していた下方元子裁判長が交替するまで闘い続けてこれを実現し、その後に「天の配剤」（小宮学『筑豊じん肺訴訟』海鳥社、一五二頁）を自ら掴んだのもその確固たる姿勢の故であると思う。

## 4

「北海道」に話を戻す。訴訟提起から全面解決まで、八〇人を超える弁護団が全力を注いで一八年間もかかった訴訟である。弁護団の進退が問われたというに足る幾つかの事態に直面した。弁護団の事務の中心にいた者の目からみて、印象深かったのは次の二つの場面である。

一審札幌地裁判決（一九九九年五月二八日）の前、北海道は本当に勝てるのか、国に勝つという要求が弁護団みんなのものになっているのか、と弁護団の外から厳しく問われたことがあった。それは、国の責任追及について、勝つためにどうすべきか真剣に考えながら、確かな論理と法廷内外の実践を重ねた筑豊でさえ、一審判決では責任を認めさせることができなかった、北海道の弁護団は国に勝つために心底から情熱を傾けているといえるのか、筑豊に匹敵する熱が感じられない、敗訴判決が向後に与える否定的影響が大きすぎることを思えば、判決を避けることも考えるべきではないかという、わが弁護団のあり方に対する真面目な問題提起であった。

私は、弁護団の会議に臨んで、国を相手にする訴訟の弁護団としての活動内容や活動スタイルの不十分さに対する建設的な批判としてこれらを謙虚に受け止めよう、としつつ、この点について、次のとおり述べた。「現在の裁判状況を踏まえると、薬害や公害はともかく、『民間の労災職業病』の事案において国の責任を問えるものがあるとすれば、炭鉱夫じん肺においてほかないと考える。逆にいえば、ここで勝てなければ、労災職業病のどの事案でも暫く国に勝てないということでもある。じん肺根絶につき国が果たすべき役割が大きいといわざるを得ない状況が一方にあって、他方で、国に対する類似事案の裁判提起が相次いでいるといえるわけでもない下で、札幌地裁の判決を求めて私たちは失うものが何かあるかについて冷静に考えてみる必要がある。理由付けにおいて筑豊一審判決より後退した判決が出されたとして、それが後続する裁判や運動に冷や水をかけるということは考えられるであろうか。敗訴判決一つより二つの方がダメージが大きい、といったところで説得力が増すとは思われない。国の責任を追及し続けていることが、制度改革要求の後押しすることはあったとしてもこれに水をさすことになるとは思われない。むしろ、炭鉱夫じん肺について国の責任を問わない、問えない状況の方こそ問題が大きい、というべきではないか」

この点について馬奈木先生のご意見を伺ったことはない（わが取り組みの内容の貧しさが恥ずかしくて聞ける性質のことではなかった）。

もうひとつは、筑豊最高裁判決（二〇〇四年四月二七日）を背に、札幌高裁で国に対し和解解決を迫っていたギリギリの局面でのことである。国は二〇〇四年一二月一〇日、七九人全員を救済する内容の職権和解案を拒んで、七〇人とは早期に和解したい、しかし、九人については除斥期間が経過しているので和解できない、と回答してきた。

これに対する弁護団の方針が厳しく問われた。北炭の無責任な倒産に対する抗議と権利実現のための更生担保権者との交渉年月を含み一八年間、休むことなく続いた闘いは、筑豊最高裁判決を武器にした札幌高裁における和解手続へと進んで、状況は、原告のみなさんに或る種の充実感を与えるといえるものであったのと同時に、もうこれで終息させたい、という疲労感をベースにした空気を支配的にさせていた。二〇〇四年九月の筑豊勝利祝賀会の後、私は飯塚市内の会場の近くで、北海道原告団のリーダーたちから、年内決着を約束するよう迫られていた。

しかし、国の除斥期間の主張を容れて七九人全員で和解をしてしまうということは、他のじん肺訴訟における権利主張や後続する人たちのたたかいに枷をはめてしまうことになる敗北的対応であることは明らかであった。被災者原告が和解組と判決組とに分断されることは絶対避けるべきである、予定されている和解条項の謝罪文言など、全国的な力で取り組めば、その実現がそれほど困難なものとは思われない、七〇人の和解を拒んで七九人全員が判決を受けて闘うべきである、という力強いエールや意見が外から寄せられた。

弁護団の結論は、和解と判決。一二月一〇日のうち二度開いた弁護団会議での結論は同じであった。それが全面解決とはいえず、たたかいが残るとしても、和解で国に公式に謝罪させることの持つ意味は大きい、長い年月の取り組みに疲れ果てている原告の皆さんではあるが、自分の取り組みによって国に謝らせたことに対する確信が生まれるにちがいない、これを次の取り組みの糧にしてまた前に進むことができるはずである、という思いがこの結論の根底にあった。緊急に全国的討議に付して方針を定めるべきではないか、という議論もあったが、結局そうはならなかった。

私はこの方針決定に関連して馬奈木先生のご意見を伺った。

馬奈木先生は「最終的には、その個別事件に責任をとる弁護団の判断が尊重されるべきと考える」と話されたうえで、「ただ、九人を含めて七九人全員で和解を成立させて闘いを終息させるという方針はあり得ない」と添えられた。そのとおりであった。

弁護団会議では、最終的には原告団が自主的に決断することであるから、原告団が進むべき方向について弁護団の結論を過度に誘導することはしない、ということを確認した。コトの本質に迫ろうとしないこの辺りの弁護団の認識の甘さが「北海道」と筑豊（そして他の多くの訴訟）との差となって出てくるのであろうか。原告団の「自主的な判断」が出されるのをただ眺めていたら「七九人全員和解＝除斥期間については国の主張を受け入れてその軍門に下ること」へと進むことは目に見えてように思われた。

一二月一二日の原告団集会。事態の説明のためにみなさんの前に立った。弁護団の「申し合わせ」にも拘らず、私は力を込めて語った。一八年間の共同の取り組みによって困難を克服してきた日々をもう一度思い起してみようではないか。もう一歩で自らの闘いについて誰に対しても誇りを持って語れるところまで来ている。国の提案をそのまま受け入れたらこれまでのたたかいに与えられる栄誉を傷つけてしまうことになるのではないか、と。

そして一二月一五日、札幌高裁において七〇人について和解を成立させ、九人について判決を受けた。

## 5

筑豊じん肺最高裁判決の後、判決は誰のものか、と挑発的な主題の下、弁護団の集りで拙い話題を提供したことがある。勿論、炭鉱夫のじん肺で国の責任が認められないのは不正義であるから、必ず認めさせてやるという固い決意で、一八年にわたって挑み続けた筑豊の原告のみなさんのものである。それを支えた支援の人達の力によってもたらされたものでもあろう。何より、それらの思いを司法が受容できる法的判断枠組みの中に位置づけて、説得力ある弁論と立証を重ねた弁護団、馬奈木団長に導かれた法実践家の集団が司法に紡ぎ出させたものであるといえるであろう。

合わせてこうも思ったのである。筑豊に続くとして北海道が手を挙げて、足手まとい気味に後続したことが、例えば最高裁をして「いわば国策としての強力な石炭増産政策が推進されてきた」と言わしめた、石炭産業に対する国家の深い関与（それは歴史的にみて明らかな事実であったとしても）をより客観的に、司法に提示する上で貢献し得たのではないか、ということについてである。我が国石炭産業の盛衰の歴史は、筑豊あるいは三井三池と北海道に典型があった。長崎伊王島や常磐が国家賠償請求訴訟に参加することで、国の責任が認められるべきであるということをより鮮明に打ち出すことができたであろうということについては疑わない。しかし、このたたかいにおいて、筑豊と併走する相手が一つしか考えられなかったとしたらどうであろうか。やはり北海道との組合わせが司法判断をさせる上でより実効的であったといえるのではないかと考えたのである。実際の訴訟展開も、例えば、「けい酸質区域指定制度」について、筑豊においては殆どの炭鉱で指定されていなかった事実を、北海道においては指定されたが北炭のように湿式化を全く進めなかったという事実をそれぞれ明らかにすることによって、けい酸質区域指定制度の運用のみならず、制度それ自体の不合理性を説得的に示すことができたといえるのではないか。その思いは今も変わっていない。

判決は誰のものかと再び問うとき、この問いに対する解を得るためのポイントの今一つは、改めて記述するまでもない、福岡高裁井垣敏生コートの存在である。控訴審判決（二〇〇一年七月一九日）は、国家賠償裁判史に、あるいは労災職業病裁判闘争史にしっかりと刻まれるべき優れた判決であった。興味があるのは、井垣コートのあの判決が、かの司法制度改革の荒波を司法がくぐる前に出されていたとしたら最高裁によって果して受け入れられたであろうか、という点である。私は多少の躊躇の後に、それは難しかったのではないかと思うと答える。司法制度改革の「運動」は、最高裁をしてあの井垣コートの優れた判断を是認せざるを得ない司法環境を創り出したと考えるからである。

こうした視点をもって取り組みの意義を客観化しておく必要について、馬奈木先生は同感である、と言って下さるはずである。

## 6

この記念出版でも多くの方から述べられるに違いない、馬奈木先生の、人に寄せる姿勢は紳士的であり、教育的である。例えば、弁護団会議に参加させていただいた経験からすると、なすべき議論はきちんと提起されるが、自らの意見を述べるに急であるとか、声高に主張するであるとかということは決してなかった。裁判の進め方にしろ、集団討議にもとづく弁護団の方針にしろ、「それまで」を動かし難いものとして前提にしてしまうということなく、とりわけ、若い弁護士のこれに囚われない問題提起を大事にされ、育むように発言されていた。「愛弟子」たちの血気盛んな発想なり行動の提起を「それは面白い」などと全身で受け止めながら、その熱を訴訟手続の内と外とにどう具現化していくか、いつも思い巡らせておられたに違いない。

馬奈木弁護士は真のフェミニストである。少なくともそうありたいと心がけている弁護士であると私は思う。それはある種のダンディズムと分かち難く結びついた態度であるといえるのではないか。下方裁判長の訴訟指揮に対する弁護団の評価をめぐって、原田直子弁護士から「こんな女性蔑視の発言をする人たちと一緒に裁判をするのは耐えられない」という批判を受けて反省した、と公の場で何度か述べている（前掲西日本新聞記事八七にも記載がある）のはその例である。

弁護士になって未だ日の浅かった相原わかば弁護士（当時札幌、現福岡）のじん肺被害・損害理解について評価されて、その活動を鼓舞していただいた。北海道新聞（九州における西日本新聞の位置を想定していただければ良い）の若き司法記者中矢薫さんの福岡での取材に優しい眼差しをもって接しておられた姿も忘れ難い。そういえば「たたかい続けること」で馬奈木先生をインタビューして、読む人々の琴線に触れる話や表現を引き出したのもまた女性の阪口由美記者である。

馬奈木弁護士はまた、ヒューマニストであり、文学志向の強い弁護士である。藤堂志津子の文体や文章表現を好むとお聞きしたことがある（これはおそらくフェミニズムとは関係がない）。例えばじん肺を語るのに『ジェルミナル』（エミール・ゾラ）の一節を持ち出す。そして、ジェルミナルの存在を教えてくれたのは岩城邦治弁護士である、としながら「彼は五高論文（旧制五高の医学部教諭が一九八八年三池炭鉱の労働者四人の炭肺を明らかにしたもの：伊藤注）の方を強調します。私はゾラと菊池医師（三池集治監の医師、一八九九年ころ、採炭囚の死亡例が多く、その大半がじん肺が原因だとして囚人労働の中止を申入れた：同前）の話に感動するわけです」（前掲西日本新聞記事八〇）と語る。

## 7

かのギリシャの映画監督テオ・アンゲロプーロス（アテネ大学法学部卒）の作品『ユリシーズの瞳』に次のような場面がある。映画の原点を訪ねてバルカン半島を旅する主人公の映画監督が、サラエボで知己のジャーナリストに再会する。二人は旧交を温めて缶ビールで乾杯を繰り返して、二つの魂は、交流・還流を止めない。それまで精神を共有した人たちの名を次々と挙げながら、その名が尽きるまで二人は乾杯を続けるのである。

私は水俣を直接には知らず、スモンを共に取り組んだという経験もない。しかし、馬奈木先生とこの次にお会いした時には、せめてこのシネマのワンシーンのような乾杯を繰り返すことができるよう精進を続けたいと思っている。

### 北海道石炭じん肺訴訟・筑豊じん肺訴訟対比年表

| 年 | 北海道石炭じん肺訴訟 | | 筑豊じん肺訴訟 | |
|---|---|---|---|---|
| 一九八五（昭和六〇） | | | 一二・二六 | 国と三井鉱山、三井石炭鉱業、三菱マテリアル、住友石炭鉱業、古河機械金属、日鉄鉱業を被告に福岡地裁飯塚支部に訴え提起（筑豊じん肺訴訟、第一次訴訟）。原告一二三名（患者八四名、遺族一一世帯三九名）。 |
| 一九八六（昭和六一） | 一〇・二 | 国と北炭、三井（鉱山、石炭）、三菱マテリアル、住友石炭鉱業、三井建設を被告に札幌地裁に訴え提起（北海道石炭じん肺訴訟、後に第一陣第一次と呼称—九二年九月の五次まで一三二名の本人と三二遺族） | 七・六 | 筑豊じん肺・第一回口頭弁論 |
| 一九八七（昭和六二） | 五・一五 | 第一回口頭弁論 | | |
| 一九八八（昭和六三） | | | | |
| 一九八九（平成元） | 一二・一三 | 三菱・南大夕張炭鉱検証 | 一一・六 | 「和解に対する当裁判所の見解」発表 |

| | | | | |
|---|---|---|---|---|
| 一九九〇（平成二） | 一〇 | なくせじん肺全国キャラバン | 一〇 | なくせじん肺全国キャラバン |
| 一九九一（平成三） | | | | |
| 一九九二（平成四） | | | | |
| 一九九三（平成五） | | | ※一二・一 | 三井三池じん肺・第一陣提訴（福岡地裁） |
| | | | 一二・一五 | 筑豊じん肺・結審 |
| 一九九四（平成六） | | | ※二・二二 | 長崎北松じん肺・最高裁判決 |
| 一九九五年（平成七） | 二・五 | 北炭・会社更生法の適用を申請し、事実上倒産 | 七・二〇 | 筑豊じん肺・第一審判決（企業六社に勝訴、国に敗訴、時効一部敗訴）<br>国を除く当事者控訴 |
| 一九九六（平成八） | | | 二・二七 | 筑豊じん肺・古河機械金属と和解成立 |
| 一九九七（平成九） | **四・二五** | **三菱マテリアルと和解（筑豊じん肺と共に含訴訟外「三菱マテリアル関連じん肺問題終結共同宣言」）** | | |
| | 七・四 | 第七〇回口頭弁論で弁論終結・和解勧告（九八年五月二二日弁論再開、一〇月二日再結審） | | |
| | 九 | 三井和解拒否 | | |
| | 一二・一八 | 三井建設と和解 | | |
| 一九九八（平成一〇） | 二・一〇 | 第三陣訴え提起 | 二・六 | 筑豊じん肺・住友石炭と和解成立 |
| | 七・二二 | 住友石炭と和解成立 | | |
| | 一〇・二 | 裁判所、再結審した上で三井に対し再び和解勧告 | | |
| 一九九九（平成一一） | 五・二八 | 札幌地裁判決（三井の責任は認めたが、消滅時効の援用を容認、国の責任を否定）。判決にもとづき三井本社、札幌支店に対する強制執行 | | |
| | | 三井控訴、原告控訴 | | |
| 二〇〇〇（平成一二） | **一一** | **三井「諸般の事情」を理由に和解拒否（代表者が福岡高裁、福岡地裁、札幌地裁に説明）** | 一一・七 | 筑豊じん肺・控訴審結審 |

| | | |
|---|---|---|
| 二〇〇一（平成一三） | 七・一九 | 筑豊じん肺・控訴審判決（消滅時効死亡時別途起算、権利濫用、国の責任肯定他）<br>国、福岡高裁判決に対して上告 |
| | ※一二・一八 | 三井三池じん肺・第一陣一審判決 |
| 二〇〇二（平成一四） | 八・一 | 「三井鉱山関連じん肺問題終結共同宣言」（筑豊じん肺・三井三池じん肺と共に、含訴訟外、福岡市・西鉄グランドホテル） |
| 二〇〇三（平成一五） | 一二・二五 | 「住友石炭関連じん肺問題終結共同宣言」（筑豊じん肺と共に含訴訟外、札幌市・厚生年金会館） |
| 二〇〇四（平成一六） | 四・二七 | 筑豊じん肺・最高裁第二小法廷判決（じん肺法制定以降につき通産大臣の規制権限不行使違法） |
| | 四・二八 | |
| | 六・一〇 | 控訴審結審 |
| | 九・一一 | 原告団総会・なくせじん肺筑豊の会設立／筑豊じん肺訴訟最高裁判所勝利報告祝賀会 |
| | （一二・一一 | 「働く者のいのちと健康をまもる全国センター賞」受賞） |
| | 一二・一五 | 七〇人につき和解成立（一〇時三〇分～国、公の文書で初めて謝罪）、九人につき全面勝利判決（一一時～） |
| | 一二・二二 | 国、札幌高裁判決に対し上告受理申立（〇五年五月一〇日当方反論書提出） |
| 二〇〇五（平成一七） | 七・一四 | 最高裁第一小法廷、国の上告受理申立を受理しないと決定 |
| | 一一・二六 | 北海道石炭じん肺訴訟勝利解決祝賀会 |
| | （一二・九 | 「働く者のいのちと健康をまもる全国センター賞」授賞） |

（筑豊記念誌「俺たちはボタじゃない」、北海道記念誌「燃える石炭　その陰で」を参考に伊藤作成）

# 6 「水俣学校」

弁護士　国宗直子

## 出会い

水俣病に初めて出会ったのは高校一年の秋だった。私と同じ年代の胎児性の患者さんたちに出会い、私の受けたその時の衝撃を、当時私自身もうまく言葉で言い表すことができなかった。しばらく落ち込んでいた。そしてそれから、「何かしなければ」と追い立てられるような気持ちで動き始めた。

私の在籍した高校には「公害研究会」というサークルがあった。水俣病問題に取り組んでいるらしかった。私は単身その部室へ行き、私を入れてくれと申し出た。一年生は私しかいなかったので、私はすぐに部長になった。

まずは、部員の拡大。図書室で水俣病関係の書籍のカードを調べ、本を借りた一年生全員（数人だったが）に声をかけた。「水俣へ行こう」と。こうして実施した水俣の現地調査。次に校内で馬奈木昭雄弁護士の講演会、それから原田正純医師の講演会。学校を早めに抜けて裁判の傍聴へも行った。個人的にも水俣現地に度々出かけた。夏休みは泊り込みで馬奈木先生の事務所のお手伝いもした。私の高校生活は水俣病漬けになった。

この過程のどこで、馬奈木先生と初めて出会ったのか、実は最初の瞬間はまったく記憶にない。多分、初めて水俣に行ったときに会っているはずだ。うちの高校に来て話をしてほしいと頼んだのは間違いなく私だったはずだ。しかし、その講演のときの話しぶりやその内容の一部は今でも覚えている。裁判での舌鋒鋭い尋問風景も心に残っている。正直、「カッコいい！」と思った。

私は音大志望の高校生で、ピアノは必死で弾いていたが、勉強はあまり熱心ではなかった。三年生になろうとするとき、いよいよ進路を決めなければならなかった。音楽は好きだったが、実は自分の才能には懐疑的だった。それに音楽はお金がかかる。うちは貧しかった。片方で水俣の現実がいつも私を追い立てていた。馬奈木先生の姿に少女らしい強烈な魅力を感じていた私はいきなりの進路変更。法学部を目指すことにした。「あんな弁護士になりたい」。そう思い決めた。

今でも思う。もし水俣病に出会っていなかったら、馬奈木先生に出会っていなかったら、私の人生はまったく違ったものになっていただろう。

## 「水俣学校」

最初の「あんな弁護士になりたい」という思いは、別に「水俣病の弁護士」ということを意味してはいなかった。自分が弁護士になる頃には、水俣病は解決しているだろうと思っていたからだ。だが、不幸なことに、水俣病は全然終わらなかった。

弁護士になったとき、水俣病は第三次訴訟の真っ只中だった。何の迷いもなく弁護団に入れてもらった。

当時、水俣病全国連の事務局長だった豊田誠弁護士によく言われた。「国宗さん、残念だったね。せっかく弁護団に入ったけれど、水俣病はもうすぐ終わるよ」と。そうだったら良かった。

水俣病はそう簡単には解決しなかった。解決の見通しが立ちそうで解決しない。とてもストレスフルな状況が続いた。弁護団の中ではいつも「今が山場だ」と言われた。山を越えたつもりなのに、その先にもまた次の山があった。そのうち、「水俣には山脈がある」と言われるようになった。成り立ての弁護士は、ここで極めて厳しい修練を受けることになった。

初めての尋問のとき、初めての意見陳述とき、自分の甘さが手厳しく集団討議の中で検証された。何度も原稿を書き直して実践に進んでいく。また、専門家への尋問にあたっては、それだけの用意周到な準備が必要で、尋問の前に読み込んでおくべき資料も大量にあった。

しかし、弁護団の醍醐味はこういう弁護士として当然身につけるべき技術の鍛錬だけにあったのではない。集団訴訟で、しかも世論に訴えるべき内容を持つとき、被害の実態にどう迫るのか、運動をどう作るのか、原告団とどう心を通わすのか、学ぶべきことが山ほどあった。それを理屈だけではなく、体験を通して会得すべき道を歩まされたのだと思う。

この意味でミナマタは私の学校だった。おそらくそれは私だけではない。多くの若手の弁護士が、この中でもがきながら、貴重な経験を積み重ね、その後のいくつもの事件にこの叡智をつなげていったと思う。

私が学んだことを箇条書きにすることは難しい。なぜなら書くとあまりに単純になって、いろいろ注釈を付けたくなるからだ。そんな欲望をすべて捨象して、漏れが生じていることも覚悟して、あえて強引に単純化して二〇箇条にすると次のようなことになるだろうか。

・たたかいの実態は常に法廷の外にある。
・たたかう人は多ければ多いほど良い。
・たたかう側は団結していなければならない。分裂すれば負ける。
・団結は固くなくてもいい。ゆるやかでもつながっていることが大事。
・専門家は敵に回すのではなく味方になってもらうこと。
・団結できる法理論を組み立てること。
・弁護士にとっては原告からの信頼が一番大事。
・被害は発見するのではなくて学ぶ。
・被害は底が深い。わかった気にならない。
・偉そうな弁護士は敬遠される。
・被害のあるところには出かけていく。
・被害のあるところで運動を作るべし。
・たたかいにはアイデアが必要。
・マスメディアを大事に。
・裁判とは理論の闘争ではなくて裁判官への励ましと説得。
・事実の把握と提示が重要。
・言うことはわかりやすく。
・インターナショナルであること。

・たたかう人には力を発揮できる適材適所がある。
・あまりに長くたたかえば誰でも疲れる。効率よく、それでも気長に、時には楽しく。

## 応用１　二硫化炭素中毒事件

〈レーヨン工場の二硫化炭素〉

私にとって、最初のミナマタの応用は、八代市にある興人という企業で起きた労災事件だった。それは、まだ水俣病第三次訴訟が争われている中、これと並行して進めていくことになった。提訴は一九八八年。判決は一九九五年。

労災認定訴訟の原告となったのは、加来一則さん。一九四八年から一九七八年に退職するまで、興人のレーヨン工場で働いた。

レーヨンはパルプから作られる。絹の光沢を持つ新しい繊維として、戦後復興期の日本では絶大な人気を博した。興人はこの人気にあやかり昭和二〇年代から三〇年代にかけて量産につぐ量産を重ね、大会社にのし上がった。

しかし、レーヨン製造には、原料のパルプを溶かすための有機溶剤として二硫化炭素（$CS_2$）が使われる。これが実は極めて危険な代物なのである。

二硫化炭素は無色透明でわずかに芳香臭を放つ液体であるが、常温での揮発性が高く、発生する二硫化炭素ガス（$CS_2$ガス）は、一〇〇〇ＰＰＭで爆発する。工場内でも爆発事故は起こる。人体にも危険な有毒ガスである。急激に大量に吸引すれば死亡する。労働者が一時的な意識障害で倒れることもよくあった。高濃度のガス曝露では、精神障害や神経症状などを主症状とする急性・亜急性の中毒症が発生する。これらの症状はすでに第二次世界大戦前に知られており、労働条件の改善により、戦後には急性中毒はほとんど見られなくなった。だが、ガスは緩慢に労働者の健康を脅かす。低濃度のガスへの長期曝露は血管を障害する。これが脳血管障害、腎臓病、心臓病等の血管の障害に由来する疾病を引き起こす。慢性二硫化炭素中毒症である。

加来さんは、すでに三〇代で高血圧症になり、一九七四年には一過性の複視（これも二硫化炭素に由来する）があった。退職後の一九八二年に脳梗塞を起こし、さらに同年意識喪失発作にも見舞われた。他にも、心筋障害や多発神経炎など二硫化炭素ガスが原因だと見られる多彩な症状を持っていた。しかし、八代労働基準監督署は加来さんが慢性二硫化炭素中毒症であるとは認めなかった。

それは当時の脳血管障害型の慢性二硫化炭素中毒症の認定基準において、認定のための指標とされたＣＳ$_2$性網膜症が加来さんには見られなかったからである。

ＣＳ$_2$性網膜症とは、眼底の網膜に微細動脈瘤（血管にできる小さなこぶ）があることを言う。これ自体は何らかの自覚症状をもたらすものではないが、脳血管障害型の慢性二硫化炭素中毒症では、この症状を呈する患者が多いために、これが鑑別の絶対的な指標とされた。つまり、症状の組み合わせが絶対化されていた。水俣病と同じだ。

〈まずは現場から〉

弁護団は、立山秀彦、板井優、塩田直司、園田昭人、内川寛、森徳一、それに私の七人。中心は、水俣学校在学中の若手の弁護士だった。私たちは、他方水俣で基礎を学びつつ、二硫化炭素事件でその応用方法を学んだ。

まず弁護団で考えたのは、労働者の働く現場を裁判所に直に見せることだ。当時興人は一九七五年に更生会社となっており、レーヨン工場も生産規模を大幅に縮小させていた。しかも往年の興人では自ら二硫化炭素を製造していたがすでに製造工場は閉鎖されていた。レーヨン工場全体が廃墟に近かった。それでも、建物はそのままだったため、二硫化炭素がどこからどう移動し、ガスがどのように流れたかを示すことはできた。いかにガスが溢れた職場であったかを示さなければならない。

弁護団はまずは工場検証の実施を申し立てた。問題は、労災認定訴訟では興人は裁判の当事者ではないことだ。第三者の工場への立ち入りを裁判所が認めるにはそれなりの決意が必要だ。私たちはここで疫学論を展開した。慢性二硫化炭素中毒症を知るには、病気になった者がその病気の原因である二硫化炭素にどのように曝露されたのかを正しく知る必要がある。裁判所は検証を認めた。工場はいくつかの条件を出してこれに応じた。ひとつは企業秘密があるので写真を撮る場合は、撮影場所、方向を会社側の指示に従うこと。もう一つは、撮影の際にはフラッシュを使用しないこと。引火して爆発する危険があるからだ。これで裁判所にはいかに危険な場所に入るかという認識が出来上がった。

加来さんが長く働いていた精錬工場では面白いことがあった。工場内にタイマーボックスと言われる場所がある。床に埋め込まれた小さなプールのようなものだ。出来上がったばかりの糸は機械に巻き取られて行くのだが、直接ピンと貼って糸を巻き取れば、糸が切れる可能性がある。そのために巻き取る前に糸にたるみを持たせるために、出来上がったばかりの糸を一旦ゆるませてためておく場所だ。出来上がったばかりの糸は大量に二硫化炭素を含んでいる。ここでは度々爆発事故が起きた。検証時、タイマーボックスには鉄板の蓋がされており、一見ただの床のように見えた。園田弁護士が、タイマーボックス周辺の危険性を話したあと、「裁判長、今裁判長が立っておられるところがタイマーボックスです」と説明すると、裁判長が慌てて跳び上がってその場所を立ち退いた。

　検証は、弁護団にも非常に有益だった。検証でもしなければ、弁護団も工場内には立ち入れないからだ。下見と検証本番と、私たちは注意深く現場の状況を学んだ。排気口と製造過程に吊るされたカーテンのほかにはガス対策はない。労働者はこのカーテンの中に頭を突っ込んで作業をしていた。空気より重いために床に這うように流れ出す見えない二硫化炭素ガス。想像力を駆使して往年の加来さんの労働実態を思った。

〈専門家証人の尋問〉

　原告側の専門家証人は、二硫化炭素中毒症の総論を原田正純医師、各論を数多くの二硫化炭素中毒症患者の臨床にあたった樺島啓吉医師（水俣病県民会議医師団のお一人）、目の症状について久富木原眞医師（水俣協立眼科クリニック）[1]。水俣の布陣である。

　久富木原医師は、加来さんの複視の症状について証言してくださっただけでなく、その診察の過程で、私たちにはそれとはわからないほどの小さな小さな網膜微細動脈瘤を一個発見してくださった。

　被告側の専門家証人は後藤稠氏。慢性二硫化炭素中毒症における$CS_2$性網膜症を専門的に研究してきた研究者だが、臨床経験は皆無だった。認定基準はこの人の理論をもとに策定されていた。

　専門家は敵に回さない。何も知らない私たちは後藤先生にいろいろ教えていただくことにした。当時奈良におられた先生を訪ねてお話を聴き、尋問の前にも先生を歓迎してお話をうかがった。私たちの「知りたい」という姿勢は大きな効果をもたらした。

被告は後藤氏の論文のいくつかを書証に出していたが、もっとあるはず。後藤氏はさらに多くの論文を示唆してくださったし、さらには、化繊協会の内部に眠っている数多くの論文の存在も示唆してくださった。そして尋問の中で、それらの論文をすべて開示すると約束してくださった。

こうして開示された論文の山を見て私たちは驚いた。企業側は本当によく二硫化炭素を研究し尽くしていた。もともと、急性中毒から超慢性中毒まで、レーヨン工場では患者の発生を見ながら次第に工場内のガスの規制基準を下げてきており、これ自体巨大な人体実験だった。さらに研究者たちは企業からの資金で工場労働者を対象にあらゆる疫学研究を行ない、論文を書き、企業に提出していた。それらの研究成果は一般学会に発表されることはなかった。巨大な実験室となったレーヨン工場の調査対象とされた労働者たちが、その後どのような健康傷害をきたしたのかは全く不明である。

〈労働者の証言～本人尋問〉

いかにガスにさらされてきたのか。労働の実態を明らかにするために労働者の証人尋問も実施した。病気のことは患者に聴くように、海のことは漁師に聴くように、工場のことは労働者に教えてもらう。ガス被曝の実態が明らかになった。

病に冒されて往年の精悍な労働者の風貌を失った加来さんも証言台に立った。慢性二硫化炭素中毒症で人がどのように障害されたかを身をもって証明した。

〈創意工夫〉

森弁護士はアイデアマンである。水俣学校の優等生でもあった。彼はガスの充満する工場の実態を、結審弁論でゲリラ的に明らかにした。彼はこっそり机の下にトレイと保温ポットに入ったお湯とドライアイスをしのばせていた。そして工場の実態を話しながら、さっとトレイを出し、そこにドライアイスをぶちまけ、その上からお湯をジャーっとかけた。裁判所が制止する間はなかった。たちまち、トレイから真っ白な気体が溢れ法廷の床一面に流れていった。二硫化炭素ガスは目に見えない。しかし同じように空気より重いドライアイスは一目瞭然。「二硫化炭素ガスはこのように床を這って工場中に充満したのです」。真っ白になった法廷で私たちは弁論を結んだ。

〈判決～解決〉

一九九五年三月一五日、熊本地裁は判決で加来さんが二硫化炭素ガスを原因とする慢性二硫化炭素中毒症であることを認めた。八代労働基準監督署は控訴せず判決は確定した。

〈運動〉

慢性二硫化炭素中毒症の患者会のメンバーはかつての労働運動の闘士たちでもあった。彼らは病をおしてさまざまな場所に出かけて裁判の支援を訴えた。水俣病の原告たちとも交流を持った。民医連関連の医療機関はこれを後押しした。

かつて日本には二一のレーヨン工場が存在した。今では国内で製造しているのは二ヶ所だけらしいが、裁判を始めた頃にはまだ一一ヶ所はあった。他の地域には慢性二硫化炭素中毒症の患者はいないのか。熊本から全国に呼びかけた。答えたのが京都宇治のユニチカの労働者だった。ユニチカでは労災認定を受けた労働者が損害賠償請求訴訟を起こした。加来さんの裁判は、ユニチカの裁判と協同して進めた。ユニチカでは、一九九七年に勝利的和解を得た。

運動はさらに広がる。韓国にウォンジン・レーヨンという会社があった。日本から老朽化した生産設備を導入して生産開始した。機械と技術は導入しても二硫化炭素についての知識や対策は伝えられなかった。その結果ここでは五〇〇人を超える慢性二硫化炭素中毒症の患者が出た。[2]ウォンジンの労働者は労災の処理をめぐって立ち上がり、会社と対峙した。このウォンジンのたたかいが、韓国の民主化を生み出すきっかけとなった。私たちは、韓国でたたかう被災者、家族、支援、医者、弁護士との交流をもった。日韓で相互に行き交い団結を深めた。韓国では訴訟になった二件が勝利した。韓国大審院の判決文をただちに翻訳して加来さんの裁判に証拠として提出した。一九九三年、ウォンジン・レーヨンは操業を停止した。機械は中国の丹東へと売却された。中国でその機械がどうなったのか。今もわからない。

## 応用２　川辺川利水訴訟

川辺川利水訴訟は、国営川辺川土地改良事業をめぐって、一九九六年に提訴された。事業内容は建設予定の川辺川ダムから水を引いて農業用水とし、農業基盤を整備するというもの。弁護団は水俣学校出身者で占めた。重要争点は土地改良法で事業に要求される農家の三分の二の同意があったのかという点である。二〇〇〇年の熊本地裁判決では負けた。対象農家は四〇〇〇戸。弁護団の及ぶ限りの力で対象農家の聞き取りを行ない、三分の二を割るところまで立証し得たと思ったが、そのうちの一部の同意が有効とされた。未調査の農家の同意はすべて有効とカウントされた。それではすべての農家を調べ切るしかない。控訴審で私たちはそれを実践した。

川辺川利水訴訟の支援には種々の立場の人が集まった。環境保護を願いダムに反対する市民、清流を守りたい川漁師、地域の再生や地元経済を考える人、労働組合の人、その他様々。原告は事業対象農家の農業者。

ダムへの賛否は問わない。もしダムの水で農家が豊かになる保証があれば、ダムには賛成の人も大勢いただろう。しかし先行きの見えない農業ではもうこれ以上農業に投資する余裕はない。「ダムの水はいらない」。この一点でみんなが心を合わせた。ゆるやかな大きな団結。全対象農家の調査を担ったのはこういう人たちだった。

全対象農家同意調査プロジェクト。題して「アタック2001」。二〇〇一年の夏、炎天下、プロジェクトは集中的に実施された。これらの調査資料はすべて裁判所に証拠として提出された。

二〇〇三年、福岡高裁判決は、アタック2001の調査結果に基づいて、国営川辺川土地改良事業は三分の二の同意の要件を満たしておらず違法であると判断した。これは事実認定のみでの判断であったため、農水省は上告理由がなく上告を断念せざるを得なかった。

運動の成果が直接裁判所の判断に反映したのだ。運動は法廷の外にあるばかりのものではない。新しい発見だった。

この勝利が、後の川辺川ダム建設中止までの大きな流れにつながっていったことは言うまでもない。

### 応用3　ハンセン病国賠訴訟

ハンセン病国賠訴訟は、一九九八年に提訴、二〇〇一年の熊本判決で勝訴し、国に控訴を断念させた。全国三つの訴訟をその後和解で解決した。水俣病第三次訴訟でめざしていた司法救済シムテムの実現である。ハンセン病の課題は今も私が大半の時間をかけて取り組んでいる課題である。この中にも水俣で学んだことをすべて投入してきた。だが、紙数が尽きた。これはまたどこかで書く機会もあるだろう。

ハンセン病国賠訴訟の判決前夜集会の場面

## 最後に

思いもかけず水俣病に出逢い、馬奈木先生に出会い、弁護士になり、気がつくともうこの仕事を二〇年以上も続けている。いい仕事をさせてもらっていると、出会いに感謝しているから、きっとこれからも続けるだろう。

振り返って思うのは、たたかいは必ず次に引き継がれるということ。運動は縦にも横にも広がって、たくさんの人の心を紡ぎ、人を豊かにするということ。望む社会は誰かが作ってくれるのではなくて、こうしたつながりの中から、多くの人の力が作り上げていくのだということ。だから、どんな困難があっても明日への希望だけは失わずに歩いて行けると思う。

1　久富木原眞医師は二〇〇五年に、原田正純医師はつい先日二〇一二年六月に亡くなられた。私たちにたくさんのことを教え、導いてくださったお二人に感謝の気持ちを捧げたい。

2　日本での慢性二硫化炭素中毒症の認定患者は三工場六九人。

# 7　生活保護訴訟（学資保険裁判）における闘い

福岡第一法律事務所　弁護士　**深堀寿美**

## 1　はじめに

私が初めて馬奈木先生のことを聞いたのは、法学部の学部ゼミ、担当教官の原島重義先生からでした。曰く、「君たちの先輩に、『損害賠償に時効がない』、と主張したいという無茶言う弁護士さんがいる」でした。当時は、へえ、そうか、程度の感想しか持ちませんでしたが、これが後の一連の石炭じん肺訴訟での時効問題であり、この時は、自分も「無茶言う」弁護士の仲間入りをするとは考えてもいませんでした。

その後、恩師の言われる「無茶」は「無茶」ではなくなり、最高裁判所でも認めるところとなりましたが、石炭じん肺訴訟のことは、多くの先輩方が述べておられますので、私は、別の訴訟類型、「生活保護訴訟（特に学資保険裁判）」の闘いについて述べてみたいと思います。

## 2　学資保険裁判とは

私が弁護士登録をしたのは一九九三（平成五）年四月です。丁度、飯塚で生活保護訴訟が一件起こり、その後、一九九一年一二月に、やはりゼミの先輩である平田広志弁護士が中心となり学資保険裁判を提訴し、その裁判が軌道に乗ろうか、という時期でした。

学資保険裁判の内容を簡単に紹介すると、当時、生活保護制度では、子どもが高校に就学する費用の支給がなされていなかったため、自分の子どもを是非高校に就学させたいと考えた両親が一四年間にわたって、収入認定された収入及び支給された保護費の中から、毎月三〇〇〇円ずつ、郵便局（当時）の「学資保険」というものへの掛け金積み立て、という形で貯蓄し、一人分の学資保険を何とか使い回しして、三人の子どもを高校に就学させようとしていました。ところが、三番目の子どもが中学生時代に、福祉事務所から、この学資保険を解約しろと指導され、結局、満期を迎えた保険金額ほぼ全額の約四四万円を、世帯の毎月の生活保護費に充てよという収入認定処分をされ、それが不服である、ということを争った裁判です。支給を受けた保護費をどのように使うかは個人の自由であるし、一旦支給された保護費を、再度生活費に充てろというのはおかしい、具体的にはそのような収入認定処分は生活保護法四条一項違反であると争いました。そもそも生活保護法の趣旨は自立の助長と最低生活の保障であり（法一条）、自立の助長のためには、本来であれば進学率が九五％を超える現状では高校卒業資格がないと、就職にも支障を来すので、生活保護費から高校就学費用を出さなければならないくらいであり（本当はこれを争いたい、でも裁判では無理）、その不支給による就学費用不足を、自助努力で補った世帯を賞賛しこそすれ、その努力を踏みにじるような就学のための貯蓄を取り上げることになる収入認定は断じて許されない、ということで闘いました。

### 3　一世帯だけでの闘い、でも代理人は一〇〇人！

馬奈木先生によると、「抑圧されている人を一人でも多く原告にすること」が勝利への第一歩、となりますので、当初より、馬奈木先生からは、「原告が単数（一世帯）」の生活保護訴訟は、「そんなことでは勝利は覚束ない」と叱咤され、原告を増やさなければならないのではないか、というご心配をいただいていました。

しかし、だからといって、そもそも、「生活保護を受けている」という国に対する制度上の究極の弱者（他の社会保障を受けている人も同じですが）が、その生活の唯一のより所である国に対して刃向かう、という訴訟を起こせ、というのは、当時は現在以上に困難なことでありました。行政訴訟の勝訴率も低率です。歴史的には、朝日訴訟等の訴訟もありますが、私たちに知識として記銘されるのは、希有な裁判だったからで、「立ち上がる者を増やせ」と言われても、展望はありませんでした。

ただ、表だって訴訟をしなくても、正々堂々とお金を貯めて高校へ就学できることを是非勝ち取って欲しいと考える人たちは沢山おられ、生活保護その他社会保障制度の充実と拡充を目指す生活と健康を守る会は、組織をあげてこの裁判支援に取り組みました。

世帯の母親は提訴前に、父親は、提訴後に亡くなりましたので、この裁判は、世帯の三人の子どものうち、処分当時の世帯員であった下二人が原告として闘っていくことになりました。まだ若年で、心細かっただろうと思います。しかし、生活と健康を守る会は、裁判の期日の度に、福岡地裁の三〇一号法廷を満杯にし、期日後の報告集会も沢山の人に参加して貰い、この二人の原告を励まし続けました。

私が弁護団に入る前のことなので、経緯は詳しくなく、当時の弁護団が述べてくださるのが一番正確なのですが、この裁判の事務局長をしていた平田弁護士は、原告はこの世帯の子ども二人だけではありましたが、当時としてはあまり例を見なかった運動方針だったことでしょう、弁護団の方を一〇〇人にする、という形をとりました。当時の福岡県弁護士会の会員数は約五〇〇名でしたから、実に五人に一人の弁護士がこの裁判の原告ら代理人である、という裁判にしたのです。

生活保護世帯が正しいことを行い、これを認めない行政の処分の方が間違っている、と、福岡県弁護士会所属の弁護士を中心に、約一〇〇名が代理人として名を連ねました。

## 4　奇妙奇天烈な行政側の処分根拠と原告が主張した違法根拠

⑴奇妙奇天烈な行政側

行政側がこの収入認定処分を適法だとした根拠は、生活保護法上活用しうる資産は活用した上で（法四条）、定められた基準に足りない分の保護（法八条）を受けるという補足性の原則で、「現金は現金だ。そこに現金があれば、『資産』があり、収入認定する」ということと、「生活保護法は高校就学まで保護費の支給をせず高校就学は認められていない。法的に認められないことに最低生活を割ってお金を貯めて使うことは許されない」ということでした。

⑵不当性

毎月一円のお金も残さず保護費をぴったり使い切る事なんてあり得ません。生活保護法も「支出の節約を図」ることを被保護者の義務として定め（法六〇条）ていますから、この義務を果たし、お金を貯めたら、貯めたお金を収入認定されて取り上げられるというのでは不当です。

また、最低生活の保障のうち、生活扶助は金銭給付によって行われますから（法三一条）、いかなる生活を送るのかについては一定の自由が保障されているのであり（消費自由の原則）その使い途として、「高校就学のための貯蓄」というものがあってしかるべきでした。ところが、行政側は、担当者の証人尋問で、お金を貯めて映画に行ってもいいし、一泊二日で旅行に出掛けてもよい、英会話スクールもＯＫだ、といいながら、「高校就学は生活保護の目的になっていないのだから、そのために貯めてはだめだ」と述べました。こんな理屈が通るはずはないのです。

⑶手に触れる石は投げまくる

当時、弁護団は、収入認定の違法根拠としては、①支給された保護費を再度収入認定することは、法四条、八条に違反する、②消費自由の原則に違反する、③生活保護法一条による生活保護法の目的は最低限度の生活保障とともに「その自立を助長すること」にあり、高校就学が自立を助長するのは間違いないので、法一条にも違反する、④本件のような処分は、憲法二五条はもちろん、教育を受ける権利を規定する憲法二六条にも違反するし、子どもの成長発達権の保障をうたった子どもの権利条約にも違反する、というものでした。

**行政訴訟**（特にあまり前例のない生活保護裁判）で勝訴しようと考えたら、とにかく、説得的で手に触れる理論は全て主張しておこう、全面的に主張を展開していました。

⑷訴訟から少し時間が経った今、考えること

このような主張の仕方は、私自身、今でも生活保護の訴訟において行っているところです。憲法を念頭に置いた主張をすることも、後に述べるとおりメリットもありうるわけです。そして、最後には、後述のとおり最高裁でも弁護団の法的構成が認められ（①②③）、勝訴は確定したのですから、弁護団の主張は正し

かったと言えます。

## 5　最初の「思い」の重要性――ちょっぴり成長して裁判を振り返ると

(1)ただ、この裁判に私自身が参加しようとしたときの思いは、「なして？　お金を貯めて高校に行くのは当たり前たい。みんなそうしとるでしょう？　どうして生活保護を受けている人だけ、お金を貯めて高校に行ったら、いかんと？　そんなの、弱い者いじめなだけだ！　許せない！」でした。研修所を卒業するときのメッセージにも書きました。

当時は、それをそのまま、「理論構成」することは考えていませんでした。恐らく、他の弁護団員も同じ思いだったでしょうが、この思いは思いとして、一生懸命勝てそうな理論構成を上記の通りに考え抜いて行っていました。

(2)最近、少し行政法を基礎から勉強してみる機会があり、ロースクールで使われている教科書や、社会保障法以外の分野（憲法）の学者の方が書かれた論文を読みました。本件や、自動車保有を巡る生活保護訴訟（大牟田自動車裁判）が取り上げられており、「自由の制約」という観点から本件処分の相当性が取り上げられていました。

大牟田の自動車裁判とは、母子家庭の生活保護世帯が、知人から自動車を「借りて乗りつづけたので保護廃止処分を受けた（根拠としては法二七条の指導指示違反）」という事案です。

論稿や論文では、生活保護受給者が、通常の国民であれば制約されない自由をどこまで制約されうるのか、何故にその制約が許されるのか、というアプローチで検討がなされていました。大多数の国民は知人から自動車を借りて乗り続けても非難されることはないし、お金を貯めて高校就学しても何も問題視されません。これが、こと「生活保護世帯」であると、「被保護者の生活にふさわしくない、という国民感情論」が顔を出し、公に行動の制約を迫るのです。大牟田の自動車裁判で、裁判所は、法四条法八条の「資産の活用」ということには、「最低限度の生活の需要を満たしつつこれを超えない範囲で保障する」ことまで含むから、「自動車の保有・借用を原則許可しない」という規範までを含むという判断を示しましたし、一審判決を覆した本件の福岡高裁の判決でさえも「国民感情に反しない」としてこの国民感情論に配慮せざるを得ませんでした。被保護世帯は、最低生活を超える生活を送ることは許されないというのです。

自動車裁判や学資保険裁判において、この国民感情論を論破するのに、「自由の制約がどこまで許されるか。何故許されるか」というアプローチを掘り下げることは有効だったのではないか、と二〇一二年の現在は思います。

まさに、「弱い者いじめは許さない！」との思いを持ち続け、憲法的に理論構成することも考え続けることができれば、このような別のアプローチにたどり着けたかも知れなかったかな、と思います。この理論で自動車裁判や学資保険裁判の結論が左右されることはなかったかもしれませんが、もし、裁判でも主張できていれば、何らかの判断を引き出すこともでき、今でも生活保護受給のネックになっている自動車保有問題を早期に解消できていたかも、と思うところです。何故、被害者が救済されなければならないか、という根本であり、闘いを続けていく上で忘れないようにしないといけないことだった、と思い返しています。

## 6　一番大事な「事実」を明らかにする闘い

(1)裁判の話に戻りますが、この裁判の福岡地方裁判所による一審判決は「却下」でした。当事者適格についての裁判所の明らかな判断ミスによる「却下」でしたが、それ以外の事実関係でも、収入認定された収入と保護費が学資保険の原資であれば、それをさらに収入認定するのは誤りであるが、学資保険の原資が何であるか、不明である、というところで、敗訴してしまいました。

そこで、高裁段階では、一審で「不明である」といわれたお金の流れを明らかにすることに力を尽くしました。

(2)個々の世帯の収入状況、生活状況やケースワーカーの指導など、当該世帯がいかなる生活保護を受けてきたかを記録する「ケース記録」台帳の全記載部分は、今でもですが、当時は、もっと入手困難なものでした。収入認定処分に対し審査請求をし、開示された部分のケース記録記載部分を確保し、個人情報保護条例で、福岡市に対して当該世帯のケース記録の開示請求をしても、一審段階では、黒塗り部分が多く残るものしか入手できませんでした。裁判の傍ら、個人情報保護審査会に非開示部分の開示請求を行い、一審判決後に、より多くの部分を開示するようにとの決定を受け、一審段階よりは多くのケース記録記載部分を入手することが出来ました。

どうしてケース記録にこだわったかというと、この世帯の母親も父親も亡くなってしまっており、母親や父親が月額三〇〇〇円を捻出するために、いかに生活を切り詰めたのか、その時の生活状況がどうだったのか、というところは、まだ幼かった原告ら姉妹には分かりようが無かったからです。

ケース記録の開示部分は確かに広がりましたが、まだまだ黒塗りの部分が多く、このケース記録でも世帯の生活実態が十分に解明された、とは言い難い状況でした。
(3)高裁段階から、自称「押しかけ弁護団」として、この裁判に、京都の竹下義樹弁護士や尾藤廣喜弁護士が現役ケースワーカーや社会保障法学者のシンクタンクを伴って加わってくださいました。この押しかけ弁護団から福岡の弁護団の一審の主張についての意見は、「理論が空を飛んでいる。もっと地上戦をしなければならない」ということでした。要は、憲法や社会保障上の理念、生活保護法上の理念は十分述べられているが、現実の生活実態についての主張・立証が弱い、というご批判でした。確かに、一審判決では「事実論」で負けています。しかし、まだ、黒塗り部分が残るケース記録しかありません。

そこで、弁護団で議論をし、黒塗りで解明できていない事実関係に関し、現役ケースワーカーや学者の方の助力を得て、「ケース記録のここにはこのような記載があったはず」「そういう記載からすると事実関係はどうであった」という意見書を作成して貰い、生活実態の推測をすることで事実の主張を補うことにしました。

証拠が手に入らないなら、作ってしまえ、というところでした。

高裁ではそのようなことまでやって、やれるところまで闘いました。

## 7　結末

最終的には、この訴訟は、最高裁まで争われましたが、原告らの勝訴で確定しました。最高裁判所は、「高等学校に進学することが自立のために有用であるとも考えられるところであって、生活保護の実務においても、前記のとおり、世帯内修学を認める運用がされるようになってきているというのであるから、被保護世帯において、最低限度の生活を維持しつつ、子弟の高等学校修学のための費用を蓄える努力をすることは、同法の趣旨目的に反するものではないというべきである」ときちんと理由を述べ、行政が収入認定してはならないものを認定したとして生活保護法に違反して違法であると明確に判断を示しました。高等教育の必要性にまで最高裁が言及してくれたのは、弁護団が憲法二六条や子どもの権利条約を引用して必要性を論証できたからではないか、とも考えています。

裁判の確定を受け、厚生労働省は、直ちに、本件処分と同じ処分をしないよう、通知を出しましたし、折からの「生活保護のあり方委員会」の答申を受け、翌平成一七年からは、高校就学費用が生活保護費から支給されるよう制度も変わりました。

生活と健康を守る会の長年の運動もありましたし、その素地の上に、弁護団が「行政処分の違法取り消し」という決定打を打ち込むことができて、時代の流れもあったとは思いますが、最高裁に上記のような判断をさせることができ、学資保険裁判の勝訴は、実のところ、長年の運動でも最終的に勝ち取りたかった「生活保護世帯での高校就学保障」まで実現することに繋がりました。

## 8　終わりに

私がこの論文集に名を連ね、「馬奈木先生の弟子」と呼称されると恐縮して震えてしまいます。古希論文集の趣旨に合致できていないかもしれませんが、私たちが闘い続けるために、この論文が何かのお役に立てることを祈念します。

# 8　開門を命ずる判決を勝ち取るまでの戦術

有明訴訟弁護団　弁護士　**吉野隆二郎**

## 1　はじめに

国に対して条件付きながら開門を命じた佐賀地裁平成二〇年六月二七日判決、及び、それを基本的に維持した福岡高裁平成二二年一二月六日判決は、国が上告等することなく確定しました。馬奈木先生が弁護団長である有明弁護団が行った一連の訴訟のうち、この裁判を例にとりながら、私なりに学んだことを述べます。

この有明訴訟を提訴する段階では、このような結論になるとは思いもしませんでした。特に私は、当時宗像市のゴミ焼却炉の建設及び操業を差し止める裁判の弁護団の一員として、その主張・立証に苦労していたため、それよりさらに大型の公共事業をストップさせるということへの見通しがあるなどとは、まったく思えませんでした。

## ２　勝因として考えること

その勝因を私なりに考える大きくは三つあると考えています。それはいずれも裁判外のことです。

第一は、なんと言っても、開門へ向けた運動を確立したことです。佐賀県議会が全会一致で開門を求める決議を何度も行い、最終的には政権与党の検討委員会によって開門調査の方向が示されるなどして、福岡高裁の判決が出されるころには、開門への方向性に水を差すような社会情勢ではなくなっていました。

第二は、研究者の協力体制が強固だったことです。海洋学会やベントス学会など学会をあげて諫早湾干拓事業を問題視していたため、積極的に協力していただける研究者も多く、弁護団としても、理論的な面で多くの協力を得ることができました。

第三は、やはり、この事業のネームバリューの大きさ、それは逆に言えば、事業の問題点がクリアで分かり易かったということです。減反政策などによって農地が余っているにもかかわらず、日本有数の広大な干潟を埋め立てるというように、無駄な公共事業の典型としてすでに全国的に有名でした。さらに、提訴時点においては、二〇〇〇年のノリの大不作などの有明海異変の原因として、有明海全体に悪影響を与えていると言われるようになっていました。そのため、私がこの裁判について話すときには、当初から、「無駄で有害な公共事業」と言ってきていました。

この三つの勝因を振り返ると、研究者の声は、我々が提訴する前からありました。また、事案の問題点は全国的にも明らかになってきていました。それらの到達点を踏まえて、運動しかも全国的な運動をしっかり構築すれば勝てるのだという方針をとったことが最大の勝因だと思います。

しかし、そのような三つの勝因となるべき要因があったからといってそれだけで裁判に勝てるわけではありません。

## 3　法廷活動について

馬奈木先生は、法廷でもあらゆる場面において、相手を圧倒してイニシアチブをとることが重要だという趣旨のことを言われています。有明訴訟においては、それがかなり実践できた裁判ではないかと思っています。

佐賀地裁の法廷においては、漁業者自らが意見陳述で漁業被害を訴えて圧倒しました。証人尋問においては証人の証言及び国からの反対尋問を粉砕することで圧倒しました。

立証については、一切妥協しませんでした。まず、研究者の証人の証人尋問（原告申請六名、被告申請一名）を約一年かけて行いました。

さらに、裁判所に現地を見る必要性を訴えて、進行協議期日として、丸一日かけて午前は船上で有明海を、午後には本件事業で設置された潮受け堤防や工事中の干拓地を、合議体の裁判官三名に見せました。その後、四期日かけて原告二四名の本人尋問を行いました。ここまでさらに一年ほどの時間をかけました。

そのように十分な立証を行ったうえで、結審しました。このように一審で徹底的な立証を行ったということは、一審が重視される現在の高裁の審理の運用状況からも適切だったと思います。馬奈木先生は、よく「訴訟指揮は我々がするのだ」という趣旨の発言をされます。この意味は、民事訴訟法を無視しているのではなくて、本件のような困難な裁判において、原告側に十分な立証の機会を与えるべきであり、立証を制限しようとする裁判所には徹底的に抵抗するという意味だと私なりには理解しています。十分な立証する機会を認められたので、裁判所の進行には最大限協力しました。佐賀地裁においては、裁判体の転勤の関係で、結審時期から逆算して原告本人尋問を行うことについては了承しました（裁判所は、月二回でも法廷を開催すると言いましたが、月一回で調整しました。これは有明海異変が進んでおり、魚種と地域の組み合わせが思ったより少なかったため、そのようになりました）。

この徹底した立証という観点からすると、福岡高裁判決確定後に、開門を否定した長崎地裁の判決については、福岡高裁の見通しが読めなかったため、福岡高裁より先に判決をもらおうと、佐賀地裁と比較すると立証を省略してしまった部分がありました。そのことは反省材料だと思っており、やはり、徹底的な立証をしなければならなかったと思っています。

## ４　理論を構築することの重要性

裁判所では、事実をしっかり立証することが重要であるとは言うまでもありませんが、私はそれだけではこの裁判は勝てなかったと思っています。この裁判は勝てる論理にもこだわりました。因果関係については、ルンバール最高裁判決を前提にして、予防接種訴訟の判決などを参考にしながら主張を組み立てました。違法性・公共性の論点についても、国道四三号線事件の最高裁判決などを参考にしながら、主張を組み立てました。勝てるのであればあまり理屈にはこだわらないと言う人もいますが、私はこの裁判では、馬奈木先生は、勝つ論理についても相当こだわられていたと思います。

私の有明訴訟の経験からすると、裁判所に勝つ判決を書かせるためには、オーソドックスな理論に基づいて裁判所が判決を書きやすいような組み立てをすることが重要であると思います。特殊な論理のものは、上級審では維持できないからです。佐賀地裁の一審判決においては、国が中・長期開門調査を行わないことを立証妨害と断じたところもあり、立証責任の転換ととられかねないことから、その部分を補強する主張を準備しました。その結果、福岡高裁においては、事実認定において手堅い判決をとることができ、自信を持って上告理由はないという宣伝をすることができました。

## 5　控訴審における法廷活動

控訴審である福岡高裁においては、裁判長が交代した第二回弁論期日において国がパワーポイントを使って争点を説明したところ、裁判所からこのプレゼンに対応するような反論をして欲しいと言われたことから、この機会を利用して当方の主張を整理して、第三回弁論期日において、一五分間にわたってパワーポイントによるプレゼンを行いました。この準備をする過程で、争点をクリアにすることができました。

また、現地検証を申請したところ、これだけの事件だから裁判所も現地を見たいということで、残念ながら海上にまで出ることはできませんでしたが、ここでも進行協議期日ということで、一日をかけて裁判所に現場を確認してもらいました。最近、現地で進行協議を行ったうえで逆転敗訴になった事件もあるようなので、担当する裁判官が現地へ行ったからといって勝てるとは限らないとは思いますが、大型事件において裁判官を現地に連れて行くことは勝利の必要条件であることは間違いないと思います。さらに、福岡高裁においては、研究者証人の証人尋問を申請しており、それを却下して結審しようとしたため、法廷で裁判官三名の忌避を行い、その簡易却下を受けて、許可抗告（高裁の決定だったため）まで行いました。結果としては必要なかったようにも見えますが、馬奈木先生が日頃言われている、「十分な立証をさせないでおいて、立

有明高裁判決

証不十分で負けさせるのはおかしい」ということを態度で示したものなので、私は必要な対応ではなかったかと思っています。

## 6　公調委の功罪

本件訴訟では、裁判と併行して、公害等調整委員会の原因裁定手続を利用しました。この原因裁定手続きを行ったことが、本件訴訟にとって重要な意味を持ったことは否定できませんので、その点についても述べたいと思います。

原因裁定を申請した結果として、佐賀地裁の本訴の本格的な立証が公調委の結果待ちとなってしまいました。そのため、二〇〇二年一一月二六日の提訴から、二〇〇八年六月二七日の判決まで、一審で五年半くらいの時間がかかりました。公調委を利用したことは、これまで様々な裁判を行ってきた団体が共闘する場所を設定できたこと、それが東京の運動の場になったこと、そして、研究者との協力関係が構築できたことなど、裁判外でも大きな効果をもたらしました。

また、公調委における因果関係の整理の仕方が、その後の本件訴訟の主張を再構成するうえで役に立ちましたし、専門委員報告書は、佐賀地裁の判断において重要な地位を占めました。

その一方で、専門委員報告書の結論を否定した裁定になったため、因果関係の立証のハードルが事実上あがってしまいました。そのため、本件裁判においては、法的な因果関係の立証で十分なはずなのに、事実上、科学的な因果関係の立証まで必要とされるかのような議論になり、裁判所の判断も公調委の結論の影響を回避するために、一見分かりにくい判断になりました。

後日、公調委の事務方の一人と偶然霞ヶ関でお会いしたときに、その方が当時は農水省からの出向で、その後、九州農政局に行ったと聞きました。そのような組織構造である限り、公調委は国を相手にする事件では使いづらいのかなと思っています。

## 7　判決の確定とその後

福岡高裁判決は、当時の菅総理大臣の英断もあり、上告しないで確定しました。法律家としては、事実認定のレベルの問題にすぎないので、上告理由はないと思っていましたので、確定は当然の結果だと思います。判決確定後も、判決確定前と変わらず、開門調査のためのアセスメントの手続きを行って、開門をできるだけ先延ばしをしようとする農水省の態度を見ると、上告させることなく確定させた意義は極めて大きかったと思います。二〇一三年一二月の判決の履行期限を守らせるために、馬奈木弁護団長、堀事務局長とともに、今後も国に対して様々な働きかけをしていきます。

# 9　中国残留孤児・九州訴訟の責任論

ちくし法律事務所　弁護士　田中謙二

## 1　はじめに

中国残留孤児訴訟・九州訴訟は、残留孤児から国に対しての国家賠償請求訴訟であり、平成一六年一二月八日に提訴され、平成一九年一二月二七日に終了した。九州訴訟は判決に至っておらず、九州訴訟の弁護団が提示した国の責任論についての裁判所の判断は存在しない。

訴訟の終了に先立つ平成一九年一二月五日、国は、中国残留邦人等の円滑な帰国の促進及び永住帰国後の自立の支援に関する法律を改正し、残留孤児に対する老齢基礎年金の満額支給や各種の支援給付の制度を創設した。

また、この日、福田康夫首相は残留孤児の代表と面談し、彼らに対して「気づくのが遅くなって申し訳ない」という謝罪の言葉を述べた。この首相発言は全国各地の原告団や弁護団を大いに喜ばせたが、馬奈木弁護士が団長を務めた九州訴訟弁護団は、この発言よりも、首相の別の発言に溜飲を下げていた。

「皆さんは日本国民なんです。ほかの日本国民と同じように幸せになる権利がある」

## 2　残留孤児に関する事実

九州訴訟における原告側の事実主張は、一八九四年の日清戦争から始まっている。そして、下関条約による遼東半島の割譲、これに対する三国干渉、その反発としての日露戦争、その後の日本の大陸侵略へと続いていく。

一九三二年に満州国が建国され、満州移民計画に沿って日本から満州への植民が開始された。一九三七年には先の二〇年間に一〇〇万戸（五〇〇万人）の国民を満州に送出する旨の計画が策定され、直ちに着手となった。満州植民の目的は、満州権益の奪取と来るべき対ソ戦の準備にあった。

一九四一年、太平洋戦争が開戦となる。これに先立って日ソ中立条約が締結されていたものの、一九四四年秋には日ソ開戦必至の状況となっていた。

関東軍は、一九四五年五月三〇日に満鮮方面対ソ作戦計画要綱を策定し、日ソ開戦の際には満州の大半を放棄して後退することを秘密裏に決定した。その上で、満州在住の一八歳から四五歳までの日本人男性約二〇万人を徴兵した。これは「根こそぎ動員」と呼ばれた。

一九四五年八月九日、ソ連は対日参戦して満州へ進軍した。翌日から軍関係者を乗せた避難列車が平壌に向けて次々と発車した。このときの日本人居留民の姿については、防衛庁防衛研修所戦史室「戦史叢書関東軍」の記述を引用したい。

> 最前線の居留民のうち、ある部分は所在の日本軍陣地に収容され、これらの同胞はほとんど例外なく将兵とともに悲壮な最期を遂げた。国境線以外、軍の主力は作戦の必要上概して少しく内部に後退した

ため、「根こそぎ動員」によって一家並びに職域・地域の中心を失った居留民の逃避行は悲惨を極めた。途中あるいは暴れいな敵軍並びに暴民の迫害によって命を落とし、又は陵辱を被り、幸いにそれらの毒牙を免れても、着のみ着のまま、わずかな携行食だけの難民にとっては、それこそ雲煙万里のさまよいの連続であり、疲労・疾病・飢餓、そしてひごとに加わる北満の寒気、精根の限界が永遠の別れであった。肉親の死に対しても逃避をせかされるため埋葬する余裕もなく、また、疲労の余り愛児とともにグループから脱落するもあり、更に万策尽きて他の子供を救うためやむなく手足まといの幼児を現地人に託す事例すら少なくなかった。逃避行においてソ軍、暴民の包囲を受け自決の途を選んだ例は枚挙にいとまがないほどである。

このソ連参戦の日、大本営は、「戦後将来の帝国の復興再建を考慮して、関東軍総司令官は、なるべく多くの日本人を、大陸の一角に残置することを図るべし。之が為、残置する軍、民日本人の国籍は、如何様にも変更するも可なり」とする現地土着・国籍離脱の方針を発令した。同一四日には東郷外相からアジア各国大使館に対してその旨の訓令がなされたほか、その後も同種の命令や決定が繰り返された。

終戦後の一九四六年から一九四八年までは、連合国軍によって日本人の集団引揚が行われた。連合国軍の認識は「日本将兵の送還は、ポツダム宣言の条項に従って行われたものであるが、一般日本人の送還は、全く人道上の理由」というものであった。集団引揚の場所にまで辿り着けなかった日本人居留民は、残留者となった。残留孤児は中国の家庭にもらわれるなどしていた日本人の子どもたちであるが、彼らが集団引揚の場所にまで辿り着く可能性はなきに等しかった。

一九四九年に中華人民共和国（中国）が成立した。日本政府は、中国を承認せず、外交を結ばなかった。一九五二年、中国は日本に向けたラジオ放送で日本人残留者の集団引揚の実施を呼びかけた。日本赤十字社、日中友好協会、平和促進協議会の民間三団体がこれに応じ、一九五三年から一九五八年までの間、日本人残留者の集団引揚が実施された。近年になって秘密指定が解除された外務省の当時の文書には、民間三団体の集団引揚について、次のとおり記載されている。

一　現在わが国と中共との間には、貿易問題については国際貿易促進協議会が、引揚問題についても極く最近までは日赤、日中友好協会、平和促進協議会の民間三団体が、文化問題については日中友好協会が、また在日華僑問題については左翼系華僑総会がこれに当り、ないしは容蒙する等、国交関係の真空状態に乗じて支離滅裂の状態で接触が行われている。

二　このような状態は、そもそも中共側の対日政策の一環として作り上げられたものである。従って中共はこれら民間団体を自由に駆使しうる立場にあり、今後中共は、実際上の両国間の懸案事項をたくみにかかげて、わが国政府民間の分離、国内への勢力浸透を計り、「和平」「統一戦線」の戦術によりわが国内に親中共勢力の醸成、国ぐるみ中立化ないしは左翼化の方向に向って更に努力を傾倒するであろう。

このような日本政府の警戒感もあって、日中両国政府の対立は深まり、一九五八年に集団引揚は打ち切られた。この年の国会で政府は、中国に残留する日本人について「いわゆる国際結婚した人、あるいは向こうの中国人にもらわれて行った子どもというふうな、実質的に中国人になった人が大部分」と答弁した。そして、翌年には、未帰還者に関する特別措置法を制定し、戦時死亡宣告によって日本人残留者の多くを死亡扱いとした。

一九七二年、日中国交が回復した。北京に設置された日本大使館には、残留孤児からの帰国希望の手紙が殺到したが、帰国はほとんど実現しなかった。

一九八一年、残留孤児が日本に一時帰国して肉親を探すという訪日調査が開始された。これ以降、日本への永住帰国を果たす残留孤児の数は、徐々に増えていく。ただし、その数が大幅に増加するのは、一九九〇年代に入ってからのことであった。

帰国後の残留孤児は、日本語の壁などもあって、その大半が困窮した生活を余儀なくされた。政府は、日本語教育など多少の措置は講じたものの、最終的には残留孤児を生活保護制度へと押し込めていった。

## 3　責任の本質と事実

九州訴訟の弁護団は、残留孤児に対する国の責任の本質についての議論を繰り返した。

責任の本質と事実とは相互循環の関係にある。被害が引き起こされていく経緯に関する事実群を収集し、分析し、また鳥瞰することで、責任の本質が見えてくる。

それと同時に、責任の本質を念頭におきながら、それを羅針盤として調査しなければ、核となる事実は収集されていかない。同じ文献を読んで同じ記述に接していたとしても、その読み手が念頭においている立証命題によって、摘み取られる事実は変わってくる。

だからこそ、弁護団を率いるリーダーは、各担当者が調査してきた事実群を吸い上げていきながらも、単にその収集を待つだけではなく、責任の本質を早期に見いだして示していかねばならない。

## 4　残留孤児問題に対する国の責任の本質

馬奈木団長は、提訴前後の早い段階から、本件における国の責任の本質に関して、次のように述べていた。「満州植民というのは、民を片道キップで満州に送り込むものだ。その満州植民は今も続いている」新人弁護士であった私は、顎がはずれそうな思いで聞いていた。「満州植民は今も続いている」などという話を、裁判所はもちろん、誰が本気で相手にするのだろうか。

九州訴訟に先行していた全国各地の残留孤児弁護団は、国の責任論として、早期帰国実現義務と自立支援義務という二つの義務を掲げ、その違反を追及していた。そして、これらの義務の発生根拠の中心には、満州移民の送出という国の先行行為が置かれていた。要するに、国策で満州移民を送り出したのだから、その子らである残留孤児を早期に帰国させるのが国の義務であるし、彼らが帰国した後に彼らが自立した生活を送れるよう支援するのも国の義務である、しかしこれらの義務は果たされていない、という主張であった。このような主張に沿って、国はいつの時点でいかなる方策によって残留孤児らを帰国させることができたのかという点に関する調査と検討が行われていた。

他方、私は九州訴訟の責任班の一員として、馬奈木団長が強く主張していた「満州植民は今も続いていること」を裏付ける事実を探していた。満州へ植民を行っていた帝国が植民の日本への出戻りを望まなかったことは、言うまでもない。そして、帝国がポツダム宣言受諾後に日本人居留民に関して現地土着・国籍離脱の方針を示したことについても、明確な記録が存在している。しかしながら、戦後の日本国憲法の施政下もそうであったのだろうか。少なくとも一九八一年からは残留孤児の訪日調査が実施されていたのであるから、「日本国」は残留孤児らの帰国促進に励んでいたのではなかったか。そのような疑問をどうしても拭えないでいた。

この疑問への解答は、残留孤児の帰国手続きについての事実にあった。

日本国政府は、大陸からの引揚者の帰国旅費を国庫で負担する制度を設けていたが、その申請者を日本国内の留守家族に限っており、残留孤児本人の申請は認めていなかった。

同様のことは他にもあった。残留孤児が日本に帰国するには日本旅券又はその代用としての「帰国のための渡航書」が必要であったが、その取得申請については戸籍謄本などの添付を求めており、これらは日本国内の親族等の協力がなければ揃えられなかった。残留孤児らが中国旅券で日本に入国するという方法もあったが、この場合には外国人の永住目的入国と扱われ、日本国内の親族等による身元保証などが求められた。一九八六年から戸籍による身元証明が可能な孤児らについては身元保証の提出は不要とされたが、その代償として在日関係者からの招聘理由書の提出が必要とされた。

このようにして、日本国政府は、日本国内の親族などの受け入れがない残留孤児については日本への帰国を事実上許さない制度を構築していた。そして、前述した訪日調査も、そのような制度の一部にほかならなかった。すなわち、訪日調査は日本国内の肉親探しにすぎず、運良く肉親が見つかればその者が帰国手続に協力してくれる可能性が生じるというだけのことであった。すべての残留孤児が比較的容易な手続きで日本に帰国することができるようになったのは、一九九五年以降のことであった。

日本国政府は、残留孤児について日本国内の親族の受け入れが整っている者とそうでない者とを線引きし、前者については少なくとも帰国は許したものの、後者については帰国すらも許していなかった。そして、仮に帰国ができた場合であっても、残留孤児は、日本国民として尊重されているとは到底言えないような状況に置かれた。この線引きの存在が盲点となっていた。

こうして、私たちは、残留孤児に対する国の責任の本質を見定めることとなった。すなわち、残留孤児に対する国の責任の本質は、残留孤児を日本国民として扱おうとしなかったこと、言い換えれば、残留孤児から日本国民としての実質を奪い取ってしまったことにあった。そして、その出発点は、権益奪取などのための道具として国民を満州に植えつけるという不正義にあった。このような意味で、日本国民としての実質を奪われた残留孤児の被害は、馬奈木団長が言う「満州植民は今も続いていること」にほかならなかった。「誰が本気で相手にするだろうか」と私が思っていた話は、事実によって明確に裏付けられた。

## 5　加害を正面から見据えるということ

満州植民からつらなる残留孤児の被害の歴史については、多くの識者が「日本政府の棄民」と表現してきた。全国各地の原告団・弁護団も、運動などの局面においては、「棄民」という表現を何度も使用していた。

しかしながら、訴訟における主張として正面切って「国の棄民政策」の違法性を問うたものは、おそらく存在しない。各地の訴訟において直接に問われていたのは、国の早期帰国実現義務の懈怠、自立支援義務の懈怠であった。もちろん、そのような法的構成に相応の理由があったことは、私も十分に理解をしている。「日本政策の棄民政策」を直接に立証することは困難であっただろうし、戦前の満州植民政策の違法性だけを追及して残留孤児の国賠訴訟を勝訴に導けたとも思わない。

だけども、それでも、と私は思う。国が残留孤児に対して法的な責任を負っているのは、早期帰国実現や自立支援といった「為すべきこと」を怠ったからであったのか。早期帰国実現や自立支援についての義務違反というのでは、いくらその義務の発生根拠に国の先行行為を置いたとしても、その本質は、国の残留孤児に対する戦後の救済や救援が不十分であったということになってしまう。

国は、訴訟において、一九四五年八月九日に満州へ進軍したソ連こそが残留孤児問題の直接の加害者であるかのごとき主張を行っていた。これに対し、馬奈木団長は「ソ連がいきなり攻めてくるような時間と場所、そこに残留孤児を含む日本人居留民が存在していたのは、そもそもどうしてなのか」と問い返した。残留孤児やその親を満州に送っていなかったら残留孤児らの被害はなかったという、道理に沿った理屈であった。

また、日本国憲法の施行とともに誕生した日本国では、満州植民などに体現された大日本帝国の価値観や体質は放棄されており、戦後は残留孤児らの帰国促進に努めていたという見方も根強かった。これに対して、馬奈木団長は「それでは、残留孤児が現在も困窮した生活に喘いでいるのは、どうしてなのか」と問い返した。日本国が大日本帝国の価値観や体質を放棄して真に残留孤児らの被害回復に努めていたというならば残留孤児の現在の苦境にあるはずがないという、加害構造の継続の理屈であった。

いずれの理屈も極めて単純なものであったが、残留孤児問題を端的に言い当てたものであったと、私は考えている。

そして、残留孤児の被害に対して国が法的な責任を負うべきなのは、「為すべきこと」を怠ったからというよりも、国民を満州へ植えつけるという「為してはならぬこと」を犯してしまったからであるということを、やはり正面から見据えなければならない。その上で、その加害の構造が現在も厳然と維持されていることを、前述した帰国手続上の妨害的な措置などの具体的な事実をもって明らかにしていくのである。

残留孤児訴訟での活動を経て、私は、被害、特に集団的な被害に対する責任を考えるにあたり、「何らかの作為義務があったにもかかわらず漫然と不作為を続け、もってその作為義務に違反した」という型の思考に安易に陥らないように自らを戒めてきた。集団的な被害が自然発生的に引き起こされるのは、天災など限られた場合でしかない。被害発生の根源に潜む人為、被害の構造を生みだす推進力となった力学、我々はそういった「加害」を抉りだし、正面から見据えていかねばならないのである。

このことを体験として教えてくれたのは、馬奈木昭雄弁護士である。

# 10　事業者説明会での馬奈木節——水俣市産業廃棄物処理場事件

ノーモア・ミナマタ訴訟弁護団　弁護士　板井俊介

## 1　山の水俣病はいらない

「海の水俣病だけでなく、山の水俣病まで起こすつもりか」。

平成一五年五月に突如として浮かび上がった水俣市山間部での産業廃棄物処理場設置計画に対し、水俣市民は、平成二〇年六月までの五年間、一致団結して闘った。五六もの市民団体が参加して「産廃阻止！水俣市民会議」を立ち上げ、市をあげて反対運動を展開したのである。

その結果、平成二〇年六月二三日、この産廃の計画主体の一つである東亜道路工業が「今後の事業の見通しが立たない」として事業からの撤退を発表し、同月二六日には、事業者である株式会社ＩＷＤ東亜熊本が、熊本県に事業中止の届出を行い事業中止が法的に確定した。

この問題については、平成一七年一一月四日、産廃処理場の建設につき「中立」を公言していた江口水俣市長（当時）が、産業廃棄物処理場に関する市民集会の中止を求めるような勧告を行い、これに対し、自由法曹団熊本支部（板井優支部長）が「憲法第二一条違反の行為」として抗議を行いマスコミ発表するなど、水俣市の立ち位置も問われていた。住民の生命・健康を守るのが基本的責務であるはずの行政が、産業廃棄物処理場建設計画にあえて「中立」を宣言することは、要するに事業者側に与することを意味するというのが馬奈木昭雄先生の教えである。

その後、平成一八年二月五日に投開票が行われた「産廃への賛否」が実質的な争点となった水俣市長選挙で、産廃反対を公約に掲げた宮本勝彬現市長が江口前市長に大差をつけて当選したことで事態は大きく動き出した。その後の三年間で産廃を拒否する市民運動が完全に勝利した形となったが、その市民運動において、名実ともに中心的な役割を果たされたのが馬奈木昭雄先生であった。

## 2　馬奈木先生と水俣市

私は、中学校三年生まで水俣市で育った。しかし、父親は沖縄県出身、母親も大分県の出身であり、水俣市に血縁があるわけでもなく水俣の地域社会ではよそ者扱いされてきたものと感じてきた。

馬奈木先生と水俣市との関係の詳細については他の弁護士の論考に譲るが、馬奈木先生が水俣に事務所を開いた昭和四〇年代は、水俣病問題を巡り、最も厳しい社会的な偏見と差別がある時代であった。水俣病問題では、いまだ告発グループと訴訟派とが厳しく対立し、水俣病第一次訴訟のために現地水俣に弁護士として乗り込んできた馬奈木先生は、矢面に立たれて闘われた。一方で、水俣病に対していわば静観する多くの市民（水俣病を「水俣病」と呼称すること自体には反対し「公害病」と呼ぶべきとの主張があった）からも、よそ者扱いされ厳しい立場に置かれていたに違いない。

その馬奈木先生が、水俣病問題を巡っては対立に対立を重ねた、これら諸団体の大同団結により結成された「水俣の命と水を守る会」が主催する講演会に招かれたのが、平成一六年一一月一三日のことであった。この時、馬奈木先生は、水俣市民に対し、安定型、管理型、それぞれの処分場の危険性を水俣病問題と的確に結びつけて解説されている（ＮＰＯミナマタ「なぜ産廃最終処分場は不要なのか」参照）。たとえば、国の設定した基準を守るから安全だという論理は、すでに水俣病問題において破綻しており、産業廃棄物処分場においても同じ議論が当てはまること、メチル水銀のように人が作り出した毒物は人体の防御機能も働かないため容易に体内に侵入していくのであり、産業廃棄物処理場においても同様に人が作り出した毒物が大量に流れ出て再び人体に侵入すること等を切々と語られた。そして、メチル水銀を大量に含んだ水俣湾の底質を閉じこめた最大級の産業廃棄物処理場が、すでに水俣には存在していることを厳しく再認識すべきであると問題提起されたのである。

そして、最後に、「では、どうやって止めるのか」という具体的な問いに対し、「事業者に対する質問会」を活用することで止めるが、しかし、それには、市民の徹底した努力、勉強と、命をかけた闘いが必要だと励ましたのである。

熊本において、この産廃処分場計画を担ってきたのは、東亜道路工業の子会社である株式会社ＩＷＤ東亜熊本であった。それは、まさに水俣産廃建設、営業を唯一の目的として設立された会社であった。平成一七年一一月九日、現地水俣市において、このＩＷＤ東亜熊本は最初の事業者説明会を開いた。

これに先立ち、産廃問題のエキスパートとして水俣市の顧問として選任されたのが、かつて水俣病第一次訴訟を現地水俣で支えた馬奈木先生であった。馬奈木先生は、現地熊本から森徳和弁護士、小野寺信勝弁護士と私を招集した。

事業者説明会対策のための会議は、水俣市役所の会議室で開かれた。

「事業者説明会における争点は、その後の熊本県とのやり取りでも、裁判でも同じく重要な争点になる。何度も何度も、それを訴えるのだ」。大先輩である馬奈木先生は、水俣市役所の会議室で、多くの水俣市民と私たちにそう語った。それは、「重要な論点に関する議論と攻撃を積み重ねる中で、我々市民が確信を持ちながら訴えることが重要である」との教えだった。そのことは、会議に参加していた者すべてを納得させ、市民はその言葉を実践し、説明会に向けて準備を行った。

説明会当日、会場となった水俣市文化会館は一〇〇〇名の水俣市民で埋め尽くされた。馬奈木先生は最前列から一〇列目あたりの中央に陣取り、いつでもワイヤレスマイクを持って立ちあがることができる状況を作り攻撃態勢を整えていた。私は、その隣あたりに座った。質疑の時間となり、準備していた通りに、産廃建設予定地の直下に位置する湯出地区の住民が地下水汚染の危険性を訴える。その後、事業者側が予めサクラとして仕込んでいたと思われる男性が、産廃賛成の意見を述べた。私の記憶では、その後、馬奈木先生はマイクを持って立ちあがった。事業者の説明した地下水の流れの説明に対し、馬奈木先生は誠に恐ろしいほどの迫力で事業者を追い立てた。一〇〇〇名の水俣市民は、この馬奈木演説に「そうだ！」の賛同と拍手喝采を送り、会場内の雰囲気は一気に盛り上がった。

ところが、この時、産廃賛成の意見を述べた男性から馬奈木先生に対し、「発言をやめろ、うるさい」というクレームが入った。馬奈木先生は間髪入れず、一喝した。「お前がうるさいんだよ！」。そして、矢継ぎ早に事業者に質問をぶつける。会場のボルテージは最高潮に達し、大いなる怒号が止むことはなかった。私は、率直に言って大変興奮した。弁護士が「お前がうるさいんだよ」などと公の場で叫ぶこと自体が衝撃的ではある。しかし、そんなことよりもっと衝撃を受けたのが、馬奈木先生の激しく説得力にあふれる演説（質問）が、いかなる妨害に対しても毅然と反撃するものであり、その鬼気迫る姿が一〇〇〇名の市民を一瞬にして団結させたことを目の前で見せつけられたからである。この事業者説明会で生まれた団結力が、その後の運動の力を揺るぎないものとし、その後の産廃反対運動の中核をなしたことは歴史的な事実である。

この集会での馬奈木先生のお姿に、水俣市民は大いに励まされたことであろう。弁護士となって僅か二年の新米であった私は、恥ずかしながら、この時、馬奈木先生の姿に恐れおののき、小声でヤジを飛ばすくらいのことしかできなかった。馬奈木先生には、目の前で本当に素晴らしい「お見本」を見せて頂いた。今でも、その時の光景は目に焼き付いている。

かつて、水俣病問題を巡り、イデオロギーの違いなどで激しく対立をした水俣在住の活動家の集まりにおいて、馬奈木先生は真の実力を見せつけ、信頼を獲得されたのである。

## ３　熊本県を説得した水俣市民の力

誠意のない事業者の態度に怒りを募らせながら、水俣市民は、必死に熊本県をも説得した。馬奈木先生と私たちは、水俣市民とともに熊本県庁に駆け上った。その結果、二〇〇八年三月、熊本県（潮谷義子知事、当時）は、ＩＷＤ東亜熊本が環境影響評価法に基づいて提出した環境影響準備書に対し、地下水や地質、希少猛禽類などに与える影響などの調査が不十分とする四三項目にも及ぶ知事意見書を提出するに至った。

この意見書の内容は、熊本県においても「なぜ、あえて水俣に産廃を作る必要があるのか」という意向を持っていることを示すものとして、相当に大きなインパクトを与えた。

## 4　ある市民の言葉

事業計画中止決定後、ある水俣市民の方から私宛に届いた手紙の中に、以下のような言葉がある。
「今回の運動を通して得たものも数多くあります。その一つは市民が一致団結して行動すれば、大きな力となることを市民自身が感得したこと、そして政治をすることは究極的には市民自身であることを知ったことです」

私にこの手紙を下さった方は、これまでの水俣病問題においては訴訟派には近づかない方だったと思う。もしかしたら、産廃問題がなければ交流を持ち得ない方だったかもしれない。しかし、いま、水俣ではそのような垣根を越えた連帯が生まれている。時代は大きく変わった。

現在も続く水俣病問題は、かつて水俣市民が一致団結することが困難な状況に追い込まれ、水俣市民は、水俣病という我が故郷の問題に対して無力感に苛まれた歴史がある。そして、水俣病問題の運命を、結局は、原因企業チッソを擁護した国が左右してきた事実を見せつけられた水俣市民には、政治に近づくことすらできない失望があったかもしれない。しかし、この産廃阻止運動の中で、水俣市民は民主主義に対する絶望から、一歩のみならず二歩も三歩も大きく前進した。私は、それは馬奈木先生の力なくしては実現できなかったと思う。

# 第5章

# 地域から全国へ

# 1　筑後大堰から諫早湾干拓まで

佐賀大学名誉教授・筑後川水問題研究会会長　蔦川正義

## 有明海との出会い

昭和三〇年代の八年間、学生生活とサラリーマン生活を首都圏で過ごした私は、千葉・幕張海岸で潮干狩りや海水浴を楽しんだ。そこはいま、埋め立てられて国際展示場・幕張メッセや千葉マリンスタジアムなどが建ち並んでいる。その頃、経済の高度成長の中で環境破壊・公害が進んだ東京湾にあっても幕張海岸では、それなりにアサリを採ることはできた。とは言え、懸命に干潟を掘っても漁獲量は知れたものだった。

思いがけない縁があって一九六四（昭和三九）年、福岡市にある㈶九州経済調査協会の研究員の職を得て、九州の地にやってきた。当時、エネルギー転換による炭鉱閉山、離職者・失業者の激増問題などを含む「産炭地域の振興対策」のための経済・社会調査が、私の調査マンとしての最初の仕事だった。簡単にいえば、石炭産業に代わる新たな産業誘致を図る諸施策を考えることであったが、これまた単に産業基盤を整備しても企業立地が進むわけではなかった。後に気づいたことではあるが、まさに地域民主主義の発展を伴った総合的な地域社会の改造を地道に進めるほかない問題だった。これを契機に私の調査・研究の関心は、「地域と産業」に向かっていった。今日、あまり使われなくなった「地域開発」に関する研究である。その中で出会ったのが「有明海」であった。

一九七七年、佐賀大学経済学部に移った私はまず、佐賀県東与賀町の地先に展開する「どろ干潟」に文字通り足を取られて身動きできなくなり、〝とんでもない海と干潟〟があることを知った。ここでは海水浴はできない。しかし、ムツゴロウ、アゲマキ、ワラスボ等の多様な生物が生息し、「肝がつぶれるほど豪快な潮干狩り」を体験した。港で小舟に乗り、数キロ先の海に出て、船上では「酒盛り」をする。しばらくすると、ドスン！　という音がして船の揺れが止まると、みんなは長靴のまま海に入る。みるみる潮が引いて一面が干潟になる。干潟に手を入れて砂を掻いてみたら、ひと掻きで数個のアサリが捕まった。〝アサリが二階建てで並んでいる〟と表現して、みんなから面白がられた。「このような海があるのか?」とカルチャー・ショックを受けた。七〇年代の有明海は「宝の海」だった。六〇年代の幕張干潟では「宝物」のようなアサリを見つける都度、歓声を上げたが、この有明海では「無尽蔵」に掘れるアサリに〝潮干狩り〟の興味がなくなるほどの経験であった。

有明海の〝どろ干潟〟や〝潮干狩り〟の体験の一方、私はほとんど同時に筑後川に呑み込まれてしまった。すなわち「筑後川総合開発計画」の本質は何か……という問題へのかかわりが始まった。

## 筑後川における水資源開発の研究

日本経済の高度成長期にもてはやされた「全国総合開発計画」（全総）は、国土全体の産業基盤の整備を進める指針となっていた。「全総」に自分たちの地域の大型社会資本の整備を書き加えてもらうことが、あたかも「地域開発」であるかのような幻想に陥っていた。特に、一九六九（昭和四四）年に閣議決定された新全国総合開発計画（二全総）は、新幹線鉄道や高速自動車道のネットワーク建設とともに、北海道から鹿児島までの各地に「巨大コンビナート基地」の建設を示した。九州では、「周防灘総合開発構想」や「志布志湾開発構想」が採択され、この巨大開発を実現させるためには、「水資源開発」を先行すべきことが常識のように語られていた。具体的には、一九六六年に閣議決定・発表された「筑後川水系水資源開発基本計画」（通称「第一次フルプラン」）であり、その後、一九六九年に地元プランとして北水協「筑後川水系水資源開発構想」（通称「第一次マスタープラン」）が発表された。当時の建設省が実施する「フルプラン」は、農業用水、工業用水、水道用水について開発水量は示しているが、具体的事業としては江川ダム建設を中心とした「両筑平野用水事業」が明示されただけのものであった。一方、このフルプランとの関係が明確に示されないまま「マスタープラン」には、北部九州各地にダムや河口堰（特に筑後大堰）の建設が書き込まれ、筑後川下流域での土地改良事業等が示されていた。

このような筑後川における水資源開発の展開計画に危惧を抱いた久留米市の公務労働者が（特に、水道部門の労働者）中心となって、一九七七（昭和五二）年秋に「筑後川プレ・シンポ」を開催した。当然、久留米第一法律事務所を開設して間もない馬奈木弁護士が指導的メンバーとして参加されていたことは言うまでもない。私は、「筑後川プレ・シンポ」にノコノコと出かけて行き、問題整理の不十分さに気付いて「九州地域の開発計画とマスタープラン、フルプランの相互関係、具体的な水需給計画をもっと整理する必要がある」ことを発言した。これが「運のつき」だった。翌年の一九七八（昭和五三）年四月に実施した「第一回筑後川シンポジウム」では、「筑後川総合開発の問題点」と題した基調報告を担当した。また、このシンポの「筑後川総合計画の見直しを考える分科会」にも参加したが、この分科会の座長には馬奈木弁護士が当たられ、問題整理の方向が練り上げられた。

いま思えば、この第一回シンポは、その後の展開にとって極めて重要な分岐点にあった。四月に開催したシンポの翌月五月、西日本では激しい渇水に見舞われ、特に福岡市は翌七九年三月まで給水制限や断水という「水飢饉」に見舞われた。この「昭和五三年渇水」を引き金として、一方では、ダム・堰建設と筑後川の水を福岡都市圏に導水する計画の推進が一挙に盛り上がった。他方、同年九月二日、「筑後大堰建設差止仮処分申請」が福岡地裁久留米支部に提出され、同月一二日には原告三七八名をもって「筑後大堰建設差止(本訴)」が民事訴訟として提訴、その四日後の一六日には、第一回シンポの「確認事項」をもとに「筑後川水問題研究会」(筑水研)が発足した。

筑水研の発足にあたって、私は事務局長に就任した。また、大堰建設差止裁判の原告と筑水研会員の一部は重なるメンバーもあったが、筑水研は独自の研究団体として、あらゆる側面から筑後川開発の問題点とその開発の主軸となる筑後大堰の本質的問題点を解明することに専念した。筑水研には研究者、農民・漁民、市民、公務労働者等、多種の職業・活動分野やさまざまな地域の方々が参加され、協力・協同のもとに重要な知見が集積されていった。そして私は、原告側証人として「マスタープラン・フルプランの問題点と筑後大堰の役割について」の見解を述べた。私の証言を引き出す原告側代理人が馬奈木弁護士であったことは言うまでもない。というより、筑後川開発と筑後大堰の役割、さらにその後の諫早湾干拓事業と有明海異変につながる諸問題について、馬奈木さんの示唆による研究の展開が極めて重要であったことを、いま、改めて感謝している。

## 水資源開発の観点から見た筑後川、有明海の問題点

筑後川開発、その「かなめ」に位置する筑後大堰、筑後川と有明海の関連、そして諫早湾干拓以降に顕在化してきた有明海異変について、私の見解を要約的に述べておきたい。

1　水資源開発は、歴史的に先行する第一次産業用水、特に農業用水を制限・調整して、都市用水（工業用水＋都市活動用水＋生活用水）を確保することである。

2　一般的には、農業用水を制約しないように上流部にダムを建設して都市用水を確保する。しかし、筑後川の場合、下流部の農民は、上流部に作ったダムから取水すると言っても納得しない。なぜなら、下流部の農業用水は伝統的取水方法である「アオ取水」に依存してきたからだ。「アオ取水」とは、有明海の満潮時に海水によって押し上げられた淡水（比重の小さい淡水が海水の上に乗る構図を想像せよ）を各地点に設けられた樋門からクリークに取り込む方法である。それは筑後川の流量が豊富であることによって可能となり、上流部のダムに水をためれば流量は減少して「アオ取水」はできなくなる。アオ取水ができる条件は、筑後大堰地点の流量が毎秒約六五トン以上あることが必要。筑後川の年間流量を単純平均すれば、毎秒約一〇〇トンであるが、洪水時期にドッと流れ下るから、毎秒六五トンの流量は筑後川にとってかなり大きな流量である。

3　他方、筑後川の水を利用したいと考える流域外の都市や産業にとっては、アオ取水の流量六五トンのうち農業用水としての利用は、わずか二五トンであるから、差し引き四〇トンは無駄に有明海に流していると映る。かくして、筑後川下流部の農業には二五トンの農業用水を保証して、残りの水は流域外の利用に供してはどうか、そのような方法を実現するためには、分散した農業用水の取水口、すなわちアオ取水を筑後大

堰に一本化して、ここから各圃場に配水する用排水体系に造りかえればよいという計画が生まれた。筑後川下流用水事業がそのような配水体系の根幹であり、併せて湿田、乾田の転換利用を促進し、農業用地の高度・有効利用の促進策として、圃場整備を進めるための筑後川下流土地改良事業が実施されることになった。決して、農民が望んで申請した土地改良事業ではない。

4　下流地域に分散されたアオ取水口を統一・合口するのが「筑後大堰」の本質である。このことによって、毎秒二五トンの農業用水を確保したなら、筑後川の水は流域外や他産業に利用できる。筑後大堰は、このような意味において筑後川開発の「かなめ」なのである。

5　しかし、有明海にそそぐ河川水の四五％は筑後川から供給されるから、農業用水をギリギリに確保しただけではだめだという反論が漁民から出された。その結果、冬場の「ノリ漁業期」に毎秒四〇トン確保することが県知事の介添えにより漁民と合意されて、筑後大堰の建設が実現した。

6　ノリ漁業にとってギリギリに譲った毎秒四〇トンの流量は、有明海の海況にとって大きな制約となった。次々に建設された上流域におけるダム群と筑後大堰による流水コントロールの結果、今日の筑後川は毎秒四〇トン流れる「水路」となってしまっている（データは省略するが「流量年表」を参照されたい）。つまり、筑後大堰と上流部のダムによって、流量は縮減・安定化され、有明海に供給される土砂の量が減少し、干潟の形成が小さくなっているという漁民の証言は注目しなければならない。河川は本来、洪水、豊水、平水、渇水などの流量変動を伴うのが自然の姿であるが、「傲慢な人間の技術力」のもとに一定流量の「水路」となったのが、筑後川総合開発の結末である。そして今なお、ダムが造り続けられようとしている。

7　以上の経過の上に、有明海の海況悪化にとどめを刺したのが、問題となっている諫早湾干拓事業である。

そうならないことを願いながらも、すでに三〇年も前に予測していたことである。筑後大堰差止裁判の当時、もっと分かりやすく証言できていればと、いまとなって悔むのだが、ただ悔んでいてはならない。いまでも馬奈木さんの「たたかい続ける」姿勢は、学ばねばと思う。

# 2　九州廃棄物問題研究会の立ち上げ

九州廃棄物問題研究会事務局長　弁護士　**髙橋謙一**

## 1

のちにバブルが崩壊していたことが明らかになるがまだその実感がなかった一九九二年一〇月のことである。ゴルフ場開発など「リゾート開発による自然環境破壊」を手掛けていた私に向かって、ある日、馬奈木先生が「これからは、廃棄物問題が重要課題となる。一緒にやろうね」と声をかけてきた。「何のことですか」と呆けた返事をする私に、「リゾート問題はもう終わる。これからは山林を産業廃棄物処分場にする動きが増えるはずだ。だからそれを止めるのだ」と説明してくれた。しかし、「産業廃棄物処分場」という言葉さえ知らなかった私は、よく理解できないまま「はあ」という生返事をしただけだった。

ところが、それから一月もたたないうちに、久留米市の隣町の上陽町（当時）の町長が「うちの町で産業廃棄物処分場建設計画が五件も持ち上がっている。町としては絶対に全て阻止したい。それができるのは、馬奈木先生だけだと聞いたので、ぜひ先生に顧問になって、止めてほしい」と相談に来た。これが私と馬奈木弁護士の、その後二〇年にわたる（そして今も続く）廃棄物問題との「出会い」であった。

## 2

廃棄物問題は全く不案内であったが、環境破壊施設の差止については、馬奈木先生はもちろんのこと、私だっていくつかの経験はあった。ただ、この当時は、差止訴訟は「冬の時代」で、裁判はことごとく負けていた（という認識であった）。それを踏まえて、馬奈木先生が打ち出した方針が、今も私たちの基本方針であるが、「法的手続を取るまでもなく、運動で止める」というものであった。「住民運動こそ基本」という私たちの基本原理からすれば当然の戦略であり、一般論としては私も納得できた。しかし、では具体的にどうするのか、となると、当時の私には皆目見当がつかなかった。

ここで馬奈木先生は、「戦術」面（具体的闘い方）では、「説明会を利用する」方法を用いた。これについては板井俊介弁護士が別項で詳しく述べているので省略する。一方、「戦略」面（運動論）は、それこそ多種多彩な方策を次々と打ち出していったが、ここでは、その一つである、「九州廃棄物問題研究会」の立ち上げについて論述したい。

## 3

馬奈木先生の考え方はこうである。

廃棄物問題を抱えている運動体はいくつもある。個別の事件は違うが、廃棄物処理施設の建設を止める、という点では一致しているし、その理屈も基本的に一致している。とすれば、どこか一か所で止めることができれば、他の場所でも止めることができる。したがって利害も一致する。しかも「運動」（世間に対し「この処理施設は危ない、絶対作らせてはいけない」と訴え、その理解・協力を得る）的にも、各事件がバラバラにするよりも、一緒に行った方がより大きく、堅固で、強力な訴求力を持つ。さらに、「敵」も、一見すると個別業者のように見えるが、実は背後に都道府県、さらにその奥に「国」がおり、すべての処理施設を止めるには「国の政策」を変える必要があり、根源では一致している。

したがって、個別の処理施設を止めるには、全国各地の廃棄物処理施設反対運動が全て一緒になって闘うことこそ、最も早く、確実で、ある意味楽な方法である。しかも、これが成功すれば、同種問題は起きなくなるわけであるから、抜本的解決であり、最も有効な未然防止策でもある。

ただ、そうは言っても今すぐ、全国の運動体を統合することは困難である。そこで、まず、九州内で、しかも弁護士が関与している反対運動をまとめよう、そのためには、最初に弁護士が集まって、一緒に闘い始めよう。

こういう意図だったと、私は理解している。

## 4

こうして、一九九三年九月頃、第一回九州廃棄物問題研究会（以下「九廃研」という）が、熊本県山鹿市で開催された。ここを開催場所としたのは、もちろん、ここで反対運動が起きていたからである。その後もそうであるが、研究会は常に、紛争が起きている当該地区で開催をしていた（二回目は久留米市、三回目は甘木市だったと記憶している）。「住民が主役」の運動主体・現場第一主義を標榜していたから、当然のことである。

集まったメンバーは、福岡、大分、熊本の弁護士らで、事件としては、六か所だったと記憶している。また、学者会員として、当時京大防災研究所助手をしており、全国の処理施設紛争で住民側のために活躍していた中川鮮先生にも参加していただいた。また、当然ながら、各弁護士が担当する住民も多数参加していた。九廃研自体は、弁護士・学者の組織であるが、その活動は、常に住民とともにあった。

この時、お互いに協力して処理施設設置反対運動を行っていくこと、研究会としては、勝つための法理論、訴訟技術の研究はもちろん行うが、基本を住民運動に置き、運動を通じて止めていくこと、などを確認した。

## 5

その後、七、八年にわたって、九廃研は活発な活動をしている。この間、九廃研に加わった弁護士は、二〇名を超え、反対運動団体も一〇ではきかない数となった。参加弁護士の多くは、地域に根付いて活動している弁護士であった。彼らは住民から処理施設建設阻止の相談を受け、地域に根差す弁護士として当然に引き受けたものの、特殊分野であるためとっつきづらかった。そういう時に、九廃研の話を聞き、参加するようになったのである。

私たちの目的は、前述したように、（少なくとも）九州中の反対運動を統合して一緒に闘うことであった。したがって、そのような弁護士の参加はもちろん大歓迎であった。弁護士の会員が一人増えれば、一緒に闘ってくれる住民団体もまた一つ増えるからである。

また、近くに廃棄物問題を解決してくれる弁護士を見つけられず、わざわざ遠方から、九廃研の代表の馬奈木弁護士に相談に来る住民団体も少なくなかった。そういう時、私たちは基本的に、相談をした住民が住む地域に最も近い「地域に根付いた活動をしている弁護士」に声をかけ、一緒に、反対運動を受任するという方針を取った。これにより、住民にとっては地元の弁護士が就くため便利であるし、その弁護士は九廃研からサポートを受けられる。そしてまた一つ、九州の反対運動の統合も進むことになるので、九廃研の目的にも合致する。

## 6

こうして、九廃研が大きくなっていく中、私たちは、次なる戦略、日本中の反対運動の統合を目指す活動を始めた。馬奈木先生や私などが、全国各地の反対運動団体を回り、共闘を訴えて行った。また自由法曹団環境部会や、公害弁連などにも、廃棄物問題を全国で取り組むようにと働きかけていった。出かけたところは、宮城県、福島県、茨城県、岡山県他多数ある。産廃に反対する町長が襲撃されたことで有名となった岐阜県御嵩町で全国集会を行いもしたし、長野県で自由法曹団総会が開催された時、廃棄物問題のプレシンポも持った。

このように、当時、全国で住民側に立って闘っている弁護士はそれなりにいたので、大規模な集会を、単発的には開催できた。しかし、九廃研のようにまとまっておらず、機動性が弱かった。そのため全国の弁護士の間で、全国的な組織を立ち上げたいという機運が自ずと高まっていった。そして、一九九八年四月に「たたかう市民とともにゴミ問題の解決を目指す弁護士連絡会」（通称「ゴミ弁連」）が結成され、私が九州地区の幹事となった。

ゴミ弁連の結成により、究極の敵である国を追い詰め、廃棄物問題を抜本的に解決するという運動は、ついに馬奈木先生が求めていた通り、全国組織的運動へと発展した。

その最大の成果は、岡山県吉永町の管理型産業廃棄物処分場建設阻止活動である。一九九八年一〇月、岡山県知事は業者の処分場建設許可申請を不許可にしたが、業者は厚生省に不服申し立てをした。そういう最中の一九九九年四月、久留米市において、ゴミ弁連の総会が開かれた（馬奈木弁護士と私が実務責任者）が、それに参加した吉永町住民から、「近々厚生省が業者の許可を認める逆転裁決を出しそうだ」という報告があった。それを聞いた馬奈木先生は「この吉永町の事件こそ、国がいかに怪しからんかを国民に知らしめる象徴的事件である。逆転裁決に対しては、ごみ弁連の力を総結集して、国と一戦交えて叩きのめし、国の誤りを白日にさらし、以て廃棄物行政を変更させる闘いにすべきである」と訴えた。この戦略は、満場一致で採用され、即座に、厚生省の逆転裁決に備えた準備が始められ、たとえば厚生省が現地視察に来た際にも全国から応援の部隊が集まり、盛大な集会を行った。

このようにしっかりとした戦略を練って応対したためか、何と、一九九九年六月九日に出た厚生省の裁決は、予想に反して、県の不許可決定を支持するものだった。「運動で勝つ」を正しく地で行った鮮やかな勝利であった。

## 7

このように、九廃研の活動や、全国の廃棄物紛争問題は、二〇〇二年ころまでは、極めてうまくいっていた。この間、民間業者に対する差止訴訟は連勝を続けたし、社会的にも所沢ダイオキシン問題を契機にダイオキシン類特別措置法が制定されるなどして、悪質な業者はどんどん排斥されていった。それに連れ、市町村が主体となる一般廃棄物処理施設や、産廃でも公共関与の大型施設が増えるようになった。そのため、日本中いたるところで起こっていた廃棄物問題は、だんだんとその数を減少させ、同時に、住民の「敵」も、民間業者から公共団体へとシフトしていった。これはすなわち、本来の「敵」である国（その「出先機関」としか解せない都道府県）が一層明確にその姿を現してきたことを意味した。

公共団体が主体となった場合、種々の理由で闘いは不利となる。そのため、全国でも紛争が減ると同時に成果が見えず、全国的な活動は徐々にではあるが低下していった。

当然、九廃研の活動もかつてよりは低下したが、それでもまだ活発であった。それは九廃研が、先に述べたように、裁判ではなく住民運動を主体としていたためである。私たちは、「反対運動の目的は『設置させないこと』ではない。『今の環境を守る』ことである。したがって、設置させないことが一番だが、仮に設置されても、環境を守るためにできることはいくらでもある」と考えている。したがって、裁判で負けて処理施設が設置されたからと言って、住民のパワーはそれほど落ちず、むしろ新たな意欲で立ち向かった。たとえば私が手掛けた事件であるが、空き缶等の選別施設の差止訴訟を起こしたものの敗れて建設された。しかしその後も反対運動を続けたため、顧客が敬遠して、倒産したというケースもあった。「施設はできたが、環境は守れた」の典型例である。

このように、九廃研は、闘いの目的をきちんと立て、長期展望に立った戦略をとっている。その基本には、これも馬奈木弁護士が好んで使う「（局地戦に、一度や二度）負けてもあきらめない。勝つまで闘い続ける」という哲学がある。局地戦の勝敗は、必ずしも全体の勝敗につながらない。住民の関心は何か、目的は何か、それを得るためには、長期的にはどうすればよいか、当面はどうすればよいか、などを、九廃研では常に意識し、検討を続けている。

## 8

余談であるが、私の理解では、馬奈木先生のスローガンは、かつては前記のように、「負けてもあきらめない。勝つまでたたかい続ける」で、それがある時点から、「私たちは絶対に負けない。なぜなら勝つまでたたかい続けるから」に変わったのだと思う。前者が「意志」しか示さないのに対し、後者は「結果」まで含んでいる。長年にわたる多数の闘争を経て、「たたかい続ければ必ず勝てる」という経験を積み重ねた結果、こう変わったのだと私は思っているが、これは、私の単なる記憶違い、誤解、理解不足のせいかもしれない（馬奈木先生に確認もしていない）。ただ、私の馬奈木先生への理解度を示す一つのエピソードとして、敢えて紹介させていただく。

## 9

今もなお、九廃研の会員が手掛けている紛争は、まだ一〇前後ある。確かに「施設設置阻止」という観点から見ると評価は分かれるかもしれないが、しかし「環境を守る」という観点からは、どこにもしっかりとした展望がある。

今なお、会員間での情報交換は行われているし、各会員が有する事件の住民間の交流も活発である。

もう一度述べるが、九廃研は、処分場問題の抜本的解決を目指して結成された。その戦略は、各地の反対住民が一緒になることで、巨悪の「国」と対等に立つ。また世論も喚起できる。そして、どこか一つが勝てばそれが自分たちの勝利につながると考え、どの紛争に対しても、みんな協力して立ち向かう。そして最終的には、国の政策を変えて、廃棄物問題が二度と起こらないようにする、というものである。

正直言って、日暮れて道遠し、かつ灯りも見えづらいところはある。しかし私個人は、きちんとした戦略・展望を持ってみんなで協力して闘い続ける限り、いつかは目的が達せられると信じている。それはまた、私が馬奈木先生から受けた薫陶でもある。

## 10　最後に

私を久留米第一法律事務所に勧誘する際、馬奈木先生はこうおっしゃった。

「久留米市は、地方都市だから、地方都市ならではの問題が起きる。その種の問題は久留米市に限らず、日本中の全ての地方都市で起きるから、それを本気で解決するためには、全国的規模で解決することが必要だ。だから全国の同種事件に関わっている弁護士らと共闘することとなる。その時、現場をたくさん知っていることこそが重要だが、そういう地方の特殊性による事件の多くは、久留米第一に持ち込まれるから、その点では引けを取らない。だから久留米第一に来て、そのような事件を徹底して取り組んでいくと、必ず全国区で専門家として通用する全国有数の弁護士になれる。それは約束する」

私に関して言えば、この馬奈木先生の約束は守られている。久留米第一にいたからこそ、私は廃棄物問題と出会った。廃棄物問題は、日本中どこでも起こっていた。これを解決するには、国の政策転換を迫るしかなく、全国で共闘する必要があった。そこで私は全国のそういう方々と交流し、この問題に従事しているうちに、曲がりなりにも廃棄物問題の専門家になり、知名度も上がっていると自負している。残念ながら「全国有数」レベルまでには達していないが、これはひとえに私の個人資質の問題であり、機会・環境のせいではない。

馬奈木先生に対して、弁護士人生のほぼ全てを通じて取り組む課題を与えてくれたことを深く感謝して、この稿を終える。

# 3　住民と共に闘う

弁護士　伊黒忠昭

## 1　はじめに

「住民と共に闘う」という題目を与えられましたが、私よりもふさわしい方々は数多くいると思いますし、私が住民運動に関わったのはマンション建築問題や処分場問題程度で数も少ないです。

ただ、私がこれまで住民運動に取り組んで行くときに、馬奈木先生を意識してきましたし、考えも馬奈木先生の影響を受けていると思いますので、恥ずかしながら私が経験した事件を題材にして、私なりに「住民と共に闘う」ということをどのように考えて取り組んだのかを「告白」していくことにします。

## 2　甘木・三輪の処分場反対運動

私が大規模な住民運動に関わった最初の事件が、現在の福岡県朝倉市、事件当時は甘木市と三輪町に計画された廃棄物最終処分場に対する反対運動でした。

この処分場は、福岡県甘木市（現在の朝倉市）の白川地区、県内有数の蛍の生息地である甘水川（アモウズガワ）の近くに建設を計画されたもので、産業廃棄物と一般廃棄物を埋め立てる民間の管理型処分場でした。

埋立敷地面積九万六九二九平方メートル、埋立容量九七万立方メートルの計画で、完成すれば西日本最大級の管理型最終処分場になると当時言われていました。

計画地である甘木市の住民の一部や、地下水が繋がっている隣町の三輪町の全住民が井戸水を飲料水として利用していたこと、また蛍の生息などからもわかりますように貴重な自然環境が存在することから、地元甘木市・三輪町の住民団体、並びに自治体である三輪町から相談を受け、当時、所属していました筑紫共同法律事務所（現在の「ちくし法律事務所」）がこれらの住民団体や三輪町の顧問となり、同事務所の稲村晴夫・浦田秀徳の両弁護士と一緒に取り組みました。一九九四（平成六）年、当時、私が弁護士四年目でした。

この処分場に対する反対運動は、私たち筑紫共同法律事務所だけでなく、久留米第一法律事務所の馬奈木先生と、私と同期の髙橋謙一さんが甘木市からの依頼を受けて、参加することになりました。こうして、私たちは馬奈木先生と一緒に県主催の斡旋や協議の手続きにおいて業者の計画の問題点を追及するとともに、反対運動の方針等について協議していくことになりました。

この処分場反対計画の運動にあたっては、甘木市や三輪町といった地元住民の問題という狭い視点ではなく、もっと幅広い市民の問題、福岡県民全体にかかわる問題として、運動を広げていく方針をとることにしました。

もともとこの処分場の計画の背景として地元自治体である甘木市だけでなく、三輪町などの周辺自治体が一般廃棄物やそれを焼却処理した後の焼却灰の最終処理に頭を悩ませているという経緯があり、そのことを踏まえてか、業者は、産業廃棄物というよりも、自治体が抱えている一般廃棄物や焼却灰の最終処理を行うことを目的として計画を立てていることをセールスポイントとし、また産・官・学一体となった計画、すなわち、県や廃棄物問題に詳しい学者・大学の協力のもとに作られた計画という点もまたセールスポイントとしていました。したがって、地元住民の反対というだけでは到底困難ではないかと思われました。

そこで、この最終処分場の計画の技術的問題と地下水汚染の危険性の問題を追及し、それを訴えるだけでなく、周辺の自然の貴重さ、それをまず地元住民自身が正しく認識し、それを福岡県民全体に広げる運動を取り組むことにしました。要するに、この処分場計画地は、福岡県民にとって守るべき貴重な自然環境だという世論を作り、それによって、県が安易に施設設置の許可を出させないようにするとともに、周辺自治体が一般廃棄物や焼却灰の処理をこの施設に委託することはない、委託することは考えられないという環境を作り、事業計画が成り立たないと業者に思わせようとしたのです。

さて、運動としては、まず、県内有数の蛍の生息地という自然環境の価値を売り出すことに取り組みました。そのために、地元住民だけでなく、誰もがこの蛍の舞う幻想的な風景を楽しめるように、蛍祭りを計画し、宣伝を行いました。生息地の川辺を散策できるように、要所にガイドの人や灯り、また休憩場所を設けて、気軽に誰でも楽しむことができる祭りを開催し、それを毎年行なったのです。

また、周辺の自然がいかに貴重かをより明らかにするため、環境コンサルタント業者に依頼して調査してもらうことも取り組まれ、その結果、大鷹の餌場になっているなど、新たな事実も明らかになりました。

さらに、この処分場計画地の周辺の河川は、福岡県民の飲料水の水道水源である筑後川や小石原川と繋がっていることを、住民が、自らの足で歩いて回って調査して明らかにしました。そこで、この調査結果に基づき、この処分場問題が、県民の飲料水の安全性につながる問題だということを訴え、地元住民だけでなく、全県民を対象とした反対署名活動を展開しました。その結果にもとづいて、地元選出の県議会議員が県議会で知事を追及したりしました。

もちろん、住民運動だけでなく、県が不許可にするように法的手続きにも取り組みました。私たち弁護団は、安全性に関する技術的な問題、例えば遮水シートの耐用年数、湧水が多く地盤が軟弱でコンクリート構造物や遮水シートの破損の危険性が高いこと、遮水シートが破損した場合の破損の発見・修復の困難性などについて、県の紛争防止条例に基づく斡旋（斡旋と言っても、それ以前の説明会が実質上ほとんど行われていなかったので、斡旋の場で説明会のやり直しを行わせました）や、行政手続条例に基づく協議の場で、県を前にして徹底的に業者を追及しました。その準備のために、親しくしていた、処分場の設計に携わったこともある土木の設計・施工管理の専門家に、地盤や地下水といった土木の基礎から教えてもらったりもしました。

ただ、この斡旋や協議の手続きには代表者しか参加できなかったため、この処分場計画がどのように危険であるかを、反対運動に携わっている住民全員が自らの知識としてもらうために、県の主催する斡旋や協議が開かれた都度、報告会を開いてもらい、私と稲村先生・浦田先生で住民にできるだけ分かりやすく説明したりもしました。住民にも学習してもらったのでした。危険性について自ら理解することが、運動に主体的に取り組む原動力になるし、運動持続の支えになると考えたのです。それに、そうしなければ、運動を維持できないのではないかと私自身が心配だったのでした。

このように反対運動を行って業者に圧力をかけていったのですが、そのために行き詰っていた業者は、甘木市に水面下で解決に向けての交渉を行っていたようで、突然、業者が甘木市に計画地を売却すること知らされ、一九九七（平成九）年七月に甘木市議会で買収が決定されました。

こうして、私たちの処分場反対運動は、一定の成果を上げながらもあっけなく終了しました。

## 3　筑紫野市の処分場問題

一九九九（平成一一）年一〇月六日、福岡県筑紫野市にある安定型産業廃棄物最終処分場で、処分場から発生した硫化水素ガスにより従業員ら三人が死亡するという事故が発生しました。

この処分場のある場所は、筑紫野市平等寺という地区で、佐賀県との県境の場所です。この処分場の約一・二キロメートル下流には、筑紫野市・太宰府市・小郡市の市民に飲料水を供給している県営山神ダムがあります。

本件処分場は、廃プラスチック類・建設廃材等の安定型廃棄物を埋めたてる最終処分場で、一九八八（昭和六三）年六月設置届をした第一期処分場と、一九九三（平成五）年六月許可による第二期処分場、それに第二期処分場を拡張するという形で変更許可を受けて設置した第二期拡張部分処分場の三区画に分かれています。この処分場は全体の許可埋立面積が七万三九四二平方メートル、許可埋立容量が一二六万一六六八立方メートルという処理能力を有していました。

また、この処分場内には、中間処理施設である焼却場と選別施設も存在し、業者は許可を得てこれらの中間処理業も行っていたのです。

このように、本件処分場は一九八八（昭和六三）年から稼動したのですが、飲料水の供給源である山神ダムのすぐ上流にあるということで、設置届前の同年一月、地元自治体の筑紫野市が、市民約四万名の反対書名を添えて「建設反対の意見書」を福岡県に提出したりするなどの反対運動を続けてきました。また、周辺から黒い沢蟹が発見され、それがテレビに取り上げられたりして騒ぎになったこともありました。

実際、本件処分場は、本件事故前にも何度か問題を起こしていました。

一九九七（平成九）年九月二四日には、木くず、紙くず等の許可外廃棄物を埋めたてた等の違反事実により、福岡県筑紫保健所より厳重注意書を出され、また一九九九（平成一一）年二月二四日にも、同様に許可外廃棄物を埋め立てた違反事実により、同保健所から厳重注意を受け、更に、同年四月七日には、第一期処分場に許可された容量を越えて埋め立てたという違反事実により同保健所から厳重注意を受けてもいました。

これらの厳重注意は、許可外廃棄物の埋め立てに対するものですが、これら以外にも、焼却場周辺に焼却能力以上の焼却予定物を野積みしていたり、堆積させていたりということで何度も注意を受け、最終的には搬入制限の行政指導を受けました。そのような指導を受けると、そこは表面的には改善されるが、今度は許可外廃棄物の埋め立てが発覚して、指導を受ける。そうすると、埋め立てについては表面的に改善されるが、今度は焼却予定物が堆積するという問題を生じ、指導を受ける。このことの繰り返しが、少なくとも死亡事故が起きる二年前から続いていたのでした。

このように違反埋立が繰り返されていた中で、一九九九年一〇月六日に、処分場内に設置された水質検査井戸で、硫化水素ガス中毒により三名が亡くなるという死亡事故が起きたのです。

事故後の調査で処分場内部（ボーリング孔）から一万五二〇〇ｐｐｍ（その後最高で二万二〇〇〇ｐｐｍ）を検出しています。六〇〇ｐｐｍ以上だと吸い込んでから一時間以内で致命的な中毒症状に陥り、一〇

○○ｐｐｍから二〇〇〇ｐｐｍだと即死するといわれています。

事故後、県は、業者に対し、事故現場への立入禁止、埋立行為の停止を指導し、事故原因の調査のため、学者・研究者で構成される事故調査委員会を設置し、事故調査にあたらせました。調査結果は、硫化水素が発生した原因については、ボーリング調査の結果より、層厚が三〇メートルにも及び層内は湿潤状態で嫌気的性状を示していたこと、廃棄物層に有機物が一〇％程度含まれていたこと等から、有機物の生物分解に伴い、より嫌気的な状態となり、硫酸塩還元菌の活動がより活発になる条件を有しており、廃棄物中の硫黄分が硫化水素に還元されたものと考えられ、また、悪臭対策として注入している硫酸第一鉄も硫黄分の補給源となり、硫化水素の発生を促進したものと推定されるというものでした。

私には、業者が違反を繰り返しているにもかかわらず、大部分は行政指導で済ませ、厳重注意も確かに出していますが、厳正な行政処分を行わなかったこと、この県の怠慢ともいうべき対応が、この死亡事故を招いたとしか考えられません。

さて、この死亡事故をきっかけとして、この処分場に対する住民運動が一気に盛り上がることになったのですが、先に述べましたように、それ以前からこの処分場が問題を起こしていたことから、死亡事故以前から、この処分場の操業に対する反対運動やこの処分場を監視する住民運動は始まっていたのでした。

私自身も、死亡事故以前からこの処分場問題について住民の方から相談を受け、前記稲村弁護士と一緒に関わっていました。

そして、この処分場問題について、組織的な運動として取り組もうということになりました。

そこで、まず問題となったのが、運動の目的でした。この処分場問題だけを目的とした「反対運動」とするのかということでした。私たちは、話し合った結果、この処分場問題だけでなく、処分場のある地域の水源の保護や自然環境を守る運動の一環としてこの処分場問題を取り組むことにしました。それは、この処分場に隣接する処分場（すでに埋立処分は終了していた処分場）の問題があったこともありますが、なによりも、この事故を起こした処分場業者が地元地区に根付いており、地元地区住民の運動参加は期待できず、地元以外の幅広い市民の参加を求めるためには、自然を守るという大きな運動にした方がよいと考えたからでした。

こうして一九九九年九月に運動参加予定の市民の会議を開催し、「山神ダムの水と環境を守る会」（通称「守る会」）として発足させ、同年一一月に結成大会を開催することを決めました。

その翌月の一〇月六日に、死亡事故が発生したのです。

死亡事故発生後は、本当に大変でした。

死亡事故のあった日から六日後の一〇月一二日には、処分場業者だけでなく、筑紫野市長、筑紫野市議会、福岡県、筑紫野署に対して申し入れを行ったのを初めとして、翌年の二〇〇〇（平成一二）年一〇月までの約一年間の間に、県（保険所、事故調査委員会も含む）に対しては一七回、他の団体と一緒にという形の七回を含めると合計二四回もの申し入れや交渉、抗議という行動を行い、筑紫野市（市議会も含む）に対しては四回の申し入れを行いました。一年間、隔週の割合で県や市などの行政と交渉をしたことになり、そのための準備会議を含めてすべて私も参加していましたので、本当に毎日この処分場のことを考え、のめりこんでいる状態でした。

先に述べましたように守る会は、会の参加資格に地域の制限を設けておりません。ですから妨害しようとする者も参加しようとすればできる状態でした。ですから、会を守るということには神経を使わざるを得ませんでした。そこで、攻撃の的となりやすい会長や事務局長といった特定の代表者の役職は設けず、ただ、日常活動の核となるものとして、複数からなる事務局体制を設けました。日常の調査等の活動は会報で会員に知らせ、行政との交渉などの具体的な行動については、会員にも広く参加を求めるというやり方をとりました。その間、守る会の熱心な活動を心配する声もありました。ある日、突然、大先輩の弁護士から、このまま操業再開の反対運動を続けていると危ないのではないかという趣旨の心配のお電話を頂いたこともありました。

さて、この事故後の守る会の運動については、行政に対する交渉だけでなく、この処分場の過去の経緯と処分場周辺の環境への影響について自分たちで徹底的に調査し、まず自ら事実を認識するとともに、それを多くの人に知らせることにしました。

当時、全国の処分場問題について住民側に立って協力されていた京都大学防災研究所の中川鮮先生から水質調査の重要性についてアドバイスをいただいて、まずは電気伝導率の調査から取り組みを開始しました。後に、千葉工業大学の八尋信英先生にご協力いただけるようになってからは、本格的な調査に取り組むようになりました。この調査は、今も週一、二回のペースで定期的に行われています。

そして、守る会が独自に調査した結果については、同じように運動に取り組んでおり、守る会も参加している「県営山神ダム上流域産業廃棄物処理場対策連絡協議会」（通称「産廃連」）にも提供するとともに、調査結果を報告するビラを作成し、街頭での訴えとともにビラを配布したりしました。

このような状況の中で、先に述べましたこの処分場の過去の法令違反の事実や県の行政指導だけを繰り返すという甘い対応の事実が明らかになり、また、処分場周辺のマンガン汚染や水質の異常値などが明らかになるにしたがって、守る会は、福岡県に対して、事故の原因究明だけでなく、この処分場の埋立物についての徹底調査をもとめるとともに、許可・監督権者の県に、業の許可と施設設置の許可の取り消しという行政処分を出させて、それにより操業再開を阻止するという運動方針を立てました。

私たちは、それまでの県の指導監督の怠慢・甘さが今回の事故をもたらしたと考え、問題の解決としては、この処分場の操業再開をたとえば裁判や運動などによって単に阻止するだけではなく、それまでの県の態度を改めさせ、県自体に行政処分としてそれを行わせなくてはいけないと考えました。言い換えれば、県の廃棄物行政を改めさせることに運動の目標をおいたのです。当時は、義務付け訴訟制度はありませんでしたので、無謀にも運動で勝ち取ろうとしたのです。

そこで、世論を味方につけるため、街頭での訴えやビラ配りだけでなく、県との交渉や申し入れ等の活動を行う際には、県庁の記者クラブに取材の要請をしたり、記者会見開催の申し入れをしたりしました。そのときには、記者の関心を得るため、それまでに調査した結果の中から記事になりそうな新事実をピックアップし、それについて要請や質問を行うからということを記者に予め伝えたりもしました。

また、県や筑紫野市だけでなく、環境省とも交渉を行いました。

さらに、守る会は、処分場問題に取り組んでいる他の団体との連携も積極的に行い、これらの団体の運動へも積極的に関与することも取り組みました。

しかし、なかなか県の態度を改めさせることは困難でした。

そうこうしているうちに、二〇〇三（平成一五）年、業者の許可更新時期を迎えました。私たちは、それまでの業者の違反の繰り返しと県の対応をまとめて、業の許可更新をするなという県知事宛の申し入れ書を作成して県に申し入れをするなど、許可更新阻止に向けた運動に集中して取り組みました。

そして、同年一〇月二三日、県は埋立処分業に関しては許可を更新しませんでした。しかし、焼却及び選別の中間処理については、県は許可更新を認めてしまいました。

その結果、中間処理による選別後の安定五品目の廃棄物は従来どおり埋立ができるということになりました。そこで、今度は、中間処理の問題に集中して運動を取り組み、国会議員会館へ行き、議員への要請行動も行いました。

監視行動の中で、県外からのゴミが博多埠頭からこの処分場に運ばれているという疑いを持つようになり、博多埠頭から追跡を行ったりもし、その結果を県交渉の中で伝えたりもしました。そのような状況下で、二〇〇五（平成一七）年に包装容器プラスチックゴミが県外から持ち込まれ、埋め立てられているとのテレビ報道がなされました。

こうして、この処分場内の中間処理の問題が注目されている中で、県は、この業者が、同年三月に中間処理として受託した産業廃棄物を、中間処理を経ずに埋め立て処分したという違反事実に基づき、同年六月二四日、同事業者の中間処理業の許可はもとよりすべての業の許可を取り消すとともに、焼却施設や最終処分場の設置の許可を取り消しました。

このようにして、埋立や中間処理もストップさせることはできましたが、問題はすべて解決したわけではありません。

まだ、この処分場に本当に何が埋め立てられているのか、違反埋立物の撤去の問題は未解決のままであり、この問題について今も守る会や私たちは取り組んでいる状況です。

## 4

以上述べましたとおり、私は、住民運動に関わるにあたって、①住民が主体的に運動に取り組むようにすること、②問題解決には、当該住民の利害という問題にとどまるのではなく、問題の本質を探り、地域という枠を越え、市民一般の問題、社会の問題へと広げて考え、運動を展開していくことを心がけたつもりです。

これは、馬奈木先生から、ご一緒させていただいた住民運動やじん肺などの集団訴訟を通じて学んだことだと思っています。

# 4　電磁波問題を地域から九州、全国へ

久留米第一法律事務所　弁護士　髙峰　真

## 1　馬奈木先生から電磁波問題を通じて学んだこと

私は、久留米第一法律事務所に入所してから、集団事件から一般事件、さらには私生活についてまで、あらゆる面で馬奈木先生にアドバイスをいただいてきた。それらは私の弁護士人生にとってかけがえのない財産である。その中でも特に馬奈木先生と一緒に取り組んだ電磁波問題については、馬奈木先生から私の弁護士としての一つのライフワークを与えてもらった事件なので、私にとっては最も思い出深い事件である。

電磁波問題では、後に述べるとおり、裁判で勝つことはできなかった。しかし、主に馬奈木先生と二人で裁判に取り組んだことで、裁判における戦術論、例えば主張の組み立て方や求釈明の視点、反対尋問の方法等を学ぶことができたのは、私にとって非常に良い経験であった。そして何より、この問題を通じて、まだ誰も取り組んでいないような最先端の公害を解決するために何が必要なのか、問題を本当に解決するための馬奈木先生の考え方を学ぶことができたのが私にとって最高の経験であった。

以下では、馬奈木先生と一緒に取り組んだ電磁波問題を振り返りながら、私が馬奈木先生から学んだこと

と、その成果を述べる。

## ２　馬奈木先生の素晴らしい反対尋問

私が久留米第一法律事務所に入所した二〇〇四年一〇月には、ＮＴＴドコモ九州に対して、電磁波による健康被害の危険性を理由に、久留米市三潴町の携帯電話中継基地局の移転を求める訴訟（以下「三潴訴訟」という）は既に一審の山場を迎えていた。当時、被告のＮＴＴドコモ側の証人である野島俊夫北海道大学教授の主尋問が終わっており、同証人の反対尋問を控えていた。このＮＴＴドコモ側の研究者証人を崩せるかどうかが判決の分かれ目と考えられるため、正に判決を占う上での天王山というべき場面であった。

その反対尋問期日の数日前、新人で仕事が上手くこなせていない私が休日に事務所に出たところ、事務所には反対尋問の準備をしている馬奈木先生がいた。馬奈木先生は、大量の資料を読み込みながら反対尋問の準備をしていたが、私はその姿を見て、重要な事件の反対尋問に対して徹底的に準備するという弁護士の心構えをなんとなく感じることができた。

そして、反対尋問本番当日、馬奈木先生の反対尋問は見事だった。時に野島証人の証言を弾劾する証拠を突きつけ、時に同証人と議論して論理的に追い詰めることによって、同証人が、電磁波の健康被害を認めた研究や勧告等について、極めて偏った見方をしてその研究結果等を否定していることや、日本の基準値以下であれば安全であるという同証人の主張が非論理的であることが明らかになった。

この馬奈木先生の反対尋問を見て、先生のすごさを感じるとともに、相手の証人をこれだけ崩したのだからこの訴訟は勝てるのではないか、という希望を持つことができた。

## 3　一審の不当判決

私が見る限り、三潴訴訟の一審における主張、立証は、前述の野島証人尋問も含め、原告側が圧倒していた。しかし、二〇〇六年二月二四日に下された三潴訴訟の一審判決は、原告側の主張、立証、特に野島証人尋問の成果を無視した極めて不当な判決であった。馬奈木先生の反対尋問により、被告が依拠している国の基準が、それ以下であれば安全な基準とは決して言えないこと、電磁波の健康被害を認めた海外の研究結果に対する野島証人の批判が偏った見方に基づくことが明らかになったにもかかわらず、一審判決は、三潴の基地局から発せられる電磁波の強度が国の基準よりも極めて低いことを理由に原告らの請求を棄却した。しかも、その電磁波の強度は、被告から提出された、作成者も作成日時も記載されていない、単に距離ごとの電磁波強度が何の根拠もなく書かれた紙切れ一枚の書証によって認定されているのである。

この判決は、それまで原告側が主張の軸とし、野島証人の反対尋問でも大きな争点とされた、電磁波の健康被害を認めてきた海外の研究結果の意義を正面から受け止めることをせずに、被告提出の根拠不明な電磁波強度の書証に逃げ込むようにして原告の訴えを退けたものであり、極めて不当な判決である。

しかし、このような不当な判決が出ることこそが、最先端の公害である電磁波問題の難しさを表している。携帯電話や無線ＬＡＮは、今やわが国の国策事業とも言えるＩＴ産業の根幹を担うものである。その意味で、かつて水俣病を生み出した化学工業、じん肺を生み出した石炭事業と共通するのであるが、そのような国策事業に対し、国の方針に反してブレーキをかけることは、裁判所としても相当に高いハードルがあるのである。

とはいえ、原告の住民の方々が不当判決に屈するはずがなく、当然控訴し、控訴審からは私も本格的にこの訴訟に加わることになった。

## 4　九州弁護団連絡会の結成

当時、九州において携帯電話中継基地局の撤去や操業停止を求めて争っている訴訟は、三潴訴訟だけではなかった。熊本や大分でも同種の裁判がなされていたし、鹿児島でも新たな訴訟が起きていた。全国的には珍しい携帯電話中継基地局をめぐる訴訟が九州でこれだけ多く起きているのは、公害問題に対して常に最前線で闘ってきた九州の弁護士の伝統であろう。

もっとも、三潴訴訟の一審段階では、九州の同種訴訟の各弁護団は、簡単な情報交換や証拠提出での協力はしていたものの、十分な連携を図っていたとは言えなかった。そして馬奈木先生は、九州の同種訴訟がもっと連携すべきだと考えており、そのことを私にも話してくださった。

三潴訴訟も他の訴訟も、個人ではなく地域で連帯して訴訟を行っていたが、更に九州で連携する。これまで良い結果が出ていない中継基地局をめぐる訴訟においては、各弁護団がより強く連携することが個々の訴訟で勝つためにも必要であるし、何より電磁波問題という最先端の公害問題を解決するためには必要なことだった。個人から地域、更に九州へと闘いの輪を広げるという馬奈木先生の発想がここにも表れていた。

そこで、三潴訴訟の控訴審に入った後、九州各地の弁護団の間で連絡を取り合い、六つの訴訟の弁護団で九州の中継塔問題弁護団連絡会（以下「九州弁護団連絡会」という）が結成されることになり、二〇〇六年一一月に第一回の交流会が熊本で開かれた。

そこには、馬奈木先生はもちろん、大分からは徳田靖之先生、熊本からは板井優先生という、九州において歴史的な裁判を闘い、勝利してこられた偉大な弁護士も参加してくださった。電磁波という最先端の公害問題について、これらの偉大な弁護士が解決に向けた議論をする場に立ち会えたことは、私にとっては何事にも代え難い素晴らしい経験だった。

## 5　九州弁護団連絡会の成果

この九州弁護団連絡会は、約三年に渡って二、三ヵ月に一回のペースで定期的に開催され、メーリングリストでも活発な議論が行われた。この連絡会が結成されたことで、各弁護団の経験を踏まえた訴訟の方針が議論されたし、それぞれが懇意にしている研究者とのつながりを他の訴訟に生かすことができた。

また、九州弁護団連絡会の議論の中で、熊本の三藤省三先生、三角恒先生、寺内大介先生、大分の亀井正照先生、中村多美子先生、鹿児島の白鳥努先生といった、これまた様々な経験をしてこられた個性的な先輩方と実務的な議論を通じて交流できたことも、私にとっては非常に良い経験だった。

そして、各訴訟では、九州弁護団連絡会で協力し合いながら、それぞれの弁護団が違った観点から闘っていくことになる。例えば、私たちの三潴訴訟では一審の不当判決を覆すべく、電磁波の強度の問題を追及した。荻野晃也先生の御助力もあり、住民の自宅周辺の電磁波の強度を実測した上で、ＮＴＴドコモの電磁波強度測定に関わる技術者の証人尋問を採用させることができ、その結果、一審が認定した電磁波の強度を基準として健康被害の有無を検討することが誤りであることを明らかにした。

また、熊本の御領地区の裁判では、電磁波過敏症の研究で知られる坂部貢先生の協力を得て、問題となる携帯電話中継基地局周辺住民の健康調査を実施し、基地局から三〇〇メートル以内に居住する住民の方が、それ以外の住民に比べて体調不良者が多いということを立証した。

大分の荘園地区の訴訟では、これまでの公害の歴史をふまえれば、最先端の公害問題である電磁波問題では予防原則を適用しなければならないことを全面に打ち出し、差止の要件論を争っていった。

このように、各弁護団が、違った観点から闘いを進め、進めていく過程で他の弁護団とも議論して洗練していき、更にその成果を弁護団連絡会で他の弁護団も共有して他の訴訟にも生かすことで、各弁護団全てにおいて、これまで以上の重厚な主張、立証をすることができた。

## 6　それでも勝てなかった原因は何か

私は、馬奈木先生をはじめ偉大な先輩方の下、九州の各弁護団が協力し合い進めてきた中継基地局をめぐる各訴訟は、その主張、立証において住民側が携帯電話会社を圧倒していたと自負している。

しかし、残念ながら六つの訴訟全てが高裁でも負けてしまい（三潴訴訟の高裁判決は二〇〇九年九月一四日）、三潴訴訟をはじめ最高裁への上告、上告受理申立をした訴訟も全て棄却、不受理となり、敗訴が確定してしまった。

各訴訟の高裁判決の理由で共通しているのは、電磁波の健康影響があるという多数の研究と、逆に健康影響がないという複数の研究を同列に並べて、現段階では携帯電話中継基地局からの電磁波による健康被害の蓋然性は明らかでなく、国の基準値を下回る電磁波により健康被害が生じる危険性が証明されたとはいえないということであった。そして、その判決の背景には、やはり国の基準値を下回れば安全だ、という意識が裁判官の発想の根元にあると思われた。

三潴訴訟の敗訴が確定してからしばらくして、馬奈木先生と三潴訴訟を総括する機会を持つことができた。馬奈木先生は、産業廃棄物処分場をめぐる訴訟では勝ち続けていることと比較し、電磁波については、まだ社会的にその危険性を認識されていないこと、すなわち世論が、電磁波が危険であるとして訴訟を後押ししていなかったこと、を指摘された。

いくら素晴らしい弁護士が結集し、裁判における主張、立証で圧倒していたとしても、電磁波のような最先端の公害に関する裁判においては、それだけでは勝てない。勝つためには、裁判所に国の方針に反してでも住民側を勝たせざるを得ないと考えさせるだけの、相当な世論の後押しが必要なのである。馬奈木先生と三潴訴訟を総括し、そのことを改めて実感した。

## 7　解決するということ

さらに、あらゆる公害問題がそうであるように、電磁波問題を根本的に解決するためには、訴訟で勝つだけでは駄目なことも馬奈木門下生であれば常識である。

仮に携帯電話中継基地局をめぐる一つの訴訟で勝ったとしても、それだけでは一つの地域の、一つの携帯電話会社の電磁波がなくなるに過ぎない。携帯電話会社は一社ではないし、携帯電話中継基地局以外にも高圧電線など電磁波を発生させる施設はある。

さらに全国には、同じように電磁波の被害を受ける数百万人、もしかしたら数千万人の住民がいるのであるから、一つの訴訟に勝つだけで終わっては、別の地域の被害は続いていくことになる。

したがって、電磁波問題を根本的に解決するためには、電磁波に関する国の政策を、現在のように危険性に目を瞑り経済活動を優先させるものから、国民の健康を守ることを優先させるものに大転換させる必要がある。そのためにも、電磁波が危険であるとの世論を動かしていかなければならないのである。

もちろん、電磁波問題に関する訴訟で勝つことは、世論を動かす大きな原動力になる。しかし、訴訟で勝つためにも世論を動かす必要がある。結局、電磁波問題を解決するためには、大きく世論を動かすことが必要なのである。

このように、電磁波の訴訟については、まだ世論の後押しができていなかったという現状と、電磁波問題の根本的な解決を目指し、世論を動かすための私たちの闘いは、もう一段階ステップアップすることになる。

## 8　全国の運動へ

私は、まだ三潴訴訟の最中だった二〇〇八年六月から、久留米第一法律事務所出身の先輩である髙橋謙一先生の勧めで日弁連の公害環境委員会に参加し、そこでも電磁波問題に取り組んでいた。

また、三潴訴訟や九州弁護団連絡会を通じ、全国で電磁波問題を取り組む人たちとのつながりもできていた。この点、電磁波問題に関しても馬奈木先生の名前は全国的に知られていたため、私が馬奈木門下生であることが、他の地域の方々とつながりを持つ上では結構プラスになったと言える。

そこで、三潴訴訟が終結してからは、私の闘いの場の中心は、日弁連の公害環境委員会や全国の仲間と連携した運動にシフトしていった。

例えば、日弁連では二〇一〇年四月一〇日に電磁波問題のシンポジウムを開催し、その前日である九日には、連動して市民団体主催の院内集会が行われた。また、二〇一一年三月には、全国の仲間が協力して、

「携帯電話中継基地局の真実」というブックレットを出版することができた。

電磁波問題を解決するために、地域から九州へ広がった輪が、更に全国で連携した運動に広がっていったのである。

この全国的な運動により、電磁波問題に関する世論も、少しずつではあるが変化してきた。

元々この問題は、携帯電話企業がマスコミの巨大スポンサーであることや、テレビ局も同じ問題を抱えていることから、大手マスコミで取り上げられることはほとんどなかった。しかし、次第に大手新聞社が地方版ではあるが電磁波の健康被害や裁判に関する特集を組んだり、全国的な週刊誌が電磁波の健康被害の特集を組んだりしてくれるようになった。

また、最近、電磁波による健康被害を本気で心配する人も、少しずつ増えてきていると感じている。

私たちの闘いは、確実に前進している。

## 9　電磁波問題の解決を目指して

電磁波問題に関する全国の運動は、二〇一二年に入ってからも進んでいる。

二〇一二年三月二四日には、東京で、全国各地で携帯電話中継基地局や衛星放送送信用の巨大アンテナを巡って闘っている住民団体や、電磁波問題に関わる研究者やジャーナリスト、そして私たちのような弁護士が一同に会してシンポジウムを開催した。また、六月一〇日には、日本環境学会が別府市で電磁波の健康被害に関する公開シンポジウムを開催した。

このような中、一〇月に、九州弁護団連絡会の内、大分弁護団が中心となって行っている宮崎県延岡市の携帯電話中継基地局操業差止訴訟が判決を迎える。この訴訟は、これまでが電磁波による健康被害の危険性を根拠に差止を求めていたのに対し、現実に被害が発生したことを根拠に差止を求めていることが特徴である。

そして、三潴訴訟をはじめとする九州弁護団連絡会の各訴訟が負けたころに比べ、電磁波の健康被害についての世論の後押しが、少しではあるが進んでいる現状を考えれば、画期的な判決が出される可能性も十分にあると言える。

もっとも、そう簡単にはいかないかもしれない。しかし、私たちの闘いは確実に前進している。今回はまだ足りなくても、いつか必ず勝つことができる。

## 10　馬奈木先生のように

馬奈木先生にとっての水俣病がそうであったように、電磁波問題の解決を目指す闘いは、私の弁護士としてのライフワークとなりそうである。

水俣病が未だに解決していないように、電磁波問題の根本的な解決も気が遠くなるような目標である。それでも、馬奈木先生は、水俣病の闘いの輪を地域から全国に広げ、少なからず水俣病や公害全般に対する国の政策を変えてきた。

私も、馬奈木門下生として、電磁波問題の解決を目指して闘い続ける。

# 5　師匠から学んだことなど

弁護士　下田　泰

## 1　修習生時代の師匠との出会い

私が、馬奈木先生（以下師匠と呼ばせていただきます）にはじめてお会いしたのは、一九七六年ころ三〇期福岡修習においてである。師匠は、確か水俣から久留米に事務所を移されて間もなくであった。

福岡修習有志の自主研究会のテーマとして損害論をテーマにしたものの、その方向性が定まらないまま、水俣訴訟で包括損害の一部一律請求という損害論を組み立てられた師匠のお話を聞きに行った。ところが、師匠は「損害論なんて必要なし」とおっしゃった。続けて、以下のようにおっしゃった。被害者の要求は、「身体を元どおりにしてくれ、もとの生活に戻せ」ということであって、金がいくらとれるかという問題は後である。自分の意思によらず自分の生活がねじ曲げられてしまったこと自体が被害なのだ。被害を事実として把握するといっても、単に被害者の症状を理解することでは足らない。被害は個々的な被害事実が相互に関連し連鎖している。そして、家族全体に被害（家庭破壊）が及び、水俣のように地域性のある公害であれば地域破壊が起こる。師匠は、こうも言われた。再生するためには、町づくりの観点が必要である。たとえば歩行困難な被害者が町を自由に歩けるような道路など。公害・薬害被害者の救済は、加害者が存在しないかはっきりしない人達の社会福祉全般のレベルを嵩上げする機能を持つ。その意味では代表訴訟である。

損害論研究会のメンバーは、法律から事実を見るのではなく、被害そのものを見て法律構成をしていくことの必要性に気づき、スモンの被害者であった草場佳枝さんのお話を聞いた。修習生は、皆スモン被害の深刻さ悲惨さにショックを受け涙の交流会となった。

## ２　久留米第一法律事務所入所とスモン東京行動への関わり

私は、一九七八年修習中大変お世話になった久留米第一法律事務所に入り、私自身の弁護士活動の原点となったスモン福岡訴訟の弁護団に入った。全て自然の流れであった。

七八年三月の金沢地裁・八月の東京地裁・一一月の福岡地裁の各勝訴判決を梃に、被害の恒久救済・薬害根絶のための運動を広げる必要があった。そして、その場は、厚生省（当時）・国会・田辺製薬東京支社がある千代田区で繰り広げられなければならず、福岡訴訟の現場での経験のない私が、東京担当ということとなった。久留米第一法律事務所で受任をした事件処理も満足にできない私であったが、師匠は快く東京に送り出してくださった。以後数カ月間、週の半分を東京で過ごす生活が続き、事務所の準備書面等は飛行機の中で書いていたこともあった。

運動の中心は千代田区労協、次いで、武田薬品のある中央区労協、日本チバガイギーのある港区労協に広がった。当初は、それぞれの組合や争議団の行事に時間を借りて、患者さんとともに支援を訴えるという形であったように思う。一方で、社会労働委員会を中心にした国会議員へ、患者さんとともに被害の深刻さを訴え、薬事二法成立のため力を注いでもらうという要請活動があった。厚生省の役人との交渉も全国弁護団の末席で聞かせてもらったが、役人は当時シーリング（未提訴のスモン被害者は、あとどれぐらいいるのか）を気にしており、彼らは大蔵省との詰めを重視していたことが印象に残っている。もっとも私は当時下っ端であり、戦略を考えるなどの立場にはいなかった。

## 3　過労死との関わり

一九八五年に、師匠のお許しを得て郷里下関に戻った。一九九〇年に司法研修所同クラスの川人弁護士から要請を受けて、過労死110番を気軽に始めた。一方では、地元の弁護士に呼びかけ、依頼があれば受任をしようとの気持ちで。しかしながら、具体的な依頼がなく、この弁護団は自然消滅してしまった。細々と一人で110番活動だけは欠かさずやってきた。

その後、恐らく頼りなげで見ていられなくなったのであろう、労働組合の活動をされ過労死問題に関心を持っておられた田村務さんから、お手伝いを受けるようになった。田村さんも当時、労災職業病センターを作ろうとの意気込みを持っておられ、私は組織作りの方ではそのお手伝いをする中で、後に取り扱うこととなった過労死・過労自殺案件に取り組む方々ともめぐり合うこととなった。師匠がともに闘う人たちを探し出し連携を図るべしと言われたことの実践であった。

まずは、九二年に世論喚起型のシンポジウム等の行事開催を主体とする「いのちと健康を考える会」が発足をした（呼びかけは県労連）。考える会は、九八年四月山口県労安センターとなり（全国センターは九八年一二月発足）、私は初代の理事長をさせていただいた（現在は三代目でいずれも弁護士）。運営は、会員の会費収入と労働組合員一人当たり月額二〇円拠出していただく中から、組合事務所の一角に月一万円（現在は免除）で事務所を借り、センターの事務局と専用電話を置き、当時既に年金生活に入っておられた田村さんに月額五万円（現在五万五〇〇〇円）で専従事務局になっていただいた。

過労死・過労自殺事案の解決のため、医師・ケースワーカー・弁護士の一種のワーキンググループを作り、遺族からの聞き取り、意見書の作成などを任務分担した。事案によっては支援組織の結成をしながら解決していった。その中で、審査会で逆転労災認定を受けたケース、訴訟で一審勝訴・二審勝訴的和解を勝ちとったケースなどの解決例がある（これは、若手を中心に弁護団を組んだ）。

現在過労死１１０番は県内四ヵ所で開催され、弁護士も複数で相談活動にあたっている。当初は夢であった弁護団が若手中心に組める状況になった。

## ４　民暴との関わり

下関に来てしばらくしてから、いわゆる民事介入暴力を弁護士として取り扱うことがあった。民事紛争の解決を弁護士にではなく暴力団に依頼すること自体、社会が法の支配ではなく力の支配のもとに置かれることを意味し、許されることではない。しかし、一方で弁護士を含めた司法の機能不全、他方で暴力団が紛争を解決に導く力を持っていると思われている事態を変えることなしに民暴を根絶することはできない。

恐い集団であると周囲に思わせることが、暴力団の金儲けの手段になっている。そうであれば、そのイメージを消してしまえば、彼らはその手段を失い民事介入暴力そのものが成り立たない。暴力団が縄張り争いをする対立暴力団の事務所を狙うのは、それが相手の暴力団の力を弱めるのに効果があるからである。そうであれば、地域住民が彼らから暴力団事務所を奪うことが効果的である。師匠に教わった「被害の根絶」のため、私は一九八九年から二〇〇四年にかけて、現に暴力団事務所に使われ、あるいはかつて使われたことのある五つの暴力団事務所の排除に関わった。

町内会の方々が暴力団事務所敷地を買い取った事案では、地域での集会や裁判傍聴などを積極的に働きかけ、傍聴者へレクチャーをした。二〇〇三年に交通切符の部屋でレクチャーをしていたところ、場所が明らかにわかる写真付きの記事となり、裁判所からマスコミに注意があったとのことであるが、私にはなかった。この建物収去土地明渡事案は、相手方に弁護士がついて高裁まで争われたが、住民の勝訴判決で確定をした。経過からして強制執行申立をし、収去費用は当方負担でとの予測をしていた。ところが、暴力団側は時間はかかったものの自ら収去をし、土地を更地にして出て行った。一部始終は、暴力団が法の支配に屈した例として報道されたため、暴力団の威信を減殺し、地域住民に暴力団は怖くないと理解してもらうのに効果があった。

競売参加型の暴力団事務所排除の場合、地域住民が入札をするとの情報が相手方に流れてはならないので、債権者も含め秘密裏に準備作業をする必要があった。ある事件を例にとると、町内会の方々は、家族にすら話せない一方で、落札代金の借入れをし、これを負担しっぱなしになるのではという不安にさらされ、落札後は公表することになるのでその後の家族をふくめた身の危険などに直面した。町内会の方々は、労働組合運動や環境保全運動に携わる人達ほど自覚的・主体的ではなく、もちろん住民運動の支えもない。落札までは、揺れ動く町内会の方々を説得し、決意を維持させることも弁護士の仕事であった。落札は、これを秘密裏に運んだことにつき一部反発もあったが、公表後は総じて地元民に歓迎され、地元自治会は早速落札金額の一部にあてるため募金活動を開始した。落札額は暴力団には金が渡らない約三七〇〇万円であったところ、募金は一二六〇万円が集まった。市は、暴力団事務所排除の入札資金に税金を使うことはしないと述べていた。ある意味でもっともなことであったが、町内会の方々に入札資金を負担させたままでは、二度とこのような形の暴力事務所排除はできない。私は、当時お手伝いしていた平和行事のひとつである平和コンサート出演メンバーに、チャリティー・コンサートを呼びかけ開催した。入場料一〇〇〇円で益金一二四万円を前述した町内会長の落札代金の借入金返済にあてた。コンサート出演メンバーが市長の友人であることから、出演交渉をしたところ快諾され（ピアノの連弾）、かつ会場で暴追宣言をされた。ほどなく議会で町内会長からの買い取りが承認された。

私が師匠の教えを受けていなかったら、一緒に弁護団を組んだ他の弁護士がその後の活動に参加していないように、落札後は弁護士としての関わりを終えていたであろう。私は、この活動の中で、行政を単に要求の相手方と考えるのではなく、自ら公共の一端を担い、できない部分において行政を動かしていく方法を学んだ。また、その教訓を被害者支援など他の活動で活かすことができた。

ところで、私は、一九九五年から、日弁連民暴委員会の副委員長として、暴力団事務所の明渡・使用差止等研究部会を担当し、『暴力団事務所排除の法理』（立花書房）の出版のお手伝いをさせていただいた。全国各地で、抗争の火種さえ見えない（と誤解されている）場合も含めたあらゆる暴力団事務所排除の訴えを起こしてほしいとの願いからであった。近隣住民の人格権にもとづく使用差止の法理を構築するにあたっては、師匠のもとで筑後大堰差止訴訟を闘った際培った知識を大いに活用させていただいた。

## 5　ワラント訴訟等

ワラント訴訟のきっかけは、市内の弁護士から共同受任を持ちかけられたことからであった。当時の四大証券会社相手に一人の原告で闘うとなると慎重にならざるをえず、むしろ被害者の掘り起こしから始めた方が良いと考えた。そこで、一九九二年県弁の消費者問題対策委員会に働きかけ、県下数か所でワラント110番をしていただいた。そして、弁護団を結成し（下関二名・山口、周南各一名）、地裁本庁に集団提訴した。訴訟をひとつにまとめたのは、裁判官に被害の広がりを認識していただくこと、勧誘の手口の共通性を明らかにすることにより互いに立証を補強しあうことを意図したからである。ほとんどが勝訴的和解で解決を見た。

師匠は、私が久留米第一法律事務所に在籍した当時、筑後大堰差止、筑後川下流土地改良事業取消、大牟田区画整理、三井山野炭鉱爆発事故、予防接種国賠、長崎北松じん肺等の、差止訴訟・損害賠償訴訟等を手がけておられ、実務もさることながら、原告団・弁護団のオルガナイザーであった。その活動を見せていただいたことが、ワラント訴訟の組み立てに活かせた。

余談だが、私が主任を務めた事件の一審判決で仮執行がついたところ、被告代理人は執行停止の中立をした。師匠は、確かかつて集団訴訟で工場の差し押さえなどを経験されておられたと思う。相手は福岡の弁護士であったので、その薫陶を受けた私が差し押さえをすると考えたのであろう。師匠の評価は高く轟いていたが、私は実は全く考えていなかった。二審で当方も控訴し、一審で七割もの過失相殺が三割となり認容額が増大した。私は、今度は師匠の教えどおり、下関支店に執行官を連れて差し押さえに赴いた。支店は、札束を用意して待ちかまえていた。

被害者の掘り起こし、弁護団の結成、集団訴訟という形をとったワラントの経験は、軽貨物詐欺商法などの他の消費者問題訴訟でも活かすことができた。

## 6　犯罪被害者支援との関わり

一九九九年、たまたま弁護士会の執行部に入った際、会務基本方針として、犯罪被害者を取り上げた。日弁連民暴委員会では、組長に対する損害賠償訴訟を闘う被害者遺族の会が出来つつあり、被害者支援の必要性が語られていた。しかしながら、当時は暴力団被害者を除く犯罪被害者支援の「ひ」の字もなく、県弁の他の執行部の方も、その必要性を理解されなかったであろう。一九九九年七月に、県弁主催で世論喚起のためのシンポジウムを開催し一〇〇〇名余の人が集まった。

出発点としては良かったが、私は過労死の経験から、被害者支援を担う事務局・事務所が無い限り具体的な活動とはならないことを自覚していた。そこで引き続き、継続的な相談活動が可能な人達を探すことから始めた。当時暴力団事務所排除の仕事をしていた際町内会長などと接触があったので、そのような観点で探したが、これは的外れであった。次に出会ったのが、「いのちの電話」「ＣＡＰ」に属していた方々であり、この方々と大阪など既に被害者支援活動をしておられる場所を見学しながら、二〇〇〇年秋に民間の被害者支援センター・ハートラインやまぐちを設立した。

その後毎年世論喚起のための講演会・シンポジウムを被害者週間等にあわせて開催し、二〇〇一年九月からボランティアをされる人達を増やすための「支援員養成講座」を開始し、二〇〇六年三月にＮＰＯの法人格を取得した。二〇〇八年二月に新事務所開設し電話・面談相談を拡充し、二〇一〇年四月に電話相談時間を延長した。同年一〇月に財政基盤の確立のため犯罪被害者支援自動販売機設置を始めたが、安定的財源の確保ができず、二〇一一年に理事長職を引責辞任した。被害者支援をめぐる法制度はめまぐるしく前進し、二〇一二年公安委員会から犯給法に根拠を持つ早期援助団体の指定を受けた。

私は、二〇〇〇年ころは、「被害者救済」という言葉を使っていたが、当時専門家で、精力的に被害者支援の実務をされていた方から、「嫌な言葉だ。支援という言葉を使いなさい」と諭された。それは以下のような趣旨であった（その後の私の理解を含めて）。

「救済という言葉は、立場を異にする者が上から救いの手を差し伸べるというニュアンスとなる。いつ同じ被害にあうかもしれない隣人として、同じ目線で被害者に寄り添うのが支援である。同じ痛みをわかちあえないことを謙虚に自覚しつつ、痛みを共感する努力をする。被害者の受けた傷とその受け取り方は多様。ある被害者にとって良い支援が、他の被害者にとって良くないこともある。被害者の主体性を尊重し踏み込んではならない部分を認めつつ、しかし求めがあれば支援者としてできる最大限のことをする。被害を受けてトゲトゲしくなる人は多い。闘わない被害者も多い。それは当然でありそのまま尊重すべき。こうであらねばならないという被害者像はない。」

しかし、こうも考える。隣人として支援したい気持ちをわかってもらえば、被害者自身も成長する。中には全ての犯罪被害者の権利の確立のため闘う人も出てくる。それはそれですばらしい。

## 7　基金について

下関駅における無差別殺傷事件の賠償訴訟では、加害者本人には全面勝訴したが、賠償能力のある両親とＪＲに敗訴したため、被害者遺族が金銭的な被害回復ができなかった。結果的に弁護団は、報酬を受け取ることができなかった。この事件そのものは、その特殊性ゆえ弁護団は納得の上で訴訟受任をしたのであるが、頻繁に起こる刑事犯罪の賠償請求等を同様の形で受任することは困難である。多くの被害者は孤立し経済的にも困窮しているため、弁護士にアクセスすることすら難しい。これを解消する方法はないものか。師匠の事務所に在籍中から手がけていた予防接種国賠訴訟が、スモン基金の援助を受けていたことも頭の中にあった。

私が、二〇〇〇年に発足した県弁犯罪被害者支援センターの委員長として最初に取り組んだのは、犯罪被害者支援基金の設置であった。収入源は主に贖罪寄付で、支出先は被害者支援をする弁護士の費用と、民間被害者支援組織へのカンパを考えた。当時贖罪寄付が大きな収入源であった法律扶助協会と県弁会員の理解を得るのに思わぬ時間がかかり、五年後の二〇〇五年に施行となった。その後法テラスにも同様の制度が設けられたが、簡便さと原則償還不要のため、需要は多い。

人権侵害がありながら、手がけてもペイしない事案において、これを手弁当で手がける志を持った法律家がおられることはとてもすばらしい。しかしながら、より広範な層で手がけてもらおうとする場合には、少しでもその活動が報われるような仕組みを作っていかなければならないと思う。

より小規模な形として、私が全く個人的に作った過労死基金がある。過去に解決した行政認定事件の報酬金五〇万円とカンパ五万円が収入源で、損害賠償請求のため共同受任をした先生の着手金として一回使用した（解決したので報酬の中から返還ずみ）。

## 8　終わりに

師匠は、「弁護士は料理人で、裁判官はこれを味わい評価する人。うまい料理を作らなければ駄目。」とおっしゃった。またこうもおっしゃった。「裁判官は何にも知らないと思ってかからなければ駄目。」

私が名ばかりの弁護団長を務めている造船アスベストじん肺下関訴訟は、昨年、じん肺裁判史上はじめての全面敗訴判決を受けた。要はまずい料理を出したのである。裁判官（曳野久男氏・丸山徹氏・姥迫浩司氏）が法律家でなかった点はともかく運動論の観点からひとつだけ指摘するとすれば、一審被害者（原告）が追加提訴も含め四名という少数で結審をむかえたことである。私は、この裁判は背後に多数の被害者がいる代表訴訟である旨意見陳述で訴え続けたが、説得力がなかったのかもしれぬ。現在じん肺弁連に所属する福岡・東京・北海道・広島の先生方の物心両面の支援を受けながら闘っている。先生方のお力添えには頭の下がる思いであり、感謝してもし足りぬ。師匠のもとで研鑽を積んだものの、それを活かしきれず未だに不肖の弟子のままである。

師匠が水俣に事務所を置かれたのが、一九七一年三月七日（移住は前年一二月）であり、四月一日にガリ版刷りの弁護団だよりを作られた。師匠はここに「この紙面を患者さんを中心とした弁護団と支援団体の固い連帯の場としたいと思います。この紙面はみなさんのものです。意見の交流の場でもあり、討論の場でもあり、いこいの場でもあります。そしてなによりもチッソに対する闘いの有力な武器になるように、これからもがんばってこの紙面を作りあげていくつもりです」と書かれた。そして、一九七三年六月一五日の弁護団だよりは五四号となる。師匠は、ここで更に充実した「たより」にしていきたいと述べておられる。三井山野訴訟では、確か毎月遺族のおられる炭住まで行って交流をしていた。このようなきめ細かい日常の努力の上に、強力な運動体が築かれるのだと思う。私にとって師匠は永遠に導き手であり続ける。

# 6　平和タクシー労働組合事件

弁護士　三溝直喜

## 1　はじまり

(1)　平和タクシー労働組合事件は、一九八六（昭和六一）年六月、福岡県北九州市に本社がある第一通産株式会社（現第一交通産業株式会社、以下「第一通産」という）が、福岡県久留米市にある有限会社平和タクシー（以下「平和タクシー」という）を買収し、事後、平和タクシー労働組合（以下「組合」という）を潰しにかかり、約六年半組合がこれと闘った事件である。

(2)　平和タクシーは、一九六〇（昭和三五）年六月設立された会社で、タクシー三九台を保有する久留米市内では大手の会社であったが、放漫経営により、一九八五（昭和六〇）年頃には累積負債一億円余を抱える赤字経営を続けていた。

(3)　第一通産は、黒土始氏を代表者として昭和三九年設立され、同氏が昭和三五年に設立した第一タクシー有限会社を始め、その傘下に各地で買収したタクシー会社を擁する会社であった。第一通産の経営戦略は、タクシー会社の買収を重ねることと、買収したタクシー会社の労働組合を徹底して潰すことである。平和タクシーを買収した一九八六（昭和六一）年当時、第一通産傘下の第一交通グループは保有台数において九州一を誇っていた。

(4)　第一通産に買収された平和タクシーは、平和第一交通有限会社に社名を変えた。第一通産は、それまでに買収した会社の労働組合をことごとく潰していたので、「組合は大体が一日で潰れる。もっても三日で潰される」との「黒土神話」も語られていた。平和タクシー労働組合に対して加えられた組合潰しの攻撃は、暴力、嫌がらせ等不当労働行為のオンパレードであった。

## 2　攻撃

(1)　買収と同時に乗り込んで来た第一通産の労務担当役員は、「第一交通グループにはかゆいところに手が届く、労働組合に勝る主任・班長制度がある。第一交通グループは労働組合の存在の必要性を認めない」「会社を買ったのだから組合も買ってやる。幾らか」などと言って、買収から四日後の一九八六（昭和六一）年六月一四日の組合との団体交渉の席上、全員の退職を求めた。これは第一通産が、買収したタクシー会社において最初に手掛けることであり、「全員解雇、希望者のみ再雇傭」を全員に言い渡すのである。

平和タクシー労働組合は、これを拒否した。これに対して、会社側は、パンチパーマをかけた黒背広姿の職制や関連会社から招集した乗務員など数十人を送り込んだ。退職金プラス慰労金四〇万円の入った封筒を持参して組合員の家を戸別訪問するなどして組合脱退をそそのかした。そして、これに応じた数名を中心に第二組合がつくられた。

(2)　その約四ヵ月後の一九八六（昭和六一）年一〇月一日から、それまでは隔日勤務だった勤務ダイヤを日勤勤務に変更した。これを実施されるとほとんどの組合員が退職せざるを得ない生活状態にあり、その結果、組合が消滅することになる。

そこで、組合員らは同年九月二九日労働契約確認仮処分申請をするとともに、同年一〇月一日から無期限ストライキに入った。同年一〇月二八日仮処分申請を認容する決定が出たが、争議の責任を理由に組合役員を自宅待機処分に付したうえで委員長を諭旨解雇、副委員長及び書記長を懲戒休職、組合員二名を懲戒停職、組合員一名を乗務停止処分に付した。

(3)　そしてその後同年一二月半ば以降、組合旗掲揚を理由とする出勤停止処分や乗務停止処分など組合員に対する処分が頻発した。

また、乗務停止処分中の組合員に対して、研修教育と称して翌昭和六二年正月早々素手による便器磨きを命じ、職制がそこに小便をして、「お前らのその姿を家族が見たらどう思うかなあ」と嫌がらせをし、また、寒中の深夜に八時間外に立たせてタクシーの通行量を数えさせた。

(4)　経済面での会社による攻撃としてはボーナス不支給があり、組合員の疲弊を意図した懲戒処分は、解雇一一件を含む延べ二五九件を数えるに至り、職場は、不当労働行為のデパートと化した。

## 3　闘い

(1)　言語に絶する会社の攻撃に対し、組合は、「労働力は売っても魂は売らない」を合言葉に組合員の意思統一を図り、機関誌「平和天獄」を不断に発行した。これには、会社の職制の行動・発言、数多く係属し進行する裁判の内容、労働委員会での調査の内容、ときには組合員の釣り大会の記事などが掲載されており、闘いの現状等を一般組合員に広報して団結を維持・強化するうえで大きな力となった。

(2)　また、組合は、職場において、恒常的に発生する不当労働行為を余さず記録すべく不当労働行為メモ用紙を準備し、不当労働行為メモ化闘争を徹底し、報告は延べ六六〇件にのぼった。

(3)　組合は九州運輸局等行政当局との交渉を繰り返し行い、第一通産、第一交通グループに対する監督責任を問い、行政処分を出させ、また、労働基準法違反申告件数は一〇二件にのぼった。

職制らの組合員に対する暴行傷害や器物損壊など刑事告訴事件は一五件に及び職制らに罰金刑が科せられた。

(4)　会社によるすさまじい労働組合潰し攻撃に対し、労働組合の役員及び組合員はこれまたよく耐え、闘い抜いた。

その闘いの手段として採った裁判及び労働委員会の事件の数は、裁判四三件（福岡地裁久留米支部三八件、福岡高裁四件、最高裁一件）、労働委員会二〇件（福岡地労委一四件、中労委六件）であり、刑事事件も一五件にのぼった。

## 4　法廷闘争

法廷闘争のうち福岡地方裁判所久留米支部に提起した数多くの事件から主だったものを紹介する。

①昭和六一年（ヨ）第八一号　団結権等侵害禁止仮処分（昭和六一年七月二日申立て。六一年一二月二六日却下決定）

これは、会社が組合員宅を家庭訪問して一旦退職届を出させたうえ再雇用するという「身分一新」を求めたことなどの禁止を求めたものである。決定は、「会社の身分一新方針に基づく退職勧奨行為は不当労働行為意思に基づくものであって、その態様は執拗であり事実行為としても受認の限度を超えていたと認める余地があるが、昭和六一年七月一四日以降退職勧奨を行なっていないから、もはやその不作為を求める被保全権利は消滅したものというべきであって却下を免れない」とした。

②昭和六一年（ヨ）第一三五号　労働契約確認仮処分（昭和六一年九月二八日申立て。六一年一〇月二八日認容決定）

これは組合員四九名を申立人として、会社が従来の隔日勤務ダイヤを日勤勤務に変更することを阻止するために隔日勤務が労働契約の内容であることの確認を求めたものである。

③昭和六一年（ヨ）第一八一号　冬季一時金仮払仮処分（昭和六一年一二月九日申請。翌日一〇日認容決定）

これは、会社買収前に組合と会社との間で締結されていた年間一時金協定書について、会社からその破棄通告を受けて組合員四八名が申立人となって冬季一時金の仮払を求めたものである。仮処分決定文は次のとおり。「債務者は債権者らに対し、債権者ら所属の自交総連平和タクシー労働組合と債務者（旧商号有限会社平和タクシー）間に昭和六一年五月七日付けで締結された別紙昭和六一年度年間一時金協定書の約定どおりの冬季一時金を昭和六一年一二月二〇日に仮に支払え」

④昭和六一年（ヨ）第一九一号　冬季一時金仮払仮処分（昭和六一年一二月一九日申請。同日決定）

これは、会社が、上記③の仮処分決定が出たにもかかわらず、その後の組合との団交の席上冬季一時金を減額しろと言ったり、まだ計算できないと言ったりしたうえ、組合と約束していた同月一八日の冬季一時金額確認の作業を反故したため、その具体額の仮払いを求めた仮処分である。
⑤昭和六一年（ヨ）第一六二号　地位保全仮処分（昭和六一年一一月一三日申請。六一年一二月二六日委員長を除く四名につき認容決定。委員長につき六二年六月二九日認容決定）
これは、昭和六一年一〇月一日から入り同月二八日まで続いたストライキに関係して、会社が、労組委員長を諭旨解雇、労組副委員長及び書記長を懲戒休職二ヵ月、組合員K氏及び組合員H氏を懲戒休職二ヵ月の各処分をしたのに対して、処分の無効を理由に雇用関係の確認を求めたものである。
⑥昭和六二年（ヨ）第九号　地位保全仮処分（昭和六二年一月二七日申立て。昭和六二年六月一二日認容決定）
これは組合員H氏が従業員の業務を阻害したことを理由とする昭和六一年一二月二九日懲戒解雇に係る地位保全等を申し立てたものである。
⑦昭和六二年（ヨ）第三七号　地位保全仮処分（昭和六二年三月六日申請。六二年一一月一七日認容決定）
これは、業務中事故を起こしたことを理由とする組合員MY氏の諭旨解雇に係る地位保全等を求めたものである。認容決定は、「退職届の提出による本件労働契約の解消は、債権者及び債務者会社間の合意の形式を取りながら債務者会社が自らの不当労働行為意思を実現したものとして無効であり、また諭旨解雇も同様の不当労働行為意思に基づく不利益処分で無効と判断するのが相当である」とした。
⑧昭和六二年（ヨ）第一一一号　退職金共済に基づく掛金仮払仮処分（昭和六二年八月二〇日申請。六二年一〇月二七日認容決定）
これは、退職金協定に定める中小企業退職金共済の掛金を会社が経営者交替後滞らせたため、会社に対し、

中小企業退職金共済事業団に対する掛金を支払うよう求めたものである。
⑨昭和六二年（ヨ）第一一二号　夏季一時金仮払仮処分（組合員二七名による昭和六二年八月二五日申請。六三年五月二〇日認容決定）
⑩昭和六二年（ヨ）第一九二号　冬季一時金仮払仮処分（組合員二八名による昭和六二年一二月二二日申請。六三年五月二〇日認容決定）
⑪昭和六三年（ヨ）第七号　求償金仮払仮処分（昭和六三年一月一三日申請。同月一九日認容決定）
これは、前記⑧の昭和六二年一〇月二七日の裁判所の退職金共済契約に基づく掛金の仮払仮処分認容決定に会社が従わないため組合が立替払いした未払掛金の仮払いを求めたものである。
⑫昭和六三年（ワ）第三七号　損害賠償請求事件（昭和六三年二月九日提訴）
これは、組合と組合員が会社の買収以来の組合に対する不当労働行為等の不法行為についての会社、第一通産、黒土オーナー、各管理職等に対する総額約六〇〇〇万円の損害賠償請求を求めたものである。
⑬昭和六三年（行ウ）第一号　不当労働行為救済命令取消請求（昭和六三年二月一九日会社が提起。平成三年一月一六日判決）
これは、組合が昭和六一年七月五日福岡県地方労働委員会に不当労働行為救済命令を申し立て、同地労委が昭和六二年一一月二〇日、ａ組合員に対する脱退慫慂及び組合役員に対する利益誘導等、ｂ黄犬契約の締結、ｃ六一年七月一三日以降の処分警告等、ｄ一部の協定破棄を不当労働行為であると認めたところ、会社がこの救済命令の取消しを求めて提起し、福岡地裁は、会社の請求を一部認めたが、ａｂについては会社の請求を棄却した。

⑭昭和六三年（ヨ）第八六号　地位保全仮処分（昭和六三年六月二四日申立て。平成四年三月三一日決定）
これは書記長と執行委員KT氏の普通解雇に関して、地位保全を求めるものである。
⑮平成元年（ワ）第二三一号　損害賠償請求事件（平成元年九月一八日提起）
これは、全国自動車交通労働組合総連合福岡地方連合会が原告となって、会社と第一通産株式会社を被告として、「身分一新」を組合に迫り組合解散を求めるなどの不当労働行為による組合潰しにより、原告を構成する労働組合の組合員からの会費収入が減じたこと等を理由として提起したものである。
⑯平成元年（ヨ）第一〇八号　年間一時金仮払仮処分（平成元年一二月申立て。同月二七日認容決定）
これは、会社と組合との間に一時金を支給する合意があったものの、平成元年度の年間一時金の具体額について会社が合意しようとしないため申請した仮処分である。決定は、仮処分申請後の組合と会社との交渉経過、すなわち、「平成元年一二月二〇日第一回審尋期日後に労使交渉が行われ、債権者弁護士も出席のうえ会社総額二〇〇万円を一括して支払うこととし、その支払いを待って本件仮処分申請を取り下げるとの合意に達し、確認文書を会社からファクシミリで送付し、組合がこれに署名押印して取り交す段になって会社が突然右合意の不成立を主張して任意の支払いを拒絶してきたこと」等の事実に基づいて具体的金額を認容した。
⑰平成二年（ヨ）第一五号　地位保全仮処分（平成二年二月二一日申請。同年六月二〇日認容決定）
これは、組合員MY氏が本社車庫内で待機中の営業係に対し暴言をはき、また暴力沙汰を引き起こしたとして懲戒解雇された件について、地位保全を求めたものである。
⑱平成二年（ヨ）第二九号　懲戒処分停止等仮処分（平成元年四月九日申請。平成二年七月一一日和解）

これは会社が組合員ＳＤ氏に対し、乗務停止処分、出勤停止処分を繰り返したので、これらの各処分の効力停止を求めたものである。「兵糧攻め」を阻止するためにした仮処分である。

⑲平成二年（ヨ）第七五号　不当労働行為禁止仮処分（平成二年九月一七日申請）

これは、組合員一二名が、会社が、ａ組合員の営業車を追尾して、信号無視をしたとか、Ｕターンをしたとか言い掛かりをつけて始末書の提出を強要すること、ｂ朝、点呼前に顧客があったとき第二組合員には配車をするのに、第一組合員らには配車しないこと、ｃ朝、点呼終了後、「燃費が悪い」などと言い掛かりをつけて三〇分間前後出庫をわざと遅らせ組合員の稼働を妨害すること、ｄ客待ち待機をしている組合員に対し「駐車禁止区域だ」と言って組合員のみを咎めることなどについて、組合潰し目的の不当労働行為であるとしてその禁止を求めたものである。

⑳平成二年（ヨ）第二五二号　未払い賃金及び付加金請求の訴え（平成二年一〇月二三日提起。平成三年三月二八日和解成立）

これは、組合員らが会社に対し年次有給休暇を申請したのに、会社がこれを認めず欠勤扱いとしたため、組合員五名が、給与減額分とともに、この減額は労働基準法三九条六項（現行七項）に違反するとして同法一一四条に基づき未払賃金と同一額の「付加金」を加算し、各人合計約一万九〇〇〇円ないし四万五〇〇〇円の金員の支払いを求めたものである。

㉑平成二年（ヨ）第九四号　賃金仮払仮処分申請（平成二年一一月九日申請）

これは、組合員ＨＳ氏外三名が平成二年九月に出勤停止処分を受けた結果給与が減収になったとして、その減収分として、各人約一万二六〇〇円ないし約五万二〇〇〇円の仮払いを求めたものである。

㉒平成四年（ヨ）第八九号　一時金仮払仮処分（平成四年一〇月八日申請）

これは、上記⑭の書記長と組合執行委員KT氏の解雇に関連して、両名について、解雇された後の平成元年度、平成二年度、平成三年度の年間一時金、平成四年度の夏季一時金の仮払いを求めるものである。

## 5　勝利

平和タクシー労働組合事件は、平成四年一一月一七日、裁判外で組合と会社との合意が成立した。その内容は、①会社は組合員の解雇を撤回し職場復帰を認めること、②裁判所又は労働委員会に係属している全ての訴え、申し立ては会社並びに組合及び組合員の双方のいずれもが取り下げることなどである。

## 6　おわりに

平和タクシー労働組合事件は、前記のとおり、昭和六一（一九八六）年六月から始まり、平成四（一九九二）年一一月の全面解決まで約六年半の闘いである。私は、当時、労働事件の経験はなく、当時同僚であった小宮学弁護士とともに、馬奈木先生の指導を仰ぎながらこの事件に取り組んだ。昭和六三年四月、小宮弁護士が筑豊合同法律事務所に移り、内田省司弁護士が福岡第一法律事務所から久留米第一法律事務所に移られて弁護団に加わられた。前記に紹介した仮処分等の中には、今思うと興味深い申立てがあるが、これは、組合の闘いや馬奈木先生の戦略、着眼などによるところが大きい。

# 7　大衆の弁護士としての馬奈木弁護士について
## ――高良内財産区訴訟における弁護活動

弁護士　藤尾順司

### 1　「善良な弁護士は悪徳弁護士である」

馬奈木先生から聞いた言葉の中で最も衝撃を受けた言葉である。弁護士は善良であってはならないとか、不誠実であれという意味ではもちろんない。善良なだけで相手方にしてやられるような弁護士は依頼者から見ると悪徳弁護士と言われてもしかたがないということである。

その意味を知ったとき少々耳の痛い思いがしたものである。難易度の高い事件を受任したが、成果を出せる自信がないとき、依頼者に対してせめて正確に情報を伝え、依頼者に選択をさせることで、成果が上がらないことを許してもらおうというような気分になることがあるからである。

この言葉は弁護士としての馬奈木先生の生き方をよく表わしている。だからといって、後輩の弁護士や若手弁護士に対し厳しい指導をするというイメージは全くない。馬奈木先生と一緒に担当した事件はどれも楽しい思い出がたくさんあり、これらの話をしながら酒でも飲むと、時間を忘れるほどである。

これまで馬奈木先生と一緒に担当させてもらった事件はいくつかある。筑豊じん肺訴訟、南九州税理士献金訴訟（牛島訴訟）、日歯連事件、一般廃棄物処分場差止訴訟、高良内財産区訴訟である。弁護士としての馬奈木先生は他の論考に触れられていることからもわかるように、いろいろな顔をもっている。ここでは、高良内という地域の住民のために闘った高良内財産区訴訟を紹介しながら、大衆の弁護士としての馬奈木先生の活動の一端をお伝えできればと思う。

## 2　高良内財産区訴訟の概要――究極の利益相反による土地収奪

昭和六三年一二月、久留米市は高良内町杉谷地区にゴミ埋立地建設の計画を立て、高良内財産区に協力を要請し、地元説明会などを開始した。しかし、地元住民の反対が強く、いったん計画は頓挫した。ところが、平成七年一月、白石市長が当選してから、ゴミ埋立地建設問題は本格化した。

杉谷地区はこの地域に暮らしてきた住民の入会山であった場所であり、地元住民は強く反発した。同年一二月、高良内財産区議会は、ゴミ埋立地建設反対の決議を上げている。その内容は、①高良川の水源汚染及びその周辺環境を破壊する虞のある行為、②広大なる保安林の伐採による水源の枯渇と土砂崩壊と土砂流出による自然環境を破壊する虞のある行為、であるゴミ埋立地建設には絶対反対するというものであった。また、平成八年二月、高良内町にある七つの町内会長で構成されている高良内運営委員会も同建設に反対の意思を表明し、さらに、同年九月、高良内財産区議会は全員協議会を開き、同計画に反対する決議を上げるなど、地元は強く反対した。しかし、久留米市は計画を断念しなかった。当初、久留米市は当該土地の所有者である高良内財産区から用地買収を行う計画であったが、財産区議会の承認が得られる見込みがないと判断し、財産区議会の同意が不要な「交換」により取得する方向で検討を始めた。これは、「久留米市高良内財産区区有財産の管理及び処分に関する条例」（以下、「本件条例」という）の第三条に「区有財産は、本財産区、国または公共団体において公用または公共用に供する必要がある場合には、これを他の同一種類の財産と交換することができる」という規定があり、これにより、久留米市は、他の土地と交換すれば、杉谷地区の土地を財産区議会の同意を得ずに取得できると考えたのである。

平成九年二月五日、久留米市の動きを察知した財産区議会は、全員協議会を開き、本件土地の譲渡に反対の決議、本件土地と他の土地との交換に反対の決議、財産区の管理者である白石市長に対し不信任決議を行ったのである。

しかし、同年三月二四日、久留米市は、高良内財産区との間で、本件土地と近隣の土地とを交換する契約を行った。契約には、白石市長が高良内財産区の管理者の白石市長と、白石市長から委任を受けた木下助役が久留米市の代表として署名したのである。まさに、白石市長は右の手から左の手に本件土地を移したのである。この手法は、利益相反の最たるものであり、法的には乱暴かつ悪質な手法であった。

そこで、高良内住民がゴミ処分場の建設禁止の仮処分、建設差止訴訟のほか、所有権移転登記の抹消と土地明渡しを求める本件財産区訴訟を提起したのである。

しかし、結果は、住民側が一審、控訴審と敗れ、上告受理申立を行った。残念ながら、最高裁判所第二小法廷も「本件を上告審として受理しない」という決定を出した。ただし、五名の最高裁判事のうち、二名の裁判官が反対意見をつけてくれていたので、三対二というきわどいところで敗れたのであった。反対意見は、「……本件条例三条は、地方自治法二三七条一項が、健全な財政運営を図る趣旨から、普通地方公共団体の財産は条例又は議会の議決によらなければ交換してはならないと規定していることとの関連において理解されるべきものである。すなわち、本件条例三条の要件に該当する限りにおいて、地方自治法二三七条一項の規定により本来必要とされる議会の議決が不要であるとしたものにすぎないと解することができるのであって、これを超えて、本件条例三条の要件があれば、双方代表についての本件財産区の許諾が不必要になるとまで解することができるかどうかには疑問がある。……そうすると、本件交換契約は、双方代表禁止の規定に違反し、無効であると解すべき余地がある」というものであった。敗れはしたものの、この二名の反対意見により、わずかに救われた気持ちになった。

## 3　歴史ロマンあふれる入会権裁判

本件財産区訴訟の主要な争点は、上記の反対意見にあるように、本件交換契約は双方代表による契約として無効か否かという点があるが、このほかに、本件土地は入会地であるのに、財産区の総意に基づかずに締結された本件交換契約の効力いかんという問題がある。

個人的には後者の論点が大好きであった。仕事の合間に、このことを考えたり、書物を調べたりするのが楽しかった。それをご理解いただくため少しだけ紹介する。

久留米碑誌によると、高良内村は九〇〇町歩近い山林原野で、多数村落の村民が秣《まぐさ》や柴採集のために利用していた共同入会山であった。明治維新による土地制度改革で、この林野は「高良内村持」と決まったことが記されている。地租改正において、財政的に困窮していた明治政府は山林を官有地に編入しようとしたが、農民の激しい抵抗にあった。その後、紆余曲折の末、村持山林として民有地に整理され、明治一一年三月に、高良内村の村持惣代に地券が交付された。これにより本件土地は民有地であるだけでなく、村民の入会地として総有であるということが明確になったのである。

村民は、入会権者として、植林の労働を無償の義務として負担したほか、山林に入って、堆肥用の秣草、屋根葺用のカヤ、燃料用の枯倒木、落枝を採取するという生活を昭和三〇年ころまで続けたのである。ただし、生木を伐採することは許されず、草刈りにおいても鎌の柄の長さも制限されていた。

ところが、明治二二年に町村制が施行された。このとき四、五の旧村が合併して新しい町村が生まれた（旧村の地域は「大字」として呼ばれるようになった）のであるが、高良内村は久留米の中では人口の多い村であったため、町村合併が行われなかった。町村合併が行われた旧村では、生活共同体としての旧村と新しく誕生した行政村との区別が容易であったが、高良内村では、旧村という中間集団が存在しないため、いつしか村民の間で生活共同体の村と行政村としての村の区別が失われていった。そのため経緯は不明であるが、本件土地が行政村の名義に移転されたのである。

さらに、戦後、占領軍のシャウプ勧告を受けて町村合併が進められた。高良内村は久留米市に合併することになったが、問題になったのが本件土地をどうするかであった。久留米市は、本件土地を市の特別会計に組み入れたい意向であったが、高良内村は、村民の共同経営にしたいとして強く反対した。その後、妥協案として、財産区を設置して、本件土地を財産区の所有とする案が登場した。しかし、高良内の村民大会において、久留米市の干渉を懸念する反対意見が強く、合併問題は暗礁に乗り上げたかに見えた。しかし、その後、高良内村村長が、財産区の法的問題を研究して市町村合併研究委員会に報告した。この中に、財産区の財産については、住民の代表である財産区議会が決めるのであって、財産区の管理者が市長であっても自由に処分はできないと記載されている。この報告により、村民は市長によって自由に処分されることはないと信じ、本件土地は財産区の所有となったのである。なお、久留米市は、本件土地の組み入れをあきらめず、合併後四年以内に本件財産区を消滅させようと目論んだが、高良内村民の激しい抵抗にあい、財産区は生き残ることになった。

このように、高良内村の村民は、地租改正、明治の町村制施行、昭和の町村合併という激動の中で、入会山を財産区として残し、財産区議会によって久留米市の干渉を排除しようとしてきた経過があった。だからこそ、高良内の住民は、白石市長の土地収奪に怒り、立ち上がったのである。

## 4

高良内町は、江戸時代から農業で生計を立ててきた方の子孫が割合多く残っている地域である。本来、保守的な土地柄のはずである。しかし、私が高良内の集会に初めて参加したときは、すでに組織もできており、ゴミ処分場建設反対で結束していたので士気も高かった。不思議であった。弁護士から、正義であるとか権利であると言われたからと言って、たやすく共感してくれるはずはないし、まして裁判に立ち上がることなどあるはずはないからである。

馬奈木先生は、住民からの相談を聞きながら、高良内住民が本件土地を久留米市にとられたくない、ゴミ処分場で汚されたくないという思いの中に、先祖から受け継ぎ遺伝子の中に刻み込まれた入会山への強い思い入れを見つけ出したのだろうと思う。そう言えば、江戸時代、権力に対して百姓一揆を起こしたり、明治の地租改正のときも自分たちの権利を守るためたくさんの一揆を起こしたりして激しく抵抗している。昔とは生活環境や意識は変わっても、その思いは今も残っていたのである。そして、馬奈木先生が住民に向かってその思いを語るうち、住民との間で思いを共通にすることができたのである。自分の奥底にある思いや情念を引き出し、住民との間で思いを共有する、しかもそれが正義や権利であると住民の人たちに実感させる、だからこそ、住民は立ち上がったのである。

馬奈木先生は、住民の人たちに、住民の思いを夢にして、力強く、自信たっぷりに語りかけ、それが権利であって、その実現のため立ち上がらなければならないと訴えていた。これは傍ら聞いていた私も大いに影響を受けた。私もプロである以上、簡単にはいかないことはわかっていたし、弁護士報酬なしの手弁当事件であり、大変な作業を要する事件であるが、その夢を実現できるかもしれない、自分の力を発揮してみたいと思ったからである。

現代において弁護士が地域の問題に手弁当でも取り組むことの意味を馬奈木先生は次のように書いている。「現状では、弁護士増員によって個人の弁護士の収入源が問題になっています。今からの私たちの取組みが根本から問われているのだと思います。手弁当で無報酬でどこまでの取り組みをなしうるのか、その努力を尽くしていきたいと思います。そのことによって勝ち得た国民の信頼が、弁護士の職場と地位を支えるのだと思います」（福岡県弁護士会編『弁護士を生きる』から）。事件数が全体的に大幅に減少し、弁護士がＣＭやネットで激しく広告し事件を取り合っている状況において、弁護士の在り方を問うこの言葉のもつ意味は非常に大きい。馬奈木先生が事件の魅力を語り、弁護士に夢を与え地域の問題に取り組ませることは、地域や大衆のためだけでなく、若い弁護士に生きる指針を与える。馬奈木先生が最も優れた点は、事件から夢を導き出して、住民や弁護士にその気にさせるところにあるのかもしれない。

もちろん、始終夢ばかり語っていたわけではない。むしろ、弁護士としての仕事は徹底したものがあった。

考えられる手段は、それがいかに大変であったとしても、ありとあらゆる手を打つ。このあたりに、冒頭で書いたとおり馬奈木先生の真骨頂がある。

この事件でも、馬奈木先生は、高良内財産区議会に何度もはたらきかけ、反対決議をあげさせている。また、林野庁にもはたらきかけ、保安林解除は難しいと言わせていた。これは久留米市にとっては大きなプレッシャーとなり、本件土地の買収をあきらめて交換という奇策をとらざるをえないまでに追い込んだのである。

法的手続についても、建設禁止の仮処分を打つだけでなく、建設差止訴訟を併せて提訴し、さらに本件の財産区訴訟を提訴し、久留米市を攻め続けたのである。

## 5　最後に

馬奈木先生の古希記念誌に、敗訴事件を紹介するのもどうかなと思ったが、地域における弁護士としての活動を知っていただくために、あえて紹介することにした。

若い弁護士の中から、夢を語って大衆や弁護士をリードしていくことができる弁護士が一人でも登場してくれることを願ってやまない。

# 8　学びの途中で

久留米第一法律事務所　弁護士　**市橋康之**

## 1　はじめに

本稿は、私が久留米第一法律事務所に入所してから、馬奈木先生から学んできたことをまとめたものである。私自身がこれまでの自分を見つめ直す一つの機会とさせていただいたものであることをご容赦いただきたい。

## 2　久留米第一法律事務所への入所

二〇〇七（平成一九）年一〇月から馬奈木先生が所長を務める久留米第一法律事務所の一員となった。私は、新潟生まれの東京育ちであり、久留米はおろか、九州自体に縁もゆかりもない。

馬奈木先生との出会いは、二〇〇六（平成一八）年一月に開催された五九期青法協修習生部会の一月集会で、馬奈木先生が京都に来られたときに遡る。私が長い受験生活にようやく終止符を打ち、その年の四月からの修習開始を待っているいわゆる「合格者」のときであった。その集会に参加し、馬奈木先生と初めて面識を持った。ただ、面識を持ったといっても、単に私が馬奈木先生のお顔を初めて知ったという一方的なものである。

当時の私は、久留米が福岡県であることをかろうじて知っている程度であり、福岡県のどこに位置しているのかも知らず、将来、馬奈木先生と仕事をさせていただくことになるとは、想像すらしていなかった。久留米第一法律事務所とのつながりができたのは、やはり「合格者」のときであった。青法協の事前研修制度で、久留米第一法律事務所を訪問する機会を得た。

たった一日の研修ではあったが、馬奈木先生に時間を割いていただき、マンツーマンでお話させていただいた。対話というよりは、馬奈木先生の考え方を説諭されたといった方が適切である。私は「学生」に戻って、馬奈木先生のお話に聞き入った。馬奈木先生のお話は、実務経験のまったくなかった私にはよく理解できないことも多かったが、そのときは理解しているような気分になり、とても面白かった。馬奈木先生の話術の巧みさゆえである。

その中でよく覚えていることがある。それは、「判決を書くのは裁判官ではなく、弁護士だ」という言葉である。馬奈木先生がどのように表現されたかは、正確には覚えていないが、私はそう記憶している。法曹を目指した当初、私は裁判官になりたいと思っていた。それは、裁判である以上、最後に判決を書くのは裁判官であり、被害者を救うこと、社会を変えることにもっとも影響力を持つのは、裁判官であると考えていたからである。

馬奈木先生は、判決は弁護士が書くものだと断言された。私は、大きな衝撃をもって、その言葉を受け止めた。

馬奈木先生がおっしゃられた意味をそのときの私が理解したとは思わないが、裁判官に被害者を救済する必要があることを示し、被害の事実を理解させる、そうして、弁護士が裁判官に判決を書かせる、そういうことだと今では思っている。

私が、馬奈木先生とご一緒に仕事をさせていただきたいと思ったのも、その言葉によるところが大きい。

## 3　久留米市のごみ焼却場建設問題

平成二四年六月現在、久留米市では、同市上津町所在の上津クリーンセンターという中間処理施設で「燃える」ごみを焼却処理しているが、新たな中間処理施設（ごみ焼却場）を久留米市北部に位置する宮ノ陣八丁島地区に建設する計画を立てている。総工費は、一五五億円とされ、稼働後は毎年一〇億円もの維持費が必要とされる。地方都市である久留米市としては、大型の公共事業といってよい。

久留米市が、二つの中間処理施設を作る方針を掲げたのは一九八八（昭和六三）年のことである。

久留米市のごみ量は年々減少の一途を辿っているが、久留米市は、ごみの質が変化すること（高質化）によって、既存施設のみでは安全に焼却できないなどとして、建設計画を推進している。この新たなごみ焼却場建設の中心的な争点は、その必要性がないことである。これまでの処理実績からすれば、既存施設のみで将来のごみ処理は十分に可能である。

しかし、問題はそれにとどまらない。建設予定地である宮ノ陣地区は、田園地帯であって広大な優良農地が広がっている。九州農政局が、新施設建設の場所としては不適切であると意見しているほどである。

また、同地区は筑後川、宝満川という一級河川に囲まれており、ハザードマップでは最大五メートルもの洪水の危険が警告されている地域である。ひとたび、洪水が起これば、施設が使用不可能となる可能性が高いだけでなく、有害物質が流出する危険性もある。宮ノ陣地域はもちろん、隣接する小郡市周辺、下流域への被害も容易に想定される。

そもそも不要な施設であり、税金の無駄遣いでもある。久留米市の財政状況は他の地方自治体と同様、逼迫した財政状況であり、このような不要な施設へ市民の血税を投入する余裕はない。

## 4　裁判手続なしの建設差し止め

私がこのごみ焼却場の建設計画のことすら知らなかったある日のこと、馬奈木先生から、「ちょっと」と手招きされ、とある会議の席に座るように促された。

その会議が、このごみ焼却場建設問題に関するものであった

会議には、以前からこの問題に携わってきた久留米ごみ問題連絡会のメンバーのほか、地元八丁島地区の住民（ふるさと八丁島を守る会）、そして、久留米民商の代表、市議会議員などが出席していた。弁護士は、馬奈木先生を筆頭に、髙橋謙一弁護士、私の三人である。

弁護士の発想としては工事差止の仮処分などを想定するが、馬奈木先生は、この建設計画は「裁判をせずに止められる」と言われた。その方針のもとにこの会議で決められたのは、二つのことである。

一つは、建設予定地の買収を阻むことである。当時、建設予定地の買収はまだ終わっておらず、農業をしている耕作者の中にも建設に反対している人がいるとの情報があったため、耕作者に買収に応じないように働きかけることにしたのである（結局奏功せず、買収は久留米市のほぼ予定どおりに進んでしまった）。

もう一つは、久留米市長に対して、公開質問状を提出し、その回答を得る場として説明会を設けさせることである。

久留米市は、このときまでに、地元住民には（形だけの）説明会を実施していたが、それ以外の市民に対しては、説明会を設ける意思がないことを明確にしていた。

馬奈木先生は、多くの市民の要求・確信が力となり物事を実現する、と言われる。公開質問状を出すときや受け取るときも同様であり、行動を伴わせ、運動の力で、説明会を作り出す。

かくして、公開で口頭での質疑を行う場、説明会が持たれることになった。

しかし、私は、実のところ、久留米市が説明会の開催に応じるとは思っていなかった。市が私たちの要求に応じる法的義務はないからである。髙橋弁護士に、こっそりそのことを言うと、「それが運動の力だろ」と言われた。私は、運動の力、多数の市民とともに行動する力を理解していなかったのである。

説明会は、複数回にわたって行われた。何度目かの質疑の際に、私が「この質問会」と口走ったことがある。市の担当者は「質問会ではなく、説明会です」とすかさず私の発言を修正した。この場でのそれを「説明会」と呼ぶか、「質問会」と呼ぶかはどうでもいい話である。ここでは、市に敬意を払って、便宜上「説明会」と呼ぶが、大切なのは、これを単に行政の一方的な都合のいい説明の場にさせてはいけないということである。

「訴訟指揮は裁判所がするのではない。私がする」これが馬奈木先生の考え方の一つである。行政の説明会でも同様である。説明会の進行は、市民側がするのである。

私は、馬奈木先生の横に座らせていただく機会が多いが、馬奈木先生の迫力・弁舌には、いつも圧倒される。

私たちの質問に対して、市の担当者があいまいな回答や誤った回答をすれば、その機を決して逃さない。徹底的に追及する。特に、回答が、市民をバカにしている内容であると考えれば、まるで自分のことのように怒る。それが、参加している市民の共感を呼ぶ。説明会は、馬奈木先生の独壇場となるのであるが、参加している市民は、皆、満足げに帰っていく。馬奈木先生がボソッとつぶやいた一言が印象的だった。「参加してくれた皆さんには、『来てよかった』と思って帰ってもらわないと」

この説明会を通じて、様々なことが明らかとなったが、ここで二つほど挙げると、一つは、久留米市が施設の安全性を保持するために見込んでいる安全率の数値には根拠がないこと、二つ目は、久留米市はごみの質の変化（高質化）を強調しているが、ここ一〇年あまり、ごみ質はほとんど変化していないことである。

結局、久留米市が主張する新施設建設の必要性は、根拠がないものであり、後付けの理屈でしかない。久留米市は、いよいよ私たちの質問に答えることができなくなった。三度目の説明会終了時に、「今後は、説明会はしない」と告げ、その場を立ち去った。逃げ出したのである。

しかし、説明会を今後しないとの久留米市の方針を、私たちが受け入れることはもちろんできない。では、どうするか。

「勝っても、敗けても、やることは何も変わらない」。これも馬奈木先生の考え方の一つである。私たちは、新たに公開質問状を提出したうえ、市役所を訪問した。もちろん、多数の市民とともに、である。

かくして、再び、説明会が開かれることになった。

弁護士一人ひとりの力は、知れている。多数の市民とともに行動する運動の力を感じざるをえない。

二〇一二（平成二四）年六月現在、私たちとの話合いの場に久留米市長が出てくることが決まっている。ついに、市長を話合いの場に引き出したのである。これも運動の力である。

現時点で、私たちは、この問題について、裁判を起こすことはまったく考えていない。裁判を起こさずとも、建設を止めることができる（解決することができる）と考えている。

裁判をせずに止める。弁護士の仕事は、裁判をすることだけではないことを学んでいる途中である。

## 5　三つの法格言

馬奈木先生が大切にしている裁判にまつわる法格言を聞いたことがある。

一つは、「汝は事実を語れ。我は法を語らん」

二つは、「裁判所は法を知っている」

三つは、「挙証責任の存するところに敗訴あり」

である。

私は、弁護士の仕事は、生の事実を裁判官に伝え、理解させることであると学んできた。

自由法曹団通信の新人奮闘記に「生涯、現場主義でいたい」と書いたことがある。当時は、よみがえれ！有明訴訟やノーモアミナマタ訴訟でのわずかな経験から書いたのであるが、現場主義はまさに弁護士自身が事実（被害）を知るために不可欠なことである。

弁護士自らが事実を理解していなければ、もちろん、裁判官に伝えることなどできるはずもない。

裁判官に、救済しなければならないと考えさせるだけの事実を積み重ねて伝えることができれば、立証の程度、証明責任の所在は変わり、結論も変わりうる。

事実を知り、それを伝えることこそが弁護士の仕事である。

これまで、馬奈木先生とは、よみがえれ！有明訴訟などの集団訴訟を始め、一般事件などでもご一緒させていただいてきた。馬奈木先生の意見を伺う度に私がまったく見落としていた視点や方法を示唆していただく。

日々、勉強であるが、馬奈木先生の見据えるところは「真の解決をすること」の一点であると私は思っている。

## 6　最後に

入所してすぐのころだったと思うが、まだ一年生であった私は、ある飲み会の席で、兄弁である紫藤拓也弁護士に、「馬奈木先生みたいな弁護士になりたいですけど、なれないですよね」と酔っぱらって話したことがある。

紫藤弁護士いわく、「なれるかどうかじゃなくて、なりたいと思うかどうかでしょ」。

私は、馬奈木先生のような弁護士になりたい。

# 9　馬奈木弁護士の背中を見て

くるめ市民の法律事務所　下東信三

## 1　師匠との出会い

私が生まれたのは八幡製鉄（現在の新日本製鉄）発祥の地元である北九州市戸畑区（戸畑の面積の半分が八幡製鉄の工場敷地）であった。

修習時代に、山本一行弁護士（福岡第一）とともに、馬奈木弁護士（以下、師匠という）の自宅に泊まった。一〇〇万都市の中心で育った私にとって、まさか福岡第三の都市久留米で鶏の鳴き声で起こされるとは思わなかった。師匠の自宅には鶏がいたのである。久留米は俺が行く都市ではないと浅はかにも考えた。まさか一〇年以内に女房の尻に敷かれ久留米に行くとは想定外のことであった。

## 2　久留米に独立後

私が北九州第一を出て久留米に独立した翌年に、師匠は筑後部会の部会長になった。その際に、師匠に飛び級で評議員に入れていただいて、筑後部会の年配者であった大石・原田・武藤・堺の各弁護士と懇意になることができた。久留米と縁のない私を年配弁護士に紹介させた師匠の気配りであった。

久留米に来て驚いたのは、北九州とは異なり、地元住民が無料で相談できる自治体の法律相談が当時は久留米市と大川市だけであったことだ。大川市は、木工業者が多い市ではあるが、事務所を構えている弁護士がいなかったため木工業者を巡る事件が法的手続きを取らずに不正常な処理をされているということから月一回の法律相談であった。地元住民が気軽に相談ができるように自治体での相談活動を行うべきだと提案した。すると言いだしっぺがやれということで、馬奈木部会長の命を受け柳川・八女・小郡などに連絡をし、小郡市・柳川市で無料法律相談をすることになった。提言が評議員会で速やかに検討され、実行に移される風通しのいい評議員会であり部会である。

## 3　市民運動との関係

久留米に来た際に師匠からいろんな団体を紹介していただいた。それが、住民運動に取り組むに際して大きな支えになった。具体的にはリクルート事件（遠藤元参議院議員）と市議会の議長選挙に絡んで、市議会議員の過半数以上が逮捕されるという事件があった。政治倫理条例制定の直接請求運動で一万二一二〇名の署名を集めた。運動に取り組んだ市民にとっては大きな成果であった。ただ、残念ながら骨抜きにした条例（ランキングは下位の条例）しか成立をさせることができなかった。

## 4　司法改革——最高裁改革と裁判官の通信簿

司法改革——個人的には司法改革は最高裁の改革であり、司法官僚に対する民主的統制であった——に取り組んだ際に、日弁連の最高裁判事の推薦制度を変えることができ、その後の弁護士会推薦の人物に変化が生じた。そのため、弁護士出身の最高裁裁判官が定数是正を進めるべきである意見を述べ、利息制限法の厳格な解釈を進める中心になっているなど前進している。

その際に、馬奈木先生から地家裁の裁判官に対する改革提案が求められた。そこで、提案したのが弁護士による「裁判官の通信簿」であった。そして、私とは関係ないところで実現したのが、福岡での「裁判官評価のアンケート」であった。

## 5　現在の久留米市の無駄遣いと反対運動

久留米市は、中心街のデパート（井筒屋）が撤退した場所に、四〇年前に建設された市民会館が老朽化したとの名目で総合都市プラザの建設（約一五〇億円）計画を進めている。まさにスクラップアンドビルドの無駄遣いである。白紙に戻すようにとの請願署名を進めたが、市議会は住民の請願を否定した。そこで、現在、住民投票をすべきであるとの有権者の三分の一の署名（約七万人）を集める直接請求運動を計画している。

それに対して市の無駄遣いである八丁島のごみ焼却場建設（約一五〇億円）計画については師匠が取り組み、公開質問状を出し、説明会を設けさせ、説明会に出てこなかった市長を説明会に引っ張り出し、市の計画がいかに合理性がないかを説明会に来た住民の前に明らかにさせている（市橋論文）。その手法は本当に鮮やかである。新聞の地方欄では市の計画がいかに杜撰であるかを明らかにしている。地元住民の運動においてもまたマスコミに対する働きかけでも、全く師匠に及ぶところではない。

三代目大石幸二弁護士（先代）は仕事でも酒でもかかってこいと若手弁護士を挑発していた。師匠も同じように挑発しているが、まだ師匠に挑戦するどころか、師匠の掌の中で動いている段階を脱しえない。勝つまでやる師匠はまだまだ勝っていない課題も多々ある。何時までも闘い続ける師匠を期待しつつ、師匠の背を見ることから一歩でも前に出たいと空想している。

# 10　馬奈木先生の直弟子（？）から一言、二言

弁護士法人奔流顧問弁護士　池永　満

## プロローグ

私は、馬奈木昭雄先生（以下「馬奈木さん」と呼ばせていただく）の直弟子を自認している。ただ、いつ頃弟子入りしたのか判然としない。馬奈木さんも私を弟子として認めてくれているのか、確認したことはない。いい加減な直弟子である。

しかも今、私は入退院を繰り返しながら療養中の身である。したがって、以下に記述する内容に関しても、事実関係（とりわけ時間軸）の正確さをチェックすることが出来ないアバウトなものである。そんな状況がなせる技か、馬奈木さんのことを書きながら、自分のことも書き留めていたいという衝動に駆られる。お許し願いたい。

## 第一章　馬奈木さんに弟子入り

馬奈木さんは九州大学の学生として四～五年くらい先輩である。当時、学生運動に明け暮れ司法試験の勉

強をしたこともなかったので、学生時代にお会いしたことはなかったと思う。一九七〇年春、大学卒業後、故諫山博弁護士の推薦もあり、その頃急増していた日本共産党の国会議員の秘書（国家公務員特別職の身分がある）となり、国会での仕事を始めてから一年くらい後であっただろうか、水俣でオルグとして活動されていた廣瀬さん（下のお名前は忘れた）という方が新たに秘書団に加わってこられた。廣瀬さんから、弁護士登録をして間もなく単身水俣に乗り込み活躍されている馬奈木弁護士という方がいることを聞いた。「ああ、私も弁護士になりたいと思って法学部に入ったのになぁ」、そんな思いがちらっと頭をかすめた。

丁度、その頃、教師になりたいと思って準備していた際に急遽、進路を変更して私と同じ頃に秘書団に加わった者がノイローゼ状態になり、退職していくという事件が起こった。事態を重く見た共産党書記局が、当時急遽集められた私たちがどういう経過で秘書団に加わったのか、調査を開始した。

私自身はその頃には「公害国会」や「沖縄国会」と呼ばれている最中に国会議員秘書として議員とともに或いは議員に代わって瀬戸内の赤潮調査や国内各地の自然災害調査、パスポートを持って復帰前の沖縄における「黙認耕作地」の調査に出向くなど充実した秘書生活を送っていたし、二年目からは各党の中でも最も若い第一秘書として議員の国会質問の準備作業（質問事項に関して資料を収集するとともに担当する中央省庁の課長補佐クラスの方とも意見交換する等）に当たっており仕事に何の不満もなかったが、秘書になった経過については、正直に概略以下のような報告を提出した。

「弁護士になりたいと思って法学部（「法律専攻」）に入ったが、学生運動で忙しく、中途で「政治専攻」に切り替える等して五年間の学生生活を終えることとなり、司法試験の勉強のために机につくどころか法解釈学の勉強もほとんどする機会がなかった。そのため、卒業後、民間企業に就職してお金を貯めてから司法試験の勉強を始めることにし、卒業間際に結婚した妻とともに大阪に（私は大阪の民間企業、妻は大阪府に就職が決まっていたので）出かけようとしていた矢先に議員秘書にならないかという誘いを受け急遽上京しました」

この一文が当時の不破書記局長の目にとまったらしく本部に呼ばれ、「君は今でも司法試験の勉強をしたいと考えているのか」と問われた。国会で法律案が成立した際に出す議員団としての声明文を確定させる前に本部書記局の最終チェックを受けるために本部に出かけ、既に不破さんと面識もあった私は正直に答えた。

「もちろん機会があれば。でも、一旦、本部勤務員になった以上は（議員秘書は本部勤務員として処遇されることも秘書になってから知ったことであるが）無理でしょう」

これに対する不破さんの言葉は意外なものであった。

「君が本当に司法試験を受けたいと考えているなら退職しても良いよ」

その日、帰宅して事のてん末を妻に報告した。妻は、既に長女を身ごもっていたが、あっさりと答えた。

「いいよ。あなたは前から弁護士になりたいと考えていたのだから。受験勉強中の生活も私が働けば何とかなるでしょう」

翌年の春、丸二年勤めた議員秘書を退職、生まれたばかりの長女を抱えて帰福し、私の司法試験受験勉強が始まったが、勉強中に見た夢のなかでは、既に試験に合格して自由法曹団弁護士として活動している自分の姿があり、その側には顔ははっきりしないが馬奈木さんらしい方が私を見守ってくれているのが常であった。夢の中で既に私は馬奈木さんに弟子入りしていたのである。

## 第二章　馬奈木さんの教え

### 出会い

私が、馬奈木さんから最初に声をかけていただき、その後の私の弁護士人生に大きな示唆を受けた機会として鮮明な記憶が残っているのは、九大松法会の控え室でのことであった。当時、私は幸運にも二回目の受験で合格し（受験勉強中に長男も授かっていた）、司法修習が始まるまでの約半年間、恒例により毎週の答案練習会を主催する九大松法会実行委員会の委員長として法文系大講義室で自分の受験体験談を語り、控え室に戻ったところであった。その時、どうして馬奈木さんがその場にいたのか、「先輩弁護士の話を聞く」という企画で来場していただいていたのかどうか、どうしても思い出せないが、馬奈木さんは、「司法試験は難しいということはあまり強調しない方が良いよ。挑戦する者が減るから」と言われたと思う。私が「司法試験に挑戦する以上は毎日一〇時間以上、勉強に集中する必要がある、そうすれば二年程度で合格できる。だらだらやれば一〇年経っても合格しない場合がある。司法試験の合格は目的ではない。目的は弁護士や裁判官、或いは検察官として自分の人生を送るところにあり、司法試験の合格はそのための手段にすぎない。したがって、『司法試験不屈の一〇年』と言っても合格しなければ何の自慢にもなりませんよ」というようなことを話したことに対する感想として話された言葉だったと思う。

以来、私は、受験指導の話の最後に必ず、このような言葉を付け加えることにした。

「司法試験は必ず合格できる。合格するまで勉強をやめなければ」

### 馬奈木さんの教えと医療研での実践――「専門弁護士とは？」

その際、馬奈木さんは、「専門弁護士と言われる条件は何だと思う」という問いかけをしてきた。私が馬奈木さんから、どんな弁護士になりたいのかと問われ、「どんな事件にも対応できることは当然として、何か一つは専門弁護士と言われるようになりたい。公害事件や労働事件には既にたくさんの先輩がいるので、その他の分野になるでしょうが」と答えたことに対する質問であった。

突然の逆襲に窮していた私に、馬奈木さんは、ゆっくりとした口調で答えてくれた。

「専門弁護士と言われるためには、法律家の前ではなく、その分野の専門家の前で講演したり、学会誌に論文が掲載されるようにならないといけないね」

口には出さなかったけれど、密かに医療問題の専門弁護士になりたいと考えていた私は、これは大変だと思った。医学の勉強をしたこともない私が医師達の前で講演し、医学会誌に論文を寄せるなんて。

その後、二九期司法修習生となり、学生時代に戻ったかのような楽しい修習生運動に没頭する生活が始まった（その間に、次男修を授かったが、後に修から命名の経緯を尋ねられ、お父さんが司法修習生時代に生まれたので修にしたんだよと、つい口走ってしまったため、そんな安易な命名であったのかと憤慨されて弱ったことを今でも思い出す）。修習生運動の一環として自主的研究活動が組織された。私は「医療問題研究会」に入った。

一九七七年春弁護士登録と同時に北九州第一法律事務所に入所した私が、本格的に医療事件に取り組みたいと考えたこともあり、三年間、弁護士としての基礎を学ばせていただいた北九第一を卒業、独立して福岡に戻り同期の辻本育子弁護士とともに事務所（当初の名称は九大合同法律事務所、その後九州合同法律事務所に改名）を設立したのは一九八〇年春のことである。

医療の専門知識がない弁護士が社会的に責任ある形で医療事故問題に取り組むためには、医師を始めとする医療関係者の継続的な協力が不可欠となる。そもそも、医療事故をなくし患者のために安全な医療を作り上げる仕事に本来的な責任を有しているのも医療関係者に他なるまい。私たちは、そのころ同期の弁護士仲間を中心として全国各地で結成が進められていた弁護士だけの「医療問題弁護団」や「医療事故研究会」とは異なり、数名の研修医を始め薬剤師や看護師などを含む「医療関係者事務局」を組織して「弁護団事務局」と同格の構成メンバーとし、共に医療事故問題に取り組む「医療問題研究会」の結成を呼びかけることとした。

研究会準備会が発足したことが新聞テレビで報道されるや堰を切ったように九州各地から相談が寄せられてきて、それとの対応に格闘する毎日が始まった。確か報道された三ヵ月後の一九八〇年一〇月までに相談件数は一〇〇件を超えていたと思う。医療事故が埋もれた人権侵害であったことはこの一事でも明らかとなった。

想定をはるかに超える事態を前にして、私は、少数の専門弁護士を育てるのでは決して医療事故問題に対応できないと考え、普通の弁護士でも医療事故に対応できる体制を作る必要性を痛感し、研究会への加入呼びかけも若手弁護士全員に行うなど大衆的な医療弁護団の創設へと大きく舵を切ることとした。その結果、数年後には九州弁護士会連合会の会員数の一割を超える者が研究会弁護団のメンバーとなっていた。普通の弁護士が取り組んでも決して弁護過誤をおこさないようにするために、全ての事案について集団的な事例検討会にかけて検討するとともに、事件の大小を問わず全ての事件について最低三名の弁護団を組んで事件処理に当たることにした。「三人よれば文殊の知恵」である。

事例検討会にはもちろん医療関係者も出席してもらったが、実は彼らも医療事故に関する限り全くの素人であることが判明した。当時、医療界においては医療事故、とりわけ医療過誤の存在はタブーであり、大学医学部でも教えられることはなかったからである。こんなひどいことが本当にあるのか、相談された事例を前に弁護団も医療関係者も互いに驚きながら勉強し、議論する毎日が始まった。

当初は私自身も大学医学部の図書館に連日のように通い、そこで収集してきた文献を事例検討会の資料に供していたが、そのうち少なくないものが当該事例には適用できないものであった。そうした中で、私自身の取り組み方として、基本的な医学文献の収集作業は医療の専門家である医療関係者に委ねて、弁護団はそこで得られた医学的な知見を元に、当該事案の事実整理をし、どうすればその事故を防ぐことができたのかなどを医療関係者と共に議論した上で、法律的な因果関係論や責任論を組み立てて行く作業に集中するという役割分担を確立して行った。このことにより、素人が陥りがちな「木を見て森を見ない」類の誤りは未然に防止されることとなり、裁判になった場合においても相手方が当方の主張する事実認識に対して簡単には医学的な誤解に基づくものという反論を許さないものとなった。

集中した医療事故相談と格闘する中で、医療事故問題の本質に迫る発見がいくつもあった。従前、医療事故は、関わった患者や病気、医療機関、事故の発生経過など全てが個別的であり、一つの医療裁判に取り組んでも、それを他の裁判に生かせず、しかも、医療過誤裁判の終結に至るまでには一〇年程度の日時を要することが普通であり、にもかかわらず患者敗訴の判決で終局することが少なくなかったので、患者側代理人として医療事故を専門に取り扱う者は一人もいなかった。このような状況から「医療過誤訴訟は趣味の裁判」と笑う者も少なくなかった。

しかし集中する医療相談事例では、事故を生み出した医療措置や事故の形態、或いは発生経過などにおいて、逆に多くの共通性が存在することが明らかとなった。とりわけ、その発生経過においては、患者の訴えに耳を貸さないままルーチンとする医療措置が実施され事故につながっていることが極めて多かった。当時世間では「三時間待って三分診療」ということが、現象面として言われていたが、実はそのような診療状況の構造自体が多くの医療事故を生み出していたのである。私は、こうした事態を「対話なき医療」と呼ぶこととしたが、全国の弁護団がほぼ同時にそのような認識に到達していた。こうして患者を単なる医療の客体としてではなく、人間として、医療の一方の主体として処遇すべきであるという「患者の権利宣言」運動が始まった（一九八四年一〇月、日本で始めての「患者の権利宣言案」が名古屋で公表された）。

一方で患者側代理人として医療過誤訴訟に取り組みながら、他方において「患者の権利」の確立をめざして広範な医療関係者との対話を進めることが、私の日課となっていった。そのような生活を一〇数年くらい続けた頃であったろうか、所得税の申告書を作成していた時にふと気がついたことがある。弁護士としての事業収入以外の収入（給与所得や講演料、原稿料等の雑所得）も相当の額になっていたが、その大部分が大学医学部や看護学部での講師や客員教授としての給与、医学会や医師会、病院医局での講演料、医学会や看護学会等の専門誌への原稿料等で占められており、法学部や法学系大学院での講師料や法律関係雑誌からの原稿料収入は微々たるものであった。

私は医療についての専門的な勉強をしないままに、その点では門前の小僧と言うか、耳学問を繰り返す中で、いつしか馬奈木さんが言う「専門弁護士」の条件をクリアしていたのである。

### 私が付加した二つの条件

私は、かなり早い段階で、専門「弁護士」である以上は、「その道で食う」ことが出来、同僚弁護士からその分野の事件について依頼者を紹介される、つまり「専門弁護士」として認められなければならない、という条件を付加している。以前、労働事件を多く手がけている弁護士から市民事件で稼いで労働事件につぎ込んでいるという話を聞いたことがあったが、失礼ながら、それでは労働専門弁護士とは言えないと思う。最近、医療過誤事件に取り組んでいる弁護士の中から、裁判所が医療崩壊論の影響を受けて、なかなか勝たせなくなったとか、裁判官が悪いとか鑑定が悪いという愚痴を聞かされることも少なくないが、そのような状況を如何に打開して、勝つべき事件は勝って、報酬を得ていくか、創意工夫を発揮することができてこそ、その分野の専門弁護士と言えるのではなかろうか。

なお、専門弁護士たらんとする者が陥りやすいことは、裁判の中で相手方が仕掛けてくる専門分野での「学術論争」の土俵に乗ってしまうことであるが、これは敗北への道である。裁判官もその分野の素人であり、容易に結論を出し得ず、結局は鑑定に頼らざるを得なくなることを忘れてはならない。法律的な因果関係論や責任論であれば、裁判所は専門家として、いくらでも知恵を出してくれる。私たちは法律的な結論を求めて裁判を遂行しているのであって、その事案に関する医学的な判断を裁判所に求めているのではないことを肝に銘じるべきであろう。「医学知識は医療専門家から学び、それを医学事典等で確認できれば良い。決して自らが『医療の専門家』になろうとするな」、私が口癖のように「医療問題の専門弁護士」をめざそうとする若手弁護士に語ることである。

## 第三章　馬奈木塾

私が、馬奈木さんから学んだことは数限りない。学んだ場所を「馬奈木塾」と表現するとすれば、第一の塾は「スナック貴子」であった。私が福岡に事務所を移した時期は、既に予防接種訴訟が始まっていたか、始まろうとしていた時期であり、後述するように予防接種訴訟の弁護団での議論は、もちろん重要な学びの場となっていたが、「スナック貴子」はそれ以上の学びの場であった。

その頃、赤坂のわこうビルにあった福岡第一法律事務所の炊事場をかねた狭い休憩室が、弁護団会議や裁判所の仕事を終えた自由法曹団の弁護士や青法協の弁護士、司法修習生のたまり場になっていた。私たちは、その日の気分と集まってきたメンツを見ては、そこから雀荘に繰り出すか、周辺の食堂に夕食に行くか、中洲に足を伸ばしていた。当時久留米に事務所を構えておられた馬奈木さんも福岡での仕事を終えれば必ずたまり場に顔を出す常連であり、その場合には、修習生等も連れ立って、馬奈木さんが贔屓にしていた貴子さんの経営する中洲のスナックに繰り出すのが常であった。

スナック貴子では、酒を酌み交わしながら、実に多様な議論が展開された。修習生が質問し、馬奈木さんが応え、私たちが横からちょっかいを出すこともあったが、そんな時、激論に及ぶことも少なくなかった。その議論の内容はほとんど覚えていないが、その後の私自身の弁護士活動に与えた影響は実に大きかった。多分全国に散っていった修習生の中にも馬奈木ファンが少なくないのは、この塾で多くのことを学んだことが背景にあるのではないかと思う。

先に専門弁護士の条件として私が付加した内容を述べたが、それも、ここでの議論の中から、或いは議論に触発されて生まれたものであったかもしれない。

なお、スナック貴子の飲み代について、修習生からは勿論もらっていないし、私たち既に弁護士となっていた者についても多くを出捐した記憶がない。定かではないが、ほとんど馬奈木さんが負担してくれていたのではないかと思う。感謝。

予防接種と残留孤児の弁護団での議論から学んだこと

馬奈木さんを団長とする多くの弁護団での会議、とりわけ弁護団合宿が若手弁護士の学びの場になっていることは間違いない。なお各弁護団において馬奈木さんが展開した議論の内容等については、適任者により別稿が準備されているようなので、私は、特に印象に残っていることを書き留めることにしたい。

どのような弁護団においても訴状の構成をどうするかが、最初に大きなエネルギーを費やして議論を重ねる対象となる。ここでの議論こそ事案をどのようにとらえるかの弁護団における共通認識を形成し、訴訟の遂行方針を確認していく基礎となるからである。

予防接種弁護団においては、接種による被害が発生した時期と提訴時との間に一〇〜二〇数年の開きがあることも少なくなかったので、接種現場における過失の存在を個別的に立証することには困難があった。そこで、予防接種被害を「適法行為による特別犠牲」ととらえて、憲法二九条による補償請求を行うという訴状構成が大野弁護士（後の最高裁裁判官）を団長とする東京の弁護団では採用されていた（その後、東京地裁で、その構成による勝訴判決も出されたが、高裁で逆転した）。しかし、当時の予防接種法による強制の中で、我が子を失い、或いは重篤な後遺症が発症したために苦しんでいる被害者にとって、それが適法行為であったと評価されることには強い違和感が存在していた。あれこれ議論をしている時、「どんなに確率が少ないとはいえ、必ず一定の割合で副作用による死亡事故が起こるとすれば、そのような予防接種を強制することは『未必の故意による殺人』ではないのか」、馬奈木さんの一言が飛んだ。私たちは過失ではなく故意による不法行為責任の存在を主張して国家賠償を迫ることに衆議一決した。

中国残留孤児裁判は、既に先行訴訟が多くあり、その訴状においては、数次にわたる棄民政策の被害者として残留孤児をとらえるものが多かった。しかし果たしてそうであろうか？　満蒙開拓団は軍部の後押しを受けて少なくない満州地域における良田を略奪していたという事実をどう位置づければ良いのか。むしろ日本軍部の植民地政策の先兵として「派兵された」のではなかろうか。

敗戦間際に置き去りにされ棄民されたというのが大量の残留孤児を発生させた理由であったのか？　むしろ、軍部が撤退を余儀なくされる中で、中国大陸に残留し、将来再びわが国が中国大陸の支配へと乗り出す時の備えとして大陸に温存させるという戦争政策の延長線上に女性や孤児が意図的に残置されたのではなかろうか？　その後、名前を変えても良い、現地人と結婚しても良い、どのような形であれ現地にとどまれるものはとどまるようにとの軍指令書を伝えようとした使者がいたことが文献上も明らかとなった。

このように棄民政策ではなく植民政策の中で残留孤児問題をとらえるべきではないかという議論の口火を切ったのも馬奈木さんだったと思う。

私たちの議論は更に進んだ。そのような植民政策が、戦後日本における国家権力により隠れた政策として温存されてきているとすれば、帰国を求める残留邦人の声に耳を貸さなかったのは当然のことであったろうし、やむなく帰国を受け入れた後の処遇が実に冷たいものとなったことも必然の結果であろう。

なお帰国後の処遇において、多くの弁護団や原告自身も丁寧な日本語教育がなされず、半年ぐらいの即席教育で社会に放り出されたことが新たな被害を生み出したものととらえていたが、私は「ネイティブの中国語を話す日本人」としてありのままに受け入れ、英語圏からの来訪者にはそうしているように日本語が話せなくても生活できる仕事や生活環境を保障するというのではなく、直ちに日本人になることを強制したこと、つまり「同化政策」を行ったことこそ、中国大陸では大学教授の地位にあった者さえ生活保護受給者に転じさせるなど重大な人権侵害を生み出した背景にあったのではないかと考えている。同化政策は、植民地であった朝鮮半島において「創氏改名」を強行したことと同様、わが国における植民地政策を形作るものでもあった。

私たちは公害事件や集団訴訟において、「被害に始まり、被害に終わる」ということをよく口にしている。そのため、新たな事案に取り組む際には、被害をどのようにとらえるかをまず最初に議論することが少なくない。しかし馬奈木さんの発想は、そうではないのではないかと私は考えている。馬奈木さんは、被害を生み出した加害の構造と実相をまず歴史的に解明し、その中から被害の実相に迫っていく。その方が、より一層、被害の深刻さはもとよりその広がりにおいても本質的把握を可能にすることが出来るし、何より責任論の本質に迫ることが出来ると考えておられるのではないか。そして、そのような捉え方こそ実際の経過に照合しており、最終的には被害者の胸に落ちる法律論を生み出すことを可能にしている。これは私の勝手な推測であり、馬奈木さんに直接確認したことはない。

### 中国人強制連行・強制労働事件弁護団における実践

全国の弁護団が日教組弁護団やトンネルじん肺弁護団等を中核として形成されていたという経緯もあり、

珍しく馬奈木さんが参加していない弁護団として発足した。しかも第二次大戦中の出来事でもあり、原告も皆、中国大陸に居住しており直接の交流が困難なことなどから、若手の関心は極めて薄く、当初の弁護団は超ロートル弁護団として形成され、最も若かったのは稲村晴夫弁護士、次いで私たちというような年齢構成でもあった。しかし稲村弁護士は、正真正銘、馬奈木さんの直弟子であり、日本人として、あるいは日本の法律家として歴史的責任を果たすという気概にあふれた弁護団でもあった。

ところが全国各地における先行訴訟の訴状を取り寄せて読んでみて、びっくりした。いわゆる「国家無答責」の壁を回避するために、国際私法の論理で中国民法の適用を主張する等、私たちがまったく理解できない内容であった。「中国民法」等見たこともも聞いたこともないし、自分が理解できないことを裁判所に理解させられるはずがない。勿論、そんな法律論を原告達に理解させることも無理であろう。

私たちは全国弁護団長の高橋先生や小野寺先生に、訴状の法律構成を修正することについて了解を得た上で、まず歴史的事実として、どのような経過と体制のもとに強制連行が実行され、強制労働が強いられたのかを勉強することから始め、結論として、国と企業が共同して、これらの犯罪行為を実行したという事実を確認することが出来た（他国から、戦争には関わりのない農民らを強制的に連行することが犯罪行為であることは疑いのないところであるが、強制労働に関しても、事件発生当時、政府だけでなく企業代表も参加しているＩＬＯを発議者とする強制労働禁止条約が発効しており、日本政府の批准も終わっていたが、この条約は私的関係にも直接適用がある、いわゆる「強行法規」としての性格を有するものであった）。

そうした勉強の後に、私たちは「強制連行と強制労働は国と企業により共同して実行された犯罪行為（不法行為）であって、国と企業は日本国の民法（不法行為の規定においては、旧民法も現行民法も同一の内容であった）における共同不法行為責任を負うものである」という簡明な結論に到達し、訴状の法律構成とした。果たせるかな、訴訟提起から二年を経ないで出された福岡地裁判決は国と企業の共同不法行為を事実認定した上で、企業に対して損害賠償を命じる画期的なものとなった（国に対しては「国家無答責」論を採用して免責した）。その後、全国の先行訴訟弁護団においても共同不法行為論が採用され、裁判所においても事実認定されるに至り、最高裁においても事実論としては否定されることなく確定するに至った。

馬奈木さんの発想から学んだことを直弟子達が実践して、成果を収めた事案の一つとして紹介しておきたい。

## 第四章　直弟子は今も生まれている

自分達の運動の後継者養成というにとどまらず、一人でも多くの人権感覚を体得した法律家を九州各地或いは日本全国に送り出したい、そんな思いと課題は司法試験合格後の私のライフワークの一つとなっていたが、法科大学院が全国一斉に開校するに先立って、福岡県の法律事務所や人権団体が協力して取り組むこととなったＮＰＯ法人九州アドボカシーセンターを発足させるに際し、私は躊躇なく馬奈木さんに理事長就任をお願いすることとした。

二つ返事でお引き受けいただいて以降、毎年の開校式で馬奈木さんの卓話が設定されることが恒例となった。私も毎年傍聴させてもらっているが、馬奈木さんの法科大学院生への問いかけは、ある時は哲学的であり、ある時は、いつ読まれているのか小説を題材とするものであったり、何より歴史的な事実について知っていなければ正解に到達し得ないものが多く、私にとっても答えに窮することが少なくない。そんな議論を笑顔で吹きかけながら、馬奈木さんは法律解釈の背景にあるものや紛争事案の本質的把握の仕方を直弟子達に伝えようとしているのではないかと私は思う。孫弟子の養成を多くの直弟子達に委ねるのではなく、機会があれば何時でも自らが講師となって若者との議論を行うことを厭わない、このような馬奈木さんの存在こそ、九州各地で生み出されている新しい集団事件の弁護団には若手弁護士がこぞって参集し（私の息子の修弁護士もお世話になっている）、元気な弁護団活動が展開されている重要な背景をなしているのではないかと私は考えている。実に有り難いことである。

## エピローグ

馬奈木さんが発する言葉は簡明であり、論理明快、それ自体が本質をついているので、語り継がれるべきものである。しかし直弟子の役割は、それにとどまるものではあるまい。如何に馬奈木さんの発想を学んで、自分なりに消化しながら実践し、自分自身が獲得できた体験を付加しつつ馬奈木さんが発した言葉やその際の議論状況についてリアリティーを持って後輩達に伝えていくかということこそ直弟子の務めではあるまいか。そうしてこそ馬奈木さんの教えの偉大さを一層深く認識することも出来よう。

私自身は、私の弁護士活動の原点を形成する上での最初の師匠である三浦久先生から教えられたことや、北九第一時代の吉野高幸先生、安部千春先生、その他の先輩や同僚弁護士等から学んだことがたくさんあるが、馬奈木さんから学んだことも含めて、私がそれを如何に消化したかという内容を付加して、事務所に入ってくる新人弁護士や司法修習生、或いは弁護士会が主催する新人弁護士研修会等において話すことを常としている。本稿では馬奈木さんのことをもっと多く語らねばならないのに自分のことを語るために紙数を使いすぎたことの弁明としたい。

今後とも馬奈木さんが一人でも多くの直弟子を育てていただけるよう念願して、筆を置くこととする。

# 第6章

# 住民・市民とともに

# 1　これまでも、これからもお世話になります

熊本中央法律事務所事務長、水俣病被害者の会事務局長　中山裕二

一九七六年夏、二二歳の私は大学四年生で、水俣診療所（現水俣協立病院）と熊本県民医連が主催する学生向けの水俣病をテーマにした夏期研修に参加していました。水俣診療所にＭＳＷ（医療ソーシャルワーカー）として就職することが決まっていました。その研修で講義をされたのが、馬奈木昭雄先生でした。

チッソの生い立ちや城下町の実態、原因究明妨害、水俣病裁判の経過などであったと思いますが、水俣病については、熊本市の高校在学中に水俣病第一次訴訟の判決を控えていたこともあり、文化祭でレポートをまとめるなど、少なからず関心を持ち、少しばかり水俣病をかじって、「わかっている」つもりだったことを根底から覆す深い内容に圧倒されました。大学の卒業論文を革新自治体の役割を予定し準備もすすめていたのですが、この講義を機に「水俣病」に変えました。この講義が私の水俣病とのかかわりをのっぴきならないものにしてしまいました。

この講義から四年後、水俣病第三次訴訟の原告団を構成する水俣病被害者の会事務局の仕事を要請され、水俣協立病院を退職して、専従事務局の任につきました。水俣病第三次訴訟は、水俣病史上初めてチッソと

ともに、国と熊本県を被告にすえた壮大なたたかいとなりました。

そういう意味では、私を水俣病の運動に巻き込み、人生を決めたのは、馬奈木先生だと思っています。

以降、水俣病第二次訴訟控訴審や第三次訴訟、福岡訴訟、さらには一九九二年にブラジルで開催された地球サミットにもご一緒しました。そしていつも確かな見通しを示し、患者を激励しながらたたかいをすすめていかれたことは、枚挙にいとまがありません。

ところで、二〇〇三年に水俣市に西日本最大といわれる産業廃棄物処理場建設がもちあがりました。水俣市民は、水俣病で辛酸をなめ、このうえ産廃処分場による環境破壊を許してはならないと立ち上がりました。先生が水俣市の顧問に就任され、たたかいをすすめていただいたことは、私にとっても誇らしいことでありました。この産廃処分場は、市民の力で建設差し止め、この運動の中で、産廃処分場建設反対の市長を実現するに至りました。

さて、卒業論文のことです。馬奈木先生は「愛《かな》しかる命いだきて」という本の巻末に解説を書いておられます。当時、この本を大いに「参考」にさせていただき、しっかり（大量に）「引用」しました。担当教授の評価は「優」。その時の教授のひとことは、「水俣病の経験に学び普遍化していくことが大事だ」というものでした。馬奈木先生、その節は、たいへんありがとうございました。遅ればせながらお礼を申し上げます。

水俣病の経験を経て、川辺川ダム、有明海異変、原爆症認定問題などの課題にかかわり、そしていま原発差し止めに向き合う人生になりました。まさに水俣病を基本に、馬奈木先生が言われるところの民主主義を体現するたたかいに、向き合っていきたいと思います。

## 2　馬奈木弁護士から多くを学ぶ

高尾山の自然をまもる市民の会事務局長　**橋本良仁**

　私と馬奈木弁護士との出会いはいつだったか記憶はあまり定かでない。おそらく私たちが高尾山天狗裁判を起した二〇〇〇年初めの公害弁連総会かレセプションでお会いしたのが最初だったと思う。かなりご高齢（?）とお見受けするような見事な白髪、聴く人を強引にひきずる込む弁舌の巧みさ、ずいぶん魅力ある弁護士だなというのが私の第一印象だった。人はみな、その話し振りを「馬奈木節」という。

　韓国のソウルで開催した公害弁連の日中韓シンポジウムにご一緒した時のことだった。諫早干拓よりはるかに広大なセマングム湾の干潟干拓事業の現地視察で馬奈木弁護士の素敵な人柄に触れることができた。そのころNHKテレビの衛星放送で韓国時代劇「チャングムの誓い」が放映され、私は「チャングムの誓い」にすっかりはまっていた。話しているうちになんと馬奈木さんもはまっているのだという。マドロスパイプを片手に、にこにこしながらさらに言うには、久留米出身の松田聖子さんの大ファンだという。これには私もすっかり驚いた。残念ながら私は聖子ファンにはならなかったが、その時から馬奈木さんの庶民的な人柄にすっかり惚れ込んだ。

もう一つ強く印象に残っているのは、新幹線名古屋駅地下街の居酒屋で飲んだときのこと。大きな海老の刺身がでてきたのだが、先に手をつけた人は本体の身の部分を食べて海老の頭をすっかり残した。その残った頭の味噌を食べるのは私だと決めていた。しかし、海老は味噌が一番美味しいといって海老の頭を狙っていたのがもう一人いた。馬奈木さんだった。二人で味噌を奪い合って食べた覚えがある。馬奈木さんは、海釣りが大好きで釣った魚をさばいて食べる私とおなじで、本当の魚の味を知っている数少ない弁護士の一人だ。

すっかり趣味や食べ物の話になってしまった。最後に、法律家、運動家として素晴らしい足跡を残しながら、今なお出力一二〇％で頑張っている馬奈木弁護士について記したいと思う。

ひとつは、九州での数々の公害裁判を闘い抜き、その活動を通して獲得した貴重な経験を活かした活動を行っていることである。「よみがえれ！有明訴訟」や新たな原発訴訟は運動家・馬奈木の経験が存分に発揮されている。「私たちは必ず勝利する。なぜならば勝つまで闘うからである」は馬奈木弁護士の弁、高尾山麓で開催した天狗集会にも参加し、高尾山天狗裁判では応援弁論と、いつも私たちの運動を励ましてくれた。

二つ目は若い法律家を次々に育てていることである。有明訴訟を見ていて感じるのは、老獪な弁護士、中堅の弁護士、若い弁護士と弁護団の構成がとても良いことだ。きっと馬奈木弁護士は、意識的に若手を育てているのであろう。

訴訟原告や一般市民が親しみをこめて敬愛する弁護士の馬奈木さん、古希、ほんとうにおめでとう。どうぞ、身体を大切になさってください。そして、今後も私たちの導きの灯であってください。

# 3　有明海問題を巡る漁民のたたかい

佐賀県有明海漁協大浦支所　**平方宣清**

私は、佐賀県太良町で漁船漁業を生業としてきました。有明海は豊饒の海として魚介類が湧くように獲れ、多くの漁民の生活と地域経済の基盤を築いてきました。

しかし、諫早湾干拓潮受け堤防締め切りにより潮流が遅くなり攪拌作用が弱くなり海水の透明度が上がり、また干潟の消滅により浄化作用が無くなり、それに調整池から汚水を排出するたび異常な赤潮と貧酸素水塊が発生しタイラギやアサリなど貝類が死滅し車エビ、カニなど激減してしまいました。また、ノリも大きな被害を受けました。

その結果、生活苦により二〇数名の漁民が自ら命を絶つという悲劇を繰り返してきました。生産性の無い港は後継者も出来ず以前の賑わいは無く、船の出入りも少なくひっそりとして寂しい限りです。このままでは有明海と漁民の将来がない。漁連も組合も動いてくれない。どのようにしたら良いものか思案に暮れている時、有明弁護団という救世主が現れました。

弁護団は優秀で、自らの仕事も忙しい中、手弁当で弁護団会議を開き、活動計画を立て実行していく姿は頼もしい限りです。その団長が馬奈木昭雄弁護士です。はじめは半信半疑で原告になりました。裁判費用も弁護料も要らない。こんな分のいい話があるだろうか？　と思ったからです。

しかし原告として馬奈木弁護士に付いていくうち水俣病をはじめ多くの弱者を救うために闘い続けるすごい人だと知りました。議員会館での院内集会や農水省交渉などでの的確で反論の隙さえ与えない論客に勇気をもらい胸がすっきりしました。そして小長井、大浦訴訟の原告つくりを妨害しようと、組合長が私を全体集会でつるし上げしようとしましたが、その日の朝馬奈木弁護士が組合長に憲法違反は断じて許さんと諭され私は九死に一生をえました。

でも長い闘いと漁業不振は家庭の中を蝕んでいました。息子は漁業では生活できないと家を出て、妻は鬱になり家庭が一気に暗くなりました。いっそ漁業を止めてこの運動から身を引こうかと考えました。そんな時馬奈木弁護士の思いを知り目が覚めました。

同期の弁護士から、「馬奈木さんはビルの二、三軒は持っていてもおかしくないのに、どうして金にならないことばかりやるのか」と尋ねられたそうです。その答えは「生き様だ」と言われたそうです。正義を貫き弱いものを助ける。金儲けだけの弁護士ではないと。はっとわれに返ったとき馬奈木弁護士をはじめ多くの弁護士さんや支援の人がいてこれまでの困難を乗り越えてこれたことを思い、恥ずかしく申し訳ないと深く反省しました。

今では福岡高裁の開門判決が確定し開門が現実のものとなりました。しかし国は長崎を盾に開門準備を遅らせたり、開門幅を制限しようと画策しています。でも馬奈木団長は真の有明海再生を成し遂げられる唯一の人だと信じています。なぜなら勝つまで闘うからです。

# 4　鹿屋の水と自然を守る闘い

鹿屋の水と自然を守る会　**小林宗生**

私たちの地域に、突然産業廃棄物（管理型）最終処分場建設計画が持ち上がり、地域住民が井戸水汚染や河川への影響等を考え途方に暮れていた時、馬奈木弁護士と出会う機会を得ました。管理型も安定型も解らない、住民に対して、馬奈木、高橋両弁護士は管理型最終処分場の問題点をこと細やかに説明して下さいました。この出会いにより住民は裁判をしてでも闘う勇気を頂きました。

闘いは一二年にも及びその闘いは壮絶でした。馬奈木先生はいつも住民に寄り添い、住民の意見を聞き、闘いに対する戦術を示唆して下さいました。住民は、先生方の指導や意志を忠実に行動に移しました。設置許可が出てからは業者に対して安全性の説明を求めて連日、サイレンを合図に野良着のままで建設現場へと駆けつけたのです。現場での攻めぎ合いは警察から警告を受ける程になり、ついには長い裁判闘争へと移っていきました。

裁判所には常に七〇人位が駆けつけ、審理が終わると裁判所の外で先生がこと細やかにして下さった説明を聞きました。ある時は、住民と一緒のおにぎりを食べ、鹿屋に宿泊の時は夜遅くまでお話ししても頂きました。いつも優しい柔和で人を引き付ける先生の魅力に、住民の一致団結の心は一層強くなりました。

その半面、相手には厳しく、県庁舎では知事や部課長に激しく意見したり、県政に対する不備を指摘したり、一歩も引かない不退転の強い意志がありました。住民はお上の意見はすべてと思うところがありましたが、公務員を一刀両断される先生のお姿は心地よいものでした。県庁や裁判所へ行くのが楽しいくらいの感覚になりました。

裁判は鹿児島地裁で勝訴した後、福岡高裁宮崎支部での勝訴で確定した訳ですが、馬奈木、高橋弁護士の住民に対しての思いやりの心と、裁判に対するあくなき執念をも感じさせる強い意志により勝ち得たものでしょう。勝訴したことでふるさとの豊かな自然を次の世代に引き継ぐことが出来ました。住民一同、馬奈木弁護士には感謝の気持ちで一杯で御座います。

今般、馬奈木弁護士が古希をお迎えになられるとのこと、心よりお祝いを申し上げます。今後もお身体をご自愛頂きまして何時までもお元気でご活躍されます様にお祈り申し上げます。

# 5 「ガス化溶融炉」建設を巡る住民運動

ゴミ問題を考える住民の連合会・宗像代表　**倉本和子**

馬奈木昭雄先生、古希をお迎えになられましたこと心よりお喜び申し上げます。

私たちの運動にいつも大きなお力を貸していただき感謝申し上げます。先生は小中学校時代を宗像で過ごされたせいでしょうか、宗像の「ゴミ問題を考える住民の連合会」(ゴミ住連)に親しみを持ってくださり、ずっと温かく見守っていただいていると感じています。

それは一九九八年一〇月、突然降ってわいた出来事でした。私の住む地域に隣接した池浦に焼却場が建設されるというのです。当時、各地の焼却場から高濃度のダイオキシン類が出ていることが確認され、二〇〇二年一二月からダイオキシンの排出に関して厳しい基準が導入されるため、組合では新たに「ガス化溶融炉」を建設する計画でした。なぜ池浦なのか、ガス化溶融炉とはどんなものか、それは安全なのか。住民の間には疑問や怒り・不安が渦巻いていました。

組合に対してきちんとした対応を要求するのであれば、住民も意見を言う正式の組織が必要と考えて「ゴミ住連」を立ち上げ、その発足記念会で馬奈木先生が講演をしてくださいました。講演では住民運動のポイントとして、①あきらめないで粘り強く頑張る、②やれることは全てやってみる、③大きく運動の輪を広げ、多くの住民の合意をつくる、④他人任せでなく積極的に資料を集めて学習すること、を話されました。その講演に背中を押され、多くの住民の力を結集して、私たちはやれることは全てやってきました。

焼却場建設予定地をくまなく探索して感染性医療廃棄物が放置されているのをみつけ、福岡地方裁判所に証拠保全の申し立てを行いました。これが、私たちが裁判に関わった最初でした。二〇〇二年三月には古賀、三輪の住民とともに「建設工事差し止め裁判」を提訴しました。この時も馬奈木先生には「予防原則」の考え方を教えていただきました。

焼却炉の建設が始まろうとしたときは、多くの住民が現地に集まり、雨の中、雪の中、徹夜で組合への説得活動を続けました。しかし、国を挙げての権力には司法の力をもってしても、なかなか抗しきれません。焼却炉の稼働前には「一般廃棄物の適正処理を求める請願」に取り組みました。①分別したプラスチックを燃やさないこと、②産業廃棄物を搬入・焼却処分しないこと、③自区内処理の原則を守ることが採択され、現在も焼却ルールの柱になっています。

焼却場が稼働を始めると運動も収束することが多いと聞きますが、私たちは今も焼却場が安全に稼働しているのか毎日電光表示板を監視しています。また「ごみがなくなれば焼却場はいらない」を合言葉に宗像市も巻き込みながら、生ごみの堆肥化事業に取り組んでいます。

馬奈木先生の「あきらめないで、粘り強く頑張る」をスローガンに今後も走り続けます。

# 6　処分場反対運動の広がり

三輪の自然を守る住民の連合会　片井克美

一九九八年秋、福岡県三輪町（現筑前町）栗田に大型の一般廃棄物ゴミ焼却施設（ガス化溶融炉）の建設計画が進んでいました。反対するきっかけを求め、藁をもつかもうとして参加した久留米での廃棄物処分場全国ネットワーク全国交流会で、馬奈木先生と高橋先生にお会いし相談したことを昨日のことのように覚えています。

当時、馬奈木先生たちは産廃処分場問題では全国的に活躍されていました。私の地元でも隣の甘木市（現朝倉市）に産廃処分場建設計画が浮上した時、計画を撤回に追いこんだ甘木市住民の代理人でした。この問題では三輪町でも町長を先頭に反対運動を展開しています。

私たちの相手はその時の行政の首長らであり、また行政による一般廃棄物処分場の焼却場問題での取り組みは初めてのはずで、困難だったかもしれません。

しかし馬奈木先生は、一般廃棄物でも産業廃棄物でも、廃棄物処理の危険性は変わらないこと、つまり有害物質の濃度が薄くても食物連鎖よる濃縮で重大な被害が起きる可能性が高いことを、水俣の問題を取組んで来られた経験から、確信していたのだろうと思います。またゴミ行政とゴミを大量に作り出す産業構造両方を転換させなければいずれも解決しない点で、根っこでは同じ問題だという考えでした。

この時期は、国のダイオキシン対策を契機とした大型ゴミ焼却場の建設が続いており、私たち以外に福岡県では宗像市、古賀市、佐賀県で中原町、熊本県で人吉市など大型ゴミ焼却施設に反対する運動が続いていました。これら各地の住民と馬奈木先生を中心とした弁護団はお互いに協力しながら、運動を行ってきました。

二〇〇〇年に焼却場建設が強行された後は、建設差し止めの仮処分、その後は操業差し止め裁判を行ってきました。裁判の思い出としては法廷で原告の一人が「ふるさと」を歌おうとして、裁判長に止められた時、馬奈木先生の抗議する声が響き、歌声が実現したことです。

裁判は原告四四三名という、三輪町始まって以来の運動でしたが、国策ということもあってか建設および操業は強行されてしまいました。しかし、和解で操業の情報を公開させることが出来、安全性に注意した操業を実現させています。

この運動の中で馬奈木先生が繰り返し語られたのは「裁判では解決しない」ということでした。大量生産大量廃棄という生産システムを変えない限り問題は解決しない。そのためには、処分場を作らせないという運動を各地で展開するなかで、どこにも処分場が作れないという状況に持ち込むことが、日本のゴミ問題を解決するということでした。

福岡県では、一般廃棄物処分場以外に、産業廃棄物処分場の建設や操業を巡る紛争も頻発しており、それらの運動でも馬奈木先生たちによる指導が行われていました。一般廃棄物にせよ産業廃棄物にせよ、ゴミ問題を解決するには福岡県のゴミ行政を変えさせることも重要であるということから、福岡県内で闘っている一〇団体が集まって、一九九九年に福岡県処分場環境問題連絡協議会を結成しました。結成総会で馬奈木先生からは一般廃棄物、産業廃棄物を分けるのではなく、同じゴミ問題として闘っていく重要性が語られました。その後、福岡県処分場環境問題連絡協議会では現在でも毎月一回の会議を開催し、新たな参加団体も加えて情報交換や支援の活動を続けています。これは全国でも珍しい取り組みではないかと思います。

ゴミ問題は一ヶ所だけ解決しても、別のところでおきています。解決したと安心していていると、形を変えておきてきます。私たちの暮らしを守るためには闘い続けるしかありません。

# 7　電磁波問題を巡る住民のたたかい

ドコモ三潴基地局移転要望の会　川勝聖一

この度は、古希をお迎えになりました由、心よりお祝い申し上げます。

まず始めに、私達が「携帯電話基地局操業禁止等請求事件」の裁判を八年という長い年月に渡りたたかい続けることができたのは、馬奈木先生をはじめ諸先生方、久留米第一法律事務所の方々、荻野晃也先生（電磁波環境研究所所長）、中継塔問題を考える九州ネットワークの皆様、全国各地よりご支援ご協力を下さった多くの方々があったからこそと、この場をお借りしてお礼申し上げます。

私達の活動は、平成一一年八月、ドコモ社が秘密裏に高さ四〇メートルの携帯電話基地局を人家集落の中に建設すると知った時から始まりました。我が家からわずか四〇メートルしか離れていない土地で、その頃はまだ「電磁波」という言葉も認識していない状態でした。倒壊の恐ろしさもありましたが、調べていくうちに基地局から発せられる「電磁波」が人体へ悪い影響を与えるものだという事を知っていったのです。私達は、ドコモ社に代替地を提案し、移転を求める話し合いの場を設けてきました。それは、二年に渡り続いたのですが、決裂し、企業側から「工事妨害排除」の仮処分を申し立てられたのです。そこで、熊本で活動されている「中継塔問題を考える九州ネットワーク」の方々に相談をして、熊本の板井優弁護士のご紹介により馬奈木弁護士と出会ったのです。ここからが私達のたたかいの第一歩になったと言えると思います。

私達はこれまで何不自由なく生活していました。裁判を起こすという事で生活は一変し、今後の事を考えると不安が募り、夜も眠れなくなるほどでした。馬奈木先生は、「自分がレールを敷くからこの列車に乗ってくれれば良いよ」と言葉をかけて下さり、私達住民と一緒にたたかうという意思を示してくれました。これがどんなに励みとなり力となったかしれません。

裁判に於いて、皆様のご協力の下、意見書や証拠を数多く提出して参りました。その中で、ニュージーランドのリンカーン大学准教授、故ニール・チェリー博士の意見書を提出出来たのは大きかったと思います。馬奈木先生は、「少しでも危険の可能性があるデータがある以上、安全であると言うのはおかしい」「国の定めた基準値以下だから安全であるというのは成り立たない」という事を裁判所に言い続けてこられました。これより、荻野晃也先生には数回に渡り電磁波の危険性について証言して頂きました。また、荻野先生の証言により国の基準値以下の電磁波でも健康被害が生じる危険性が十分にあると立証されました。

ドコモ側証人に対して反対尋問では、専門分野や携帯電話に対する立場について問い詰められた事、研究費を業界や国から受け取っているという事、電波防護指針について尋問されました。

結審を迎えた時の馬奈木弁護士による意見陳述では、「原告らは被告の人体実験のモルモットではない」「被害発生は未然に防止すべきである」「被害が出てからでは遅い」と強く述べられ、裁判所に対して、被告の不条理な行動を止めさせ、正当な判断を望む私達の気持ちを代弁して頂きました。五分間に渡る陳述は、原告と傍聴者に感動と連帯の気持を広げました。

馬奈木先生は、裁判終了後必ず私達や傍聴に来られた方々に対し、裁判の内容を分かりやすく解説し、疑問や質問にも時間を割いて答えてくださりました。この事は、私達は馬奈木先生と共にたたかっていると感じる貴重な時間でもありました。傍聴された方、支援して下さる各団体の皆様も「先生から力をもらった。私達も頑張る」と喜ばれたものです。

このたたかいを始めた頃は「電磁波」という言葉すら耳にした事もなかった人々も多かったですが、徐々に関心を寄せ、認識されてきたと感じています。これから電磁波に対する危険性についてもどんどん立証されてくると信じています。私達の裁判は終わりましたが、このような被害が広がらない様願うと共に、真の解決に向けてまだまだたたかっていきます。

# 8 「思い出」は教訓を残した

水俣病闘争支援熊本県連絡会議顧問 **北岡秀郎**

一九七一年のまだ寒い時期だったと思う。水俣病訴訟弁護団からの要請で水俣現地常駐となられた馬奈木昭雄先生を歓迎する現地集会が開かれた。私は当時、水俣とは逆の熊本県の北の端・荒尾市に住んで私立高校の労組役員をしていた。確か建設関係の労組員と二人でその集会に駆けつけた覚えがある。まだ若い先生だったが、チッソ水俣工場前での弁舌はさわやかだったと記憶している。当時、私自身が水俣病訴訟にかかわるとは全く思っていなかった。

それから数カ月後、弁護団事務局に来いという誘いがきた。水俣病裁判が終盤に入り既婚女性一人の事務局員では手が回らないからという。弁護団事務局は熊本市にあったが、その後弁護団の事務局員として、水俣の六つ角にあった馬奈木法律事務所にたびたび出入りすることになった。事務所は法律事務所というより関係者のたまり場になっていた。馬奈木先生と同年代の藤野糺医師、ひとつ年下の私、さらには現地活動家が我が物顔で出入りして議論をたたかわせたものである。

当時、とくに年配の弁護士には、「弁護士とは客の依頼を受けて仕事をするものだ」という空気が強かっ

国会前で訴える第三次訴訟原告

た。運動屋出身の私としては戸惑うことも多かった。馬奈木先生はその中にあって、どうしたら勝利できるか、どうしたら解決できるか、そういった観点から発想しておられた。「私たちは負けない。勝つまで闘うから」という彼の信条の創世期にあったのだろう。それはその後の幾多の公害闘争を経て完成された普遍的な教訓となっていったのだろう。

水俣病公式確認から五〇年を記念して出版された『水俣病の五〇年』誌（同誌編集委員会・海鳥社刊）の中で、水俣病の教訓として二点挙げておられている。その一つは、「問題解決は、その原因を正しく明らかにし、反省して改めることでしか達成できない」、その二として「国の基準を守ることがすなわち安全ではない」を挙げられている。いずれも加害者の側に、被害者や国民が学ばせる教訓として挙げられているが、とくに二点目は我々の側にも鋭い教訓として突きつけられている。たしかに水俣病を引き起こしたチッソは、その時々の国の工場排水の基準をすべてクリアーしていた。それでも水俣病は起きた。多くの住民を死に追いやり、数百倍の人々を傷つけた。福島の原発事故に際しても放射性物質は「国の基準値以下だから安全です」という言い方が蔓延している。水俣病第一次訴訟判決は、この考え方は「人体実験の論理だ」として退けたはずだ。これは加害者である東電や国は自らの問題として、教訓の一「問題解決は……」に学ぶべきである。

国は、不知火海地域で住民の健康調査を今に至っても決して実施しようとはしない。「今では水銀の影響はわからない」などと言って実施しない理由にするが、そんなことはない。民間ではできるのだし、部分的にはすでにできているのだから。馬奈木先生のいう「国は、『被害者を黙らせ沈黙させることが、すなわち問題の解決である』という、根本から誤った考え方（水俣病の五〇年）」を持っているからに違いない。

その結果、水俣病問題は、何度も「解決」させられた歴史を持つ。それはすなわち根本的には解決しなかったことに他ならない。今また、ノーモア・ミナマタ訴訟と水俣病救済特別措置法によって「最終解決」されようとしている。ところがすでに、特措法によって切り捨てられた人たち、あるいはまだ名乗り出ていない人たちによって次の闘いが準備されている。馬奈木先生から学んだ私の教訓。それは「被害者がいる限り、闘いは起きる」である。

# 9　古希のお祝い

筑穂町自然環境対策住民会議代表　梶原啓行

馬奈木先生と、初めてお逢いしたのは二〇〇一年だったと覚えています。私の住む飯塚市内住（旧筑穂町）にある産廃処分場より、汚水と鼻をつく悪臭がしたのは二〇〇一年八月で、その時、嘉穂保健所は業者に厳重注意しました。そして水銀等の基準値が超えたとし産廃の搬入を止めました。飯塚市へ合併前で筑穂町町長はすぐに、町の顧問弁護士の馬奈木先生へこの内住の産廃の対処をお願いしました。

馬奈木先生は「今回の問題は三人が硫化水素ガスで死亡した筑紫野や今年四月に発生した上陽町の産廃問題と全く同じで、汚水悪臭の原因は、安定型処分場へ捨ててはならない物が捨てられたとしか考えられない。県は本質的解決につながることをしておらず許せない」と県を強く批判されました。「私達が頑張って、県を動かさなければならない」と話もされました。先生のやさしいお顔の中に強い正義と熱意を強く感じたものです。そして先生方と幾度なく県へ出向いて、違法操業を止めるべくお願いしましたが、全く聞入れられず、その間業者は、搬入した廃棄物を展開検査をすることもなく袋のままトラックから落として埋めていました。毎日家の前を県外ナンバーのトレーラーが、どんどん処分場へ入りました。

二〇〇三年五月二九日、住民四六〇一人で福岡地裁飯塚支部へ操業差止の仮処分申請をしました。この時、馬奈木先生を先頭にデモをしましたが、処分場近くの内住保育所の園児も鳥や花の絵を持って、「豊かな自然を返して」と訴えました。「新しい闘いの第一歩が始まった。廃棄物の完全撤去まで頑張ろう」と言った馬奈木先生の大きな力強い声を、今でもはっきり覚えています。

この間も馬奈木先生方と県交渉を行いました。毎度足を運んでも、いつもがっかりしたものです。ようやく二〇〇四年九月三〇日に操業停止の仮処分が出ました。その時馬奈木先生は操業停止だけでは井戸水は使えない。撤去まで闘い続けると話されました。二〇〇五年四月に、県の産廃に対する不作為を正すため、新設された「義務付訴訟」を原告一三名で福岡地裁へ提訴しました。しかし一審では、違法な埋立てをしていることや環境への影響が出ていることは認めましたが、生命や健康への大きな損害はないと、棄却されました。そこですぐさま控訴したところ、二〇一一年二月八日に福岡高裁は福岡県に必要な措置等を義務付ける住民の逆転勝訴判決を出しました。奮闘一〇年にしてようやくの勝訴でした。唯一、残念だったのは、その場に馬奈木先生のお姿がなかったことです。少し体調を壊されていて、この勝訴をいっしょに喜べませんでした。あのやさしい顔が、又、一段とやさしい顔になられるのが見れなくて大変残念でした。

県はすぐ最高裁へ上告しましたが、二〇一二年七月三日棄却となり、実に長い裁判が終わりました。長い間先頭に立って原告住民を導いて下さった馬奈木先生、髙橋先生、紫藤先生、黒木先生、伊黒先生、後藤先生、ほんとうにありがとうございました

これからは、全量撤去へ向けて県とのまた新たな闘いとなります。どうぞ、おからだを大切にされまして私達へお力をお貸し下さいます様お願いします。

# 第7章

# おもいで

# 1　馬奈木軍団の思い出

弁護士　上条貞夫

馬奈木さんの水俣のたたかいは、全国に知られていた。たまたま、牛島税理士訴訟の最高裁の弁護団に加わることになって、出会った最初の印象は、水俣の馬奈木軍団が最高裁に攻め上る、その一角に加わったという実感で、一人ひとりの個性豊かなキャラクターが忘れられない。期の順に思い出すと、馬奈木昭雄、小島肇、加藤修、板井優、椛島敏雅、西清次郎、藤尾順司、浦田秀徳（東京から松井繁明と私が参加）。

馬奈木さんの論理の立て方はスケールの大きさが特徴的で、それは人柄そのもの。弁護団会議の雰囲気が、どこか魅力的だったから、福岡第一法律事務所に通う度に、私は定刻より前に行って一人で席に座って、これから始まる議論の雰囲気を楽しく空想することが多かった。

縁は不思議なもので、福岡高裁の、あの酷い逆転判決を書いた裁判長は、私と司法研修所の同級生、席が隣で親しかったO君で、あの判決は信じられなかった。もう一つ、後で知ったことだが、この福岡高裁判決の後、同じ福岡高裁で、馬奈木さんは、なんと三一回も和解協議を重ねた結果、一九九三年一月、水俣の最終解決案を引き出した。その担当の裁判長は、これも私と司法研修所の同級生のT君だった。彼の真摯な人柄と、馬奈木さんの気合と、ときに激しくぶつかり合いながら、それでも、どこかに、途切れることのない微かな信頼関係が持続したからこそ、T裁判長は、一審判決の認めた基準に基づき主治医の診断書と行政の審査会資料を平等に扱った公正な最終解決案に踏み切った。率直に、そう思う。

西日本新聞の、聞き書き新シリーズ「たたかい続けるということ」の一連のコピーを送って頂いて、馬奈木さんの壮大な人生の軌道を、つぶさに知って楽しかった。古希は高齢期の入口。どうぞ、くれぐれも健康に留意され、更なる一歩一歩を大切に、更なる発展を祈念します。

## 2　馬奈木先生の思い出

弁護士　角銅立身

私が司法修習生の時の一九六三年一一月九日、「あってはならない」、「あり得ない」とされていた炭じん爆発が、三井・三池三川坑道で発生し、四五八名が殺され、八三九名のCO患者が発生した。刑事事件としては九州大学出身の学者のいわゆる「風化砂岩説」や「過失犯の構造論」などにより不起訴となった。また、翌々年六月一日には、旧三井山野炭鉱で死者二七三名のガス爆発事件が発生した。一九六八年三月にはカネミ油症事件（食品公害）も発生した。だが、三井金属鉱山では戦前から、カドミウム汚染による所謂イタイイタイ病が戦後の一九六八年三月富山地方裁判所に提訴され、係属中であった。私は田川から一二回も原告代理人として参加していた。

その弁護団の中枢にいた松波淳一さんは、司法試験には一次から受験した人で、私と同期（一七期）であったので、「中学・高校の生物と化学から勉強し直し、金沢大学の医学部、富山大学の薬学部の教授らに学び、討論し、十分な実力を身につける必要がある」と話し合っていた。同人はそれを実践し、定本『カドミウム被害百年回顧と展望』（六〇五頁）などを出版し、学者を超える専門家となるとともに、法廷でも敵性証人らを論破しつくしている。

私が松波さんの成長の歴史を書いたのは、二つの事由があったので書いたものだ。

一つは、新潟と熊本で水俣病裁判が争われる時点で、水俣温泉で両弁護団員と学者らの会合がもたれた際、法学者の最高峰のK・M氏が、「新潟水俣病の準備書面は素晴らしいもので、一読して有機水銀の生成過程が理解できる」と発言し、熊本はどうしているのかと言わんばかりで、担当の弁護士が一〇万円のカンパをいただいたと私たちには伝わっていた。私は水俣の工場長は、旧東大の応用化学科をトップで卒業したエリートだと聞いていたので、K・M氏に対し敵方でもそれ位のものは書けますよ、そんな攻め方では被害者のための公害の主張にならないのでは？　という意味の発言をしたところ、真赤になって無礼者という態度をとられたと記憶に残っている。

二つには、西日本新聞社の馬奈木昭雄さんの「たたかい続けるということ（一～一一六）」の記者阪口由美さんとの対談が今年三月一四日福岡市内であった際の感想――現地（場）主義と医師集団や学者集団を含む科学者会議の仲間を信じ且つ、弁護士集団を育てるという自覚が指導者には必要で、各事件ごとにあり方が異なると考えるから。

馬奈木さんは一九六九年四月（二一期）、出身は地元の九州大学で福岡第一法律事務所に、翌年には水俣の現地に常駐した。熊本大学では水俣病にかかわり被害者の発掘に没頭したばかりに、助教授のままで定年まで昇格させられず、一九七二年のスウェーデンでの国連環境フォーラムへの出席も、日弁連のＮＧＯとして出席した私たちの協力があり、現地のカロリンスカヤ大学（日本の東京大学にあたる）のフリベル教授、ピスカータ教授との交流とその後のカナダのＣＢＣ放送のインタビューで米国のエプスタン教授、ウエルクオード教授などからもメッセージが来るまでに海外では有名になった原田正純さん。それに板井八重子女医、藤野糺医師らの協力など。あとは西日本新聞の「たたかい続けるということ」を読んでください。

馬奈木弁護士の古希を祝って、同人の健康と長生きを心から願うものです。

# 3　若き馬奈木さんとの思い出

弁護士　吉野高幸

## 1　出会い

私が馬奈木さんと知り合ったのが何時で何がきっかけだったのかは、もはやはっきりはしない。ただ九州大学の三年生だった秋（ちょうど東京オリンピックが開催された頃）から、私は九州大学卒業生の司法試験合格者有志が指導されていた司法試験の答案練習会（一〇月から翌年三月まで半年間毎週日曜日開催）に参加していたが、馬奈木さんも一緒に参加されていたので、その中で知り合ったのだと思う。

馬奈木さんは私の一つ年上、二二歳と二一歳、もう四八年も前のこと。

## 2　思いがけない「おめでとう！」

馬奈木さんのことで強い印象に残っているのは、その翌年の八月末、国家公務員試験（たまたま二人とも受験していた）の口述試験（名称は正確ではないが、論文試験の後）の会場で「おめでとう！」と声をかけられたこと。

一瞬私は何のことか判らず「キョトン」としていた。

尋ねてビックリ、その日か前日に発表された司法試験の論文試験に私が合格していたのである。

馬奈木さんは当日の朝刊で見ていたのに、私は「やりそこなった」と思い込んでいたので確かめていなかったのである。

## 3　いろいろな学習会を！

その翌年馬奈木さんも司法試験に合格したが、その後私達は、社会科学を学ぶためいろいろな読書会ないし学習会を自主的に企画実行した。

何故か法律実務などは学ぶ対象にしていなかったように記憶している。

馬奈木さんはもともとは法律家志望ではなく、教師志望で確か大学では教職課程もとっているとのことで、政治、経済、歴史などを含めた社会科学全般に興味と知識を持たれていた。

したがって彼と一緒の読書会や学習会は楽しいものだった。

そんな中で私は当初の志望であった裁判官か検察官への任官をやめて、弁護士、それもその当時の業界用語で言えば「労弁」（労働事件を労働者側で取り組む弁護士！）になることにした。

その意味では馬奈木さんは私の人生に大きな影響を与えた一人だと言える。

## 4　雀百まで

私達が弁護士になって早くも四〇年を過ぎた。

弁護士馬奈木の活動については他の方々の執筆に委ねますが、その馬奈木さんが古希を迎えた。

しかし私の中の馬奈木さんはやはり紅顔の若き馬奈木さんのままである。

人生七〇「近頃多し」と言われる時代。

ともにまだまだ「息長く」活動したいものだと思っている。

ともに頑張りましょう！

# 4　古希のお祝い

弁護士　江上武幸

司法研修所卒業の前年の暮れ、福岡で弁護士事務所を探していた私は、同期の池永さんから、久留米市の馬奈木先生の事務所を候補の一つとして紹介された。瀬高の実家に帰省する途中、久留米駅で下車し、西町の馬奈木先生の事務所を訪問する事にした。

先生の事務所は、古びた木造の商家風の建物の中にあった。玄関の引き戸を開けて中に足を踏み入れると床は土間になっており、事務机が並んでいた。

初対面の先生は、背が高く、色白で、髪は天然ウエーブがかかっており、優しい目をされた精気あふれる青年弁護士であった。簡単な挨拶を交わした後、先生は奥からガリ版刷りの茶褐色に変色したビラが詰まっているダンボール箱を持ち出してこられた。ビラには、「水俣病裁判弁護団ニュース」という表題がついていたような記憶である。

先生は、ビラを前にして、水俣時代に事務員であった奥様と二人で、夜遅くまでガリ版刷りしたことや、これらのビラが水俣病裁判の原告・弁護団・支援者の団結を固める上で果たした役割を懐かしげに話された。

私は、ビラに記された桁違いの番号に、ただただ圧倒された。

その後、会食に誘っていただいた。その席で、先生は、静岡県弁護士会の佐藤久弁護士のことを話題にされた。先生と佐藤弁護士は、九大の大学院時代から付き合いがあるという。先生は、佐藤弁護士のことを親しみを込めて「久ちゃん」と呼ばれた。先生は、佐藤弁護士が大学院時代に、院生仲間では知らぬ者がいないほど桁外れな貧乏生活を送っていた様子を、面白可笑しく語ってくださった。

佐藤弁護士は、司法試験の受験指導の為に、静大の後輩に自宅を開放されていた。また、再審無罪事件として著明な島田事件や、冤罪事件の袴田事件に熱心に取りくんでおられ、学生を事件の現場に連れていき、犯行現場と自白の矛盾についてわかりやすく説明されるといった地道な活動を続けておられた。

私は、大学と実務研修の静岡生活時代に、佐藤弁護士には随分とお世話になっていた。そのため、馬奈木先生と佐藤弁護士とが友人であることを知り、一気に当初の緊張がほぐれていった。先生から、その場で入所を勧められ、私も二つ返事で入所をお願いすることになった。

事務所の正式名称は、「久留米第一法律事務所」である。先生の敬愛されていた故諫山博弁護士が設立され、先生自身も所属されていた福岡市の「福岡第一法律事務所」系列の地域事務所であることを、対外的にも明らかにしておこうという先生の強い意思が窺えた。

翌年の春、私は、司法研修所卒業と同時に馬奈木事務所に入所した。先生は、西町の事務所を引き払い、城南町の自宅の敷地に新築された二階建ての建物を新しい事務所にしておられた。先生の自宅は、有馬藩の上級武士の武家屋敷跡にあった。敷地は広々としており、自宅と事務所の間には、かなりの空間があり、長男厳太郎君は、そこを格好の遊び場にしていた。先生とそっくりのウエーブした髪を風になびかせながら、三輪車をこぎ廻って遊んでいる厳太郎君の姿をよく見かけた。長女の玲ちゃんは、奥様に抱かれて事務所に来ては、先生にだっこをせがんでいた。玲ちゃんは、肌が白くお人形のようにかわいい赤ちゃんだった。

私が、先生の事務所で最初に担当した事件は、熊本県の人吉の女性の離婚事件だったと記憶している。人吉からはるばる久留米まで依頼に先生を訪ねて来るお客さんがいることに、まず驚かされた。弁護士になったばかりで、しかも独身の私が、遠方から先生を頼って来たお客さんの事件を担当することに、随分戸惑いを覚えたが、先生は一向にそれを気にされている様子は伺えなかった。

また、依頼者ご本人もその両親も、私が担当することに格別不満は示されなかった。おそらく、先生がきちんと指導してくれているものと信じておられたのだろう。確かに、先生は私が書いた準備書面や陳述書にきちんと目を通しておられた。そのことは、私が書いた原稿に、先生の例の金釘文字の書き込みが赤鉛筆で為されていたことからわかったが、超多忙な先生が、いつ目を通しておられたのか不思議であった。

事務所には、様々な人の出入りがあり千客万来であった。すでに、先生の名声は近隣に広く行き渡っており、困難な問題を抱えた人たちの相談が相次いでいた。その中の一つに、耳納山北麓にあるため池の所有権をめぐる相談があった。この事件のことは、先生の西日本新聞の連載記事「たたかい続けること」の中でも触れられている。江戸時代の先祖代々からため池の所有者であると主張する旧庄屋の子孫を名乗る人物と、ため池の水を農業用水として長年利用してきた地元の農家の人達との間で、所有権をめぐってすでに最高裁まで争われており、その裁判で、農家の人達の敗訴が確定していた。

その敗訴判決により、農家の人達は、ため池の所有権を奪われただけでなく、農業用水の取水が出来なくなる状況に追い込まれていた。農業用水の取水が出来なければ、下流の農地の稲作や植木栽培などの農業経営が出来なくなる。生活の糧を失うことになる。

ため池の所有権の帰属が最高裁判決ですでに確定している事件を再度争うことになる相談を受けた場合、普通は丁重にお断りして相談者にお引き取り願うことになるのではなかろうか。

しかし、先生は違っていた。馬奈木先生と私は、問題のため池を見学したあと、区長の自宅に招かれた。座敷には、豪勢な酒肴が用意されていた。

先生は上座に座ると、不安げな面持ちの農家の人達を前に、「最高裁判決が間違っている。間違った判決は、最高裁判決であろうとなんであろうと正さなければならない」と言い切られた。

何故、そのように言い切れるのか。農家の人達は先生の次の言葉を待った。

先生は、「江戸時代には、そもそも土地の所有権という概念は存在しなかった。土地の所有権が認められるのは、明治以降のことである。幕府や藩の財政の基盤である稲作に不可欠な農業用ため池が、庄屋といえども個人の所有物として認められていたはずがない。あえて、ため池の所有者は誰かと言えば、ため池を利用・管理してきた農民に決まっている。江戸時代に庄屋に嫁いできた花嫁が、実家から持参金替わりにため池の所有権を持たされたといった荒唐無稽の主張を認めた裁判官は、日本の歴史や法制史について、初歩的且つ基本的な知識すら欠いたまま、間違った判決を書いている。間違った判決は、主権者である国民が正さねばならない」という趣旨の話をされた。

この先生の話のあと、農家の人達との酒席が大いに盛り上がったことは言うまでもない。

この裁判で、先生の交遊関係の広さにも驚かされた。郷土史家として著名な亡古賀幸男先生が全面的に協力された。ため池の所有権の根拠として提出されていた江戸時代の庄屋の古文書について解読をお願いし、その真贋について貴重な意見を頂戴して裁判に生かした。

くだんのため池は、春になると土手の桜の大木が満開の花を咲かせており、今でも、地元の農家の人達の手で管理されており、下流の農地に豊かな農業用水を提供し続けている。


先生の古巣は、先に記載した福岡市にある福岡第一法律事務所である。先生は、大型訴訟の弁護団会議に出席するため頻繁に福岡に通われていた。しかも、会議のあとは、気心の知れた弁護士と必ずといっていいほど酒食を共にされていた。学生時代の延長のように口角泡を飛ばす議論の中心に、いつも先生の姿があった。帰りの電車や汽車もなくなるまで議論を続け、中洲のなじみのスナックから久留米までタクシーで帰られることも珍しくなかった。

当時、すでに久留米支部で筑後大堰建設差止訴訟が始まっていたと記憶している。このような国家的規模での大型公共事業の建設差止の裁判を提訴するという発想が、そもそも私の理解を超えていた。まして、結審までどのように裁判をすすめていくのか、想像すらつかなかった。

先生は、このような私の戸惑いを見抜かれたのか、「この裁判は、裁判に勝つことだけを目的に提訴した裁判ではない。九州最大の河川である筑後川の下流に大堰が作られ、有明海に注ぐべき筑後川の水が福岡に持っていかれれば、必ずや将来、有明海のノリや漁業に致命的打撃を与えることになる。そうなることが分かりながら、何もせずに手をこまねいてこの問題を見過ごすのは、子孫に対して申し開きがたたない。筑後川の住民が、先祖からの豊かな自然の恵みを子々孫々にまで引継ぐため裁判にまで起ち上がった事実を、歴史に刻み込んでおく必要がある」と話された。

裁判は、久留米市役所の労働組合が全体的な事務局を担当して進められた。九州大学や久留米大学を中心として、水問題・農業問題・漁業問題・住血吸虫問題・環境問題等の広い分野の先生や研究者・専門家の方々の参加と協力を得て、極めて高度な学術的な論争が法廷で展開された。

先生が警鐘された通り、筑後大堰の完成により有明海に流れ込む土砂や栄養塩類は極端に低下し、ノリ養殖や各種魚貝類の生育環境に極めて深刻な打撃を及ぼすことになった事は、衆知の通りである。先生に言わせれば、筑後大堰が宝の海である有明海の体力を少しずつ奪い、諫早湾干拓事業がそれに最後のとどめを刺したということになろうか。

またその頃、佐世保地区労の関係者から先生に対し、長崎県の北松炭田の元炭鉱労働者のじん肺訴訟の提訴の相談が寄せられていた。先生は、福岡・佐賀・長崎の若手弁護士らに声をかけて、現地に赴いてじん肺患者の訴えを直接聞かれるようになっていた。先生が、いずれ炭鉱夫のじん肺訴訟を手がけられる事になるのは避けられない状況であった。

このように、先生の精力的な弁護士活動は止まるところを知らず、先生の事務所にたまたま採用いただいた私ごときがアシスト出来るレベルではなかった。むしろ先生の足手まといになる懸念すらあった。私の入所の翌年に下田弁護士が入所していたことや、さらに翌年は稲村弁護士の入所が予定されていたこともあり、私は、先生に事務所を出ることを相談した。先生は、私の我儘を黙って聞き入れて下さった。

その後、私は田川市の角銅法律事務所に移籍し、そこで一緒になった沖縄出身の登野城弁護士と飯塚市に筑豊合同法律事務所を設立し、筑豊で弁護士活動に従事した。先生とのご縁は筑豊に移ってからも切れず、福岡地方裁判所飯塚支部に提訴した筑豊じん肺訴訟で、またご一緒することになった。筑豊じん肺訴訟の一審の途中から、馬奈木先生の弟子の一人である小宮学弁護士に、弁護団事務局長就任含みで筑豊合同法律事務所に移籍してもらった。馬奈木先生と小宮先生の師弟が文字通り一心一体となって筑豊じん肺訴訟の最高裁の勝利獲得まで獅子奮迅された事は、一般にも広く知られているところである。

私はその後、再び久留米に戻り、弁護士事務所を開業している。

うれしいことに、先生から、司法試験に合格した長男厳太郎さんの結婚式に招待頂いた。先生の自宅の庭先で、三輪車に乗って遊んでいた厳太郎さんが立派に成長され、奥様に抱かれていた甘えん坊の赤ちゃんだった玲さんは若い母親になっておられた。時の経つ早さにあらためて驚いた。

先生は、手の指先がかすかに震えるのを見せて、自分も水俣病患者だとおっしゃった事がある。水俣時代に、魚を一杯食べてきたからだという。水銀に汚染されているかも知れない魚を、原告やその家族・支援者らの方々と一緒に食べ、一緒に酒を酌み交わし、裸の人間同士の付き合いをして来られた先生の、体の奥底からわき上がってくる不正に対する怒りの震えかもしれない。

古希を迎えられた先生が、若い弁護士達を指導して、諫早湾埋立の開門訴訟や玄海原発の差止訴訟の先頭に立って奮闘しておられる姿をテレビで拝見するたびに、庶民の日常の生活や心身の健康、そしてかけがえのない生命すら奪って平然としている非人間的な者の存在を決して許さないとの先生の熱い思いが、ひしひしと伝わって来て頭が下がる思いがする。

なお、馬奈木先生の現役の弟子を自負している紫藤・高峰・市橋の三人の先生には、読売新聞を相手とする新聞販売店訴訟や、土木建築会社の名目上の代表取締役にされた従業員の作業現場での転落死亡事故の遺族補償を求める行政訴訟の弁護団の中心として活躍してもらっている。

これからも、馬奈木先生が、このようにすばらしい若い弁護士達をたくさん育てて下さることを願っている。

奥様への感謝も込めて。

## 5　傑出した組織者——馬奈木先生に学ぶ

弁護士・前参議院議員　仁比聡平

私が馬奈木先生のことを初めて知ったのは、故松本洋一先生の山野鉱ガス爆発訴訟をめぐる親会社・三井鉱山相手のし烈な闘いの記録『爆発のあと』（一九八二年刊）の冒頭に紹介されたユニークなエピソードでした。

——こういう時間に電話をする非常識な友人の誰彼を想定しながら電話に出てみたところ、その主は久留米の馬奈木弁護士であった。彼はいきなり「先生、今日、山野の遺族がきましたもんね」と嬉しそうな声で報告した。私は彼の一言をきいて危うくわらい出しそうになって、「何でこんな時間に電話せにゃいかんのかね」というのを忘れてしまった。

馬奈木君という人物は、私の理解の限りで大変頭の切れる男であるが、それにもまして彼のすぐれた資質は、如何に困難な事件であっても、むしろ困難であればある程明るい展望と勝利の確信を持って、時にそれが全く根拠のないことも少なくないが、敢然と立ち向かう点である。彼の辞書には「断る」という言葉がない。山野の遺族もとうとう行きつくところに行きついたかと思うと大変おかしかったのである。おかしいというより山野の遺族のためうれしかったという方が穏当な表現かもわからない。

彼の口振りから、彼は私に団長になってくれという依頼をしているつもりは全然なく、団長にきめたという事実を告げたという以上の気持ちは持っていないことを悟った。私はこれ以上彼に対し断ることに絶望した。

「ところで三井に勝てるんかね」と質問した。勝訴の根拠をどの辺に考えているか知りたかった。彼は、「先生、三井に勝たにゃ何にもならんでしょうもん」と答えてカラカラと笑った。私はガックリとした。当の山野は清算会社で鼻血も出ん格好をしているから、全く彼の言うとおりではある――

私は、母がダンボール箱にジャガイモや人参と一緒に詰めて送ってきたこの本の、松本先生の洒脱な馬奈木評に大いに刺激されてしまったのです。

北九州から京都に進学して学生運動に明け暮れながら「どう生きるのか」を模索していた頃でしたが、これを契機に故諫山博先生をはじめとした九州の弁護士・弁護団のたたかいの記録を読み漁り、まるで我が事のように友人達に語り、京大学生運動を卒業するとき「法律を武器にした職業革命家をめざす」と宣言して司法試験受験生活に入るに至りました。これがなかなか容易ならざるたたかいで、孤独に呻吟する二十代の数年間が続いたのですが、ときには眠れない夜に、お会いしたことさえない先輩たちのたたかいに胸を熱くしながら、なんべんも、すみずみまで、繰り返し繰り返し、むさぼるように吸収したものでした。

司法修習生として福岡に帰ってきて、初めて生身の馬奈木先生にお会いできたのは確か福岡青法協の勉強会で、先生は予防接種禍被害を中心に、被害とはなにか、大衆的裁判闘争・法曹とはなにか、を深く語られたと思います。その懇親会の流れで深夜二人だけになり、中洲の隠れ家のようなバーにお誘い頂いたのを思い出します。カウンターなのに何を話したのかまるで覚えていないほど興奮して語る私を、一人前として扱い、終始姿勢を崩さず応じて頂いたことに、どれほど励まされたことか。

エピソード一つで人を惹き付けてやまない強烈な磁力。その発信源にある深い洞察と哲学。幾多の経験に裏付けられた戦局観――そうした強い個性が、国会でも、馬奈木先生をして類い希な「傑出した組織者」たらしめています。

「我々は負けない。なぜなら勝利するまで闘い続けるからだ」――この馬奈木先生の哲学が、どれほど被害者を励まし、加害者・国を畏怖させてきたことでしょう。

有明海再生の闘いで私がその力を実感したのは、佐賀地裁仮処分決定によって国営諫早湾干拓事業が中止され政府部内にも激震が走るなかで、それを福岡高裁が取消したときでした。

加害者・国が、どんなに被害をなきものとし被害者を抑え込もうとしても、現実に深刻な被害がある限り、被害者は必ず立ち上がる――保守支配を打ち破って、有明海漁民は次々と原告となって闘うことを決意し、一〇〇〇名を超える大量追加提訴で反撃の力を示したのです。

闘いの力は福岡高裁の歴史的な開門判決を確定させ、今、開門の実施と農漁共存の再生に向かう正念場の渦中にありますが、弁護団・原告団は、全局面を通じて利権政治家の悪だくみ、官僚組織あげての悪知恵を見抜いて主導権を握ってきました。そこにはその時々、鮮明に掲げられてきた「被害ある限り」の大義があり、だからこそ政権交代の前後を通じて、国会でも党派を超えた共同を大きく広げてきました。ものごとを決めるのは主権者・国民の力です。マニフェストはもはや紙屑となり、「政権交代とはかくも虚しいものか」を人々が目の当たりにする今、被害とはなにか、問題解決とはなにか、を正面から迫る弁護士集団の力の発揮が求められています。

私もその一人として、馬奈木先生に深く学び、闘いを代表する国会の議席を必ず奪還する決意です。

## 6 「なぜそうなると思うのか？」——馬奈木先生の事務員研修

久留米第一法律事務所事務局　古田順子

馬奈木先生。古希を迎えられたこと事務所全員心から喜んでいます。

本当に本当におめでとうございます。でもまだ若くてチャーミングなのでますますのご活躍を切望します。

つらい時代がありました。二〇一〇年一二月のことです。時代はみんな光を失ってしまいました。

そして二〇一二年六月一五日、「原発なくそう！九州玄海訴訟」の模擬法廷に馬奈木先生の勇姿がありました。未来と希望を見つけました。

昭和五〇（一九七五）年八月、私は、採用されました。厳君（厳太郎先生）がその数日後に誕生されました。それから、ずっと久留米第一法律事務所に勤務しています。

ですから、馬奈木先生やこの記念誌に寄稿なされたみなさんと、数多くの事件の喜びも悲しみも、ともに生きてきたことになります。

## 久留米第一法律事務所開設当時のころ

昭和五〇年ころは、タイプライターの時代でした。罫紙をカーボン複写で陳述書を作るので、仮処分などはよく打ち合わせに連れていかれました。

生コン会社で労働組合を作ったために、不当解雇され、地位保全仮処分申請準備のとき、打ち合わせに出向き、陳述書録取中、電話がかかり本人や証人が退出し、そのまま戻って来なかったりすることがありました。「すごいな。情報が洩れてる。切り崩してこういうことか」と、目の当たりにしたのです。馬奈木先生にくっついていけば、どこでも、おいしいお菓子をいただき、可愛がっていただいていました。

八代や人吉の裁判所にもコピー用紙を持参し、証人調書のコピーに行ったりしていました。お昼のお弁当代をいただきました。

生まれて初めてうなぎのせいろ蒸しと対面したのも、柳川の裁判所につれていっていただき、コピーが終わって、先生の法廷を傍聴した帰りのことでした。のどかな時代でした。

## 久留米市矢作集落事件・ため池と山林の所有権

馬奈木先生が最高裁までいった事件を、覆した事件があります。久留米市矢作集落事件です。入会権の事件で所有権を矢作集落にとりもどしました。先生が高校の日本史の先生の免許をもっておられるので、歴史が面白く語られます。

先生が依頼を受けました。ダンボールにつめこまれた書類がドサッと三個きました。一審・二審・三審と雑事件の文書がシャッフルされて、ばら、ばら、ばら、（ページまでとんでいます）と入っています。

それを整理し、分類し、綴じて、わかりやすく記録を作りました。有能な一年生事務員の力を見よ！　です。

毎年、秋に矢作集落へ柿狩り・みかん狩りに招待されます（果樹と植木の専業農家が多い集落）。かごに入ったみかんと枝つきみかんは人数分お座敷に用意されていて、すぐに大宴会が始まります。カラオケとお酌合戦です。馬奈木先生は吐き、つぶれるまで飲まされていました。集落の家族のかたとふれあえる楽しい行事でした。みなさんの顔が浮かびます。

この事件に力を貸してくださった久留米市史編纂委員の古賀幸雄先生もここで知り合いました。そういえば、「同じ釜の飯を食え」、「根回し、根回し」も教えられました。

## 裁判の合宿・はさみと糊

筑後大堰差し止め訴訟のとき、ともにたたかった筑後川水問題研究会、学者の先生、芸術家、労働組合の方々。原告の方々。事務所の宝です。この事件の合宿では懇親会のあと碁、将棋でもりあがっていました。観戦も楽しいようです。

カネミ油症事件の弁護団合宿は食事のおいしい旅館でした。最終準備書面作成の合宿。長机の前で、先生方が以前に出た書面のコピーそれからハサミと糊を取り出し、あたらしい罫紙に文字どおり、ちょきちょき切って、貼っておられます。現在のパソコンの切り取り、貼り付け、ですね。馬奈木先生は文字を書くのがものすごく速く、読みにくい文字をかかれますので、それを、私が清書していきます。この合宿では懇親会のあとはマージャンをされていました。

たいてい楽しく過ごしていたのは、食事つきだったからですね。

今も、事務所の伝統です。

一九七五年から、事務所訪問される修習生のかたもずっと見てきました。いろんな場所で場面で活躍されています。とても心強いです。

堀良一先生の期の修習生は特に印象に残りました。一〇人くらいみえて、焼肉屋さんでことごとくお肉を食べつくしました。伝説。あのときは、馬奈木先生のふところが寒くなったようです。あれから修習生とはお肉を食べには行かれていないと思います。

## 「なぜそうなると思うのか？」

時間があるとき、馬奈木先生は質問します。答えは私の頭の中です。一八歳から私は先生と一生懸命たたかい続けました。ちょっといじわるな質問が次々に飛んできます。

「なぜそうなると思うのか？」

「実務はわからんから、自分で調べなさい。福岡第一法律事務所の長野さんに聞きなさい」

福岡第一法律事務所のベテランに教えてもらったり、ノートと書式を持って、裁判所の書記官のところに毎日のように通ったりしました。子供に職印を預けて事務をさせてくださったこと、恐ろしいと思わなかったのでしょうか！　馬奈木先生はやはり大物だと思います。現在わかることは、実務もよーくわかっておられたけれど、勉強させるためだったのだな、と思います。

## 人生の師・運動する原告の皆さん

一般の事件も集団事件も変わりなく、相談を受けたら、その依頼者にとって一番の最良の途、解決が何かを導き出していく。それが馬奈木先生です。

久留米の地に、遠くから来られるお客さま。長崎、有明、筑豊からじん肺の患者さんや、予防接種被害をうけた子供さんのお父さん、お母さん。不当解雇されたタクシーの労働組合のみなさん。西日本新聞の連載「たたかい続けるということ」でたくさんの事件が紹介されました。

出会いがあります。自らが未来をみつめ、仲間を集め、頑張る人が、馬奈木先生を変えていきます。まわりの弁護士の先生、学者の先生をまきこみながら信じられない事件を行動を次々に起こしていきます。

例をあげれば、中継塔（移転要望の会）・三潴訴訟の皆さん、産廃最終処分場差止訴訟の鹿屋市上祓川の皆さん。その熱い思いが弁護士をかえていく場面に立ち会えました。

弁護士まかせ、裁判まかせで勝つことではなくて、うち外で体をはってたたかうこと。運動を広げること。時には楽しみながら。馬奈木先生の事務所にいたから、そんなみなさんに出会えて幸せです。

それでも、やっぱり「勝ったよー！」とそれぞれの先生が出先から事務所に電話があることをいつも願っています。

自らが未来のために……。私も「原発なくそう！九州玄海訴訟」の原告となって、すべての原子炉を廃炉にするために、何かできることを探そうと思います。

馬奈木先生の教えどおりに。

# あとがき

弁護士　白水由布子

私が馬奈木先生に最初にお会いしたのは、馬奈木先生の門下生であった江上武幸先生の事務所に入所した直後のことでした。馬奈木先生より、非常に優しい笑顔で、「江上先生は私の最初の弟子だったんですよ。だからあなたは孫弟子になりますよ」と言っていただき、気付くと馬奈木先生の大ファンとなっていました。

そして、弁護士一年生で、馬奈木先生を囲んで行われた勉強会「水俣病訴訟研究会」に参加し、馬奈木先生の哲学に触れる機会を得ました。「真の解決とは何か」「勝つまで闘う」「公害をやる弁護士は法律家であってはいけない」。馬奈木先生からお聞きする話は、何から何まで、目からウロコの落ちる話の連続でした。当時馬奈木先生は、久留米大学の法科大学院で教鞭をとっておられましたので、学生のことを心からうらやましく思ってしまいました。

研究会の中で私は、「損害論」の部分を担当して報告することになったのですが、報告のために事前にお会いして直接お話を聞きたいと馬奈木先生にお願いしましたら、馬奈木先生は快諾してくださいました。馬奈木先生は、未熟な私の疑問のすべてにきちんと向き合ってご回答くださいました。自分の中でも、これほどまでに密度の濃いお話を聞いた経験はありません。交通事故の損害をはじめとする積上式の損害計算しか学んでこなかった自分にとって、「包括一律請求」の理論は衝撃的でした。朝起き上がれない、顔を洗えない、茶碗がもてない、そういった生の事実が被害であり、生活のすべてに包括的に生じていること、その被害が多くの人に起きた水俣では、家庭にとどまらず、社会全体に被害が生じ、社会全体が崩壊するという被害が生じたこと、だから包括一律請求を行う必要があったのだということ。私は、それまで歴史の教科書でしか知らなかった「水俣病」の現実を、初めて実感することができました。裁判官の心を動かすということがどういうことなのか、ほんのわずかですが垣間見ることができたような気持ちでした。

早い時期にこのような機会を与えていただいたことが、私の弁護士人生の方向性を決定づけたと思います。それまで私の中でぼんやりとしか感じることができずにいた「やりたかったこと」を、はっきりと見ることができるようになりました。

今回、編集委員にお声がけいただいたとき、以前より馬奈木先生の哲学を一人でも多くの人に伝えたいという思いがありましたので、大変嬉しく思い、参加させていただくことにしました。少しくらいはお役に立てたのか、非常に不安ですが、次々と送られてくる諸先輩方の原稿を読むことは感動の連続で、個人的には本当に良い経験となりました。

この本は、馬奈木先生が切り開いてきた歴史が凝縮された一冊です。特に弁護士になってすぐの方や、修習生の弁護士人生にとって、道標となるすばらしい本に仕上がっています。ぜひ一人でも多くの方にお薦めいただきたいと思います。

最後に、私のような若輩者を編集委員の末席に加えていただき、出版より早く諸先輩方の原稿に触れさせていただいたこと、ましてあとがきまで書かせていただけたことに大変感謝します。この本が、若き弁護士たちの間にひろがり、馬奈木イズムが社会全体をよい方向へと変えていくための一助となることを心より願っています。

# 馬奈木昭雄　事件年譜

（西日本新聞社刊「たたかい続けるということ」馬奈木昭雄〈聞き書き阪口由美〉から抜粋）

| 西暦（元号） | 月日 | 経歴・担当した訴訟に関する出来事 | 国内外の出来事 |
|---|---|---|---|
| 1942（昭和17）年 | 3月8日 | 台湾で生まれる | |
| 1966（昭和41）年 | 3月 | 九州大学（法学部）卒業 | 6月　ビートルズ来日 |
| | | 司法試験合格 | |
| 1969（昭和44）年 | 4月〜 | 福岡第一法律事務所入所 | 6月　初の「公害白書」発表 |
| | 6月14日 | 水俣病第1次訴訟提訴 | |
| 1970（昭和45）年 | 12月 | 熊本県水俣市へ移住し、事務所を開設 | 大阪万博開催 |
| 1973（昭和48）年 | 1月20日 | 水俣病第2次訴訟提訴。未認定患者に対する損害賠償を求める | 10月　第1次オイルショック |
| | 3月20日 | 水俣病第1次訴訟判決（斎藤次郎裁判長）、原告勝訴 | |
| 1975（昭和50）年 | 6月 | 久留米第一法律事務所を開所 | |
| 1978（昭和53）年 | 9月12日 | 筑後大堰建設差し止め訴訟提訴 | |
| | 6月10日 | 山野炭鉱ガス爆発事故をめぐり三井鉱山を相手に提訴 | |
| 1979（昭和54）年 | 1月2日 | 九州予防接種禍訴訟、福岡地裁へ提訴。弁護団長に就任 | |
| | 3月28日 | 水俣病第2次訴訟一審判決（松田冨士也裁判長）、原告勝訴 | 9月　薬事二法成立 |
| | 11月1日 | 長崎北松じん肺訴訟提訴 | |
| 1980（昭和55）年 | 1月29日 | 牛島税理士訴訟提訴 | |

| | | | |
|---|---|---|---|
| | 5月21日 | 国も被告に加え、水俣病第3次訴訟提訴 | |
| 1985（昭和60）年 | 3月25日 | 長崎北松じん肺訴訟一審判決、企業の責任を認め原告勝訴 | 8月　日航ジャンボ機墜落 |
| | 12月26日 | 国を被告に加え、筑豊じん肺訴訟提訴 | |
| 1986（昭和61）年 | 2月13日 | 牛島税理士訴訟一審判決、原告勝訴 | 4月　男女雇用機会均等法施行 |
| 1987（昭和62）年 | 3月30日 | 水俣病第3次訴訟第1陣判決（相良甲子彦裁判長）、国・県の責任認める | |
| 1989（平成元）年 | 3月31日 | 長崎北松じん肺訴訟控訴審判決、一審判決よりも後退する内容で「事実上の敗訴」 | |
| | 4月18日 | 九州予防接種禍訴訟一審判決、原告全員勝訴 | 6月　天安門事件 |
| 1992（平成4）年 | 4月24日 | 牛島税理士訴訟控訴審判決、逆転敗訴 | |
| 1993（平成5）年 | 3月25日 | 水俣病第3次訴訟第2陣判決（足立昭二裁判長）、国・県の責任認める | 8月　非自民連立政権発足 |
| | 8月10日 | 九州予防接種禍訴訟控訴審判決、原告全員勝訴（前日に2人和解） | |
| | 12月1日 | 三井三池じん肺訴訟提訴 | |
| 1994（平成6）年 | 2月22日 | 長崎北松じん肺訴訟最高裁判決、二審よりも救済範囲を広げ、企業責任が確定 | |
| 1995（平成7）年 | 7月20日 | 筑豊じん肺訴訟一審判決、国に敗訴 | 1月　阪神・淡路大震災 |
| | 9月8日 | 長崎北じん肺訴訟差し戻し審、福岡高裁で勝訴判決 | 3月　地下鉄サリン事件 |
| | 12月 | 水俣病政治決着 | |
| 1996（平成8）年 | 3月19日 | 牛島税理士訴訟最高裁判決、逆転勝訴 | |

| | | | |
|---|---|---|---|
| 1997（平成9）年 | 2月27日 | 筑豊じん肺訴訟、古河機械金属と和解成立 | 7月　香港返還 |
| | 4月25日 | 筑豊じん肺訴訟、三菱マテリアルと和解成立 | |
| 1998（平成10）年 | 2月6日 | 筑豊じん肺訴訟、住友石炭鉱業と和解成立 | 2月　長野で冬季オリンピック |
| 2000（平成12）年 | 3月31日 | 鹿児島県鹿屋市の管理型産廃処分場建設差し止め仮処分決定（1999年仮処分申請） | |
| 2001（平成13）年 | 7月19日 | 筑豊じん肺訴訟、控訴審判決（井垣敏生裁判長）、国・企業に勝訴 | 9月　米同時多発テロ事件 |
| 2002（平成14）年 | 8月1日 | 筑豊じん肺など6訴訟で、三井鉱山、三井石炭鉱業との和解成立。三井鉱山関連炭鉱夫じん肺問題終結共同宣言を発表 | サッカー・ワールド杯日韓大会開催 |
| | 11月26日 | 諫早湾干拓工事差し止めを求める仮処分申請、「よみがえれ！有明訴訟」提訴 | |
| 2003（平成15）年 | 4月16日 | 有明海沿岸漁民が干拓事業と有明海異変の因果関係認定を求め、公害等調整委員会へ原因裁定申請 | |
| 2004（平成16）年 | 4月27日 | 筑豊じん肺訴訟・最高裁判決。国の規制権限不行使を認める | |
| | 8月26日 | 佐賀地裁が諫早湾干拓工事の差し止めを命じる仮処分決定（榎下義康裁判長） | |
| | 12月8日 | 中国残留孤児福岡訴訟提訴 | |
| 2005（平成17）年 | 5月16日 | 福岡高裁が、諫早湾干拓工事差し止めを命じた佐賀地裁の仮処分決定を取り消す | 3月　福岡沖地震発生 |
| | 7月29日 | 「よみがえれ！有明訴訟」で追加提訴。原告団は2000人超に | |
| | 8月30日 | 公調委は漁業被害と干拓事業の因果関係を認めず、原因裁定申請を棄却 | |

| | | | |
|---|---|---|---|
| 2008（平成20）年 | 6月27日 | 佐賀地裁が、諫早湾潮受け堤防排水門の「5年間常時開放」を命じる判決（神山隆一裁判長） | |
| 2010（平成22）年 | 12月6日 | 諫早湾潮受け堤防排水門の常時開放を命じた佐賀地裁判決を福岡高裁（古賀寛裁判長）も支持（勝訴確定） | |
| 2011（平成23）年 | 6月27日 | 諫早湾潮受け堤防排水門の即時開門を求めた訴訟で、長崎地裁は「開門認めず」の判決 | 3月　東日本大震災発生<br>九州新幹線全線開通 |
| 2012（平成24）年 | 1月31日 | 玄海原発運転差し止めを求め、九州電力と国を相手に提訴 | |

記念出版編集委員会
江上武幸（弁護士）
下田　泰（弁護士）
稲村晴夫（弁護士）
下東信三（弁護士）
三溝直喜（弁護士）
小宮　学（弁護士）
伊黒忠昭（弁護士）
髙橋謙一（弁護士）
紫藤拓也（弁護士）
髙峰　真（弁護士）
市橋康之（弁護士）
白水由布子（弁護士）
北岡秀郎

〈連絡先〉
たかはし法律事務所
福岡県久留米市東町 25-3　プラザービル 4 階
TEL　0942（35）1112　　FAX　0942（35）1113

馬奈木昭雄弁護士古希記念出版
**勝つまでたたかう――馬奈木イズムの形成と発展**

2012年10月20日　初版第 1 刷発行

編者 ―― 記念出版編集委員会
発行者 ― 平田　勝
発行 ―― 花伝社
発売 ―― 共栄書房
〒101-0065　東京都千代田区西神田2-5-11 出版輸送ビル
電話　03-3263-3813
FAX　03-3239-8272
E-mail　kadensha@muf.biglobe.ne.jp
URL　http://kadensha.net
振替　00140-6-59661
装幀 ―― 加藤光太郎
印刷・製本 – シナノ印刷株式会社


ISBN 978-4-7634-0646-0 C3036